Les ressources naturelles, un enjeu clé pour l'avenir de l'Afrique

Les ressources naturelles, un enjeu clé pour l'avenir de l'Afrique

Ressources naturelles et transformation économique dans un contexte de transition vers des économies décarbonées

James Cust et Albert Zeufack, éditeurs

Ouvrage publié conjointement par l'Agence française de développement et la Banque mondiale

Collection « L'Afrique en développement »

Créée en 2009, la collection « **L'Afrique en développement** » s'intéresse aux grands enjeux sociaux et économiques du développement en Afrique subsaharienne. Chacun de ses numéros dresse l'état des lieux d'une problématique et contribue à alimenter la réflexion liée à l'élaboration des politiques locales, régionales et mondiales. Décideurs, chercheurs et étudiants y trouveront les résultats des travaux de recherche les plus récents, mettant en évidence les difficultés et les opportunités de développement du continent.

Cette collection est dirigée par l'Agence française de développement et la Banque mondiale. Les manuscrits sélectionnés émanent des travaux de recherche et des activités de terrain des deux institutions. Ils sont choisis pour leur pertinence au regard de l'actualité du développement. En travaillant ensemble dans une perspective de mission commune et dans une visée interdisciplinaire, les deux institutions entendent renouveler les façons d'analyser et de comprendre les réalités du développement en Afrique subsaharienne.

Membres du comité consultatif

Agence française de développement
Thomas Melonio, directeur exécutif, direction « Innovations, recherche et savoirs »
Hélène Djoufelkit, directrice, département « Diagnostics économiques et politiques publiques »
Adeline Laulanié, responsable, division « Édition et publication »

Banque mondiale
Andrew L. Dabalen, chef économiste, région Afrique
César Calderón, économiste spécialiste, région Afrique
Chorching Goh, économiste spécialiste, directrice de programme, région Afrique
Aparajita Goyal, économiste spécialiste, région Afrique

Afrique subsaharienne

IBRD 39088 | MARS 2023

Source : Banque mondiale.

Titres de la collection
« L'Afrique en développement »

2023

Africa's Resource Future. Harnessing Natural Resources for Economic Transformation during the Low-Carbon Transition, Les ressources naturelles, un enjeu clé pour l'avenir de l'Afrique : ressources naturelles et transformation économique dans un contexte de transition vers des économies décarbonées (2023), James Cust, Albert Zeufack (éds.)

L'Afrique en communs : tensions, mutations, perspectives (2023), *The Commons: Drivers of Change and Opportunities for Africa* (2023), Stéphanie Leyronas, Benjamin Coriat and Kako Nubukpo (éds.)

2021

Social Contracts for Development: Bargaining, Contention, and Social Inclusion in Sub-Saharan Africa (2021), Mathieu Cloutier, Bernard Harborne, Deborah Isser, Indhira Santos, Michael Watts

Industrialization in Sub-Saharan Africa: Seizing Opportunities in Global Value Chains (2021), *L'industrialisation en Afrique subsaharienne : saisir les opportunités offertes par les chaînes de valeur mondiales* (2022), Kaleb G. Abreha, Woubet Kassa, Emmanuel K. K. Lartey, Taye A. Mengistae, Solomon Owusu, Albert G. Zeufack

2020

Les systèmes agroalimentaires en Afrique : repenser le rôle des marches (2020), *Food Systems in Africa: Rethinking the Role of Markets* (2021), Gaelle Balineau, Arthur Bauer, Martin Kessler, Nicole Madariaga

The Future of Work in Africa: Harnessing the Potential of Digital Technologies for All (2020), *L'avenir du travail en Afrique : exploiter le potentiel des technologies numériques pour un monde du travail plus inclusif* (2021), Jieun Choi, Mark A. Dutz, Zainab Usman (éds.)

2019

All Hands on Deck: Reducing Stunting through Multisectoral Efforts in Sub-Saharan Africa (2019), Emmanuel Skoufias, Katja Vinha, Ryoko Sato

The Skills Balancing Act in Sub-Saharan Africa: Investing in Skills for Productivity, Inclusivity, and Adaptability (2019), *Le développement des compétences en Afrique subsaharienne, un exercice d'équilibre : investir dans les compétences pour la productivité, l'inclusion et l'adaptabilité* (2020), Omar Arias, David K. Evans, Indhira Santos

Electricity Access in Sub-Saharan Africa: Uptake, Reliability, and Complementary Factors for Economic Impact (2019), *Accès à l'électricité en Afrique subsaharienne : adoption, fiabilité et facteurs complémentaires d'impact économique* (2020), Moussa P. Blimpo, Malcolm Cosgrove-Davies

2018

Facing Forward: Schooling for Learning in Africa (2018), *Perspectives : l'école au service de l'apprentissage en Afrique* (2019), Sajitha Bashir, Marlaine Lockheed, Elizabeth Ninan, Jee-Peng Tan

Realizing the Full Potential of Social Safety Nets in Africa (2018), Kathleen Beegle, Aline Coudouel, Emma Monsalve (éds.)

2017

Mining in Africa: Are Local Communities Better Off? (2017), *L'exploitation minière en Afrique : les communautés locales en tirent-elles parti ?* (2020), Punam Chuhan-Pole, Andrew L. Dabalen, Bryan Christopher Land

Reaping Richer Returns: Public Spending Priorities for African Agriculture Productivity Growth (2017), *Obtenir de meilleurs résultats : priorités en matière de dépenses publiques pour les gains de productivité de l'agriculture africaine* (2020), Aparajita Goyal, John Nash

2016

Confronting Drought in Africa's Drylands: Opportunities for Enhancing Resilience (2016), Raffaello Cervigni, Michael Morris (éds.)

2015

Africa's Demographic Transition: Dividend or Disaster? (2015), *La transition démographique de l'Afrique : dividende ou catastrophe ?* (2016), David Canning, Sangeeta Raja, Abdo S. Yazbeck (éds.)

Highways to Success or Byways to Waste: Estimating the Economic Benefits of Roads in Africa (2015), Rubaba Ali, A. Federico Barra, Claudia Berg, Richard Damania, John Nash, Jason Russ

Enhancing the Climate Resilience of Africa's Infrastructure: The Power and Water Sectors (2015), Raffaello Cervigni, Rikard Liden, James E. Neumann, Kenneth M. Strzepek (éds.)

The Challenge of Stability and Security in West Africa (2015), Alexandre Marc, Neelam Verjee, Stephen Mogaka

Land Delivery Systems in West African Cities: The Example of Bamako, Mali (2015), *Le système d'approvisionnement en terres dans les villes d'Afrique de l'Ouest : l'exemple de Bamako* (2015), Alain Durand-Lasserve, Maÿlis Durand-Lasserve, Harris Selod

Safety Nets in Africa: Effective Mechanisms to Reach the Poor and Most Vulnerable (2015), *Les filets sociaux en Afrique : méthodes efficaces pour cibler les populations pauvres et vulnérables en Afrique subsaharienne* (2015), Carlo del Ninno, Bradford Mills (éds.)

2014

Tourism in Africa: Harnessing Tourism for Growth and Improved Livelihoods (2014), Iain Christie, Eneida Fernandes, Hannah Messerli, Louise Twining-Ward

Youth Employment in Sub-Saharan Africa (2014), *L'emploi des jeunes en Afrique subsaharienne* (2014), Deon Filmer, Louise Fox

2013

Les marchés urbains du travail en Afrique subsaharienne (2013), *Urban Labor Markets in Sub-Saharan Africa* (2013), Philippe De Vreyer, François Roubaud (éds.)

Enterprising Women: Expanding Economic Opportunities in Africa (2013), Mary Hallward-Driemeier

Securing Africa's Land for Shared Prosperity: A Program to Scale Up Reforms and Investments (2013), Frank F. K. Byamugisha

The Political Economy of Decentralization in Sub-Saharan Africa: A New Implementation Model (2013), Bernard Dafflon, Thierry Madiès (éds.)

2012

Empowering Women: Legal Rights and Economic Opportunities in Africa (2012), Mary Hallward-Driemeier, Tazeen Hasan

Financing Africa's Cities: The Imperative of Local Investment (2012), *Financer les villes d'Afrique : l'enjeu de l'investissement local* (2012), Thierry Paulais

Structural Transformation and Rural Change Revisited: Challenges for Late Developing Countries in a Globalizing World (2012), *Transformations rurales et développement : les défis du changement structurel dans un monde globalisé* (2013), Bruno Losch, Sandrine Fréguin-Gresh, Eric Thomas White

Light Manufacturing in Africa: Targeted Policies to Enhance Private Investment and Create Jobs (2012), *L'industrie légère en Afrique : politiques ciblées pour susciter l'investissement privé et créer des emplois* (2012), Hinh T. Dinh, Vincent Palmade, Vandana Chandra, Frances Cossar

The Informal Sector in Francophone Africa: Firm Size, Productivity, and Institutions (2012), *Les entreprises informelles de l'Afrique de l'ouest francophone : taille, productivité et institutions* (2012), Nancy Benjamin, Ahmadou Aly Mbaye

2011

Contemporary Migration to South Africa: A Regional Development Issue (2011), Aurelia Segatti, Loren Landau (éds.)

Challenges for African Agriculture (2011), Jean-Claude Deveze (éds.)

*L'économie politique de la décentralisation dans quatre pays d'Afrique subsaharienn : Burkina Faso, Sénégal, Ghana et Kenya (2011), Bernard Dafflon, Thierry Madiès (éds.)

2010

Gender Disparities in Africa's Labor Market (2010), Jorge Saba Arbache, Alexandre Kolev, Ewa Filipiak (éds.)

*Africa's Infrastructure: A Time for Transformation (2010), *Infrastructures africaines : une transformation impérative* (2010), Vivien Foster, Cecilia Briceño-Garmendia (éds.)

*Disponibles en français

Tous les ouvrages de la collection « L'Afrique en développement »
sont accessibles gratuitement sur :
https://www.afd.fr/fr/ressources-accueil
et
http://hdl.handle.net/10986/2150.

Table des matières

Encadré

Graphique

Tableau

Avant-propos

En cette époque de bouleversements planétaires et de changements climatiques rapides, les économies d'Afrique subsaharienne pourraient tirer profit des importantes ressources naturelles dont elles disposent, ainsi que de la transition vers la sobriété carbone. Les mesures prises au niveau mondial afin de décarboner les économies devraient générer une demande de 3 millions de tonnes de minerais et de métaux, qui seront nécessaires au déploiement des technologies à énergie solaire, éolienne et géothermique d'ici 2050. Ces minerais sont souvent présents en abondance sur le continent africain. Les différents gisements de minerais et de métaux que l'on trouve en Afrique, comme le cobalt, le cuivre, le lithium, le manganèse et le platine, jouent également un rôle important dans la production de batteries et de composants électroniques. Les pays africains qui se sont engagés dans la transition énergétique ont pu compter sur le partenariat de la Banque mondiale, qui les a accompagnés via une hausse de ses financements consacrés aux projets d'énergie renouvelable, ainsi que par des recommandations réalistes leur permettant de concilier objectifs de développement et objectifs climatiques dans différents secteurs économiques.

L'Afrique a l'opportunité d'exploiter ses richesses naturelles afin d'améliorer l'accès à l'énergie et accélérer sa transition énergétique, stimuler la transformation de ses économies et la création d'emplois, et générer des recettes budgétaires plus importantes. Comment les décideurs politiques peuvent-ils honorer cet engagement et éviter les écueils rencontrés lors des précédents cycles de flambée et de chute des cours des ressources naturelles ?

La question d'une gouvernance efficace s'avère cruciale pour l'avenir de l'Afrique. Il existe en effet une différence importante entre des ressources qui sont exploitées pour des bénéfices immédiats et des ressources qui sont économisées et investies afin de se prémunir des crises futures ; une différence entre une infrastructure énergétique vieillissante qui ne permet pas de répondre aux besoins des peuples et un investissement dans de nouvelles sources d'énergie afin de répondre à une demande croissante ; enfin, une différence entre des richesses concentrées entre les mains de quelques individus et des perspectives, des conditions de vie et une résilience améliorées pour le plus grand nombre.

Bien que de nombreuses incertitudes persistent, les gouvernements peuvent adopter une approche proactive vis-à-vis des processus mondiaux de décarbonisation, d'automatisation et d'intégration régionale, en soutenant des mesures qui assureront des bénéfices économiques dans différents scénarios futurs. Le présent rapport, intitulé *Les ressources extractives, un facteur clé pour l'avenir de l'Afrique*, détaille certaines recommandations politiques exploitables dans ces domaines ainsi que dans d'autres.

Nous savons par exemple que les énergies renouvelables, parallèlement à d'autres formes d'énergie telles que le gaz naturel, seront une composante nécessaire du mix énergétique pour pouvoir répondre à une demande énergétique croissante sur le continent. Investir dans des compétences et des chaînes de valeur associées constitue un choix pertinent à un moment où les pays ont entamé la réduction de leur consommation des combustibles fossiles les plus polluants, en vue d'honorer leurs engagements climatiques.

La zone de libre-échange continentale africaine, ainsi que le commerce régional et l'intégration économique de manière plus générale, constitue une opportunité sans précédent pour développer la chaîne de valeur continentale qui va de l'extraction au marché ; en effet, un développement basé sur les ressources est plus facilement réalisable s'il mise sur un accès étendu à des marchés plus vastes et sur la capacité à mettre en commun des ressources, des compétences et des avantages comparatifs. Afin de conserver une plus grande partie de la valeur produite par les ressources naturelles sur le continent africain, Il paraît crucial de réformer certaines stratégies politiques limitant actuellement les opportunités d'échange et d'intégration à l'échelle de la région.

Enfin, ce rapport paraît à un moment où les États sont confrontés à un environnement macroéconomique qui se dégrade, caractérisé par une inflation galopante, des situations de surendettement et des difficultés à améliorer rapidement l'accès à l'énergie. La transparence et l'efficacité de la gouvernance dans les secteurs énergétiques et extractifs, notamment via un niveau d'imposition adéquat, contribueraient grandement à renverser la trajectoire classique de ces dernières décennies et à garantir aux populations africaines de meilleurs rendements pour les richesses souterraines de leur pays.

La capacité de l'Afrique à enclencher une transition équitable, c'est-à-dire une transition qui place les populations et la planète au cœur de ses objectifs, dépendra de la mobilisation des bénéficies économiques générés par les ressources pétrolières, gazières et minérales de façon responsable, tout en préparant les économies du continent à un avenir décarboné. Si la transformation et la diversification de l'économie en vue de créer des économies plus résilientes constitue la meilleure des stratégies pour permettre un développement à la fois durable et inclusif, la contribution des ressources naturelles africaines restera cruciale dans les années à venir.

Ousmane Diagana
Vice-président de la Banque mondiale
    pour l'Afrique de l'Ouest et centrale
La Banque mondiale
Washington, DC

Victoria Kwakwa
Vice-présidente régionale
    pour l'Afrique de l'Est et
    australe
La Banque mondiale
Washington, DC

Remerciements

Ce volume fait partie du Programme d'études régionales africaines, une initiative de la vice-présidence de la région Afrique de la Banque mondiale. Cette collection d'études vise à associer rigueur analytique et pertinence politique, et à les appliquer à différents sujets de première importance pour le développement social et économique de l'Afrique subsaharienne. L'AFRCE (le bureau de l'économiste en chef pour la région Afrique) est en charge des contrôles qualitatifs et de la supervision.

Ce rapport a été établi sous la direction de James Cust et Albert Zeufack. Sa préparation ainsi que les recherches préliminaires ont été réalisées sous la direction de Boubacar Bocoum et de James Cust, en collaboration avec le bureau de l'économiste en chef pour la région Afrique et le pôle des Pratiques mondiales pour l'énergie et les industries extractives. Le rapport se fonde sur le travail de nombreux membres d'équipe ainsi que de nombreux chercheurs et chercheuses.

Les contributeurs de ce rapport sont les suivants : Mamadou Tanou Balde, Gracelin Baskaran, Boubacar Bocoum, Hannah Grupp, Pietro Guj, Pierre Mandon, Justice Mensah, Nneoma Nwogu, Alexis Rivera Ballesteros, Richard Schodde et Zainab Usman.

L'équipe tient à remercier les personnes suivantes pour leur expertise de spécialistes, leurs recherches préliminaires et leurs précieux conseils : Paul Collier, Shanta Devarajan, Clara Galeazzi, Marek Hanusch, Maty Konte, Arthur Mendes, David Mihalyi, Steven Penning, Sven Renner, Thomas Scurfield, Jevgenijs Steinbuks, Rick van der Ploeg, Pierre Louis Vezina et Rose Camille Vincent.

Les pairs examinateurs ainsi que d'autres experts ont fourni des commentaires éclairés et des recommandations : Kevin Carey, Souleymane Coulibaly, David Mihalyi, Anders Pedersen, Grzegorz Peszko et Sajjad Ali Shah. Abrah Desiree Brahima, Ken Omondi et Rose Claire Pakabomba ont apporté une aide précieuse à la préparation et à l'écriture de cet ouvrage. L'équipe tient également à remercier le fonds fiduciaire du Programme mondial d'appui aux industries extractives (EGPS) pour son apport de financement, ainsi que le bureau de l'économiste en chef pour la région Afrique.

À propos des éditeurs et des contributeurs

Éditeurs

James Cust est économiste senior au sein de la Région Afrique de la Banque mondiale. Son travaille se concentre sur les relations macroéconomiques entre ressources naturelles, changement climatique et développement durable. Il était auparavant directeur du programme de la Banque mondiale relatif à l'évolution des richesses des nations (*Changing Wealth of Nations* ou CWON). Il est par ailleurs cofondateur d'un réseau de conseillers économiques auprès de 40 présidents, africains dans le cadre de l'initiative du réseau d'économistes en chef des gouvernements (AfricaCEOG.org). Les recherches de James Cust ont été publiées dans des revues académiques, notamment le *Journal of the European Economic Association*, *Energy Economics* et *Climate Policy*. Son travail a été mentionné dans *The Economist*, dans *Nature*, par Reuters, dans le magazine *Finance and Development* du Fonds monétaire international, ainsi que dans d'autres publications. Il a été directeur de recherche au Natural Resource Governance Institute, avant de cofonder la Natural Resource Charter (Charte des ressources naturelles). Il est titulaire d'un doctorat en économie de l'université d'Oxford, ainsi que d'une licence d'économie de l'université de Cambridge.

Albert Zeufack est le directeur pays de la Banque mondiale pour l'Angola, le Burundi, la République démocratique du Congo (RDC) et Sao Tomé-et-Principe. Avant cette affectation, il a occupé le poste d'économiste en chef pour la région Afrique de la Banque mondiale de 2016 à 2022. De nationalité camerounaise, Albert Zeufack est rentré à la Banque mondiale dans le cadre du programme de recrutement de « jeunes professionnels » et a commencé sa carrière comme chercheur au sein de la Division macroéconomie du Département de la recherche. Il a ensuite occupé différents postes au sein des Régions Afrique, Asie de l'Est et le Pacifique, et Europe et Asie Centrale. Entre 2008 et 2012, il s'est mis en disponibilité, pour travailler dans le fonds souverain malaisien Khazanah Nasional Berhad en tant qu'économiste en chef et directeur de la recherche et de la stratégie. Albert Zeufack est titulaire d'un doctorat en sciences économiques du Centre d'Études et de Recherches sur le Développement International (CERDI-Université de Clermont-Ferrand), ainsi que d'un DEA en analyse et politiques économiques de l'Université de Yaoundé.

Contributeurs

Mamadou Tanou Balde, économiste consultant, Banque mondiale

Gracelin Baskaran, économiste consultant, Banque mondiale

Boubacar Bocoum, Spécialiste mines, Banque mondiale

Hannah Grupp, coordinatrice de programme, Banque mondiale

Pietro Guj, enseignant-chercheur, université d'Australie-Occidentale

Pierre Mandon, économiste, Banque mondiale

Justice Mensah, économiste, Banque mondiale

Nneoma Nwogu, conseillère juridique principale, Banque mondiale

Alexis Rivera Ballesteros, économiste consultant, Banque mondiale

Richard Schodde, directeur exécutif, MinEx Consulting

Zainab Usman, chargée de recherches et directrice, programme Afrique, Carnegie Endowment for International Peace

Messages clés

La capacité de l'Afrique à s'orienter vers une transition équitable dépendra de la mobilisation efficace des bénéfices économiques générés par les ressources pétrolières, gazières et minérales, tout en préparant ses économies à un avenir décarboné. Compte tenu de leur abondance, ces richesses naturelles peuvent jouer un rôle crucial dans la transformation économique du continent africain.

Les revenus générés par les ressources naturelles demeurent une source importante de financement pour les États ; dans la majorité des pays d'Afrique subsaharienne, les ressources naturelles dominent l'économie. En outre, après deux décennies de découvertes majeures en matière de gisements de pétrole et de minerai, les économies africaines vont pouvoir exploiter leurs richesses naturelles pendant de nombreuses années encore. Cependant, de nombreuses tendances de fonds vont déterminer les décennies à venir pour ces pays riches en ressources, ainsi que leur capacité à tirer profit de leurs exportations de matières premières.

Gérer la transition vers des économies à faible empreinte carbone. L'émergence d'économies décarbonées à l'échelle internationale va progressivement conduire à des réductions importantes de la demande de pétrole, de gaz et de charbon produits par l'Afrique. Il semble probable que nous assisterons à une augmentation nette de la demande en minerais destinés à la transition vers les énergies vertes, tels que le lithium, le cobalt, le cuivre, le platine et le manganèse, etc., dont il existe des gisements à différents endroits du continent.

Mécanisation et transformation numérique. La généralisation du numérique et de l'automatisation, tant au sein du secteur extractif qu'à différents points de la chaîne de valeur, présente des défis et de nouvelles perspectives pour la création d'emplois et de valeur ajoutée. Si l'automatisation et la numérisation conduiront sans doute à des gains en matière de productivité, elles pourraient également provoquer une hausse de l'intensité capitalistique et donc une baisse de la création d'emplois.

Réduire la dégradation de l'environnement. Parallèlement à la recherche de nouveaux sites extractifs se poursuivant, les activités économiques associées peut faire peser une pression supplémentaire sur les régions boisées. Du fait de l'abandon des combustibles fossiles, la transition vers des économies à faible empreinte carbone peut tempérer les effets de syndrome hollandais dans les pays exportateurs de pétroles à fort couvert boisé et faire peser un poids supplémentaire sur les forêts du fait de l'expansion de certains secteurs marchands tels que l'agriculture commerciale.

Faire face aux défis d'ordre plus structurel. Les défis structurels constituent une composante inhérente aux problématiques extractives et il est crucial de les gérer de manière efficace, en répondant notamment aux risques d'obsolescence et d'épuisement, en réduisant les écarts en matière de capital humain et en atténuant les symptômes du syndrome hollandais. Compte tenu de leur poids économique, ces ressources naturelles peuvent être un facteur déterminant de la croissance d'un pays et de la réussite de ses politiques de réduction de la pauvreté. La capacité d'un pays à gérer les complications générées par les activités extractives constitue en ce sens un enjeu politique central, tout particulièrement parce qu'elles affectent la productivité et la compétitivité des secteurs non-extractifs de l'économie, ce qui peut limiter les opportunités de diversification économique.

Constats clés

Selon certaines estimations, il faudrait qu'environ 80 % des réserves de combustibles fossiles ne soient pas extraites pour se conformer aux objectifs de l'Accord de Paris (Bos et Gupta, 2019). La transition entre combustibles fossiles et énergies vertes devrait cependant générer une demande de 3 milliards de tonnes de minerais et de métaux nécessaires au déploiement des technologies à énergie solaire, éolienne et géothermique d'ici 2050. Le lithium, le cobalt et le vanadium sont des éléments cruciaux permettant d'assurer le stockage de l'énergie, tandis que le cuivre, l'indium, le sélénium et le néodyme sont nécessaires à la fabrication des générateurs d'énergie éolienne et solaire.

Les richesses naturelles de l'Afrique restent cruciales pour son rétablissement économique. Environ un tiers de la richesse africaine est détenue sous la forme de capital naturel, notamment de gisements de pétrole et de minerai non-renouvelables (Banque mondiale, 2021). Par ailleurs, on estime que les rentes des ressources naturelles représentent 9 % du PIB des pays africains riches en ressources (Banque mondiale, 2021). Grâce à ces dotations en ressources, l'Afrique est bien positionnée pour pouvoir bénéficier de la transition vers la sobriété carbone, les ressources telles que le cobalt, le manganèse, le graphite et le lithium étant essentielles aux nouvelles technologies énergétiques. Les résultats, cependant, dépendront de la concrétisation des stratégies politiques ainsi que de la capacité à attirer de nouveaux investissements.

Bien que la croissance moyenne par habitant des pays d'Afrique subsaharienne riches en ressources aient dépassé celle de leurs homologues africains pauvres en ressources au cours du boom le plus récent (2004-2014), cette croissance s'est effondrée dès que les cours des matières premières ont baissé. Leurs homologues pauvres en ressources, en revanche, ont réussi à maintenir leur croissance durant les années ayant suivi le boom.

En dépit de l'augmentation des revenus et de la croissance ayant résulté du boom, celui-ci ne s'est pas traduit par une réduction proportionnelle des taux de pauvreté. La pauvreté extrême se concentre de plus en plus dans les pays d'Afrique subsaharienne riches en ressources. On estime que d'ici 2030, l'Afrique subsaharienne rassemblera plus de 80 % des habitants pauvres de la planète, et près de 75 % des personnes pauvres d'Afrique subsaharienne habiteront dans des pays riches en ressources. Le pourcentage d'habitants pauvres de la planète qui habiteront dans les économies riches en ressources d'Afrique subsaharienne devrait atteindre le chiffre vertigineux de 62 %, contre 13 % en l'an 2000.

La transition vers des économies à faible empreinte carbone a commencé. Des pays comme la République démocratique du Congo, l'Afrique du Sud et la Zambie en sont déjà des acteurs clés, respectivement en tant que principaux producteurs de cuivre, de plaine et de cobalt.

Quatre catégories de technologies jouent un rôle crucial dans la transformation numérique du secteur minier et des métaux : l'automatisation, la robotique et le matériel opérationnel ; une main-d'œuvre maîtrisant le numérique ; des entreprises, des plateformes et des écosystèmes intégrés ; ainsi que des outils nouvelle génération en matière d'analyse de données et d'assistance à la prise de décision.

La contribution par habitant des pays africains au changement climatique mondial demeure la plus faible entre toutes les régions. L'existence de besoins économiques et énergétiques urgents à l'échelle nationale indique également que la production et la consommation de combustibles fossiles est susceptible de continuer à jouer un rôle essentiel. Le gaz naturel, en particulier, peut être une source de recettes d'exportation en même tant qu'un combustible de transition déployé parallèlement aux technologies d'énergie renouvelable. Les gouvernements africains, cependant, peuvent tirer profit de la décarbonisation globale afin d'accélérer la diversification, renforcer la résilience aux chocs externes et anticiper le déclin des marchés de combustibles fossiles.

La mobilisation de la valeur entière des ressources souterraines de l'Afrique ne doit pas se faire au détriment de l'immense capital naturel renouvelable détenu par le continent, notamment les terres arables, les ressources en eau et la biodiversité des écosystèmes. Or, la dégradation des ressources naturelles a augmenté d'environ 150 % au cours du boom. La superficie boisée totale a diminué de 2 %, passant d'environ 6;9 millions de km^2 en 2004 à environ 6,5 millions de km^2 en 2014 (Banque mondiale, base de données World Development Indicators, 2022).

La capacité de l'Afrique à s'orienter vers une transition équitable dépendra de la mobilisation efficace par les pays des bénéfices économiques générés par les ressources pétrolières, gazières et minérales, parallèlement à leur préparation à un avenir sobre en carbone.

Références

Bos, K. et J. Gupta. 2019. « Stranded Assets and Stranded Resources: Implications for Climate Change Mitigation and Global Sustainable Development. » *Energy Research & Social Science* 56 : 101215.

Cust, J., A. Rivera-Ballesteros et A. Zeufack. 2022. « The Dog That Didn't Bark: The Missed Opportunity for Africa's Resource Boom. » Document de travail n° 1012, Banque mondiale, Washington, DC.

Banque mondiale. 2021. *The Changing Wealth of Nations: Managing Assets for the Future.* Washington, DC : Banque mondiale.

Présentation générale

Dans la majorité des pays d'Afrique subsaharienne, les minerais, le pétrole et le gaz représentent un tiers ou plus des exportations, et peuvent représenter une part similaire des recettes publiques. La majorité des pays d'Afrique subsaharienne peuvent être classés dans la catégorie des pays riches en ressources, tandis que d'autres, compte tenu des nouvelles découvertes majeures survenues au cours des deux dernières décennies, pourraient bientôt rentrer dans cette catégorie.

Si l'Afrique subsaharienne dispose de vastes réserves de ressources naturelles, notamment de pétrole, de gaz et de minerais, elle peine cependant à convertir ces richesses en une prospérité durable. Lors du dernier boom du prix des matières premières, qui s'est étalé de 2004 à 2014, la croissance économique s'est accélérée pour atteindre des niveaux records dans les pays de la région riches en ressources. Cette prospérité, cependant, s'est révélée précaire et dépendante de prix élevés sur le cours de matières premières ; ainsi, au cours de cette période, rares sont les pays à s'être détournés d'un modèle économique fondé sur les ressources naturelles. Depuis la baisse du prix des matières premières constaté en 2014, la croissance des pays d'Afrique subsaharienne riches en ressources est plus lente que le taux de croissance moyen observé dans la région, ce qui est conforme à l'hypothèse d'une « malédiction des ressources naturelles ».

Le précédent cycle de hausse et de chute du cours des matières premières en Afrique subsaharienne a été marqué par des opportunités manquées pour les pays de la région riches en ressources, lesquels n'ont pas réussi à convertir les recettes liées aux ressources naturelles en une prospérité durable et diversifiée. Cela a conduit à un ralentissement de la croissance économique ainsi qu'à des avancées décevantes en matière de réduction de la pauvreté. On prévoit que d'ici 2030, la région Afrique devrait rassembler plus de 80 % des pauvres de la planète, et près de 75 % d'entre eux devraient habiter dans des pays riches en ressources. Ainsi, l'éradication de la pauvreté au niveau mondial est devenue une problématique par trop concentrée dans les pays riches en ressources d'Afrique subsaharienne.

Les richesses naturelles de l'Afrique abritent cependant un important potentiel économique inexploité. Environ un tiers du stock total de ressources naturelles de l'Afrique subsaharienne est détenu sous différentes formes de capital naturel, notamment les gisements non renouvelables d'hydrocarbures et de minerais (Banque mondiale, 2021). On a constaté en Afrique subsaharienne davantage de découvertes de gisements de pétrole depuis l'an 2000 que dans n'importe quelle autre région du monde ; au cours des années 2010, 50 % des découvertes de champs de pétrole géant se sont concentrées dans cette région (Cust, Rivera-Ballesteros et Mihalyi, 2021). De nombreux projets miniers et pétroliers demeurent cependant sous-exploités. La forte hausse du prix des matières premières, si elle se maintient, peut constituer une opportunité majeure pour les nouveaux projets et, partant, procurer de nouvelles sources de recettes publiques.

Il est vital pour leur avenir que les pays africains sachent tirer profit de leurs ressources naturelles et ainsi favoriser la croissance économique de la région. Les ressources souterraines comme les métaux, les minerais, le pétrole et le gaz demeurent des sources importantes de recettes publiques, de revenus d'exportation et de potentiel de développement économique dans la majorité des pays africains. Les gisements de ressources naturelles peuvent être exploités sur plusieurs décennies, d'autant plus que de nouveaux gisements sont découverts chaque année. Les revenus générés par les ressources naturelles demeurent une source importante de financement pour les États, et dans la majorité des pays d'Afrique subsaharienne, les ressources naturelles représentent une part considérable de l'économie. Afin de mieux mobiliser ces revenus en faveur d'une transformation économique du continent et ainsi établir une croissance durable, les pays de la région ont à leur disposition toute une panoplie de mesures politiques à mettre en œuvre (cf. encadré PG.1).

ENCADRÉ PG.1

Recommandations politiques

Capter toute la valeur des rentes des ressources naturelles en se basant sur des réglementations fiscales susceptibles d'attirer des investissements et suffisamment résilientes aux changements de conditions. Selon les estimations de la Banque mondiale, la valeur rentière s'établit en moyenne à 2,6 fois le niveau des recettes publiques, avec des variations plus ou moins grandes selon les pays. Cela signifie qu'une part importante de revenus inexploités correspondant à des investissements échappent aux États, ce qui conduit à un subventionnement important de la production. Les pays sont par conséquent incités à augmenter leur production de combustibles – et donc leurs

(suite)

Encadré PG.1 (suite)

émissions de gaz à effet de serre – par rapport aux niveaux qui seraient les leurs s'ils étaient capables de capter la totalité des rentes. L'industrie extractive conduit également à des externalités environnementales et sociales qui ne sont pas toujours complètement prises en charge par les producteurs. Une meilleure imposition des activités extractives permettrait de générer un « double dividende », à la fois pour la population et pour la planète. Il serait ainsi possible d'investir de façon bien plus efficace dans l'administration fiscale et de capter une part plus importante des rentes des ressources naturelles. La communauté internationale pourrait également jouer un rôle d'accompagnement pour les États de la région dans le cadre de leurs mesures visant à réduire le changement climatique et à améliorer les résultats du développement.

Faire face aux défis structurels et préparer le prochain cycle d'expansion et de récession. Il est possible que les responsables politiques des pays riches en ressources rencontrent davantage de succès en misant sur une diversification des actifs plutôt qu'une diversification des exportations. La diversification du portefeuille d'actifs constitue une étape importante vers une croissance durable et constitue une option plus réalisable pour les pays riches en ressources que la diversification traditionnelle des exportations en raison de la pression exercée par le syndrome hollandais (Cust et Rivera-Ballesteros, 2021a). Selon le rapport *L'évolution des richesses des nations 2021* (Banque mondiale, 2021) le fait de cibler une diversification du portefeuille d'actifs – c'est-à-dire investir dans l'expansion du capital humain et physique – et non la diversification des exportations peut représenter une stratégie politique efficace afin d'assurer une croissance économique durable. Cette recommandation se fonde sur des travaux antérieurs (Gill *et al.*, 2014 ; Peszko *et al.*, 2020) soulignant les avantages d'une diversification du portefeuille. Afin de parvenir à cette diversification de leurs actifs, les pays doivent cependant réussir à transformer les gains générés par l'extraction des ressources en d'autres catégories d'actifs productifs.

Tenir compte de la malédiction des ressources annoncées. Les pays doivent veiller à déployer des politiques qui soient cohérentes avec la gestion des attentes et le maintien d'une durabilité fiscale, en tempérant les pressions favorables à des emprunts et à des dépenses avant que des recettes aient été générées. Les découvertes de gisements peuvent laisser les États démunis lorsque ceux-ci ne sont pas préparés à une baisse des cours. Cela est particulièrement le cas dans des situations où la décarbonisation à l'échelle internationale peut conduire à une baisse future des prix des combustibles fossiles, en même temps qu'à une plus grande volatilité des prix des ressources naturelles en raison des écarts entre l'offre et la demande. Le surendettement et les récessions brutales liées aux ressources naturelles peuvent ainsi provoquer un recul économique, annulant la valeur positive du boom.

Améliorer la durabilité de l'économie en utilisant les revenus issus du secteur des ressources. Afin de faire passer l'épargne nette ajustée du négatif au positif, les États doivent investir dans le capital humain, notamment l'éducation et la santé, dans le capital produit, en particulier les infrastructures, ainsi que dans le capital naturel,

(suite)

Encadré PG.1 (suite)

comme les forêts, les terres arables et le tourisme fondé sur la nature. Les revenus générés par les secteurs miniers et pétroliers peuvent être utilisés afin de financer ces formes de capital.

Accompagner la transition vers l'automatisation et la mécanisation. Compte tenu des prévisions de baisse de l'emploi consécutives à la mécanisation du secteur minier, il est crucial d'identifier de nouveaux moyens pour augmenter les opportunités d'emploi. Le dividende démographique se traduira par une nette augmentation du volume de personnes actives : pour tirer profit de cette main d'œuvre dans le secteur minier, il sera ainsi nécessaire de renforcer l'éducation de base. Il est ainsi important d'établir et de déployer des programmes de développement des compétences qui soient conformes aux avancées de la mécanisation et à la diversification des activités économiques, afin d'amortir la baisse des besoins en main d'œuvre causée par la mécanisation. Bien que la mécanisation débouche sur une productivité et des revenus considérablement plus élevés, celle-ci a un impact important sur les dynamiques d'emploi à l'échelon local. Les États doivent améliorer les résultats scolaires dans les communautés situées à proximité des mines et établir des bases solides en mathématiques et en sciences afin de s'assurer que les apprenants pourront s'insérer efficacement dans un monde à forte intensité technologique.

Réenvisager l'établissement ou l'augmentation des droits de douanes relatifs aux chaînes de valeur régionales du secteur extractif. Dans le cadre de la Zone de libre-échange continentale africaine, les pays membres doivent progressivement diminuer 90 % de leurs lignes tarifaires sur les 5 à 10 prochaines années, tandis que 7 % d'entre eux, catégorisés comme des pays sensibles, bénéficieront d'un délai supplémentaire. La première étape de cette stratégie consiste à ne pas instaurer de nouveaux droits de douane. Les pays peuvent aller plus loin en limitant au maximum l'instauration de nouveaux droits de douane, ainsi qu'en réduisant les droits de douane existants afin de favoriser le développement de chaînes de valeurs liées aux secteurs extractifs au niveau régional en Afrique. Malheureusement, les stratégies politiques des secteurs extractifs sont de nos jours souvent formulées en termes nationaux, et non régionaux.

Harmoniser la taxation et les redevances du secteur minier au niveau régional. L'harmonisation fiscale comporte trois composantes : un alignement des taux d'imposition ; une définition commune de l'assiette fiscale ; et une application uniforme des réglementations entérinées (Mansour et Rota-Graziosi, 2013). L'absence de politique fiscale harmonisée peut nuire à l'intégration régionale, même lorsqu'une union douanière, un marché commun et une union monétaire ont été établis (FMI, 2015). L'instauration de taux d'imposition uniformisés permettrait de réduire les distorsions fiscales et empêcher une concurrence fiscale visant à attirer les capitaux. La concurrence fiscale peut alimenter une dynamique de nivellement vers le bas, laquelle, du fait de la baisse des recettes fiscales, ne bénéficiera à aucun pays. L'harmonisation des tarifs douaniers et des redevances nécessite une mise en œuvre rigoureuse, notamment en matière de coordination et de surveillance. À cet effet, l'établissement d'un niveau de taxation minimum constituerait une première étape importante.

Principaux constats

La richesse de l'Afrique subsaharienne en ressources naturelles n'est pas en baisse mais en augmentation. Il existe aujourd'hui en Afrique subsaharienne considérablement plus de pays catégorisés comme des pays riches en ressources qu'au début du XXIe siècle, une tendance qui s'accentue année après année en raison des nouvelles découvertes. Si l'on se base sur une définition spécifique (FMI, 2012), le nombre de pays riches en ressources serait passé de 18 sur 48 pays avant le boom, à 26 sur 48 après celui-ci. La carte PG.1 détaille les

Carte PG.1 Pays d'Afrique subsaharienne riches en ressources au cours du boom du prix des matières premières

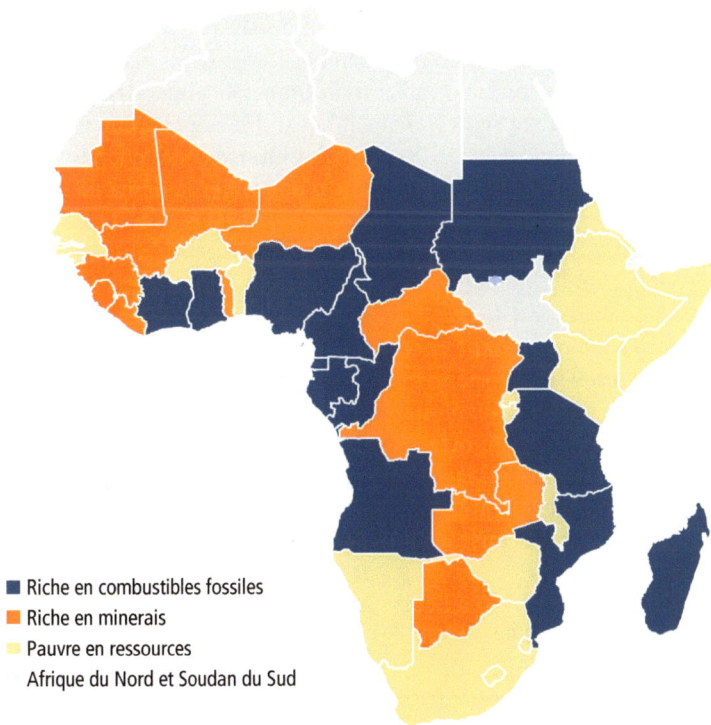

Riche en combustibles fossiles
Riche en minerais
Pauvre en ressources
Afrique du Nord et Soudan du Sud

Source : définition du FMI (2012).
Note : les pays riches en ressources sont définis par le FMI (2012) comme des pays à faible revenu, des pays à revenu intermédiaire tranche inférieure ou des pays à revenu intermédiaire tranche supérieure dont les revenus ou les exportations liés aux ressources naturelles équivalaient à au moins 20 % des recettes fiscales totales ou à au moins 20 % des exportations sur la période 2006-2010. Cette définition inclut des pays où des réserves ont été identifiées mais où la production n'a pas commencé, ou bien n'a pas atteint de niveaux importants. Les pays où le pétrole ou le gaz constituent le principal type de ressource naturelle apparaissent en bleu. Les pays où les minerais ou les métaux constituent le principal type de ressource naturelle apparaissent en orange. Le Soudan du Sud n'a pas été inclus dans la catégorie des pays riches en ressources par le FMI (2012).

pays appartenant à la catégorie des pays riches en ressources naturelles (soit la majorité des pays d'Afrique subsaharienne). Cette tendance est le résultat de différents facteurs : nouvelles découvertes, nouvelles productions et hausse du prix des ressources, qui a conduit à une augmentation de la richesse en ressources et du niveau de dépendance à celles-ci, ainsi qu'à l'inclusion de nouveaux pays dans cette catégorie. Du fait de multiples découvertes, le nombre de champs pétroliers et gaziers existants ont plus que doublé dans la région au cours des quatre dernières décennies. À l'inverse, rares sont les pays à avoir quitté ce groupe en raison des difficultés rencontrées pour diversifier leur économie et atténuer leur dépendance aux ressources naturelles.

Le réchauffement climatique va entraîner un changement de paradigme en matière de ressources naturelles. Selon certaines estimations, pour que les objectifs de réduction des émissions de CO^2 soient tenus, il faudrait qu'environ 80 % des réserves attestées de combustibles fossiles ne soient pas extraites (Bos et Gupta, 2019). La transition entre combustibles fossiles et énergies vertes devrait générer une demande de 3 milliards de tonnes de minerais et de métaux, lesquels seront nécessaires au déploiement des technologies à énergie solaire, éolienne et géothermique d'ici 2050. Cette transition vers des énergies à faible empreinte carbone aura pour conséquence d'intensifier la demande pour de nombreuses ressources présentes en abondance dans la région. Le lithium, le cobalt et le vanadium sont des éléments cruciaux permettant d'assurer le stockage de l'énergie, tandis que le cuivre, l'indium, le sélénium et le néodyme sont nécessaires à la fabrication des générateurs d'énergie éolienne et solaire.

Le potentiel est cependant encore largement inexploité. Compte tenu des réserves naturelles importantes du continent africain et de son potentiel d'investissement encore inexploité, ses réserves de ressources naturelles représentent un facteur important pour son rétablissement économique. Environ un tiers des richesses de l'Afrique subsaharienne est détenu sous différentes formes de capital naturel, notamment des gisements non renouvelables d'hydrocarbure et de minerai, qui étaient valorisés à plus de 5 billions de dollars US au cours des années d'expansion économique (Banque mondiale, 2021). Par ailleurs, on estime que les rentes des ressources naturelles représentent 9 % du PIB des pays d'Afrique subsaharienne riches en ressources (Banque mondiale, 2021). Ce chiffre, cependant, dépasse largement les revenus captés par les États, les rentes étant en moyenne 2,6 fois supérieures aux revenus. Ce constat indique que les pays ne parviennent pas à capter la totalité de leurs rentes.

Bien qu'il ait été relativement peu exploré, le continent africain abrite déjà une part conséquente des ressources en minerai de la planète. Grâce à ses dotations en ressources, l'Afrique est très bien placée pour bénéficier de la transition vers une énergie verte, les ressources telles que le cobalt, le manganèse, le graphite et le lithium étant essentielles aux nouvelles technologies énergétiques.

Ce cycle d'expansion et de récession, ainsi que l'héritage qu'il a laissé derrière lui, a été une période d'opportunités manquées. N'ayant pas saisi les opportunités qui s'offraient à eux au cours des années d'expansion économique, les pays se sont retrouvés mal préparés à la chute des prix des matières premières. Rares sont ceux à avoir préservé et investi une proportion suffisante des revenus générés par leurs ressources naturelles afin d'accroître leur richesse nationale par l'accumulation d'actifs de compensation au cours du boom. Par conséquent, la période de chute des cours s'est traduite par un effondrement de la croissance ainsi que par une annulation des gains économiques réalisés au cours du boom. Plusieurs pays riches en ressources ont même fait défaut sur leur dette souveraine après 2014. Au cours de cette période de récession (2015-2020), une tendance plus générale est apparue : les pays riches en ressources naturelles ont connu un ralentissement de la croissance de leur PIB et présentaient des taux inférieurs à ceux du reste du continent africain (graphique PG.1).

La concentration de la pauvreté dans les pays d'Afrique subsaharienne riches en ressources s'est nettement accentuée, et cette tendance devrait continuer ; dans le même temps, les inégalités demeurent bien ancrées. En dépit de l'augmentation des revenus ayant résulté du boom, la pauvreté extrême se concentre de plus en plus dans les pays d'Afrique subsaharienne riches en ressources. En raison de ce recul constaté depuis le début de la baisse du prix des matières premières en 2015, la pauvreté est à nouveau en augmentation dans les pays riches en ressources. En 2030, plus de 80 % des pauvres de la

Graphique S.1 Baisse de la croissance du PIB par habitant après la fin du boom des ressources naturelles

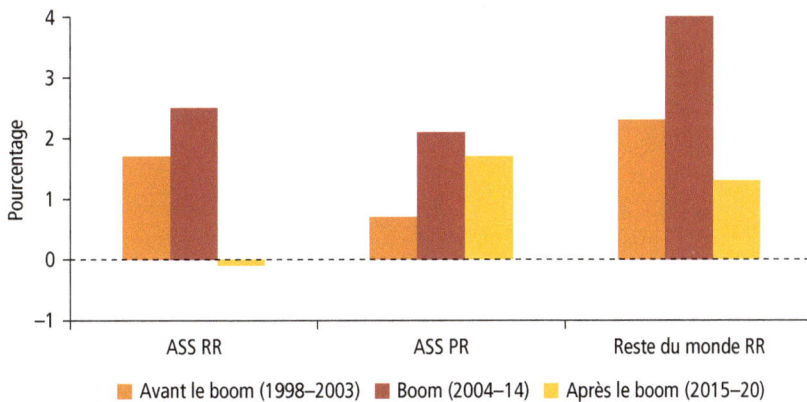

Source : données de la Banque mondiale, 2022.
Remarque : croissance du PIB par habitant, par groupe de pays. RR = riche en ressources ; ASS = Afrique subsaharienne. RR reste du monde = pays hors Afrique subsaharienne dépassant les seuils utilisés pour définir la richesse en ressources naturelles.

planète devraient habiter en Afrique subsaharienne et plus de 75 % des pauvres d'Afrique subsaharienne habiteront dans des pays riches en ressources naturelles (Cust, Rivera-Ballesteros et Zeufack, 2022). En termes absolus, le nombre total de personnes considérées comme pauvres devrait atteindre environ 379 millions d'individus, tandis que ce nombre pour les pays d'Afrique pauvres en ressources ne devrait pas dépasser la barre des 120 millions d'individus. Additionnés, la part de personnes pauvres au niveau mondial habitant dans les économies riches en ressources d'Afrique subsaharienne devrait atteindre le chiffre vertigineux de 62 %, contre 13 % en l'an 2000. À titre de comparaison, 20 % d'entre eux devraient habiter dans des pays d'Afrique pauvres en ressources (Cust, Rivera-Ballesteros et Zeufack, 2022).

Une incapacité à stimuler la diversification économique. Si les performances économiques globales étaient élevées au cours du boom, elles n'ont guère duré après celui-ci. Ce constat met en lumière la prépondérance du secteur des ressources naturelles parmi les facteurs de croissance économique, tout en révélant une incapacité à traduire la période d'expansion en une prospérité économique mieux étayée. Le ralentissement des taux de croissance à la suite de la baisse des cours des matières premières a été la preuve la plus flagrante que le boom économique était trop limité et qu'il ne pouvait durer. Au cours de la période ayant suivi le boom, la croissance annuelle du PIB par habitant dans les pays riches en ressources était en moyenne 2,5 points de pourcentage inférieure à celle constatée pendant le boom, et 1,5 points de pourcentage inférieure à celle des pays pauvres en ressources naturelles de la même région (Cust, Rivera-Ballesteros et Zeufack, 2022). De nombreux pays ont ainsi « consommé » le boom.

Libérer le potentiel économique de la chaîne de valeur du secteur minier en misant sur l'intégration régionale et à la zone de libre-échange continentale africaine (ZLECAf) constitue une opportunité majeure. La ZLECAf rassemble 54 pays africains, avec une population totale de plus d'un milliard d'habitants et un PIB combiné de plus de 3,4 billions de dollars US (Banque mondiale, 2020b). Si elle est mise en œuvre avec succès, elle permettra aux pays de développer leurs liaisons avec les chaînes de valeur régionales et mondiales. La ZLECAf constitue la plus grande zone de libre-échange au monde et a le potentiel de débloquer environ 3,2 billions de dollars américains en commerce intra-africain. La ZLECAf offre donc une occasion sans précédent de développer sur le continent la chaîne de valeur qui va de l'extraction jusqu'au marché. Bien que de nombreux pays privilégient une valorisation au niveau local, peu d'entre eux ont la capacité de la réaliser entièrement au niveau national. Déployée de façon efficace, la ZLECAf permettrait à divers pays du continent de se spécialiser dans une sélection de composants de la chaîne de valeur et de faire transiter ces composants entre les pays participants, sans barrières tarifaires.

Les barrières tarifaires existant dans le secteur extractif ont entravé le déploiement de la ZLECAf. Afin d'augmenter les bénéfices qu'ils peuvent tirer du secteur minier à un moment où la pression fiscale s'accroît et où le taux de chômage augmente, nombreux sont les États à avoir opté pour des stratégies d'industrialisation fondées sur une politique d'extraction de minerais intégrant une augmentation des droits de douane, ou bien ne correspondant pas du tout aux principes du marché unique.

Les barrières non tarifaires affectent négativement la compétitivité des chaînes de valeurs du secteur minier dans la région. Les barrières non tarifaires (BNT) demeurent un obstacle majeur à la concrétisation des bénéfices potentiels de la ZLECAf. Les BNT renvoient à des réglementations et à des procédures autres que les droits de douane, qui accroissent les difficultés et augmentent les coûts en matière d'importation et d'exportation de produits. Une étude réalisée par la CNUCED révèle que les BNT sont au moins trois fois plus contraignantes que les droits de douanes classiques ; l'Afrique subsaharienne verrait son PIB augmenter de 20 milliards de dollars US si elle résolvait ces problèmes de BNT au niveau continental. Bien qu'en vertu de l'article 4, les États parties doivent « [éliminer] progressivement les barrières tarifaires et non-tarifaires au commerce des marchandises », une étude publiée par Fitch Ratings en 2021 révèle que la suppression des BNT dans le cadre de la ZLECAf devrait être bien inférieure aux ambitions de l'accord, ce qui limitera l'impact de celui-ci. Les coûts liés aux transports et à la logistique dans les pays d'Afrique subsaharienne sont disproportionnés par rapport à ceux des autres pays en développement. Selon un rapport de la CNUCED (1999), dans 31 pays d'Afrique subsaharienne sur 43, le coût du fret pour les marchandises importées est 50 % plus élevé que la moyenne des pays en développement. De même, l'amélioration de l'accès à l'infrastructure électrique et la baisse des coûts associés peut permettre de renforcer le développement des relations interindustrielles. La mise à disposition d'une énergie fiable et peu coûteuse est cruciale pour établir un avantage comparatif dans la transformation des intrants et dans le traitement des minerais.

L'avenir des ressources naturelles africaines dépendra de la capacité des États à suivre les tendances de fond, notamment la transition vers une économie sobre en carbone. Bien que l'abandon progressif de la dépendance aux marchés mondiaux du pétrole, du gaz et du charbon devrait prendre plusieurs décennies, cette période de transition présente des risques importants, bien qu'incertains, pour les exportateurs de combustibles fossiles en Afrique. D'un autre côté, l'augmentation de la demande en métaux et en minerais pourrait alimenter l'établissement d'une économie sobre en carbone. Les perspectives peuvent ainsi être plus encourageantes pour les pays disposant de types de métaux et de minerais spécifiques.

La demande de combustibles fossiles devrait nettement baisser au cours des prochaines décennies. En fonction du rythme des transformations technologiques et politiques, cette baisse de la demande pourrait exercer une pression négative continue sur les cours des combustibles fossiles et compromettre la capacité des pays africains à tirer profit de leurs richesses en ressources liées au carbone ; ces derniers encourraient ainsi le risque de devenir des « nations échouées » (Cust, Manley et Cecchinato, 2017). Les signaux envoyés par l'évolution des prix sur les marchés du pétrole et du gaz, cependant, continuent à encourager le développement soutenu de nouveaux actifs. Pour les gouvernements africains et leurs citoyens, l'impératif est d'être bien préparé face à différents scénarios futurs possibles, c'est-à-dire en envisageant un scénario de politiques plus strictes de lutte contre le changement climatique et de réduction de la demande de combustibles fossiles à la suite des engagements de neutralité carbone définis par l'Accord de Paris, mais également le scénario d'une diminution beaucoup plus lente de la consommation de pétrole au niveau mondial. Bien qu'il paraisse difficile de limiter le risque « souterrain » que présentent les gisements de combustibles fossiles non développés et non extraits, de nombreuses stratégies politiques peuvent accroître ou diminuer l'exposition au risque « au-dessus du sol ». Le présent rapport aborde différentes facettes de cette problématique, notamment la part de fonds publics qu'il convient d'investir dans des entreprises publiques de combustibles fossiles, les emplois et les industries liés aux combustibles fossiles, ou encore les fonds souverains détenant des actions d'entreprises de combustibles fossiles.

Les perspectives à moyen et long terme pour l'exploration et les industries minières sur le continent africain semblent positives. Les nouveaux investissements directs étrangers en matière d'exploration minière et de développement des mines devraient être stimulés par des projections de croissance importante sur le plan de la demande en minerais destinés aux technologies énergétiques (Banque mondiale, 2020a), alimentée par la transition vers les énergies vertes, lesquelles nécessitent une grande quantité de métaux. Qui plus est, les projections du scénario où la hausse des températures serait comprise entre 1,5 °C et 2 °C impliquent des niveaux de demande de minerais beaucoup plus élevés que les augmentation – déjà conséquentes – liées à la croissance continue d'une population mondiale qui migre vers des aires urbaines à la recherche de meilleures conditions de vie et d'environnement.

La mécanisation et la numérisation vont avoir un impact profond sur la productivité et l'emploi. L'adoption des technologies numériques dans le secteur minier est en train de s'accélérer. Quatre catégories de technologies vont jouer un rôle crucial dans la transformation numérique du secteur minier et des métaux : l'automatisation, la robotique et le matériel opérationnel ; une main d'œuvre maîtrisant le numérique ; des entreprises, des plateformes et des écosystèmes intégrés ; ainsi que des outils nouvelle génération en matière d'analyse de données et d'assistance à la prise de décision. Les entreprises font le choix de la mécanisation afin de rester rentables dans le contexte de chocs d'offre et de demande (Baskaran, 2021). Si la mécanisation permet d'améliorer la compétitivité-coût en augmentant la productivité, elle a aussi pour effet de réduire le nombre d'emplois nécessaires. Dans la région, les niveaux d'automatisation varient d'un pays à l'autre. Par exemple, en Afrique australe, le Botswana et l'Afrique du Sud présentent un niveau de mécanisation plus élevé que la moyenne, tandis que les mines de la Zambie et du Zimbabwe exigent encore, pour la plupart d'entre elles, une main-d'œuvre importante.

La dégradation de l'environnement s'accélère, et les choses pourraient empirer. L'épuisement des ressources naturelles en Afrique subsaharienne a augmenté d'environ 150 % au cours du boom ; dans les pays de la région riches en ressources naturelles, ce chiffre atteint plus de 190 %. La superficie boisée totale a diminué de 2 %, passant d'environ 6;9 millions de km^2 en 2004 à 6,5 millions de km^2 en 2014. La contribution par habitant des pays d'Afrique subsaharienne au changement climatique mondial, cependant, demeure la plus faible entre toutes les régions du monde. Les gouvernements africains doivent ainsi établir des stratégies visant à tirer profit de la décarbonisation globale, afin d'accélérer la diversification, renforcer la résilience aux chocs externes et anticiper le déclin des marchés de combustibles fossiles.

Le lien entre l'extraction de ressources et la perte de forêts est plus complexe que les cas de déboisement observés autour des sites d'extraction. De nouvelles recherches ont révélé que le volume des exportations de ressources naturelles, et par conséquent l'intensité du syndrome hollandais dans un pays, peut influencer les niveaux de déforestation. La déforestation est alimentée par l'impact du prix relatif des ressources naturelles et des produits agricoles dans des pays où l'expansion agricole est susceptible d'empiéter sur les forêts. Dans le cadre de ce mécanisme, nommé « syndrome amazonien » par Cust, Harding et Rivera-Ballesteros (*à paraître*) car analysé pour la première fois au Brésil, la chute des exportations de pétrole ou des cours du pétrole peut accroître la compétitivité de l'agriculture dans le même pays, et par conséquent le déboisement, comme cela a pu être constaté lors de la période ayant suivi la chute des prix du pétrole en 2015. Ainsi, la décarbonisation au niveau mondial pourrait affaiblir les symptômes du syndrome hollandais dans les pays exportateurs de pétrole ; par ailleurs, comme de nombreux pays africains possèdent des forêts en abondance, l'amélioration de la compétitivité de l'agriculture peut avoir pour effet d'accélérer la déforestation. Compte tenu du fait que le territoire des pays exportateurs de pétrole en Afrique subsaharienne est souvent constitué de forêts tropicales, ce processus pourrait avoir des impacts imprévus majeurs si la région décarbonise son économie sans mesures politiques soigneusement configurées.

La gestion des défis structurels nécessitera l'établissement de nouvelles stratégies politiques. L'avenir de la transformation économique de l'Afrique dépendra de sa capacité à augmenter la productivité et à générer des emplois et des revenus, notamment dans les secteurs orientés vers l'exportation – hors exportations de matières premières. Cependant, ces augmentations sont difficiles à concrétiser dans des situations de richesses en ressources naturelles. Il existe trois principaux écarts en matière de capital humain dans les pays riches en ressources. Premièrement, le secteur des ressources naturelles a tendance à priver de capital humain certains secteurs à productivité élevée. Deuxièmement, la répartition du capital humain entre hommes et femmes est plus inégalitaire dans les pays riches en ressources naturelles non renouvelables. Troisièmement, le capital humain dans les pays riches en ressources a tendance à être orienté vers le secteur public. Ces caractéristiques peuvent contribuer ou être associées à une réduction de la productivité globale de la main d'œuvre du fait de la dépendance aux ressources naturelles.

Références

Baskaran, G. 2021. « Firms' Approach to Mitigating Risks in the Platinum Group Metals Sector. » *Mineral Economics* 34 (3) : 385-98.

Bos, K. et J. Gupta. 2019. « Stranded Assets and Stranded Resources: Implications for Climate Change Mitigation and Global Sustainable Development. » *Energy Research & Social Science* 56 : 101215.

Cust, J., T. Harding, H. et A. Rivera-Ballesteros. À paraître. « Tropical Deforestation and Terms of Trade Shocks. » Banque mondiale, Washington, DC.

Cust, J., D. Manley, and G. Cecchinato. 2017. « Unburnable Wealth of Nations. » *Finance and Development* 54 (1). https://www.imf.org/external/pubs/ft/fandd/2017/03/cust .htm.

Cust, J. et A. Rivera-Ballesteros. 2021a. « The Nonrenewable Wealth of Nations. » Dans *Changing Wealth of Nations 2021: Managing Assets for the Future*, 193-223. Washington, DC : Banque mondiale.

Cust, J., A. Rivera-Ballesteros et D. Mihalyi. 2021. « The Economic Effects of Giant Oil and Gas Discoveries. » Dans *Giant Fields of the Decade: 2010–2020; AAPG Memoir 125*. American Association of Petroleum Geologists, 21-35.

Cust, J., A. Rivera-Ballesteros et A. Zeufack. 2022. « The Dog That Didn't Bark: The Missed Opportunity for Africa's Resource Boom. » Document de travail n° 1012, Banque mondiale, Washington, DC.

Fitch Ratings. 2021. « African FTA Growth Impact Too Small to Affect Ratings. » Fitch Ratings, 7 janvier 2021. https://www.fitchratings.com/research/sovereigns/african -fta-growth-impact-too-small-to-affect-ratings-07-01-2021.

Gill, I. S., I. Izvorski, W. van Eeghen et D. De Rosa. 2014. *Diversified Development: Making the Most of Natural Resources in Eurasia*. Washington, DC : Banque mondiale.

AIE (Agence internationale de l'énergie). 2021. « The Role of Critical Minerals in Clean Energy Transitions. » World Energy Outlook Special Report, AIE, Paris. https://www .iea.org/reports/the-role-of-critical-minerals-in-clean-energy-transitions.

FMI (Fonds monétaire international). 2012. « Macroeconomic Policy Frameworks for Resource - Rich Developing Countries. » Policy Paper, Fonds monétaire international, Washington, DC. https://bit.ly/2txKGzB.

FMI (Fonds monétaire international). 2015. « Options for Low-Income Countries' Effective and Efficient Use of Tax Incentives for Investment. Report to the G20 Development Working Group. » FMI, Washington, DC.

Mansour, M., et G. Rota-Graziosi. 2013. « Tax Coordination, Tax Competition, and Revenue Mobilization in the West African Economic and Monetary Union. » Document de travail n° 13/163, Fonds monétaire international, Washington, DC.

Peszko, G., D. van der Mensbrugghe, A. Golub, J. Ward, C. Marijs, A. Schopp, J. Rogers et A. Midgley. 2020. *Diversification and Cooperation in a Decarbonizing World: Climate Strategies for Fossil Fuel–Dependent Countries*. Washington, DC : Banque mondiale.

CNUCED (Conférence des Nations Unies sur le commerce et le développement). 1999. « Investing in Transport Is an Investment in Africa's Future. » Communiqué de presse, 20 octobre 1999. https://unctad.org/press-material/investing-transport-investment-africas-future.

Banque mondiale. 2020a. *Minerals for Climate Action: The Mineral Intensity of the Clean Energy Transition*. Washington, DC : Groupe de la Banque mondiale.

Banque mondiale. 2020b. *The African Continental Free Trade Area. Economic and Distribution Effects*. Washington, DC : Groupe de la Banque mondiale.

Banque mondiale. 2021. *The Changing Wealth of Nations: Managing Assets for the Future*. Washington, DC : Banque mondiale.

Sigles et acronymes

AIF	*ASEAN Infrastructure Fund* (fond de l'ANASE pour l'infrastructure)
AMLA	*African Mining Legislation Atlas* (atlas de la législation minière en Afrique)
ANASE	Association des nations de l'Asie du Sud-Est
BNT	barrières non tarifaires
CDAA	Communauté de développement de l'Afrique australe
CER	communautés économiques régionales
CNUCED	Conférence des Nations Unies sur le commerce et le développement
EP	entreprises publiques
EV	véhicules électriques
FMI	Fonds monétaire international
ITIE	Initiative pour la transparence dans les industries extractives
OCDE	Organisation de coopération et de développement économiques
OIT	Organisation internationale du travail
PCL	politique de contenu local
PIB	Produit intérieur brut
PMA	pays les moins avancés
TN	transformation numérique
WTO	Organisation mondiale du commerce
ZLECAf	zone de libre-échange continentale africaine

Sauf mention contraire, tous les montants en dollars sont exprimés en dollars américains.

·

Abrégé

Le potentiel économique inexploité des ressources pétrolières, gazières et minérales de l'Afrique subsaharienne

L'Afrique dispose d'une richesse considérable sur le plan des ressources naturelles. Le continent abrite en effet des ressources en abondance, notamment des réserves de diamants, d'or, de pétrole, de gaz naturel, d'uranium, de cuivre, de cobalt, de fer, de bauxite et d'argent. Dans la majorité des pays d'Afrique subsaharienne, les minerais, le pétrole et le gaz représentent un tiers ou plus des exportations et peuvent représenter une part similaire des recettes publiques. La majorité des pays d'Afrique subsaharienne (26 pays sur les 48 appartenant à cette région définie par la Banque mondiale) sont désormais classés dans la catégorie des pays riches en ressources naturelles selon la définition qu'en donne le Fonds monétaire international (FMI, 2012), tandis que d'autres, compte tenu des découvertes récentes, pourraient bientôt rentrer dans cette catégorie.

Malgré des réserves importantes et en augmentation, les richesses souterraines ont rarement été converties en une prospérité durable. Au cours de la dernière flambée des cours des matières premières, qui s'est étalée entre 2004 et 2014 environ, les pays riches en ressources ont vu leur croissance économique s'accélérer, augmentant en moyenne de 1 point de pourcentage par rapport aux années qui avaient précédé le boom. Cette croissance, cependant, s'est avérée de courte durée, les taux de croissance ralentissant parallèlement à la chute des prix des matières premières à partir de 2015 : ils étaient alors en moyenne 2,5 points de pourcentage inférieurs aux taux observés au cours du boom. Si le boom s'est traduit par une décennie dorée de hausse des revenus et de nouveaux investissements, cette prospérité s'est révélée précaire et trop dépendante de cours élevés sur le marché des matières premières. Rares sont les pays à s'être détournés d'un modèle économique fondé sur les ressources naturelles au cours de cette

1

période. Depuis la baisse du prix des matières premières observé à partir de 2014, la croissance des pays africains riches en ressources est plus lente que le taux de croissance moyen observé dans la région, ce qui correspond à l'hypothèse d'une « malédiction des ressources naturelles ».

Le cycle précédent, ainsi que l'héritage qu'il a laissé derrière lui, a été marqué par des opportunités manquées, une part importante des revenus issus des ressources naturelles n'ayant en général pas été convertie en une prospérité durable et diversifiée. Ce bilan médiocre en matière de croissance s'accompagne de progrès décevants sur le plan de la réduction de la pauvreté. On estime que d'ici 2030, la région Afrique devrait concentrer plus de 80 % des personnes pauvres de la planète, et près de 75 % d'entre elles devraient habiter dans des pays riches en ressources. Additionnées, 62 % des personnes pauvres au niveau mondial habiteront dans des pays riches en ressources d'Afrique subsaharienne. L'éradication de la pauvreté est ainsi devenue un problème beaucoup trop concentré sur les pays riches en ressources du continent africain.

Les richesses naturelles de l'Afrique subsaharienne constituent cependant un important potentiel économique exploité. Environ un tiers du stock total de ressources naturelles de l'Afrique subsaharienne est détenu sous la forme de capital naturel, notamment dans des gisements non-renouvelables de pétrole et de minerai (Banque mondiale, 2021). Dans le secteur des hydrocarbures, davantage de gisements majeurs ont été découverts en Afrique subsaharienne depuis l'an 2000 que dans n'importe quelle autre région du monde ; la région concentrait 50 % de toutes les découvertes géantes au cours des années 2010. Avant la période du boom, on comptait 14 pays producteurs de pétrole (7 producteurs majeurs et 7 producteurs mineurs). Après la période du boom, le nombre de pays producteurs de pétrole a augmenté, passant à 22 au total (10 producteurs majeurs et 12 producteurs mineurs).

De nombreux projets miniers et pétroliers demeurent cependant sous-exploités. Certains dépérissent après des années de complications et de retards d'investissements, tandis qu'un nombre beaucoup plus important d'entre eux n'ont reçu aucun engagement d'investissements sérieux pour le moment. La forte hausse du prix des matières premières, si elle se maintient, peut représenter une opportunité capitale pour les nouveaux projets et, partant, procurer de nouvelles sources de recettes publiques.

Il est vital pour son avenir économique que le continent africain sache tirer profit de sa richesse en ressources naturelles et ainsi favoriser sa transformation économique. Les ressources souterraines telles que les métaux, les minerais, le pétrole et le gaz demeurent des sources clés de recettes publiques, de revenus d'exportation et de potentiel de développement dans la majorité des pays du continent (BAD, 2018). Les revenus générés par les ressources naturelles sont une source importante de financement pour les États ; en outre, dans la majorité des pays d'Afrique subsaharienne, ces ressources conditionnent des pans entiers de l'économie. Entre 2004 et 2014, les revenus liés aux ressources naturelles représentaient environ 26 % des recettes publiques totales en Afrique et 30 % des recettes publiques des pays africains riches en ressources (UNU-WIDER, 2022).

Le secteur extractif peut permettre de soutenir la phase de reprise économique qu'aborde à présent la région Afrique. La pandémie de Covid-19 (coronavirus), ainsi que les problématiques d'endettement associées auxquelles sont confrontés de nombreux pays africains, a montré que la mobilisation de revenus nationaux en augmentation constitue un enjeu crucial. Afin d'atteindre les objectifs de développement sur le plan national ainsi que ceux définis dans le cadre de l'Agenda 2030[1], les pays riches en ressources devront impérativement trouver le moyen d'éviter les écueils du dernier cycle économique d'expansion et de récession, tout en tirant profit de leurs ressources naturelles de manière efficace en vue de favoriser un développement durable et inclusif.

De nombreuses tendances de fonds vont cependant déterminer les décennies à venir ainsi que la capacité des pays riches en ressources à tirer profit de leurs exportations de matières premières. Cette période nécessitera un niveau de résilience adéquat, non seulement par rapport aux cycles de hausse et de baisse des cours des matières premières, mais à d'autres chocs externes et à d'autres transformations structurelles également.

Gérer la transition vers des économies sobres en carbone. L'émergence d'économies décarbonées à l'échelle internationale va progressivement conduire à des baisses importantes de la demande de pétrole, de gaz et de charbon produits par l'Afrique. Il est cependant difficile de prédire avec précision la vitesse et l'intensité de ce changement. Dans le même temps, nous allons très probablement assister à une augmentation nette de la demande de minerais nécessaires à la transition vers les énergies vertes, tels que le lithium, le cobalt, le cuivre, le platine et le manganèse, que l'on trouve en abondance à différents endroits du continent.

La capacité de l'Afrique à s'orienter vers une transition équitable dépendra de la mobilisation efficace par les pays des bénéfices économiques générés par les ressources pétrolières, gazières et minérales, simultanément à leur préparation à un avenir post-pétrole. La transformation et la diversification de l'économie, parallèlement à des avancées conséquentes en matière de réduction de la pauvreté, constituent la meilleure stratégie pour atteindre cet idéal de développement.

Mécanisation et transformation numérique. La généralisation du numérique et de l'automatisation, tant au sein du secteur extractif qu'en d'autres points de la chaîne de valeur, présente de nouveaux défis mais également de nouvelles perspectives pour la création d'emplois et de valeur ajoutée. Si l'automatisation et la numérisation conduiront sans doute à des gains en matière de productivité, elles pourraient également provoquer une hausse de l'intensité capitalistique et donc à une baisse de la création d'emplois. En ce sens, il paraît nécessaire pour les États d'identifier comment rediriger au mieux les bénéfices générés par le secteur, tout particulièrement dans le contexte d'une croissance démographique élevée.

Réduire la dégradation de l'environnement, qui s'est intensifiée avec l'accélération de la déforestation. La recherche de nouveaux sites extractifs se poursuivant, l'activité économique associée peut faire peser une pression supplémentaire sur les régions boisées. Par ailleurs, du fait de l'abandon des combustibles fossiles, la transition vers des économies à faible empreinte carbone peut tempérer les conséquences du syndrome hollandais dans les pays boisés exportateurs de pétroles et faire peser un poids supplémentaire sur les forêts, du fait de l'expansion de certains secteurs marchands tels que l'agriculture commerciale.

Faire face aux défis structurels plus généraux inhérents aux problématiques extractives, notamment en répondant aux risques d'obsolescence et d'épuisement, en réduisant les écarts en matière de capital humain et en atténuant les situations de syndrome hollandais. Les pays définis comme riches en ressources sont de plus en plus nombreux dans la région ; cette tendance risque de s'accentuer, du moins à court terme. En ce sens, les principaux enjeux de croissance économique et de réduction de la pauvreté dépendront fortement de la capacité des États à faire face aux défis posés par les industries extractives, notamment car elles affectent la productivité et la croissance d'autres secteurs de l'économie. La majorité des pays d'Afrique subsaharienne seront confrontés à cette difficulté.

Quatre principaux messages politiques découlent des constats du présent rapport. Les États doivent prendre ces défis à bras le corps, en tirant des conclusions des réussites et des échecs qu'ont connu les pays riches en ressources du reste du monde.

Premièrement, mobiliser toute la valeur des ressources naturelles à des fins de développement. Il faut pour cela imposer le secteur de façon efficace, afin de capter une plus grande part des rentes sans décourager les investissements nécessaires. Cela implique également d'investir ces revenus dans l'économie et accumuler du capital productif sous la forme d'infrastructures, d'une main-d'œuvre qualifiée et d'un environnement sain et productif, notamment en ce qui concerne les terres, l'eau et les forêts. Ces mesures contribueront à garantir des taux de croissance solides et permettront aux pays d'éviter toute situation de *malédiction des ressources naturelles*. La captation d'une proportion plus grande de rentes des ressources naturelles implique également de réduire toute subvention implicite à la production, et ainsi de faire baisser le niveau général des émissions de carbone. Cela est particulièrement important en ce qui concerne la taxation des combustibles fossiles : une captation de revenus plus importants pour l'État procure un double dividende, à la fois sur le plan du développement et de l'environnement.

Deuxièmement, gérer les attentes afin de garantir une soutenabilité fiscale. Afin d'éviter une situation de *malédiction des ressources naturelles*, c'est-à-dire une situation où les pays se retrouvent surendettés ou confrontés à une croissance faible avant même que l'exploitation des ressources n'ait commencé, il est nécessaire de tempérer les pressions poussant à emprunter et à dépenser avant toute génération de revenus. On constate que si les découvertes de gisements libèrent des forces puissantes susceptibles d'influencer les politiques, elles rendent les pays vulnérables lorsque ceux-ci ne sont préparés à une baisse des prix. Ce risque est particulièrement prégnant dans des situations où la décarbonisation à l'échelle internationale peut conduire à une baisse future des prix des combustibles fossiles, en même temps qu'à une plus grande volatilité des prix des ressources naturelles de toutes sortes, en raison des écarts plus grands entre offre et demande.

Troisièmement, s'adapter aux tendances de fond telles que l'intégration régionale, la transition vers des économies sobres en carbone, ou encore la mécanisation et la numérisation du secteur des ressources, qui représentent des opportunités de rupture. Ces tendances de fond sont analysées dans le présent rapport et fournissent de nouvelles perspectives pour les économies d'Afrique riches en ressources naturelles. Les évolutions qui seront constatées au cours des deux prochaines décennies dépendront essentiellement de la capacité des décideurs politiques à prendre en compte ces tendances de fond de manière concrète, tout en tirant les leçons du passé. Comme c'est toujours le cas avec les nouvelles tendances, il y aura de nouveaux gagnants et de nouveaux perdants. Par conséquent, l'instauration de mesures politiques capables de tirer profit des richesses en ressources est d'une importance capitale. Ces mesures incluent notamment l'amélioration de l'intégration régionale en éliminant les barrières tarifaires et non tarifaires et en privilégiant la création de chaînes de valeur régionales et de spécialisations nationales, plutôt que de définir dans plusieurs pays les mêmes valorisations et les mêmes contenus locaux définis au niveau national. Cela comprend par ailleurs la création d'un environnement d'investissement plus réactif afin de s'assurer que les pays puissent capter des parts de marché dans le domaine des métaux, des minerais, et même des combustibles fossiles comme le gaz naturel, dont la demande est susceptible de s'accroître dans le cadre de la transition vers des économies sobres en carbone. Enfin, cela peut également impliquer la mécanisation et l'automatisation progressive du secteur des ressources naturelles afin d'améliorer la productivité, tout en investissant dans une main d'œuvre qualifiée et bien formée, afin de ne pas dépendre du déplacement d'une main-d'œuvre peu qualifiée depuis un autre secteur. Tout changement présente des défis, mais ces mesures devraient en général avoir un impact favorables sur les économies africaines riches en ressources naturelles.

Quatrièmement, suivre une trajectoire de développement qui prend en compte les pressions du syndrome hollandais. Il peut être difficile de favoriser une diversification classique fondée sur les exportations lorsque les ressources naturelles représentent une part importante de l'économie. En ce sens, il est nécessaire que les pays cherchent plutôt à investir dans des actifs que dans les secteurs commerciaux. Une comptabilité des richesses naturelles peut permettre de guider ces choix. Cette stratégie exige d'investir dans des actifs susceptibles de servir à différents secteurs de l'économie, tels que l'énergie, les transports, une main-d'œuvre qualifiée et un environnement durable. Du fait du syndrome hollandais, les forêts sont susceptibles d'être mieux préservées lorsque les exportations de ressources naturelles demeurent élevées. L'accélération de la décarbonisation peut ainsi menacer les forêts tropicales d'Afrique subsaharienne, dans la mesure où la baisse de la demande de combustibles fossiles risque d'atténuer ce syndrome hollandais ; le secteur agricole risque alors de devenir de plus en plus compétitif. Les décideurs politiques d'Afrique doivent tenir compte du syndrome que nous avons appelé « syndrome amazonien » – dans le cadre duquel un baisse de la valeur des hydrocarbures à l'exportation peut aggraver la déforestation – et essayer d'atténuer ce syndrome (Cust, Harding et Rivera-Ballesteros, *à paraître*). La transition planétaire vers des économies sobres en carbone peut ainsi entraîner des impacts et des défis non désirés.

Constat 1 : La richesse de l'Afrique subsaharienne en ressources naturelles n'est pas en baisse mais en augmentation

Il existe aujourd'hui en Afrique subsaharienne considérablement plus de pays catégorisés comme des pays riches en ressources qu'au début du XXIe siècle, une tendance qui s'accentue année après année en raison des nouvelles découvertes. Si l'on se base sur une définition bien précise (FMI, 2012), le nombre de pays riches en ressources serait passé de 18 sur 48 pays avant le boom à 26 sur 48 après celui-ci. La carte A.1 indique les pays catégorisés comme des pays riches en ressources naturelles, soit une majorité des pays d'Afrique subsaharienne[2]. Cette tendance a été causée par différents facteurs : nouvelles découvertes, de nouvelles productions, ainsi qu'une hausse du prix des ressources naturelles qui a fait augmenter les niveaux de richesse en ressources. Le graphique A.1 montre que du fait de multiples découvertes, le nombre de champs pétroliers et gaziers existants ont plus que doublé dans la région au cours des quatre dernières décennies. (La majorité des champs gaziers et pétrolifères géants découverts correspondent à des gisements offshore, tandis que des gisements de métaux et de minerais ont été découverts dans tous les pays du continent ; cf. carte A.2 pour le pétrole et le gaz, et carte A.3 pour les métaux et les minerais). À l'inverse, rares sont les pays à avoir quitté ce groupe en raison des difficultés rencontrées pour diversifier leur économie et atténuer leur dépendance aux ressources naturelles. Si l'on applique aux régions du monde les mêmes critères que le FMI dans sa définition et que l'on utilise des valeurs agrégées, la région Afrique subsaharienne et la région Moyen-Orient et Afrique du

Carte A.1 Pays d'Afrique subsaharienne riches en ressources pendant le boom du prix des matières premières

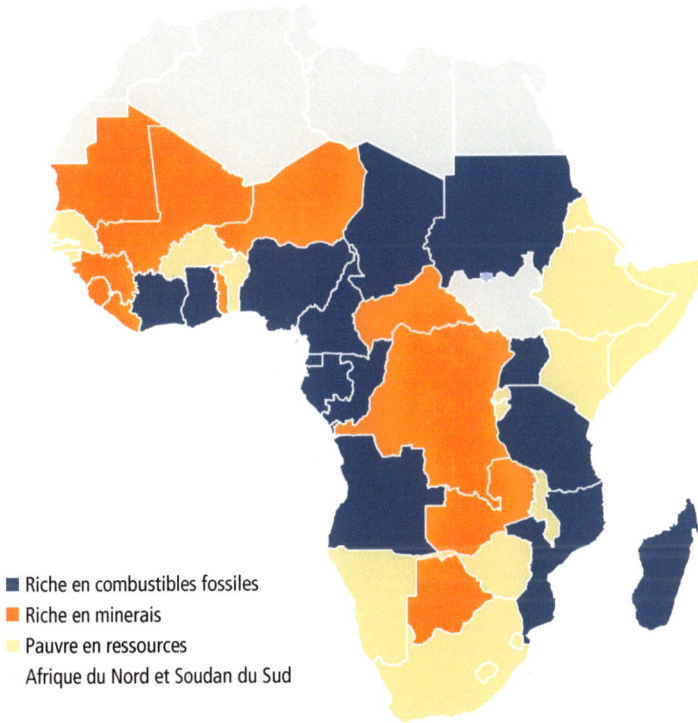

- ■ Riche en combustibles fossiles
- ■ Riche en minerais
- Pauvre en ressources
- Afrique du Nord et Soudan du Sud

Source : définition du FMI (2012).
Remarque : les pays riches en ressources sont définis par le FMI (2012) comme des pays à faible revenu, des pays à revenu intermédiaire tranche inférieure ou des pays à revenu intermédiaire tranche supérieure dont les revenus ou les exportations liés aux ressources naturelles correspondaient à au moins 20 % des recettes fiscales totales ou à au moins 20 % des exportations sur la période 2006-2010. Cette définition inclut des pays où des réserves ont été identifiées mais où la production n'a pas commencé ou atteint de niveaux importants. Les pays où le pétrole ou le gaz constituent le principal type de ressource naturelle apparaissent en bleu. Les pays où les minerais ou les métaux constituent le principal type de ressource naturelle apparaissent en orange. Le Soudan du Sud n'a pas été inclus dans la catégorie des pays riches en ressources par le FMI (2012).

Nord constitueraient les deux régions riches en ressources naturelles au niveau mondial (graphique A.2).

Un niveau élevé de richesse en ressources naturelles se traduit souvent par des revenus importants que les gouvernements vont devoir gérer. Les gouvernements sont désignés comme les gestionnaires des richesses souterraines pour le compte des citoyens ; une part importante des revenus issus de l'extraction de ressources naturelles doit à ce titre revenir à l'État. Dans certains pays d'Afrique subsaharienne, l'extraction des ressources naturelles représente jusqu'à 80 % de

Graphique A.1 Réserves estimées de pétrole, de gaz, de métaux et de minerais en Afrique subsaharienne, par année

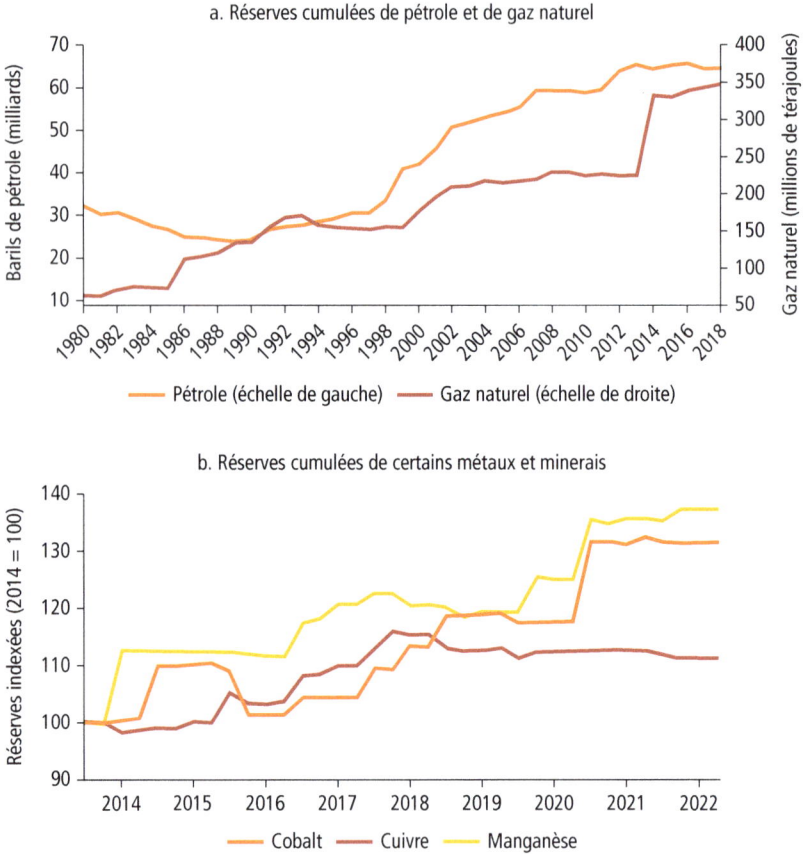

a. Réserves cumulées de pétrole et de gaz naturel

Pétrole (échelle de gauche) — Gaz naturel (échelle de droite)

b. Réserves cumulées de certains métaux et minerais

Cobalt — Cuivre — Manganèse

Sources : panneau a : calculs basés sur les données de Banque mondiale, 2021. Panneau b : tiré des données de S&P Global Market Intelligence.
Remarque : les estimations des réserves ne tiennent pas compte de l'épuisement des réserves.

leurs revenus. La moyenne de la région est l'une des plus élevées au monde, avec des ressources naturelles qui représentaient près de 30 % des recettes publiques durant le boom des matières premières entre 2004 et 2014. Les ressources naturelles constituent par ailleurs une part importante des exportations en Afrique subsaharienne : au cours du dernier boom, elles représentaient 50 % de la valeur des exportations (graphique A.2). Dans les deux cas, la région se place en deuxième position au niveau mondial, derrière la région Moyen-Orient et Afrique du Nord.

Carte A.2 Découvertes de champs pétrolifères et gaziers géants en Afrique subsaharienne, par taille, 1958-2018

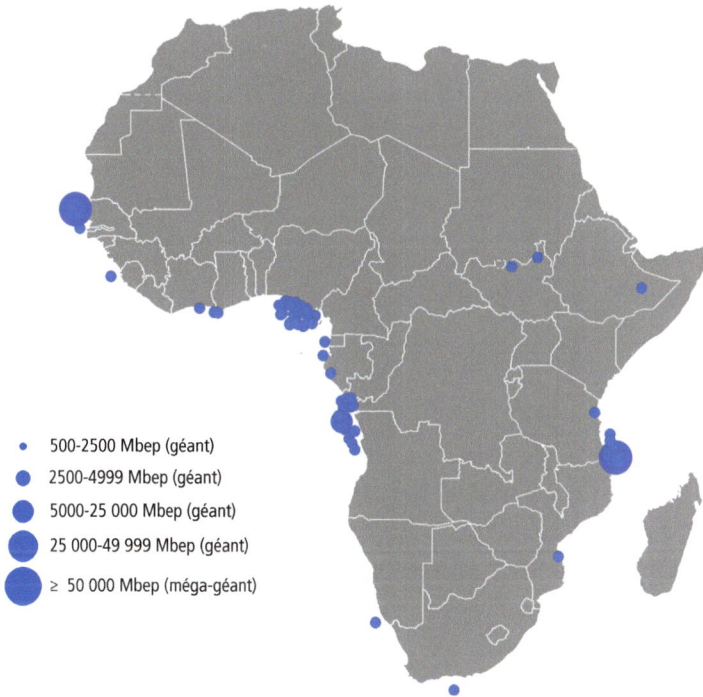

- 500-2500 Mbep (géant)
- 2500-4999 Mbep (géant)
- 5000-25 000 Mbep (géant)
- 25 000-49 999 Mbep (géant)
- ≥ 50 000 Mbep (méga-géant)

Source : données tirées de Cust, Rivera-Ballesteros et Mihalyi, 2021.
Remarque : Mbep = million de barils équivalent pétrole, unité utilisée pour mesurer la taille d'un gisement pétrolifère ou gazier découvert. Les emplacements des champs découverts sont approximatifs ; le niveau d'exactitude géographique peut varier et dépasser 1 degré.

Constat 2 : Le changement climatique va entraîner un changement de paradigme en matière de ressources naturelles en Afrique subsaharienne

À un moment où le monde abandonne progressivement les combustibles fossiles, conformément aux engagements pris dans le cadre de l'Accord de Paris, les richesses souterraines des économies africaines sont potentiellement menacées. Selon certaines estimations, pour que les objectifs de réduction des émissions de CO_2 soient tenus, il faudrait qu'environ 80 % des réserves prouvées de combustibles fossiles ne soient pas extraites (Bos et Gupta, 2019). D'un autre côté, la transition entre combustibles fossiles et énergies vertes devrait générer une demande de 3 milliards de tonnes de minerais et de métaux, lesquels

Carte A.3 Gisements de métaux et minerais découverts en Afrique, 1990-2019

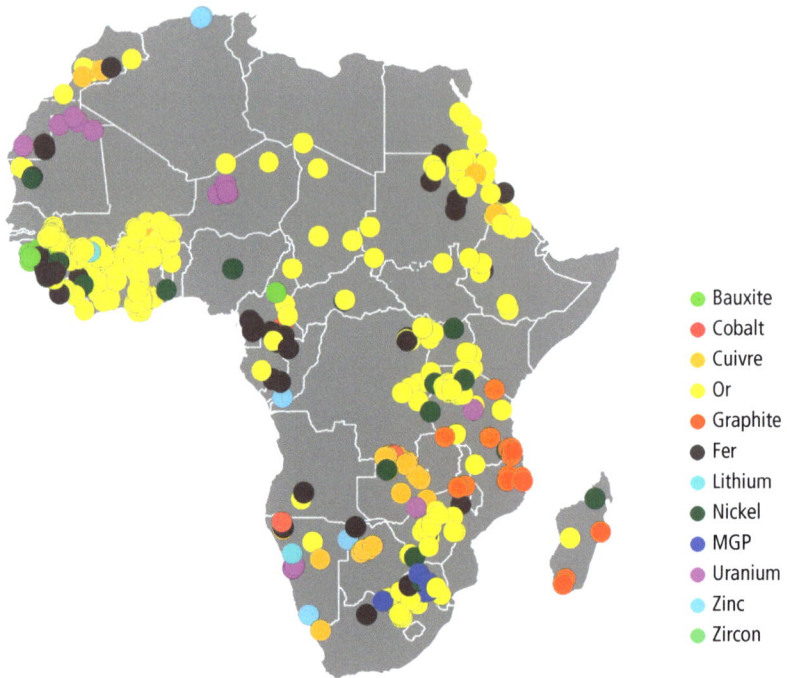

- ● Bauxite
- ● Cobalt
- ● Cuivre
- ● Or
- ● Graphite
- ● Fer
- ● Lithium
- ● Nickel
- ● MGP
- ● Uranium
- ● Zinc
- ● Zircon

Source : données tirées de la base de données MinEx Consulting Africa Minerals Database, 2020.
Remarque : la carte inclut les champs découverts en Afrique du Nord. MGP = métaux du groupe du platine.

seront nécessaires au déploiement des technologies à énergie solaire, éolienne et géothermique d'ici 2050 (Banque mondiale, 2020a). Cette transition vers des énergies à faible empreinte carbone aura pour conséquence d'intensifier la demande relative à de nombreuses ressources qui sont présentes en abondance dans la région. Le lithium, le cobalt et le vanadium sont des éléments cruciaux permettant d'assurer le stockage de l'énergie, tandis que le cuivre, l'indium, le sélénium et le néodyme sont nécessaires à la fabrication des générateurs d'énergie éolienne et solaire.

De manière encourageante, les études sur l'élasticité du commerce indiquent que par rapport au reste du monde, les producteurs d'hydrocarbures d'Afrique subsaharienne seront confrontés à une élasticité des importations relativement faible sur le plan de la demande, ce qui signifie que les hydrocarbures pourraient demeurer une source importante de revenus d'exportation à court et moyen termes. Cependant, comme la demande mondiale en pétrole et en gaz est en

Graphique A.2 Part des exportations de ressources naturelles non renouvelables dans les exportations totales de marchandises, par région, moyenne sur la période 2004-2014

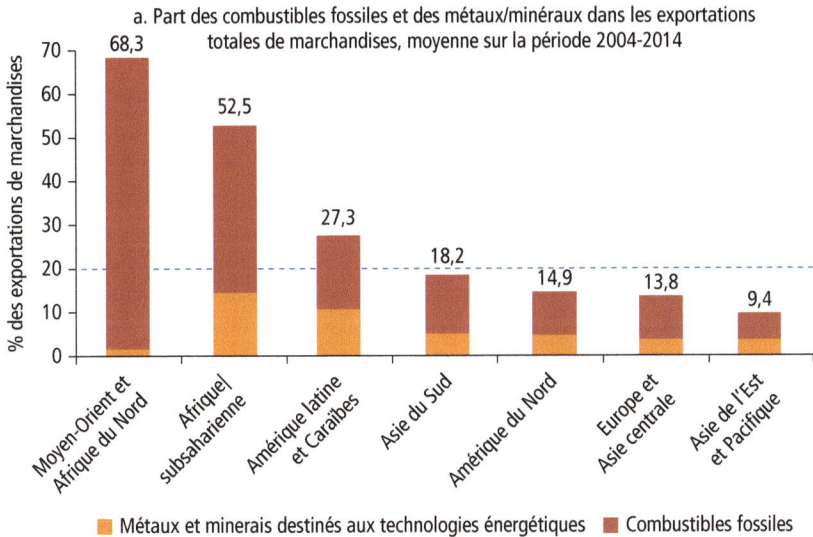

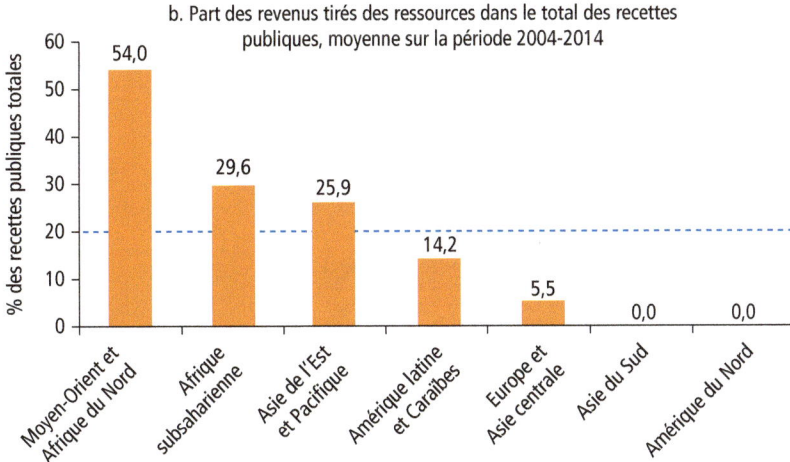

a. Part des combustibles fossiles et des métaux/minéraux dans les exportations totales de marchandises, moyenne sur la période 2004-2014

■ Métaux et minerais destinés aux technologies énergétiques   ■ Combustibles fossiles

b. Part des revenus tirés des ressources dans le total des recettes publiques, moyenne sur la période 2004-2014

Source : Cust, Rivera-Ballesteros et Zeufack, 2022.
Remarque : le panneau *a* présente la moyenne, sur la période 2004-2014, de la part des exportations de combustibles fossiles, de métaux et de minerais dans les exportations totales de marchandises, pour chaque région. Le panneau *b* présente la moyenne, sur la période 2004-2014, de la part des ressources naturelles dans les recettes publiques totales. Ce chiffre a été obtenu en divisant la somme des revenus générés par les ressources naturelles dans l'ensemble des pays de chaque région disposant de données complètes par la somme des recettes publiques totales de la région, que celles-ci aient été générées ou non par les ressources naturelles (moyenne sur la période 2004-14). La ligne bleue en pointillés apparaissant à sur chacun des deux panneaux désigne le seuil établi par le FMI pour définir la richesse en ressources (les revenus générés par les ressources naturelles ou leur exportation doivent représenter au moins 20 % des recettes budgétaires, ou 20 % des exportations) appliqué à la période d'expansion économique.

baisse constante parallèlement au déploiement de la transition énergétique sur l'ensemble de la planète, les pays d'Afrique subsaharienne producteurs d'hydro-carbures devront s'adapter aux nouvelles conditions du marché et anticiper les défis futurs. Ils disposent cependant d'un certain temps pour organiser efficace-ment leur transition vers une économie qui ne dépendra pas des combustibles fossiles, et pour mobiliser leurs revenus afin de favoriser la diversification de leur économie.

En revanche, ces données ont montré que l'élasticité de l'offre sera limitée pour les pays africains producteurs de minerai, ce qui signifie que les écono-mies africaines devront améliorer la réactivité de leurs investissements et éta-blir un environnement permettant de bénéficier au maximum de la croissance de la demande de métaux et de minerais. Sans cela, elles encourent le risque que d'autres régions captent les parts de marché et accaparent les nouveaux investissements.

Constat 3 : un potentiel encore largement inexploité

Compte tenu des réserves naturelles importantes du continent africain et de son potentiel d'investissement encore inexploité, les ressources naturelles vont constituer une composante importante de son rétablissement économique. Environ un tiers du stock de ressources naturelles africaines est détenu sous la forme de différents éléments de capital naturel, notamment des gisements de pétrole et de minerai (Banque mondiale, 2021). Par ailleurs, on estime que les rentes des ressources naturelles représentent 9 % du PIB des pays africains riches en ressources (Banque mondiale, 2021). Ce chiffre, cependant, dépasse de 2,6 fois les revenus captés par les États, indiquant que les pays ne parviennent pas à capter la totalité de leurs rentes[3].

Bien qu'il ait été relativement peu exploré, le continent africain abrite déjà une part conséquente des ressources en minerais de la planète. En dehors des métaux précieux du groupe du platine (59 % des ressources mondiales totales) et des diamants (48 %), le continent occupe une position dominante dans le domaine des ferroalliages tels que le cobalt (75 %), le manganèse (68 %), le graphite (59 %), ainsi que des ressources non exploitées en lithium (Guj *et al.*, *à paraître*). Grâce à ces dotations en ressources, l'Afrique se trouve en bonne position pour bénéficier de la transition vers une énergie verte, les ressources telles que le cobalt, le manganèse, le graphite et le lithium étant essentielles aux nouvelles technologies énergétiques. Les niveaux de production actuels sont encore bas dans un certain nombre de pays africains, alors que leurs dotations en ressources naturelles comptent parmi les plus importantes au niveau mon-dial. Le graphite, par exemple, qui constitue l'un des composants les plus impor-tants des batteries fonctionnant au lithium, est relativement peu exploité dans plusieurs pays d'Afrique subsaharienne, en particulier la Tanzanie. Alors que ce pays disposait de la cinquième plus grande réserve de graphite au monde en

2018, il se classait seulement à la 21ᵉ place en matière de production de graphite au niveau mondial. À titre indicatif, l'Inde (qui dispose de réserves deux fois moins importantes que la Tanzanie) et la Norvège (où les réserves sont trente fois moins importantes) se placent respectivement en 6ᵉ et 8ᵉ positions au niveau de la production.

L'abondance de gisements de minerai dans la région fournit également des opportunités importantes d'exploration. Les pays d'Afrique subsaharienne n'ont été que relativement peu explorés par rapport à d'autres régions du monde (McKinsey, 2013). En 2017, on estimait à 282 le nombre total de sites actifs d'exploration de minerai en Afrique, soit environ deux fois moins que le nombre de sites similaires au Canada et en Australie sur une superficie pourtant trois fois plus grande que ces pays.

Les faibles dépenses consacrées à l'exploration en Afrique subsaharienne constituent un facteur clé expliquant le nombre beaucoup trop bas de sites d'extraction actifs sur le continent. Bien qu'il s'agisse de la région du monde où l'exploration est la plus rentable, avec un ratio entre la valeur des découvertes et un coût d'exploration se situant à environ 0,8, les dépenses des pays d'Afrique subsaharienne destinées à la prospection minière entre 2007 et 2016 étaient plus faibles que dans n'importe quelle autre région (Schodde, 2017). Ce ratio de 0,8 constaté en Afrique subsaharienne est nettement plus élevé que ceux de l'Australie (0,5), du Canada (0,6) et de l'Amérique latine (0,3). Bien que l'Afrique dispose de dotations importantes en ressources naturelles, le continent n'a attiré que 14 % des dépenses totales consacrées à l'exploration au niveau mondial entre 2009 et 2018 (soit 10 milliards de dollars US sur les 140 milliards dépensés au niveau mondial).

Au niveau mondial, les dépenses consacrées à la prospection ont fortement diminué après la fin du dernier boom des matières premières. Les dépenses consacrées à la prospection ont en effet baissé de 58 %, passant de 34,9 milliards de dollars US en 2012 à 11,2 milliards de dollars US en 2016 (Schodde, 2019). Cette baisse est essentiellement le résultat du climat de grande incertitude régnant sur le secteur des matières premières. Les perspectives à moyen terme concernant les investissements destinés à la prospection sont désormais plus positives, le cours des matières premières ayant nettement augmenté sur le marché à la suite de nouveaux programmes d'infrastructures dans des pays comme les États-Unis et la Chine, associés à la dynamique de la transition vers des énergies vertes.

Le pétrole représente plus de 30 % des richesses totales des pays riches en ressources d'Afrique subsaharienne, notamment le Tchad, la République du Congo et le Gabon ; ce chiffre est cependant bien moindre que ceux des autres pays riches en ressources en dehors de l'Afrique, où les richesses pétrolières moyennes excédaient 50 % des richesses totales (Banque mondiale, 2021). Il existe à la fois des producteurs majeurs, définis comme ceux qui produisent en moyenne plus de 100 000 barils par jour, et des producteurs mineurs, dont la production moyenne ne dépasse pas 100 000 par jour. Avant la période du boom, on comptait en Afrique 14 pays producteurs de pétrole (7 producteurs majeurs et 7 producteurs mineurs). Après la période du boom, le nombre de pays producteurs de pétrole a augmenté, passant à 22 au total (10 producteurs majeurs et 12 producteurs mineurs). Le graphique A.3 indique qu'au cours du boom du prix des matières premières, entre 2004 et 2014, les découvertes de gisements de pétrole définis comme *géants* se concentraient en Afrique subsaharienne, ce qui a conduit à une augmentation de la production pétrolifère dans la région.

Si les grandes découvertes de pétrole et de gaz ont le potentiel de transformer les économies d'Afrique subsaharienne ; la transition entre la découverte et la production peut être lente. Une étude a identifié trois principaux défis rencontrés par les pays (Mihalyi et Scurfield, 2021). Tout d'abord, les découvertes ne se sont pas toujours traduites par une hausse de la production et des richesses nationales. Jusqu'ici, l'exploitation a pu être définie comme viable sur le plan commercial dans seulement 8 des 12 pays ayant découvert des gisements

Graphique A.3 Découvertes de champs pétrolifères et gaziers géants, par région et par décennie, 1950-2018

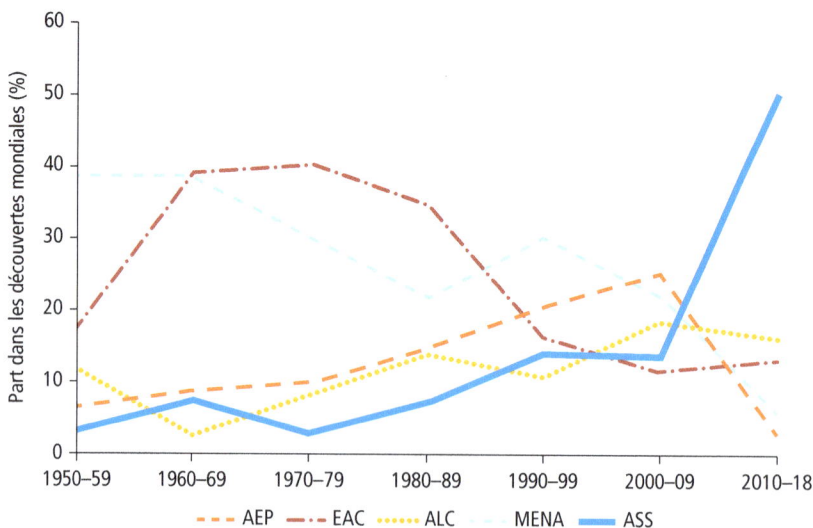

Source : données tirées de Cust, Rivera-Ballesteros et Mihalyi, 2021.
Remarque : la part des découvertes de champs pétrolifères géants par décennie et par région a été calculée en additionnant le nombre de découvertes de champs géants par région pour chaque décennie, divisé par le nombre total de champs géants découverts au niveau mondial au cours de la décennie concernée. Nous avons adopté la classification des régions géographiques établie par la Banque mondiale : AEP = Asie de l'Est et Pacifique ; ALC = Amérique latine et Caraïbes ; ASS = Afrique subsaharienne ; EAC = Europe et Asie centrale ; MENA = Moyen-Orient et Afrique du Nord.

importants de pétrole et de gaz. Les découvertes initiales des quatre autres pays, à savoir la Guinée-Bissau, le Liberia, Sao Tomé-et-Principe et la Sierra Leone, se sont révélées infructueuses (puits secs ou de faible valeur) et ont été abandonnées. Deuxièmement, le délai opérationnel entre la découverte et la production/exploitation effective s'est avéré plus long que prévu. Les prévisions initiales tablaient sur un délai de 6,4 ans entre la découverte et l'exploitation dans les 12 pays d'Afrique subsaharienne ; ce chiffre a été réévalué à 10,8 ans en moyenne. Par exemple, selon les prévisions actuelles, les champs pétrolifères de l'Ouganda (blocs 1, 2 et 3) pourraient être exploités seulement 15 à 17 ans après leur découverte, ce qui représente une augmentation importante par rapport aux prévisions initiales, qui étaient de 3 à 5 ans à l'origine. Troisièmement, il existe une incapacité patente à engranger les revenus prévus. Dans les trois pays d'Afrique subsaharienne ayant atteint le stade de la production, les recettes collectées se sont révélées 63 % plus basses qu'initialement prévu.

Recommandations politiques

Les décideurs politiques disposent d'opportunités cruciales pour tirer profit de tout le potentiel inexploité du continent africain en matière de ressources naturelles. En soutenant des stratégies claires et cohérentes concernant les politiques relatives à ce secteur, ils peuvent stimuler les investissements et libérer tout le potentiel de progrès économique que représentent les nouvelles découvertes et l'exploration.

Premièrement, capter toute la valeur des rentes des ressources naturelles en se basant sur des réglementations fiscales susceptibles d'attirer les investissements et résilientes aux changements de conditions. Selon la Banque mondiale la valeur rentière s'établit à 2,6 fois le niveau des recettes publiques dans la région, avec des variations plus ou moins grandes d'un pays à l'autre. Cela signifie non seulement qu'une part importante de revenus inexploités échappent aux États (c'est-à-dire des niveaux d'investissement équivalents), mais également que la production est fortement subventionnée. Cela nuit non seulement aux pays, mais aussi au climat dans le cas du subventionnement de l'extraction d'hydrocarbures. La captation de la valeur entière de l'extraction de combustibles fossiles permettra de progresser vers une imposition du véritable coût social de l'extraction d'hydrocarbures, ce qui permettra de réduire les émissions de carbone au niveau mondial.

En pratique, une stratégie associant redevances et taxation des profits – ou bien des mécanismes non fiscaux équivalents – peut être utilisée afin de garantir une bonne captation des rentes par les États et leurs citoyens. Les pays doivent éviter autant que possible d'avoir recours à des incitations fiscales et établir des dispositifs d'imposition viables pour leur administration et leur gestion, en évitant toute complexité inutile. L'instauration d'une fiscalité résistante aux changements conjoncturels, tels que les cycles des prix, permettra également de réduire le besoin de les réviser régulièrement en réaction à des facteurs externes, ainsi que les pressions visant à ce qu'elles soient révisées.

Deuxièmement, afin de stimuler les investissements, il paraît nécessaire d'établir des accords fiscaux et sociaux clairs, appliqués de façon uniforme et inscrits dans la législation, plutôt que de mener des négociations contractuelles au cas par cas. Par exemple, en 2020, 72 % des compagnies minières ayant participé à l'enquête menée par l'Institut Fraser ont indiqué que les incertitudes entourant l'interprétation et l'application des réglementations existantes jouent un rôle modérément ou fortement dissuasif en Afrique du Sud, ou bien constituent un motif pour ne pas continuer à investir (Yunis et Aliakbari, 2020).

Troisièmement, développer des politiques permettant de s'assurer que les entreprises prennent elles-mêmes en charge le coût social et environnemental que représentent leurs activités, depuis l'exploration jusqu'à la fermeture de la mine ou du puits. Les nombreuses externalités négatives générées par les compagnies exploitant des ressources naturelles par le passé ou à l'heure actuelle sont l'une des principales raisons pour lesquelles les gouvernements établissent des politiques pouvant être perçues comme pénalisantes pour ces compagnies : citons notamment la pollution, les impacts sanitaires sur les ouvriers et les communautés, la dégradation des infrastructures, ainsi que la dégradation irréversible des terres. Dans l'idéal, ces coûts devraient être pris en charge par les entreprises qui profitent de ces activités. Cependant, ils doivent être intégrés dans les réglementations ainsi que dans les accords conclus entre les entreprises et l'État afin d'instaurer parallèlement une réelle transparence et une réelle stabilité politiques, comme nous l'avons évoqué dans la recommandation précédente.

Quatrièmement, renforcer la gouvernance et la transparence du secteur. Différents cadres de gouvernance ont été élaborés, qui fournissent des indicateurs utiles aux décideurs politiques afin que ceux-ci puissent mesurer l'efficacité de leurs actions. L'adoption de cadres tels que la charte sur les ressources naturelles (Natural Resource Charter) et l'Initiative pour la transparence dans les industries extractives (ITIE) peut aider les pays à renforcer leurs pratiques de transparence et de définition de leurs stratégies politiques. La norme ITIE exige que des informations soient fournies tout au long de la chaîne de valeur du secteur des industries extractives, notamment concernant l'extraction proprement dite, le transfert des rentes, ainsi que les bénéfices pour le grand public. L'adoption généralisée de l'ITIE, ainsi que l'instauration de normes telles que la divulgation systématique des données contractuelles, peuvent permettre de réduire les asymétries d'information et contribuer à établir un mécanisme favorisant la confiance et la collaboration. D'autres normes peuvent être envisagées afin de favoriser la concurrence et la transparence : transparence budgétaire, transparence de la dette, compétitivité des processus d'attribution de licences, appels d'offres ouverts, et réformes de la structure de gouvernance des entreprises exploitant les ressources naturelles nationales.

Héritage et leçons du cycle d'expansion et de récession des matières premières

Les trajectoires de différentes économies au cours du dernier cycle de récession et d'expansion des matières premières en Afrique peuvent permettre de tirer des leçons pertinentes pour les décideurs politiques actuels. La reprise de la hausse du cours des matières premières a remis les richesses naturelles de l'Afrique au centre des décisions économiques ; les choix qui seront entérinés vont détermi-ner les conditions économiques pour toute une génération d'Africains.

Le précédent boom du prix des matières premières, entre 2014 et 2014, repré-sentait une opportunité économique exceptionnelle pour les pays africains qui disposaient d'importantes réserves de pétrole, de gaz et de minerai. Au cours de cette période, les recettes publiques ont gonflé et la croissance économique s'est elle aussi considérablement accrue. Dans les pays riches en ressource, la crois-sance économique a augmenté en moyenne de 1 point de pourcentage entre la période ayant précédé le boom et celle ayant suivi celui-ci. Cette hausse a été stimulée par les exportations de ressources naturelles ainsi que par l'augmen-tation des recettes publiques (graphique A.4). Néanmoins, même au cours de cette période d'abondance, le développement économique s'est essentiellement limité au secteur des ressources naturelles. Une fois soustraite de la croissance du PIB la contribution d'un secteur des ressources naturelles en plein boom, les

Graphique A.4 Croissance du PIB par habitant avant, pendant et après le boom du cours des ressources naturelles

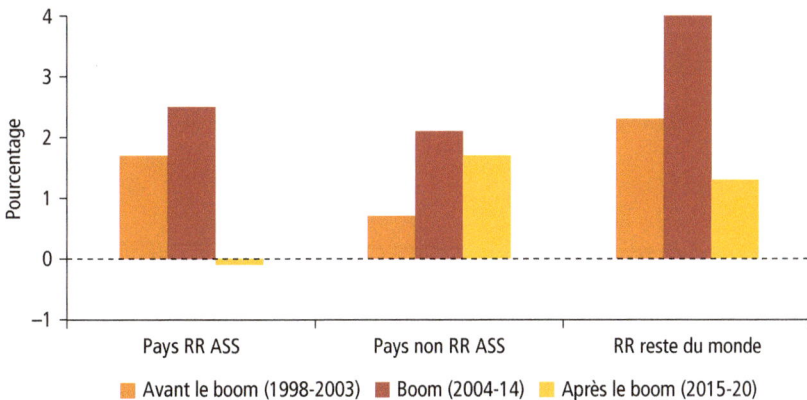

Source : d'après les données de la Banque mondiale, 2022.
Remarque : RR = riche en ressources ; ASS = Afrique subsaharienne. RR reste du monde = pays en dehors de l'Afrique subsaharienne ayant dépassé les seuils utilisés pour définir la richesse en ressources naturelles.

performances économiques globales de ces pays n'étaient guère meilleures que dans le reste du continent.

Conséquence d'opportunités non saisies, le boom a laissé en héritage des pays faiblement préparés à la chute des cours des matières premières. Rares sont ceux à avoir préservé et investi une proportion suffisante des revenus générés par leurs ressources naturelles en vue d'accroître leur richesse nationale par l'accumulation d'actifs de compensation au cours du boom. Par conséquent, la période de chute des cours s'est traduite par un effondrement de la croissance et une annulation des gains économiques réalisés au cours du boom. Plusieurs pays riches en ressources ont même fait défaut sur leur dette souveraine après 2014. Au cours de cette période de récession (2015-2020), une tendance plus générale est apparue : les pays riches en ressources naturelles ont connu un ralentissement de leur croissance du PIB, présentant des taux inférieurs à ceux du reste du continent africain (graphique A.4).

En soi, le boom a engendré un ensemble de défis d'envergure en matière de politiques publiques. Tout d'abord, en raison des cours élevés, une somme importante de revenus s'est accumulée au niveau des recettes publiques : par conséquent, il a été difficile d'éviter des configurations politiques où le rôle de l'État est fort.

Il revenait aux États, en tant que propriétaires des ressources désignés constitutionnellement, de capter toute la valeur des ressources pour le compte de la population, tout en gérant de manière efficace les entreprises publiques d'exploitation des ressources naturelles, ainsi que les parts de production. Ensuite, il leur fallait optimiser les revenus du secteur, en harmonisant leur stratégie relatives aux investissements étrangers à destination du secteur, par exemple en exploitant le potentiel géologique et les nouvelles découvertes. Troisièmement, ils devaient assurer une utilisation adéquate de ces revenus, c'est-à-dire répondre aux besoins de développement les plus urgents et aux objectifs d'investissements à long terme pour une prospérité durable. Enfin, ils devaient veiller à préserver l'économie des conséquences néfastes découlant d'une trop grande dépendance aux ressources naturelles, qui peut notamment engendrer un risque de syndrome hollandais (Corden et Neary, 1982), de volatilité des prix et de fluctuation de revenus, de conflit et de gaspillage[4].

Le chapitre 2 révèle que le boom, de manière générale, ne s'est pas traduit en une prospérité économique mieux étayée via des investissements à destination d'autres pans de l'économie. Le ralentissement des taux de croissance à la suite de la baisse des cours des matières premières a été la preuve la plus flagrante que le boom économique était trop limité et qu'il ne pouvait durer. Au cours de la période ayant suivi le boom, la croissance annuelle du PIB par habitant dans les pays riches en ressources était en moyenne 2,5 points de pourcentage inférieure à celle constatée pendant le boom, et 1,5 points de pourcentage inférieure à celle des pays pauvres en ressources naturelles de la même région (Cust, Rivera-Ballesteros et Zeufack, 2022).

En dépit des déceptions suscitées par le précédent boom, la mobilisation des richesses naturelles demeure *de facto* une problématique essentielle pour les trajectoires de développement de la majorité des pays du continent. La hausse des revenus et l'augmentation de la croissance ont été conséquents au cours du boom. L'incapacité à en tirer des bénéfices concrets peut cependant empêcher le développement d'une croissance non fondée sur les ressources, ainsi que la réduction du taux de pauvreté. À présent que la hausse des matières premières a repris, le destin économique des pays riches en ressources va à nouveau dépendre de la réponse que leurs gouvernements apporteront face à cette opportunité.

Constat 4 : la croissance économique s'est effondrée après la chute du cours des matières premières

Bien qu'au cours du boom, les pays d'Afrique subsaharienne riches en ressources aient connu une croissance moyenne par habitant supérieure à celle de leurs homologues d'Afrique subsaharienne pauvres en ressources naturelles, ce sont ces derniers qui ont réussi à maintenir une croissance positive – quoique modeste – au cours des années ayant suivi le boom. En règle générale, l'augmentation de la demande et du prix des matières premières dans un pays conduira le plus souvent à une hausse du PIB dans le secteur des ressources naturelles. Au cours du boom, les pays riches en ressources d'Afrique subsaharienne ont également connu une croissance dans certains secteurs autres que les industries extractives, ce qui était partiellement dû au développement de liaisons en amont et en aval, notamment dans le domaine du bâtiment, des transports et de la logistique/services. D'ailleurs, si les taux de croissance du PIB dans ces pays dépassaient 3 % au cours du boom, ce chiffre n'était guère supérieur à ceux observés dans les pays d'Afrique pauvres en ressources naturelles.

Cependant, une question cruciale pour les pays cherchant à éviter ce qui a été nommé la « malédiction des ressources naturelles », c'est de savoir s'ils peuvent maintenir des taux de croissance plus élevés tout au long du cycle de hausse et de baisse du prix des matières premières. En d'autres termes, peuvent-ils permettre aux secteurs économiques non extractifs de suivre une trajectoire de croissance plus élevée, de manière à la faire perdurer au moment de la chute des prix et pendant de la période qui suit ? Les recherches réalisées dans le cadre du présent rapport indiquent que les performances des pays riches en ressources se sont avérées médiocres. Tandis qu'ils ont connu une croissance modérément plus rapide au cours du boom par rapport au reste de la région, leur croissance après cette période était nettement plus basse. Par ailleurs, le ralentissement ne se limitait pas au secteur des ressources, la croissance du PIB ayant ralenti elle aussi dans les secteurs non liés aux ressources naturelles. Cela peut partiellement s'expliquer par la dépendance excessive des autres secteurs vis-à-vis du secteur des ressources naturelles : une stratégie qui serait uniquement basée sur une meilleure intégration économique peut exposer le pays à des risques supplémentaires par rapport à une stratégie favorisant la diversification économique.

Ce même schéma de concentration économique et de dépendance aux ressources naturelles est apparent dans les comptes de patrimoine également. Les prix élevés des matières premières au cours du boom ont eu pour effet d'augmenter les rentes et d'accroître les niveaux de richesse de manière générale sur le plan du capital humain, du capital naturel et du capital produit. Le rapport de la Banque mondiale sur l'évolution des richesses des nations (*The Changing Wealth of Nations*, 2021) établit le même constat : les pays d'Afrique riches en ressources n'ont pas réussi à investir cet apport de richesses supplémentaire dans d'autres actifs au cours du boom. Par conséquent, les richesses se sont effondrées à la fin de celui-ci. Si la richesse par adulte, qui était déjà en diminution avant le boom dans de nombreux pays d'Afrique riches en ressources, a connu un taux de croissance annuel exceptionnellement élevé pendant le boom, elle est cependant redevenue négative à la fin de celui-ci. À titre de comparaison, si les pays africains pauvres en ressources naturelles ont suivi des trajectoires similaires en matière de taux de croissance avant et pendant le boom, ils n'ont cependant pas connu de diminution de leurs richesses après celui-ci, en raison d'une dépendance moindre aux ressources naturelles et d'économies plus diversifiées. La baisse de la richesse par habitant dans certains pays d'Afrique riches en ressources révèle que leurs fondements économiques ne permettent pas d'assurer une trajectoire durable, leur PIB étant toujours impacté par l'appauvrissement de leur base d'actifs s'ils ne sont pas parvenus à élever leur niveau d'investissement dans leur économie.

Constat 5 : la concentration de la pauvreté dans les pays d'Afrique subsaharienne riches en ressources s'est nettement accentuée, une tendance qui devrait continuer tandis que les inégalités demeurent bien ancrées

En dépit de l'augmentation des revenus ayant résulté du boom, la pauvreté extrême se concentre de plus en plus dans les pays d'Afrique subsaharienne riches en ressources (graphique A.5). En raison de ce recul constaté depuis le début de la baisse du prix des matières premières en 2015 et la pandémie de coronavirus, la pauvreté est à nouveau en augmentation dans les pays riches en ressources. On estime que d'ici 2030, plus de 80 % des personnes pauvres de la planète habiteront en Afrique subsaharienne, et près de 775 % des personnes pauvres d'Afrique subsaharienne habiteront dans des pays riches en ressources (Cust, Rivera-Ballesteros et Zeufack, 2022)[5]. En termes absolus, le nombre total de personnes considérées comme pauvres devrait atteindre environ 379 millions d'individus d'ici 2030, tandis que ce nombre pour les pays d'Afrique pauvres en ressources devrait passer en dessous de la barre des 120 millions

Graphique A.5 Évolution passée et projections du nombre de personnes pauvres à l'échelle mondiale, 1995-2030

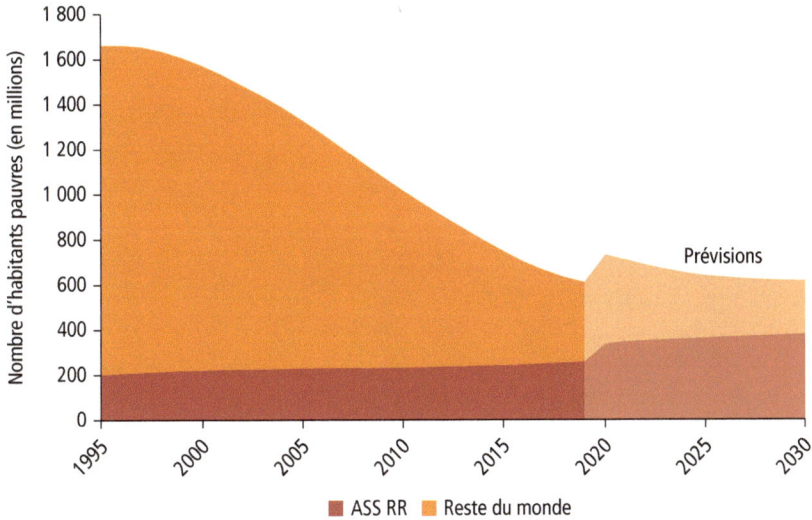

Source : calculs basés sur les données de Lakner *et al.* (2021) et autres estimations des équipes.
Remarque : la projection du nombre d'habitants pauvres vivant avec moins de 1,90 $ par jour prend en compte les impacts du Covid-19 (coronavirus). Le graphique utilise les cours internationaux de 2011. Les années ultérieures à 2020 correspondent à des projections. RR = riche en ressources ; ASS = Afrique subsaharienne.

d'individus (graphique A.6). En additionnant les populations pauvres habitant dans les économies riches en ressources d'Afrique subsaharienne, leur part dans le total mondial devrait atteindre le chiffre vertigineux de 62 % contre 13 % en l'an 2000. À titre de comparaison, seulement 20 % d'entre eux devraient habiter dans des pays d'Afrique pauvres en ressources (Cust, Rivera-Ballesteros et Zeufack, 2022). Si l'on comptabilise encore un nombre important de personnes vivant dans des conditions d'extrême pauvreté en dehors de l'Afrique subsaharienne, l'éradication de la pauvreté à l'échelle mondiale ne pourra se concrétiser sans avancées majeures dans la région, et tout particulièrement dans des pays riches en ressources naturelles comme la République démocratique du Congo et le Nigeria.

Les inégalités demeurent par ailleurs endémiques dans les pays riches en ressources. La manne des recettes publiques générées par le boom du prix des matières premières n'a pas permis de réduire les inégalités dans près de la moitié des pays d'Afrique riches en ressources. En fait, la majorité des pays riches en ressources pour lesquels l'indice Gini était disponible (soit 10 sur 18), notamment le Mozambique, la Tanzanie et la Zambie, présentaient une aggravation de l'indicateur d'inégalités en 2014 par rapport à 2003, c'est-à-dire une

Graphique A.6 Nombre d'habitants pauvres total, pays d'Afrique subsaharienne riches en ressources et pauvres en ressources, 1995-2030

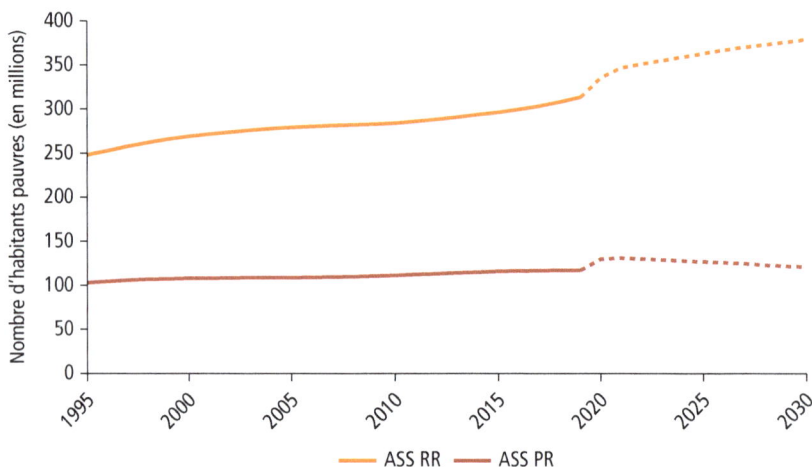

Source : Cust, Rivera-Ballesteros et Zeufack, 2022.
Remarque : le graphique indique le nombre de personnes vivant avec moins de 1,90 dollars US par jour. Les projections commencent après 2020 et les données manquantes sur les niveaux de pauvreté passés ont été remplies en se basant sur des interpolations linéaires calculées à partir des données disponibles. RR = riche en ressources ; ASS = Afrique subsaharienne ; PR = pauvres en ressources.

augmentation de leur coefficient Gini. La mécanisation peut participer à cette dynamique, dans la mesure où les rendements engendrés par des processus à intensité capitalistique de plus en plus forte se concentrent au niveau du capital davantage que de la main-d'œuvre. Cependant, certains pays riches en ressources ont réussi à réduire les inégalités ; c'est notamment le cas du Botswana et de l'Ouganda (graphique A.7). Par exemple, entre l'année de son indépendance et la période du boom, le Botswana a réussi à mobiliser les rentes issues des ressources naturelles afin d'inscrire des adultes âgés de 25 ans et plus dans l'enseignement secondaire. Le succès de ces politiques publiques, qui visent à convertir les dotations en ressources en capital humain, peut en partie expliquer les dynamiques positives observées en matière de réduction de la pauvreté et des inégalités au cours de la période du boom. L'incapacité à réduire à les inégalités a été la même que pour les économies pauvres en ressources n'ayant pas bénéficié d'une hausse équivalente de leur croissance et de leurs revenus pendant cette période.

Constat 6 : une incapacité à diversifier l'économie

Si les performances économiques globales étaient élevées au cours du boom, elles n'ont pas duré à la fin de celui-ci. Ce constat met en lumière la prépondérance

Graphique A.7 Évolution du coefficient Gini dans les pays d'Afrique subsaharienne, comparaison entre la période ayant précédé le boom et le moment de la fin du boom

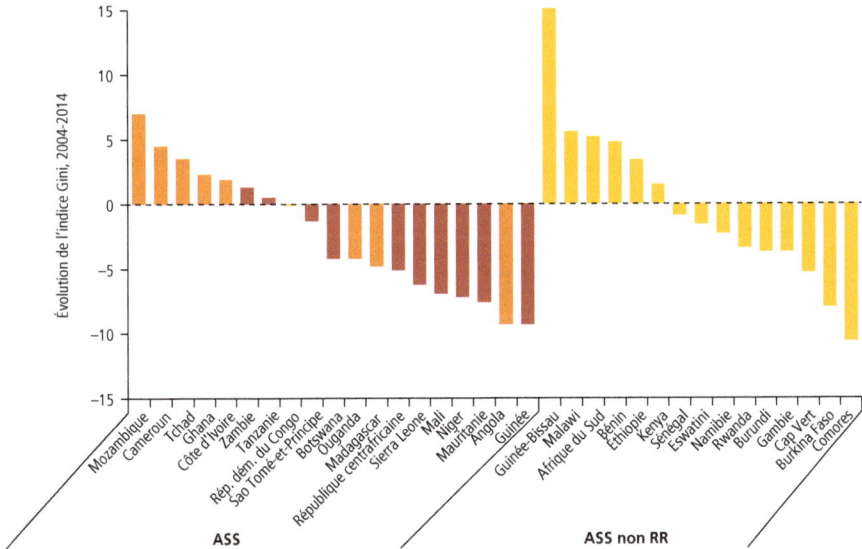

Source : basé sur les données de la plateforme Pauvreté et inégalités (PIP)de la Banque mondiale (https://pip.worldbank.org/home).
Remarque : ce graphique indique les indices Gini pour l'année 2014 ou l'année la plus proche pour laquelle des données étaient disponibles, moins la valeur de l'indice Gini de l'année 2004 ou de l'année la plus proche pour laquelle des données étaient disponibles. Les barres orange désignent les pays riches en combustibles fossiles et les barres rouges aux pays riches en minerai, selon les définitions du FMI (2012). Une diminution du coefficient Gini correspond à une réduction des inégalités de revenus au sein de la population d'un pays. RR = riche en ressources ; ASS = Afrique subsaharienne ; PR = pauvre en ressources.

du secteur des ressources naturelles dans les facteurs de croissance économique, tout en révélant une incapacité à convertir la période d'expansion en une prospérité économique mieux étayée. Le ralentissement des taux de croissance à la suite de la baisse des cours des matières premières a fourni la preuve la plus flagrante que le boom économique était trop limité et qu'il ne pouvait durer. Au cours de la période ayant suivi le boom, la croissance annuelle du PIB par habitant dans les pays riches en ressources était en moyenne 2,5 points de pourcentage inférieure à celle constatée pendant le boom, et 1,5 points de pourcentage inférieure à celle des pays pauvres en ressources naturelles de la même région (Cust, Rivera-Ballesteros et Zeufack, 2022).

Les décideurs politiques ont cherché à capitaliser sur le boom afin de convertir les investissements et les revenus en une transformation économique plus générale, en stimulant notamment la croissance des exportations du secteur manufacturier et d'autres secteurs économiques non extractifs. Ce projet de diversification économique, qui se base sur une diversification des exportations, a représenté un objectif économique fréquent au cours de cette période. Cependant, hormis une hausse du secteur des ressources naturelles et une compression des exportations agricoles, peu de changements significatifs ont été constatés au niveau de la composition sectorielle des exportations dans les économies riches en ressources.

Concentration économique : une croissance limité dans les secteurs non spécifiques aux ressources naturelles
Les données montrent que 11 des 23 pays riches en ressources naturelles d'Afrique subsaharienne ont vu leur concentration économique augmenter[6]. Dans certains pays tels que le Tchad, la République démocratique du Congo et la Zambie, le ratio du PIB du secteur des ressources naturelles par rapport au PIB extérieur à celui-ci était plus élevé à la fin du boom. Le Botswana, le Nigeria et 10 autres pays riches en ressources naturelles sont en revanche parvenus à réduire leur concentration économique. Au Botswana, par exemple, la contribution du secteur manufacturier au PIB a augmenté, passant de 6 % en 2004 à 8 % en 2014.

Concentration des exportations : une augmentation favorisée par le boom
Un des principes clés pour assurer une durabilité économique à partir de richesses en ressources naturelles consiste à utiliser l'opportunité que représente le boom pour favoriser l'établissement d'une économie plus diversifiée. Bien que de nombreux pays aient misé de façon active sur des stratégies de diversification au cours de leurs booms respectifs des ressources naturelles, leur bilan s'est avéré médiocre. La concentration des exportations a augmenté dans la majorité des pays d'Afrique subsaharienne riches en ressources (14 des 24 pays inclus dans l'indice de diversification des exportations) (Cust, Rivera-Ballesteros et Zeufack, 2022). À titre d'exemple, cette concentration a augmenté au Tchad et au Soudan, tandis que la Tanzanie et l'Ouganda ont réussi à diversifier leurs exportations. Cette situation de hausse de la concentration des exportations dans le secteur des ressources naturelles ne se limite pas à l'Afrique. Modélisé pour la première fois par Corden et Neary (1982), ce phénomène a été vulgarisé sous le nom de syndrome hollandais.

Concentration des actifs : qu'est-il advenu de la richesse des nations ?
Le processus d'extraction des ressources a comme impact premier de réduire la richesse générale d'un pays en épuisant son stock de capital naturel fini et non renouvelable. Cependant, les pays peuvent utiliser les bénéfices générés par cet épuisement afin d'accumuler d'autres formes de capital, par exemple en construisant des infrastructures physiques ou en investissant dans le capital humain via des améliorations de l'éducation et de la santé de ses citoyens. Dans le même temps, le stock de capital naturel peut également augmenter en raison

d'une hausse des prix qui s'appliquent aux réserves restantes de ressources natu-relles, ou bien du fait de nouvelles découvertes, certaines dans le cadre du pro-cessus de découverte lié à l'extraction.

Pendant la décennie du boom, les stocks de richesses totales dans les pays d'Afrique riches en ressources naturelles ont augmenté de manière générale : en d'autres termes, en tenant compte des effets de prix, la valeur totale des stocks nationaux de capital humain, de capital productif et d'actifs naturels a augmenté. Les stocks de richesses totales ont augmenté en moyenne de 4000 dollars US par personne en Afrique subsaharienne au cours de cette période. Certains pays comme le Botswana et la Namibie ont ainsi ajouté plus de 20 000 dollars US par personne à leurs richesses nationales totales (Cust, Rivera-Ballesteros et Zeufack, 2022). Cependant, une augmentation de la richesse par habitant ne se traduira pas forcément par une réduction des inégalités ; en dépit de la croissance de ses richesses nationales, la Namibie occupe la deuxième place au niveau mondial en matière d'inégalités de revenus.

L'accumulation d'actifs en remplacement à l'épuisement d'un autre actif constitue une stratégie clé pour assurer une gestion durable des ressources natu-relles. Selon ce principe, connu sous le nom de « règle de Hartwick » (Hartwick, 1977), la durabilité économique passe par le remplacement d'un actif naturel non renouvelable par un actif productif de substitution, afin de compenser l'épuisement du capital naturel. Ce capital de substitution peut prendre la forme de capital physique, financier ou humain.

Le taux d'épargne nette ajustée, calculé et publié par la Banque mondiale, constitue un indicateur précieux pour évaluer l'accumulation d'actifs de com-pensation par un pays. Les pays riches en ressources naturelles, compte tenu du degré élevé d'épuisement des ressources associé à leur extraction, sont davantage susceptibles de présenter un taux négatif d'épargne nette ajustée. Le taux impli-qué d'accumulation de capital augmente parallèlement au taux et à la valeur de l'actif épuisable ; en d'autres termes, ces pays doivent accroître leurs économies et leurs investissements de façon proportionnelle, car leurs revenus sont issus de l'épuisement d'un actif.

Malheureusement, au cours du boom, la relation entre la richesse en res-sources naturelles (mesurée comme la part des rentes dans le PIB) et le taux d'épargne nette ajustée n'était pas positive, voire négative dans certains cas, tout particulièrement chez les pays riches en combustibles fossiles. C'est ce que montre le graphique A.8. En Afrique, dans de nombreux pays présentant les niveaux d'épuisement les plus élevés (mesurés par les rentes tirées de l'exploita-tion), les taux d'épargne nette ajustée sont bas et négatifs : les réserves globales d'actifs diminuent donc dans le pays, et une grande part de cette valeur est consommée. Conséquence de cette tendance, les pays ont accru leur consom-mation au détriment de leur PIB futur, réduisant *de facto* les actifs disponibles aux générations futures.

Graphique A.8 Part moyenne de l'épargne nette ajustée dans le RNB et part moyenne des rentes tirées des ressources naturelles dans le PIB en Afrique subsaharienne pendant le boom (2004-2014)

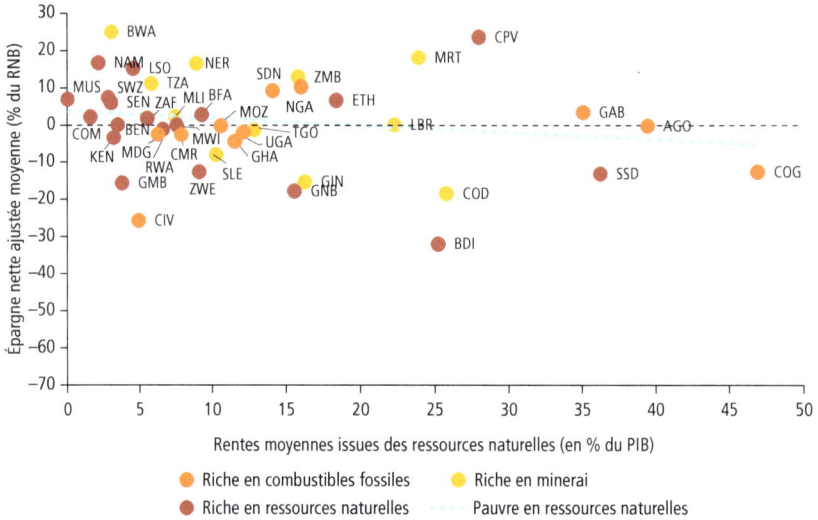

Source : Cust, Rivera-Ballesteros et Zeufack, 2022.
Remarque : ligne pointillée = régression linéaire pour les pays d'ASS riches en ressources. PIB = produit intérieur brut ; RNB = revenu national brut. La classification du FMI (2012) a été appliquée pour définir les pays comme riches ou pauvres en ressources naturelles.

Une étude réalisée par la Banque mondiale (2019) indique que les taux négatifs d'épargne nette ajustée constatés en Afrique australe s'expliquent principalement par la dépréciation d'actifs, et non par leur épuisement. Parallèlement à l'augmentation de l'intensité capitalistique du secteur minier, celui-ci va absorber une grande partie de l'épargne nationale pour la réinvestir afin de compenser la dépréciation des actifs. Plus l'investissement de capital est élevé, plus les actifs sont dépréciés, et plus il devient nécessaire d'investir les sommes épargnées afin d'assurer la rentabilité de ces actifs. Or, la hausse du niveau d'investissement n'a pas fait l'objet de projections à long terme. Bien plutôt, de nombreux pays ont « consommé » le boom.

Les investissements dans le capital humain et le capital physique peuvent améliorer l'épargne nette ajustée et réduire la pauvreté ainsi que les inégalités dans un contexte de mécanisation. Le secteur minier est devenu un secteur à intensité capitalistique de plus en plus forte ; de ce fait, la majorité des rendements se concentrent sur le capital. Les investissements dans le capital humain, en particulier la scolarité et les compétences professionnelles, ainsi que dans le capital physique, notamment les infrastructures, peuvent créer un environnement propice à l'établissement d'industries plus diversifiées et générer une main d'œuvre plus productive et en meilleure santé.

Constat 7 : il est crucial d'instaurer une gouvernance efficace afin d'optimiser les résultats économiques

Le boom a fourni aux pays riches en ressources l'opportunité de mobiliser des ressources économiques afin d'établir des institutions plus solides, capables de sécuriser les revenus épargnés et les protéger des brusques fluctuations des cours dans un contexte de grande volatilité du marché des matières premières. Cependant, les données indiquent que ces pays n'ont pas saisi l'opportunité qui se présentait à eux ; bien au contraire, certains indicateurs relatifs à la qualité des institutions se sont effondrés. En comparant différentes catégories d'indicateurs de la gouvernance dans le monde (WGI) entre pays africains riches et pauvres en ressources naturelles, on constate qu'en moyenne, les performances de ces derniers sont nettement supérieures à celles de leurs homologues riches en ressources. Les données indiquent que les perceptions relatives aux catégories « voix citoyenne et responsabilité » et « État de droit » ont baissé pendant et après le boom dans les pays riches en ressources. Dans le même temps, les quatre autres catégories (maîtrise de la corruption, efficacité des pouvoirs publics, qualité de la réglementation et stabilité politique) n'ont que très modérément progressé dans les pays africains riches en ressources naturelles par rapport aux pays pauvres en ressources (graphique A.9). L'écart le plus grand entre ces deux groupes se situe au niveau de la perception de la maîtrise de la corruption.

Dans les pays riches en ressources naturelles, certains pays présentaient des résultats moins bons que les autres. Dans certains pays riches en minerai, notamment la République centrafricaine, où les minerais ont exacerbé les comportements de recherche de rente, les mesures des six catégories de gouvernance ont chuté. Dans le même temps, certains pays riches en minerai et en pétrole ont légèrement amélioré leurs mesures visant à établir une meilleure gouvernance. Par exemple, même si ces pays partaient de très bas, l'Angola, le Liberia et la Sierra Leone ont amélioré leur score dans les six catégories depuis la fin du boom, en profitant d'une meilleure stabilité politique, de l'absence de violence et d'une amélioration de l'indicateur « voix citoyenne et responsabilité ». Certains pays comme le Botswana et le Ghana, par ailleurs, ont présenté des scores constamment positifs.

La malédiction des ressources annoncées

L'hypothèse d'une « malédiction des ressources annoncées », analysée pour la première fois en Afrique au cours de la dernière flambée des cours des ressources naturelles, met en lumière les risques auxquels sont confrontés les pays

Graphique A.9 Indicateurs indexés de la gouvernance dans le monde : moyenne sur la période dans les pays africains riches et pauvres en ressources naturelles

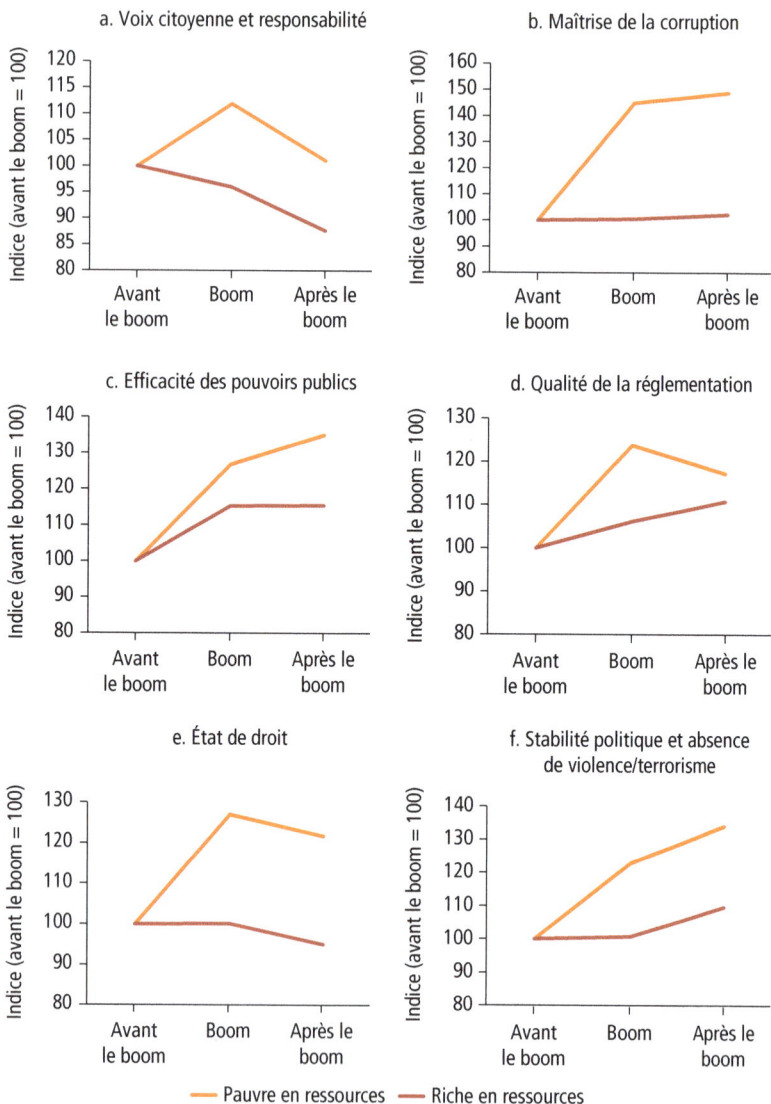

a. Voix citoyenne et responsabilité

b. Maîtrise de la corruption

c. Efficacité des pouvoirs publics

d. Qualité de la réglementation

e. État de droit

f. Stabilité politique et absence de violence/terrorisme

— Pauvre en ressources — Riche en ressources

Source : calculs basés sur les données de Kaufmann, Kraay et Mastruzzi, 2010.

où des gisements importants ont été découverts récemment (Cust et Mihalyi, 2017). Cette recherche révélait que certains pays où avaient eu lieu des découvertes de gisements importants étaient passés par un « boom des attentes », suivi de niveaux de croissance décevants. Le graphique A.10 montre que, dans les pays où les institutions sont plus faibles, la croissance était inférieure aux prévisions du FMI consécutives à la découverte d'un gisement géant d'hydrocarbures. Dans le même temps, l'accès au marché des Eurobond a fourni à de nombreux pays d'Afrique subsaharienne de nouvelles opportunités pour émettre des obligations souveraines aux taux du marché et mobiliser à cette fin les richesses tirées des ressources naturelles. Associés aux incertitudes planant sur les cours des matières premières ainsi qu'aux retards des projets, ces emprunts peuvent augmenter le risque de défaut (Ruzzante et Sobrinho, 2022), tout particulièrement si les investissements ne sont pas répartis efficacement et ne permettent pas de stimuler la croissance.

L'hypothèse d'un optimisme excessif de la part des citoyens a été testée concernant les découvertes en hydrocarbures dans 35 pays d'Afrique subsaharienne

Graphique A.10 Impact à court terme sur la croissance des découvertes de gisements d'hydrocarbures géants

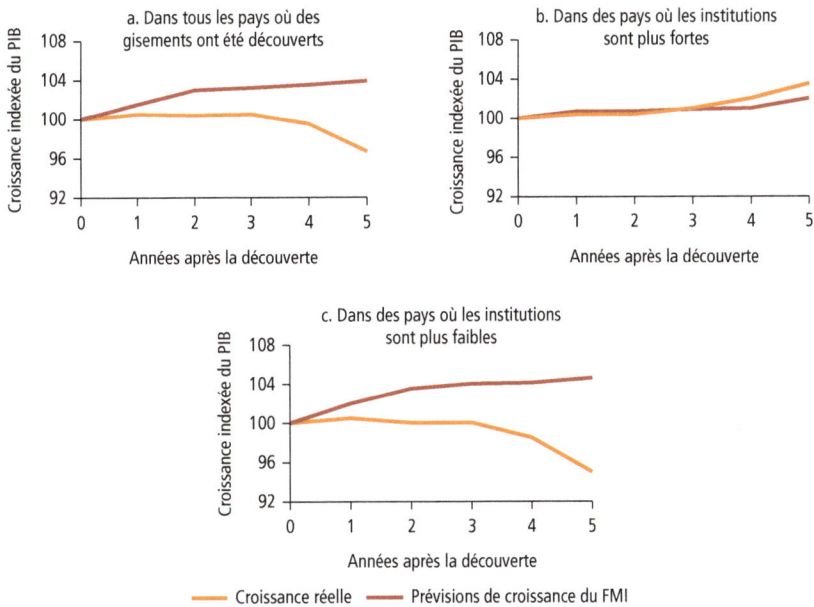

Source : Cust et Mihalyi, 2017.
Remarque : FMI = Fonds monétaire international.

entre 2002 et 2015. En se basant sur les données des enquêtes Afrobarometer, Cust et Mensah (2020) utilisent la méthode des doubles différences pour révéler que la découverte de gisements génère une augmentation de l'optimisme des citoyens quant aux conditions macroéconomiques et à l'augmentation du niveau de vie (graphique A.11), tout particulièrement lorsque le niveau de démocratisation est peu élevé, ce qui tend à indiquer qu'un renforcement des institutions politiques et une meilleure administration permettraient de mieux gérer les attentes. Plus précisément, Mihalyi et Scurfield (2021) examinent les mesures que peuvent prendre les gouvernements pour réduire les retards et les échecs potentiels, et ainsi répondre aux espoirs des citoyens. Ils indiquent que (a) les réformes apportées à l'attribution des licences et aux processus de sélection des entreprises concernant l'extraction des ressources peuvent permettre

Graphique A.11 Optimise excessif des citoyens quant aux conditions macroéconomiques et aux niveaux de vie après la découverte de gisements d'hydrocarbures

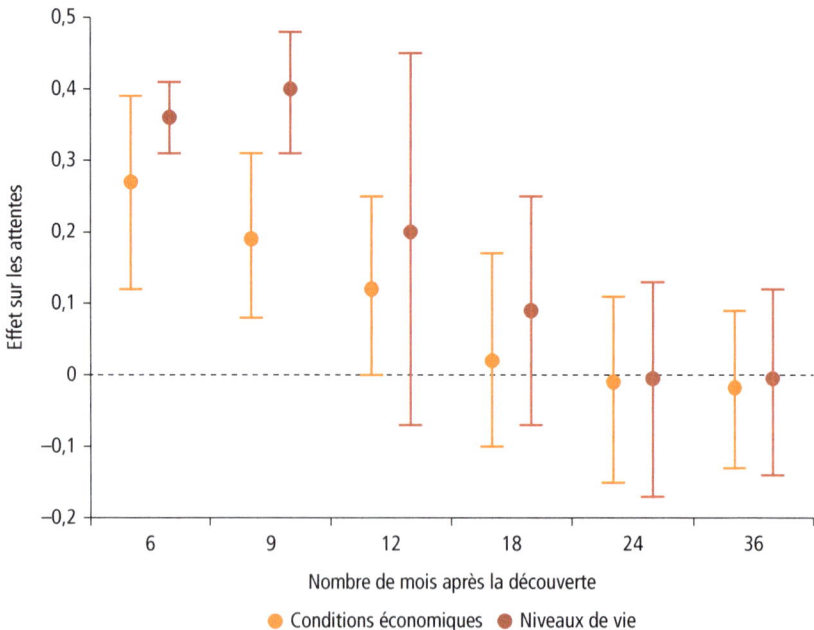

Source : Cust et Mensah, 2020.
Remarque : chaque estimation, représentée par un point, indique l'impact des découvertes sur les attentes concernant les conditions économiques ou le niveau de vie, évaluées séparément pour la durée concernée sur l'axe horizontal : le chiffre 1 est attribué lorsque les personnes interrogées déclarent espérer a minima de meilleures conditions économiques ou un meilleur niveau de vie ; lorsque ce n'est pas le cas, le chiffre 0 est attribué. Les barres verticales représentent les intervalles de confiance à 95 %.

d'améliorer les perspectives de découverte ; b) les réformes des normes réglementaires et des procédures de négociation peuvent permettre de réduire les
délais de mise en opérations ; c) les réformes de la mobilisation budgétaire et des
incitations fiscales relatives aux découvertes peuvent être cruciales pour garantir
la soutenabilité fiscale et les capacités de financements publics dans un contexte
de pays riche en ressources.

Le dernier boom des matières premières, qui a été marqué par des attentes
déçues, a renforcé les pressions en faveur d'une souveraineté nationale des ressources et de l'instauration de politiques protectionnistes. Certains pays ont été
confrontés à des pressions politiques pour que les contrats soient renégociés ou
bien pour que leurs conditions fiscales soient revues à la hausse. D'autres ont
vu leurs projets retardés ou suspendus, ce qui a créé de l'incertitude quant au
moment et à la possibilité même du démarrage de la production. Les données
relatives au boom de la période 2004-2014 indiquent que certains pays n'ont pas
saisi l'opportunité qui se présentaient à eux et n'ont pas convertir leurs richesses
en ressources en des actifs productifs, tandis que d'autres ont mal mobilisé les
bénéfices générés.

Gérer les risques macroéconomiques

Bien que la phase de récession du cycle économique, lequel fait suite à une
période de hausse soutenue du prix des matière premières, présente des inconvénients évidents pour les pays riches en ressources, la phase d'expansion elle-
même peut présenter de graves risques macroéconomiques pour l'économie
lorsque sa gestion n'est pas optimale. Par exemple, les choix des secteurs public
et privé pendant une phase d'expansion peuvent être soumis à des distorsions,
ce qui peut entraîner des affectations erronées, voire pire. Parmi les exemples
de distorsions, on trouve le phénomène de syndrome hollandais, où les exportations de ressources provoquent une contraction des secteurs commerciaux
tels que le secteur manufacturier. Les phases d'expansion peuvent également
conduire à une augmentation des recettes publiques, entraînant des dépenses
susceptibles d'évincer le secteur privé ou de créer des distorsions au niveau du
marché du travail, par exemple l'augmentation du salaire des fonctionnaires
(Cust et Balde, *à paraître* ; Devarajan *et al.*, 2013). Le présent rapport révèle
que le syndrome hollandais (Corden et Neary, 1982) peut également impacter
les forêts du fait de l'éviction des activités agricoles, ainsi que le capital humain
du fait de la redirection des dépenses vers le secteur des ressources et le secteur
public. Cela entraîne des risques supplémentaires pour les pays exportateurs de
ressources naturelles.

Une nouvelle étude part de l'hypothèse que, dans les pays riches en ressources, une politique budgétaire optimale dépend du régime de change : si
le pays dispose d'un taux de change flottant, celle-ci est de nature procyclique.
Mendes et Pennings (2020) indiquent que, contrairement aux conseils politiques

habituels consistant à épargner pendant les hausses de prix et à dépenser pendant les chutes de prix, une politique budgétaire optimale dépend du régime de change du pays (taux flottant ou taux fixe).

L'abondance des ressources, cependant, risque également de favoriser une augmentation des emprunts et des dépenses, ce qui peut donner lieu à des déceptions en matière de croissance et, dans certains cas, à des crises macroéconomiques (la malédiction des ressources annoncées, comme nous l'avons mentionné plus haut). Les cycles des matières premières peuvent également favoriser une politique budgétaire procyclique non soutenable, ce qui est susceptible d'engendrer des difficultés du fait d'une volatilité macroéconomique croissante, de faire fléchir les investissements dans le capital réel et humain, d'entraver la croissance, et de nuire aux communautés les plus démunies (Mansse, 2006 ; Servén, 1998 ; Banque mondiale, 2001). Dans les cas extrêmes, la procyclicité peut favoriser les emprunts publics, et donc un endettement supplémentaires au cours du cycle économique d'expansion et de récession. Pendant la période d'expansion, certains gouvernements, en plus des recettes supplémentaires qu'ils perçoivent, ont également recours à l'emprunt. En outre, les pays peuvent choisir de garantir leur dette en fonction de leurs ressources, soit sous la forme de garanties de flux de revenus futurs, soit sous la forme d'accords en nature dans lesquels le créancier est remboursé en barils de pétrole ou en tonnes de minéraux. Ce type de décisions a conduit à une augmentation de la dette publique dans les pays riches en ressources – et tout particulièrement les pays riches en pétrole – lorsque le boom des matières premières a pris fin (graphique A.12).

La période d'expansion qui s'est étalée entre 2004 et 2014 a permis aux gouvernements de jouir d'une forte hausse de leurs ressources budgétaires, en partie grâce aux recettes provenant de la taxation des ressources. Ainsi, au moins huit pays d'Afrique subsaharienne ont généré des revenus issus des ressources naturelles qui atteignaient en moyenne plus de 10 % de leur PIB pendant la période d'expansion—une proportion importante selon les normes régionales et mondiales (Cust, Rivera-Ballesteros et Zeufack, 2022). Bon nombre d'entre eux ont choisi de profiter de cette période pour développer considérablement la prestation de services publics, par exemple en augmentant le nombre d'inscriptions dans les établissements d'enseignement et augmentant leurs investissements dans les infrastructures. Ainsi, selon la base de données du FMI relative aux investissements et au stock de capital (Investment and Capital Stock Dataset), les investissements dans les actifs physiques, y compris les infrastructures économiques (les routes et les aéroports, par exemple) et les infrastructures sociales (les hôpitaux et les écoles) sont passés dans les pays africains riches en ressources d'environ 200 dollars US par habitant en moyenne pendant la période ayant précédé le boom (1998-2003) à plus de 435 dollars US pendant le boom et 270 dollars US après celui-ci.

Graphique A.12 Dette brute publique générale en Afrique subsaharienne, par type de richesse en ressources, 2007, 2013 et 2018

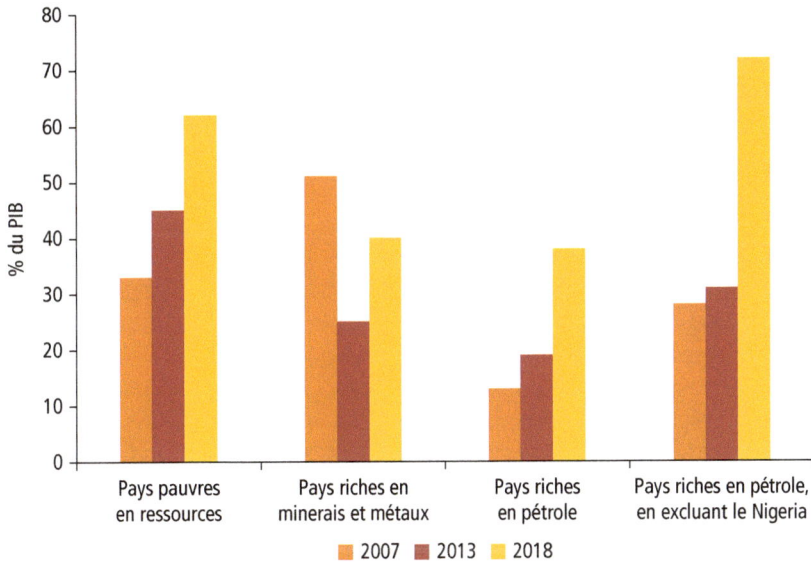

Source : Calderon et Zeufack, 2020.

De même, on constate une hausse des dépenses annuelles consacrées aux services sanitaires, passées de 4,6 % du PIB à 4,9 % en moyenne, tandis que les dépenses consacrées à l'éducation sont passées de 2,8 % du PIB avant le boom à 3,5 % du PIB après le boom (Cust, Rivera-Ballesteros et Zeufack, 2022).

Les risques cachés des prêts adossés aux ressources naturelles
L'augmentation de la dette et le niveau record des prix des matières premières ont incité de nombreux pays en développement à utiliser les richesses de leur sous-sol pour obtenir les financements dont ils ont cruellement besoin. Cependant, les données relatives aux prêts adossés à des ressources naturelles incitent à la prudence et révèlent que des risques cachés existent (Rivetti; 2021). Une étude récente a ainsi analysé un échantillon de 30 prêts adossés à des ressources naturelles, accordés entre 2004 et 2018 à des administrations centrales et à des entreprises publiques (EP) d'Afrique subsaharienne pour un total de 46,5 milliards de dollars US, soit près d'un dixième des nouveaux emprunts du continent sur cette période. Malgré le montant des prêts, les informations disponibles sur leurs conditions sont maigres (Mihalyi *et al.*, 2022).

En outre, les prêts adossés à des ressources naturelles ne sont pas nécessairement moins chers que les prêts non garantis. Le Tchad, par exemple, a restructuré sont emprunt contracté auprès de Glencore en 2015, mais payait toujours un coût global supérieur à 8 % sur son emprunt entièrement garanti, avant de le restructurer à nouveau en 2018. Premièrement, l'emprunteur qui contracte un prêt adossé à des ressources dispose généralement d'un accès limité au marché, ou bien des sources de financement limitées. Deuxièmement, étant donné la complexité de ces transactions, les emprunteurs ne comprennent pas toujours pleinement ce qu'impliquent les clauses contractuelles lorsqu'ils les négocient. Ces risques sont aggravés par le manque de transparence et de redevabilité des pouvoirs publics.

La région est confrontée à de graves risques de défaut. Les EP les plus importantes appartiennent souvent au secteur des ressources et leur endettement entraîne des conséquences macroéconomiques dans plusieurs pays de la région. De nombreuses EP du secteur pétrolier cherchent à développer leurs activités en amont en mobilisant des ressources publiques, en général sous la forme d'emprunts supplémentaires. Il s'agit cependant d'un pari risqué si l'on tient compte de la tendance de fond relative à la transition énergétique et à l'incertitude de la demande future de combustibles fossiles. De nombreux gouvernements cherchent également à emprunter pour développer leurs activités de raffinement du pétrole, de stockage, de transport ou de marketing et de création de valeur ajoutée dans le secteur minier. Malheureusement, la majorité des dettes contractées par les EP, comme les prêts souverains adossés à des ressources naturelles, sont opaques et vraisemblablement à prix coûtant. On constate cependant une évolution notable vers une culture de plus grande transparence en matière de dettes en Afrique subsaharienne et au niveau mondial.

Recommandations politiques

La panoplie de mesures politiques, afin de gérer au mieux les richesses tirées des ressources naturelles, doit tirer les leçons des récentes expériences du pays et être adaptée face aux tendances de fond émergentes. Le secteur des ressources naturelles détient malgré cela un grand potentiel. Les nouvelles découvertes, une situation géologique prometteuse, ainsi que des projections de demande positives pour les minerais et les métaux laissent penser que les ressources naturelles vont jouer un rôle crucial au cours des deux prochaines décennies. Cependant, l'héritage du précédent cycle d'expansion et de récession économique indique que les pays doivent davantage concentrer leurs efforts sur une utilisation durable ainsi qu'une transformation des richesses générées par les ressources naturelles, afin de s'assurer que cette opportunité ne sera pas gâchée.

Tenir compte de la malédiction des ressources annoncées. Les pays doivent veiller à déployer des politiques qui soient cohérentes avec la gestion des attentes et l'établissement d'une soutenabilité fiscale. Afin d'éviter toute situation de « malédiction des ressources annoncées », c'est-à-dire une situation où les pays se retrouvent surendettés ou confrontés à une croissance faible avant même que la production de ressources puisse démarrer, il est nécessaire de tempérer les pressions poussant à emprunter et à dépenser avant même la génération de revenus. On constate que, si les découvertes de gisements libèrent des forces puissantes susceptibles d'influencer les politiques, elles rendent les pays vulnérables lorsque ceux-ci ne sont préparés à une baisse des prix. Ce risque est particulièrement prégnant dans des situations où la décarbonisation à l'échelle internationale peut conduire à une baisse future des prix des combustibles fossiles, en même temps qu'à une plus grande volatilité des prix des ressources naturelles de toutes sortes en raison des écarts entre offre et demande. Toute erreur à ce niveau peut avoir des conséquences graves : le surendettement et les récessions brutales liées aux cours des ressources naturelles provoqueraient alors un recul économique, annulant la valeur positive du boom.

Améliorer la soutenabilité de l'économie en mobilisant les revenus issus du secteur des ressources. Afin de faire passer l'épargne nette ajustée du négatif au positif, les États doivent investir dans le capital humain, notamment l'éducation et la santé, dans le capital produit, en particulier les infrastructures, ainsi que dans le capital naturel, comme les forêts, les terres arables et le tourisme fondé sur la nature. Les revenus générés par les secteurs miniers et pétroliers peuvent être utilisés afin de financer ces formes de capital.

Passer de stratégies politiques fondées sur l'exploitation à des stratégies de gestion des actifs. Pour assurer la soutenabilité des ressources naturelles, il est nécessaire que la richesse nationale totale augmente, notamment les stocks de capital naturel, afin de protéger l'environnement et la prospérité des générations futures. Si l'établissement d'une épargne nette ajustée positive constitue une étape pour atteindre cet objectif, la réduction des impacts néfastes de l'extraction des ressources sur l'environnement et sur l'agriculture permettra également de garantir une augmentation des niveaux généraux de capital naturel dans les pays d'Afrique riches en ressources. Par ailleurs, faire figurer l'épuisement des actifs naturels comme un actif dans la comptabilisation des bénéfices, et non comme une source de revenus, peut contribuer à s'assurer qu'ils seront investis à l'avenir et non réservés à une consommation récurrente. Une gestion des richesses naturelles tournée vers le futur exige que la soutenabilité des finances publiques et de la croissance économique soit bien prise en compte. Les comptes de patrimoine représentent un moyen pour les décideurs politiques de ne pas se limiter au PIB et de prendre en compte le patrimoine, la diversification des actifs, ainsi qu'un développement durable basé sur les richesses naturelles.

Une meilleure transparence des prêts adossés à des ressources naturelles permettra d'améliorer la rentabilité et de mieux protéger les pays. Il est impératif que les détails des prêts adossés à des ressources naturelles soient rendus publics. Certains gouvernements ont commencé à prendre des mesures importantes en ce sens (Maslen et Aslan, 2022). La République démocratique du Congo, par exemple, a publié les contrats de prêt signés entre ses sociétés minières publiques et un consortium de sociétés chinoises, ainsi qu'avec un important négociant en matières premières. Pour favoriser les progrès, les pays devraient ainsi imposer des obligations légales en matière de transparence des contrats de prêt.

Libérer le potentiel économique du secteur minier par l'intégration régionale et la zone de libre-échange continentale africaine

La zone de libre-échange continentale africaine (ZLECAf) rassemble 54 pays africains, avec une population totale de plus d'un milliard d'habitants et un PIB combiné de plus de 3,4 billions de dollars US (Banque mondiale, 2020b). Si elle est mise en œuvre avec succès, elle permettra aux pays de développer leur intégration dans les chaînes de valeur régionales et mondiales.

L'essor des chaînes de valeur régionales et mondiales, dans lesquelles le processus de production est divisé en différentes composantes spécialisées, a créé une fenêtre d'opportunité pour les pays en développement, qui peuvent participer au marché mondial même lorsque leur contribution concerne uniquement des points spécifiques du processus de production. Cette division du travail permet aux pays de s'impliquer dans des tâches spécialisées au sein de la chaîne de valeur sans avoir à produire sur toute la chaîne de valeur à des coûts compétitifs. Les accords de libre-échange sont cruciaux pour rentabiliser les chaînes de valeur régionales et mondiales, car ils permettent de relier les différents domaines de production sans ajouter de droits de douane en cours de route. Le regroupement et la spécialisation au niveau régional peuvent permettre de débloquer davantage d'économies d'échelle via une mise en commun des ressources, des compétences et de l'expertise, par-delà des marchés nationaux qui sont souvent de petite envergure. Le commerce intra-africain ne représente actuellement que 16 % des échanges commerciaux transnationaux des pays africains. La ZLECAf constitue la plus grande zone de libre-échange au monde et a le potentiel de débloquer environ 3,2 billions de dollars américains en commerce intra-africain. Celle-ci est entrée en vigueur le 1er janvier 2021.

La ZLECAf constitue une opportunité sans précédent pour développer sur le continent la chaîne de valeur qui va de l'extraction jusqu'à la commercialisation. Le secteur minier est bien positionné pour avoir un effet de démonstration. La ZLECAf permet de libérer le potentiel de création de valeur ajoutée et de valorisation des minerais sur le continent, ce qui augmente la productivité des secteurs et la valeur globale des exportations. La chaîne de valeur – depuis la fabrication d'intrants intermédiaires tels que les machines (liaisons en amont) jusqu'à l'extraction proprement dite des minéraux, en passant par la phase de traitement (liaisons en aval) – peut rarement être prise en charge par un seul pays en raison de certaines limitations, notamment au niveau des compétences, des infrastructures et du capital. Bien que de nombreux pays accordent la priorité à une valorisation au niveau local, peu d'entre eux ont la capacité de la réaliser entièrement au niveau national. Déployée de façon efficace, la ZLECAf permettrait à divers pays du continent de se spécialiser dans une sélection de composants de la chaîne de valeur et de faire transiter ces composants entre les pays participants sans barrières tarifaires, facilitant ainsi l'assemblage d'une chaîne de valeur entière en Afrique qui serait capable d'être compétitive.

Cependant, de nombreuses mesures politiques prises au niveau du secteur extractif limitent les opportunités d'intégration et de commerce régionaux. Pour que la ZLECAf puisse progresser et que le commerce régional se développe, les gouvernements vont devoir prendre des mesures proactives afin d'harmoniser les restrictions ciblant les secteurs des ressources avec les stratégies régionales. L'adoption généralisée de politiques de contenu local (PCL) irait dans ce sens, tout comme l'établissement de restrictions des exportations favorisant le marché intérieur plutôt que le marché de l'Union africaine. De même, les barrières tarifaires et non tarifaires rendent difficiles le développement de clusters régionaux, ainsi que leur capacité à s'insérer dans les chaînes de valeur mondiales.

Le chapitre 3 identifie les principaux obstacles tarifaires, non tarifaires et politiques entravant le développement d'avantages comparatifs en Afrique. Il associe données, analyse de la législation récente et études de cas au niveau national et au niveau des entreprises, afin de mieux identifier l'ampleur de ces obstacles et leur impact sur le développement des liaisons, ce qui peut affecter la création d'emplois et la croissance générée par les exportations, et freiner la participation aux chaînes de valeur mondiales. Il propose ensuite une liste de recommandations à court et à long terme, par ordre de priorité, visant à minimiser les obstacles et ainsi stimuler le développement de la chaîne de valeur intracontinentale.

Constat 8 : Les barrières tarifaires du secteur extractif entravent le déploiement de la ZLECAf

Afin d'augmenter les bénéfices qu'ils peuvent tirer du secteur minier à un moment où la pression budgétaire s'accroît et où le taux de chômage augmente, de nombreux États ont opté pour des stratégies d'industrialisation fondées sur une politique d'extraction de minerai intégrant une augmentation des droits de douane, ou bien qui ne correspond pas du tout aux principes du marché unique. La liste des concessions tarifaires de la ZLECAf comprend les éléments suivants :

- Élimination des droits de douane pour 90 % des marchandises sur une période de 5 ans à compter de 2020 (10 ans pour les pays les moins avancés ou PMA).

- 7 % des autres lignes tarifaires sont considérées comme « sensibles ». Les droits de douane sur ces marchandises seront éliminés sur une période de 10 ans (13 ans pour les PMA).

- Les 3 % restants peuvent être soumis aux règles de libéralisation, mais la valeur de ces biens ne doit pas dépasser 10 % des importations intra-africaines totales.

Les réticences à réduire les droits de douane sont souvent causées par la crainte d'une perte des revenus nationaux, mais elles ignorent souvent les bénéfices de cette stratégie. Une étude menée par la Conférence des Nations Unies sur le commerce et le développement (CNUCED), qui utilise le modèle d'équilibre général calculable du projet GTAP (Global Trade Analysis Project) indique que si tous les droits de douane étaient supprimés au sein de la ZLECAF, la perte des revenus générés par ces droits de douane atteindrait 4,1 milliards de dollars US, soit 9,1 % des revenus actuels. Les bénéfices, cependant, seraient considérables. Les simulations à long terme évoquent des gains économiques à hauteur de 16,1 milliards de dollars US (après déduction des 4,1 milliards de dollars US liés à la perte des recettes douanières) ; dans le cadre de ces prévisions, le PIB augmenterait de 0,97 % et l'emploi total de 1,2 %. Le commerce intra-africain connaîtrait une croissance de 33 %, tandis que le déficit commercial total du continent serait réduit de moitié. L'emploi resterait stable dans le secteur minier : la production étant à forte intensité capitalistique, toute production supplémentaire n'aurait pas de conséquence sur l'emploi dans le secteur. En revanche, le nombre d'emplois dans la totalité des autres secteurs de l'économie devrait augmenter, et c'est le secteur manufacturier qui devrait profiter le plus de cette croissance (graphique A.13). Ces projections de croissance de l'emploi dans le secteur manufacturier s'inscrivent dans l'objectif de transformation structurelle et d'industrialisation porté par la ZLECAf (Saygili, Peters et Knebe, 2018). La croissance de certains secteurs, comme le secteur de la machine-outil, celui des produits minéraux, du pétrole et du charbon, ainsi que celui des métaux, est parallèle au développement des liaisons que le secteur minier établit en amont et en aval.

Les efforts d'harmonisation régionale ont été entravés par les politiques nationales. Le Burkina Faso, la Côte d'Ivoire, la Guinée et le Mali en fournissent un bon exemple. Bien que les prélèvements à l'exportation aient été harmonisés à hauteur de 3 % dans ces quatre pays, leur mise en œuvre a été inégale. En théorie, si les niveaux de taxation sont similaires, il n'y a aucune raison pour que les exportateurs choisissent d'implanter leur base d'expédition dans un pays où la fiscalité serait plus avantageuse que dans un autre. Or, la réglementation

Graphique A.13 Croissance de l'emploi en Afrique pondérée par le PIB, par sous-secteur, scénario de libre échange total à long terme

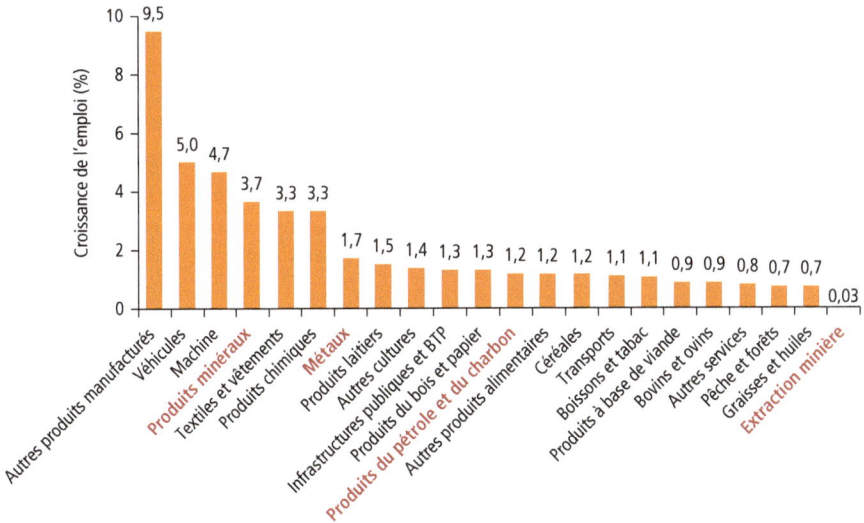

Source : basé sur les données du Global Trade Analysis Project reprises par Saygili, Peters et Knebe (2018).

du Mali présente une faille importante. En effet, le taux de 3 % s'applique uniquement aux 50 % premiers kilogrammes d'or par mois (Martin et Helbig de Balzac, 2017) ; passé ce seuil, le poids restant exporté n'est pas imposable. C'est pourquoi une part importante de l'or exporté par chacun des autres pays transite par le Mali. La tentative d'harmonisation régionale a cédé la place à des problématiques et à des tensions accrues entre les pays, ainsi qu'à une augmentation du risque de contrebande (Martin et Helbig de Balzac, 2017).

Constat 9 : les barrières non tarifaires ont un impact négatif sur la compétitivité des chaînes de valeur régionales du secteur minier

Les barrières non tarifaires (BNT) demeurent un obstacle majeur à la concrétisation des bénéfices potentiels de la ZLECAf. Les BNT renvoient à des réglementations et à des procédures autres que les droits de douane, qui accroissent les difficultés et augmentent les coûts en matière d'importation et d'exportation de produits. Une étude réalisée par la CNUCED révèle que les BNT sont au moins trois fois plus contraignantes que les droits de douanes classiques ; les pays Africains verraient le PIB augmenter de 20 milliards de dollars US en résolvant ces problèmes de BNT au niveau continental. Bien qu'en vertu de l'article 4, les États parties doivent « [éliminer] progressivement les barrières tarifaires et non-tarifaires au commerce des marchandises », une étude publiée par Fitch Ratings en 2021 révèle que la suppression des BNT dans le cadre de la ZLECAf devrait être bien inférieure aux ambitions de l'accord, ce qui limitera l'impact de celui-ci. Elle révèle que « [l']impact de l'union douanière de la Communauté de l'Afrique de l'Est, par exemple, a été limité par un manque d'intégration et la suppression de certaines barrières non tarifaires, bien qu'elle existe depuis 15 ans » (Fitch Ratings, 2021).

Les insuffisances en matière de transports et d'énergie constituent des BNT cruciales qui freinent l'industrialisation basée sur les ressources naturelles. Pour donner une idée de l'ampleur des défis, prenons l'exemple de l'expédition d'un conteneur : son expédition de la Chine à Beira, au Mozambique, coûte 2000 dollars US, mais le coût de son transport de Beira vers le Malawi, soit une distance de 500 kilomètres, coûte 5000 dollars US. L'accès à l'électricité demeure rare et peu fiable, ce qui accroît le coût des échanges commerciaux. Au Malawi, qui est le point d'arrivée du conteneur, 61 % des ménages ne sont pas connectés au réseau électrique. Les coûts liés aux transports et à la logistique dans les pays d'Afrique subsaharienne sont disproportionnés par rapport à ceux des autres pays en développement, ce qui freine le commerce intrarégional. Si la superficie des terres émergées en Afrique est plus grande que les superficies combinées de la Chine, de l'Europe, de l'Inde et des États-Unis continentaux, son réseau de chemins de fer, qui atteint à peine 82 000 kilomètres, est tout juste supérieur à la somme des chemins de fer français et allemands. La majorité des infrastructures des chemins de fer sont mal entretenues, et 16 % des voies ferrées sont complètement hors d'usage. En 2016, l'Afrique représentait seulement 2 % des biens transportés par transport ferroviaire (en tonnes-kilomètres au niveau mondial). Les ports existants, en effet, ne peuvent répondre à la demande. En moyenne, un cargo sera stationné près de trois semaines en Afrique subsaharienne, ce qui est supérieur aux délais constatés en Asie, en Europe et en Amérique latine, où le déchargement peut prendre moins d'une semaine. Les frais d'approche sont 50 % supérieurs à ceux constatés dans d'autres régions du monde. Si la majorité du fret est transportée par voie routière (entre 80 et 90 %), la densité du réseau routier sur le continent est l'une des plus faibles au monde, avec 27 kilomètres de route pour 10 000 habitants. 28 % seulement des 2,8 millions de kilomètres de routes du continent sont goudronnés. Une recherche menée par le FMI en 2019 révèle que si les infrastructures d'Afrique subsaharienne étaient améliorées afin d'atteindre le même niveau que la moyenne planétaire, le commerce continental augmenterait de 7 % (FMI, 2019). Le coût du transport n'a que très peu baissé au fil des années. Entre 2005 et 2014, l'écart s'est creusé avec les autres régions du monde sur le plan du coût du transport, qui était en Afrique deux fois supérieur à celui des économies développées.

Le niveau élevé du coût des transports et des services logistiques est la conséquence de tout un ensemble de facteurs, notamment : des infrastructures physiques peu développées et mal entretenues ; une mauvaise connectivité des transports régionaux et internationaux ; des services logistiques peu efficaces ; un manque de confiance entre les opérateurs ; l'existence de cartels de transporteurs ; les dispositifs existants de partage du fret ; ainsi que la mauvaise qualité de l'accès aux services d'expédition. Il existe par ailleurs un manque d'infrastructures particulièrement criant en Afrique centrale, qui constitue un frein considérable aux échanges entre le Nord, l'Est, l'Ouest et le Sud du continent.

Les pays enclavés sont tout particulièrement désavantagés. Selon le dernier rapport de l'ITIE (2020), le secteur extractif représente 77 % des exportations en Zambie. Cependant, au fil des années, le profil des coûts pour une mine zambienne de taille moyenne s'est dégradé en raison de l'ancienneté des mines, des coûts de transport élevés et des nouvelles taxes, ce qui a provoqué une baisse de leur rentabilité. Du fait de l'accès difficile aux ports, notamment ceux de Beira, Dar es Salaam, Durban, Lobito et Walvis Bay, les coûts de transport ont fait augmenter le coût des produits de 40 %. Les pays enclavés sont également affectés par l'augmentation des prix sur le cours des combustibles fossiles, ce qui accentue les défis infrastructurels.

En tant que secteur où la consommation énergétique est importante, le secteur minier exige une distribution d'énergie de base continue et stable. Dans la majorité des pays, le secteur minier est le plus énergivore. Par exemple, en Afrique du Sud, le secteur minier consomme dans le cadre de ses activités d'extraction et de fonte environ 30 % de l'électricité générée chaque année par le pays. Pour des raisons de santé et de sécurité, d'accès et de production, les mines doivent disposer d'un accès garanti à l'électricité.

Le secteur minier, qui dépend souvent d'entreprises nationales de service public, peut être impacté par la mauvaise qualité de l'infrastructure de génération, de transmission et de distribution d'électricité (Cudennec et Kiwelu, 2021). Dans le rapport Doing Business, l'évaluation de l'Afrique subsaharienne en matière d'accès à l'électricité[7] est la plus faible au niveau mondial, avec un score de 50,4 sur une échelle de 100, contre 85,9 pour la catégorie de pays à revenu élevé de l'Organisation de coopération et de développement économiques (OCDE), 75,1 dans la région Asie de l'Est et Pacifique, et 71,7 dans la région Amérique latine et Caraïbes. Le coût de l'électricité en Afrique est plus élevé que dans n'importe quelle autre région du monde : il y est 3,5 fois supérieur à la région qui se place en deuxième position, en l'occurrence l'Asie du Sud ; plus de 5 fois supérieur à la région Asie de l'Est et Pacifique ; et plus de 7 fois supérieur aux régions Amérique latine et Moyen-Orient et Afrique du Nord.

L'amélioration de l'accès à l'infrastructure électrique et la baisse des coûts associés peut permettre de renforcer le développement des relations interindustrielles. La mise à disposition d'une énergie fiable et peu coûteuse est cruciale pour établir un avantage comparatif dans la transformation des intrants et dans le traitement des minerais. Les coupures d'électricité peuvent endommager les équipements, entraîner des arrêts de production et des retards de traitement, et empêcher de respecter les délais demandés par les destinataires des produits exportés. Une forte augmentation des coûts énergétiques peut avoir un impact considérable sur la capacité des mines à rester ouvertes.

Constat 10 : les obstacles politiques indiquent que les pays continuent à « parler continental » mais à « penser national »

De nombreux pays d'Afrique subsaharienne ont établi des politiques visant à soutenir des objectifs socioéconomiques plus généraux, comme les interdictions d'exportation et les objectifs de contenu local. Ces politiques cherchent à augmenter la création de valeur ajoutée au niveau national, créer des emplois, générer des revenus pour l'État, ou encore favoriser une croissance plus diversifiée. Bien que ces politiques soient fondées sur des intentions louables, leur application passée sur le continent comme dans le reste du monde a révélé qu'elles atteignent rarement leurs objectifs. Par ailleurs, elles peuvent nuire au développement de chaînes de valeur régionales compétitives. Le présent rapport examine l'application de restrictions à l'exportation, des PCL, des obligations d'emploi local et des BNT pour analyser leur impact sur le déploiement de la ZLECAf. La réduction des obstacles politiques peut permettre de renforcer la mise en œuvre d'une approche régionale capable de procurer à la fois des avantages comparatifs et une augmentation de la création de valeur ajoutée sur le continent.

Restrictions à l'exportation

Depuis 2009, le nombre de restrictions à l'exportation des matières premières s'est accru, tout comme leur périmètre. La base de données mondiale de l'OCDE comprend 79 pays exportateurs de minerais et de métaux bruts. En 202, un seul des 19 pays d'Afrique subsaharienne inclus dans la base de données ne possédait aucun type de restriction à l'exportation de minerais et de métaux bruts. La carte A.1 détaille les types de restrictions à l'exportation par pays. Chaque pays utilise plusieurs types de restrictions à l'exportation, mais si l'on examine les mesures les plus contraignantes, on constate que 8 pays ont mis en place des interdictions d'exportation, 8 pays appliquent des taxes à l'exportation, et 2 des régimes de licences non automatiques. Au fil des années, certains pays ont établi des restrictions à l'exportation plus strictes. Si le nombre de pays ayant imposé des restrictions à l'exportation sur les minerais et les métaux bruts en Afrique subsaharienne varie entre 17 et 19 depuis 2009, les restrictions se sont avérées de plus en plus strictes. Alors que 26,3 % des pays avaient établi des interdictions d'exportation en 2009, ce chiffre est passé à 42,1 % en 2020.

Les pays d'Afrique subsaharienne ont souvent mis en place des interdictions d'exportation sur les matières premières afin de favoriser leurs objectifs de développement économique à l'échelle nationale. Bien que de nombreux pays

Carte A.4 Restrictions à l'exportation sur les minerais et les métaux bruts en Afrique subsaharienne, 2020

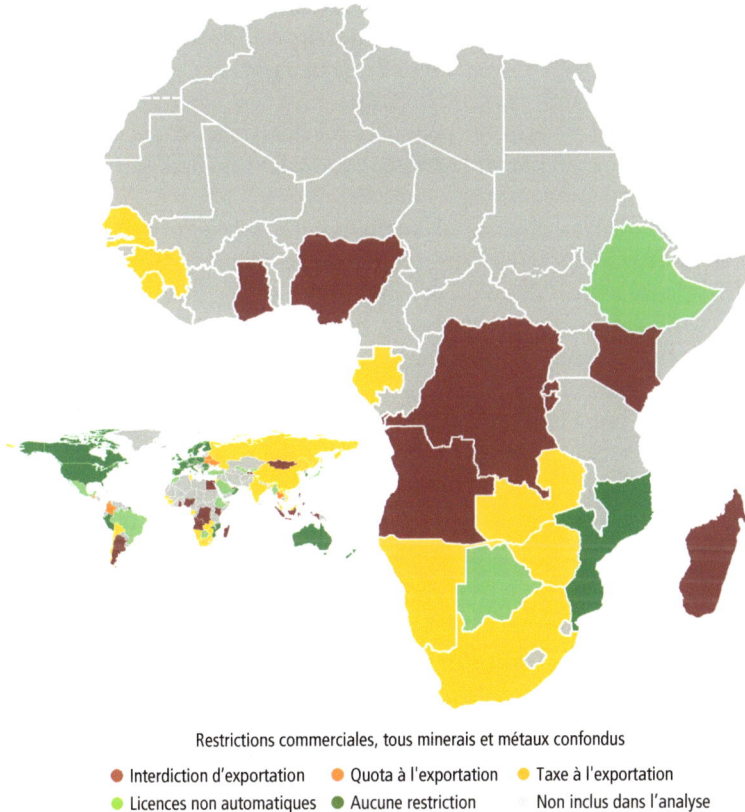

Restrictions commerciales, tous minerais et métaux confondus

- ● Interdiction d'exportation
- ● Quota à l'exportation
- ● Taxe à l'exportation
- ● Licences non automatiques
- ● Aucune restriction
- Non inclus dans l'analyse

Source : données issues de la base de données sur les matières brutes, OCDE, 2020.
Remarque : le code de couleurs indique l'intensité des restrictions et non le nombre de restrictions. Les pays en gris ne disposent pas de données.

d'Afrique subsaharienne possèdent des gisements importants de minerais et de métaux, les capacités de transformation demeurent limitées en raison d'infrastructures insuffisantes, d'un manque de main-d'œuvre qualifiée, ainsi que de l'absence d'un capital humain, technique et financier adéquat. Certains pays ont cependant utilisé les restrictions à l'exportation afin de stimuler le développement de liaisons en aval et augmenter la création de valeur ajoutée.

Politiques de contenu local et création d'emplois

Les PCL ont été conçues afin de permettre aux pays de maximiser les bénéfices domestiques issus des investissements directs étrangers en développant la participation nationale. Les activités minières présentent une intensité capitalistique de plus en plus forte, la hausse des revenus tend à être captée par le capital. Compte tenu des contraintes auxquelles sont confrontés de nombreux pays d'Afrique subsaharienne, le secteur minier dépend largement de capitaux et de compétences étrangers, ce qui signifie qu'une grande partie des revenus générés seront captés par des acteurs étrangers et non par le pays possédant les ressources naturelles. Les décideurs politiques considèrent ainsi les PCL comme une piste importante pour élargir la redistribution des bénéfices générés par le secteur minier.

Les politiques d'emploi direct local ont pour objectif d'augmenter la quantité et la qualité de l'emploi local dans les exploitations minières. Lorsqu'elles aboutissent, elles peuvent créer de nouveaux emplois à l'échelon local, améliorer les compétences de la main d'œuvre nationale, et faire progresser l'égalité entre les sexes et l'inclusion sociale. Le manque de travailleurs qualifiés constitue l'un des principaux défis pour parvenir à des résultats positifs. Afin de répondre à cette problématique, de nombreux pays ont exigé la mise en place de formations par les entreprises du secteur minier, afin de faire augmenter l'offre de travailleurs qualifiés. Il existe deux types de politiques de l'emploi local.

- Les approches basées sur la réglementation, qui débouchent généralement sur des politiques « du bâton » contraignantes, le plus souvent obligatoires et reposant sur des mécanismes de conformité rigoureux incluant les éléments suivants :
  - pourcentage minimal d'emploi local, qui varie le plus souvent selon le type d'emploi
  - obligation de mettre en place des formations pour les populations locales, ou accompagnement de services de formation
  - l'établissement obligatoire de plans de succession ou de localisation
  - restrictions de visa pour les travailleurs étrangers
  - recrutement imposé des populations indigènes, des femmes ou des groupes désavantagés
- Les stratégies de facilitation, quant à elles, qui débouchent le plus souvent sur des politiques « de la carotte » basées sur des incitations, proposent un soutien et des incitations pour le développement et l'emploi de la main d'œuvre locale. Elles peuvent inclure les mesures suivantes :
  - préférences dans l'octroi dans contrats miniers
  - exigences à caractère non contraignant d'employer les populations locales (via des formulations telles que « dans la mesure du possible »)
  - incitations fiscales à l'emploi des populations locales

L'Atlas des législations minières africaines (AMLA) est une plateforme dont le but est de promouvoir la transparence, l'accessibilité et les comparaisons des législations africaines relatives aux activités minières, de faciliter la préparation, la révision et la mise en œuvre des législations minières, de fournir une base de données régulièrement mise à jour permettant de stimuler les recherches et les débats politiques relatifs aux problématiques juridiques et réglementaires, et de promouvoir le développement d'une expertise juridique et d'une législation minière locales. Elle peut permettre d'évaluer les politiques concernant (a) l'emploi et la formation ; et (b) les marchés publics des biens et services publics.

Si un petit nombre de pays ne disposent d'aucune PCL consacrée à l'emploi et la formation, la majorité en possède entre 1 et 4. Certains se démarquent particulièrement : le Gabon en possède 7, le Tchad 8, le Kenya et la Tanzanie 9 chacun, et la Zambie arrive en tête avec 12 PCL. Il existe tout un éventail de PCL relatives à l'emploi et à la formation. Certains pays ont opté pour des stratégies plus favorables aux investisseurs, tandis que d'autres favorisent considérablement les travailleurs nationaux.

En matière de marchés publics, l'immense majorité des pays disposent d'approches très facilitatrices qui incitent en général à acheter des biens et des services nationaux lorsque ceux-ci sont disponibles. Seuls quelques pays disposent de plus de deux PCL relatives aux achats locaux. De même qu'avec la catégorie de PCL relative à l'emploi et à la formation, les pays disposant du nombre de PCL le plus élevé étaient le Kenya (7), la Tanzanie (7) et la Zambie (10), tandis que cinq pays avaient explicitement établis des quotas.

Recommandations politiques

Création d'emplois
Identifier de nouvelles méthodes pour mobiliser au mieux l'emploi dans le contexte de la mécanisation. Les États doivent intervenir afin d'améliorer les résultats scolaires dans les communautés situées autour des mines et assurer des bases solides en mathématiques et en sciences afin que les apprenants puissent s'insérer dans un monde du travail à forte intensité technologique. Les sociétés minières peuvent fournir des stages aux apprenants afin de les former aux métiers qualifiés que nécessite le secteur minier dans le cadre de la quatrième révolution industrielle.

Encourager les programmes de développement des compétences afin de diversifier les activités économiques et développer les producteurs locaux. Une main-d'œuvre correctement qualifiée doit être développée à destination des autres industries qui absorbent des quantités importantes de main d'œuvre peu qualifiée ; par ailleurs, les producteurs locaux doivent être formés afin de renforcer les technologies minières et le marché des services au niveau national.

Droits de douanes
À court terme : renoncer à l'établissement ou à l'augmentation des droits de douanes. Dans le cadre de la ZLECAf, les pays membres doivent progressivement diminuer 90 % de leurs lignes tarifaires sur les 5 à 10 prochaines années, tandis que 7 % d'entre elles, catégorisées comme sensibles, bénéficieront d'un délai supplémentaire. 3 % d'entre elles pourront être placées sur une liste d'exclusions. Plus de 80 % des pays ont déjà proposé un calendrier de réduction de leurs droits de douane. La première étape de cette stratégie consiste à cesser toute stratégie visant à instaurer de nouveaux droits de douane.

À moyen terme : harmoniser la taxation et les redevances du secteur minier au niveau régional. L'harmonisation fiscale comporte trois composantes : un alignement des taux d'imposition ; une définition commune de l'assiette fiscale ; et une application uniforme des réglementations entérinées (Mansour et Rota-Graziosi, 2013). L'absence de politique fiscale harmonisée peut nuire à l'intégration régionale, même lorsqu'une union douanière, un marché commun et une union monétaire ont été établis (FMI, 2015). L'instauration de taux d'imposition uniformisés permet de réduire les distorsions fiscales et d'empêcher les concurrences sur le plan de la fiscalité ayant pour but d'attirer les capitaux. La concurrence fiscale peut alimenter une dynamique de nivellement vers le bas, laquelle ne bénéficiera à aucun pays du fait de la baisse des recettes fiscales. L'harmonisation des tarifs douaniers et des redevances nécessite une mise en œuvre rigoureuse, notamment en matière de coordination et de surveillance. À cet effet, l'établissement de seuils minimaux pour les tarifs constituerait une première étape importante.

L'instauration de droits de douane et de réglementations harmonisés nécessite une collecte de données et l'existence d'institutions fortes disposant de capacités de coordination et d'application des mesures. L'établissement et la mise à jour régulière d'une base de données relative à la fiscalité, contenant des données approfondies sur les dispositifs fiscaux nationaux, peut se révéler utile afin de mieux identifier les écarts. Cela permettrait également de mettre les pays face à leur responsabilité en identifiant ceux qui s'écartent de la ligne régionale. Cette base de données doit être complétée par le financement et la création d'une institution régionale capable de proposer des formations aux gouvernements nationaux, coordonner l'organisation de forums et de réunions afin d'assurer un dialogue continu, et appliquer des politiques d'harmonisation. Ce type d'institutions régionales présente toujours ses défis propres. Par exemple, l'Union économique et monétaire ouest-africaine n'avait pas fourni à son institution régionale les ressources nécessaires à la mise en œuvre efficace d'activités de suivi (FMI, 2016).

Barrières non tarifaires
À court terme : entreprendre la cartographie des principales dynamiques du commerce régionale afin d'identifier les points à améliorer en matière d'infrastructures, notamment routières, ferroviaires et portuaires. Une entreprise de cartographie

peut permettre d'identifier les infrastructures présentant le potentiel le plus élevé pour libérer le commerce régional. La Namibie peut potentiellement jouer un rôle clé pour la ZLECAf en ouvrant la voie au commerce terrestre entre l'Afrique australe et le reste du continent, d'autant plus qu'elle dispose d'un port permettant d'accéder aux marchés de l'Union européenne et des États-Unis. Bien que le Forum économique mondial ait défini l'infrastructure routière de la Namibie comme étant la meilleure du continent, la majorité des matières premières transportées en vrac transitent par voie ferroviaire. Plus de 50 % des voies ferrées actuellement opérées par la compagnie ferroviaire publique TransNamib ne respectent pas la norme minimale stipulée par la Communauté de développement de l'Afrique australe (CDAA) en matière de charge à l'essieu, qui est de 18,5 tonnes. Le transport de matières premières en vrac, y compris de matières premières extraites en Zambie, représente 93 % des revenus de TransNamib. La compagnie TransNamib s'est déclarée intéressée par le transport de matières premières en vrac par voies ferroviaires entre l'Angola, le Botswana, la Zambie et le Zimbabwe.

Créer un paysage politique favorable à la génération d'une énergie renouvelable d'origine privée, et permettre aux entreprises d'exporter afin de répondre aux besoins de la région. En 2021, le gouvernement sud-africain a annoncé que les entreprises auraient le droit de générer de l'énergie à hauteur de 100 mégawatts chacune au maximum sans nécessiter une licence pour cela, ce qui représente une augmentation importante par rapport à la limite précédente de 1 mégawatt. Les compagnies minières peuvent également acheter de l'électricité à d'autres entreprises dont la production est excédentaire. Actuellement, 3900 mégawatts d'énergie renouvelable sont prévus dans le cadre de projets de compagnies minières sud-africaines. Pour donner une idée, 100 mégawatts peuvent alimenter deux grandes mines en Afrique du Sud. Cette décision permet de soulager la pression qui pèse sur Eskom, l'entreprise publique de production d'électricité, tout en s'assurant que l'énergie ne constitue plus un obstacle pour le secteur minier. À plus long terme, la création d'un environnement politique permettant aux compagnies minières d'exporter de l'énergie renouvelable vers d'autres pays peut contribuer à atténuer les limitations régionales.

À moyen terme : travailler à l'atténuation des mesures ayant pour résultat de faire augmenter les coûts en matière de logistique et de transport. Le coût du transport par voie routière est élevé en raison des restrictions liées aux politiques de cabotage et à la règle du transport direct (Third Country Rule) interdisent les chargements sur le trajet retour dans certains pays. Le cabotage est défini comme le transport de biens ou de passagers entre deux endroits d'un même pays par un opérateur de transport originaire d'un autre pays. La Direction des infrastructures de la CDAA envisage d'éliminer progressivement la règle du transport direct, comme le préconise l'article 5.3 du Protocole sur le transport, les communications et la météorologie.

Établir une stratégie coordonnée pour planifier et financer les infrastructures régionales. Le Fonds de l'ANASE pour l'infrastructure (AIF) en est un exemple. Il s'agit d'un fond établi par les 10 États membres de l'Association des nations de l'Asie du Sud-Est (ANASE) et la Banque asiatique de développement (BAD) pour répondre aux besoins de développement des infrastructures dans la région ANASE en mobilisant l'épargne régionale, y compris les réserves de change. L'AIF s'inscrit dans l'objectif de l'ANASE consistant à renforcer le réseau régional. Tous les projets sont cofinancés par l'AIF et la BAD.

Obstacles politiques

Restrictions des exportations – opportunités à court terme : abandonner les restrictions à l'exportation et envisager des alternatives viables ou des dispositifs de transition, comme la mise en place de restrictions à l'exportation échelonnées. Bien que le Mali n'ait pas complètement mis en œuvre le régime fiscal harmonisé applicable aux industries minières des quatre pays d'Afrique de l'Ouest, il utilise cependant un système échelonné afin de s'y conformer davantage : la taxe à l'exportation de 3 % s'applique uniquement aux 50 premiers kilogrammes d'or par mois ; passé ce seuil, le poids restant est exporté libre d'impôt. Un système graduel en matière de restrictions à l'exportation, qui peut inclure des taxes et des interdictions et dans lequel un montant de base est libre de restrictions, avant une augmentation par paliers, peut permettre de réduire les obstacles entravant le commerce intrarégional. Au fil du temps, le seuil de chaque palier peut augmenter (ou diminuer dans le cas contraire) afin d'établir peu à peu une zone commerciale de libre-échange total qui ne serait pas entravée par les limitations des politiques d'exportation. Cependant, tout écart vis-à-vis d'une approche uniformisée doit prendre en compte les complexités de gestion et d'application, ainsi que les incitations involontaires à la fuite des capitaux.

Passer d'une approche nationale à une approche régionale dans la participation au capital local : établir un cadre réglementaire pour la participation au capital (sous-)régional. À l'heure actuelle, certains pays ont mis en place des politiques exigeant une participation locale au capital. Par exemple, le Kenya a instauré une nouvelle loi sur les activités minières (Mining Act) qui conditionne l'octroi de toute licence d'exploitation minière à une participation locale d'au moins 35 % des droits miniers ; en Namibie, tout dossier de candidature à une licence d'exploitation minière doit inclure une participation locale à hauteur de 15 %. Dans les pays où le capital est limité, ces politiques de participation locale au capital social d'une société peuvent avoir un effet dissuasif sur le plan de l'investissement. Le fait d'étendre la participation locale au niveau régional peut favoriser l'émergence d'entreprises minières régionales de taille moyenne disposant du capital nécessaire pour investir, ainsi que d'un intérêt suffisant pour investir sur différents territoires africains. L'exigence d'une participation régionale au capital permettrait également à ces entreprises africaines de bénéficier d'un transfert de compétences et de technologies auprès de grandes multinationales telles que Rion Tinto, Glencore, BHP et Anglo American. Le meilleur moyen pour aboutir à cette participation régionale est peut-être de commencer par le niveau sous-régional, via les communautés économiques régionales. Une mise en œuvre rapide de la ZECLAf pourrait faciliter le transfert de technologies au niveau de l'Union africaine. En règle générale, la participation locale au capital social nécessite l'existence d'un marché de capitaux régional développé. Un marché de capitaux de ce type impliquerait des mouvements de capitaux à la fois régionalisés et plus libres, ainsi que l'établissement de services d'investissement dans une région. Cela signifie également que les investisseurs peuvent investir et lever des capitaux dans d'autres pays ou bien au sein des marchés domestiques en ayant la garantie qu'ils bénéficieront des mêmes réglementations, informations, dispositifs commerciaux, dispositifs de règlement, normes de comptabilité et normes de gouvernance partout dans la région (Khatiwada, 2014). Le renforcement de la présence des institutions financières régionales constitue une première mesure cruciale, parfois nécessaire avant même de réfléchir au renforcement de la participation locale au capital.

Les infrastructures financières constituent des composantes clés pour que le marché de capitaux soit efficace au niveau régional. Parmi ces infrastructures, on peut citer le développement de liens entre les systèmes nationaux de compensation et de paiement, l'établissement d'agences de crédit régionales, ainsi que la définition d'indicateurs permettant de renforcer la liquidité des marchés de capitaux. Par ailleurs, la crise financière planétaire de 2008 a révélé que les difficultés financières sont davantage susceptibles de se propager aux autres pays dans des régions qui sont financièrement intégrées les unes aux autres. Il est possible de contenir cette propagation via l'établissement d'un cadre strict de réglementations prudentielles et de capacités de supervision solides, afin de s'assurer que les risques générés par l'intégration financière puissent être surveillés et gérés.

Restrictions des exportations – opportunités à moyen terme : remplacer les restrictions nationales à l'exportation par des restrictions régionales. L'existence de restrictions nationales à l'exportation en Afrique peut nuire à l'ensemble des pays du continent. Non seulement celles-ci ont un impact négatif sur la production minière, comme cela a été décrit dans le chapitre 3 avec l'exemple d'une mine d'or tanzanienne dont la production a chuté pour atteindre seulement 13 % de son niveau antérieur à l'interdiction, mais les restrictions peuvent également affecter d'autres secteurs, notamment les transports et la logistique, les services, ainsi que le BTP. Les restrictions à l'exportation entraînent des conséquences négatives directes sur les autres pays de la région. L'imposition de taxes à l'importation et à l'exportation en Zambie a également affecté la République démocratique du Congo, qui exportait du cuivre vers la Zambie pour qu'il y soit transformé ; ces taxes ont également grandement nui à la rentabilité commerciale de la transformation par la Zambie des matières premières issues de la République démocratique du Congo. À moyen terme, les pays pourraient mieux exploiter les restrictions à l'exportation aux échelles régionales et continentales : pour cela, il est nécessaire que les restrictions ne sont pas imposées aux exportations à destination d'autres pays de la communauté économique régionale ou de la région de l'Union africaine, mais plutôt, conformément aux objectifs de la ZLECAf, aux exportations à destination de pays extérieurs à la région Afrique.

Remplacer les PCL par des politiques de contenu régional. De nombreux pays africains manquent cruellement des compétences et des fonctions nécessaires pour produire certains intrants clés, ou accéder à ceux-ci, lorsque leurs opérations se limitent à l'échelle nationale. Les politiques de contenu régional peuvent réduire les obstacles que représentent les restrictions actuelles, en permettant à certains pays d'accéder à une réserve plus grande d'emplois qualifiés et d'intrants requis. Les entreprises qui opèrent dans la région peuvent établir des programmes de formation et des fonctions pour les micro-entreprises et les PME, parallèlement à des externalisations régionales.

L'avenir des ressources naturelles africaines : perspectives

Constat 11 : La transition vers des économies sobres en carbone a déjà commencé

Bien que des décennies seront nécessaires pour se départir progressivement des marchés du pétrole, du gaz et du charbon au niveau mondial, la période de transition présente des incertitudes et des risques importants pour les exportateurs de combustibles fossiles. Ces pays riches en ressources carbones telles que le pétrole, le gaz et le charbon se trouvent confrontés à la perspective imminente d'une décarbonisation de l'économie mondiale, associée à une chute de la demande sur le plan des exportations de ressources naturelles. D'un autre côté, l'augmentation de la demande en métaux et en minerais pourrait alimenter l'établissement d'une économie sobre en carbone. Les perspectives peuvent être plus encourageantes pour des pays disposant de types de métaux et de minerais spécifiques (IEA, 2021b). Des pays comme la République démocratique du Congo, l'Afrique du Sud et la Zambie sont déjà des acteurs clés de la transition vers des économies à faible empreinte carbone, respectivement en tant que principaux producteurs de cuivre, de platine et de cobalt. La demande continuant à augmenter pour tout un ensemble de métaux et de minerais, de nouvelles opportunités apparaissent sur le plan de la production. De même, les hydrocarbures, et tout particulièrement le gaz naturel, disposent sans doute de plusieurs années de demande élevée, le temps que les nations riches trouvent des stratégies pour atteindre une décarbonisation complète. Le gaz peut également jouer un rôle important pour répondre aux besoins énergétiques grandissants du continent africain.

Ce sont les exportateurs de combustibles fossiles qui sont confrontés aux risques les plus importants. Les pays africains riches en ressources carbones telles que le pétrole, le gaz et le charbon se trouvent confrontés à la perspective imminente d'une décarbonisation de l'économie mondiale ainsi qu'aux défis d'une transition équitable. En raison des changements de stratégies politiques, des comportements des consommateurs et des tendances technologiques, la demande en matière de combustibles fossiles devrait nettement diminuer au cours des 10 à 30 prochaines années (graphique A.14). En fonction du rythme de l'évolution de l'offre, cette baisse de la demande pourrait exercer une pression négative constante sur les cours des combustibles fossiles et compromettre la capacité des pays africains à tirer profit de leurs richesses en ressources carbone ; ces derniers encourraient ainsi le risque de devenir des « nations échouées » (Cust, Manley et Cecchinato, 2017).

Bien que la transition vers des économies moins dépendantes aux combustibles fossiles ait fait l'objet de multiples projections, la question des modalités et de la rapidité de cette transition est encore inconnue. Au rythme actuel, les engagements pris pour réduire les émissions de carbone, établis pays par pays

Graphique A.14 Consommation de combustibles fossiles, par type de ressource et par scénario, 2020, 2030 et 2050

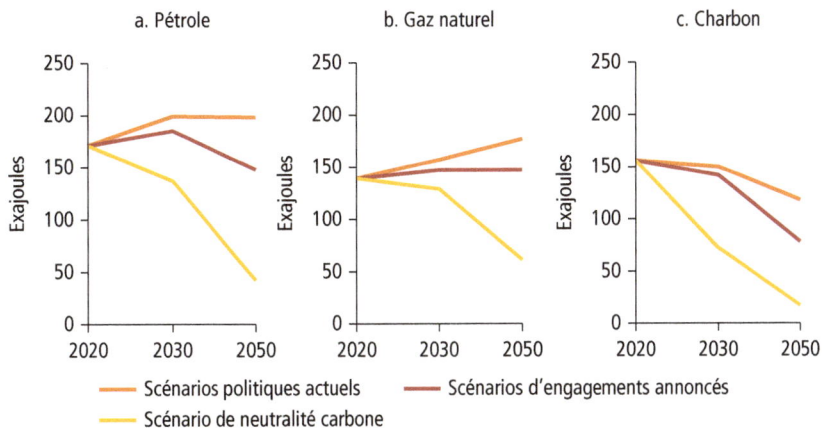

Source : données basées sur IEA, 2021a.
Remarque : le scénario politique actuel se fonde sur la configuration politique actuellement définie par les gouvernements, en se fondant sur une évaluation secteur par secteur. Les scénarios d'engagements annoncés partent de l'hypothèse que l'ensemble des engagements climatiques pris par les gouvernements seront respectés dans leur totalité et dans les délais prévus. Le scénario de neutralité carbone part de l'hypothèse que le secteur énergétique au niveau mondial atteindra la neutralité en matière d'émissions de CO_2 d'ici 2050.

dans le cadre de l'Accord de Paris sur le climat, ne permettraient pas d'atteindre l'objectif d'un réchauffement climatique limité à 2 °C. Dans le même temps, avec la réduction importante du coût des technologies énergétiques alternatives (comme les énergies solaires et éoliennes), celles-ci commencent à concurrencer le coût de la génération d'énergie basée sur le pétrole, le gaz et le charbon, ce qui pourrait conduire à une réduction de la consommation de combustibles fossiles à l'échelle de la planète.

Les signaux envoyés par l'évolution des prix sur les marchés du pétrole et du gaz, cependant, continuent à encourager le développement soutenu de nouveaux actifs en Afrique subsaharienne. En dépit des discours des pays importateurs de pétrole, les actions visant à imposer une taxe carbone au niveau national ou d'inverser la courbe de la demande de combustibles fossiles ont été insuffisantes. Pour les populations africains, il est impératif d'être bien préparées à différents scénarios possibles, en envisageant l'établissement potentiel de politiques plus strictes en matière de lutte contre le réchauffement climatique, ainsi que d'une réduction de la demande de combustibles fossiles, mais également le scénario d'une diminution beaucoup plus lente de la consommation de pétrole au niveau mondial. Les choix politiques qui sont pris aujourd'hui sont d'une grande importance car ils auront un impact à long terme ; c'est le cas par exemple des contrats établis pour exploiter une mine ou un champ pétrolier sur 30 ans. En ce sens, les politiques doivent être paramétrées de façon à être résilientes face à différents scénarios futurs et contribuer à optimiser la trajectoire de développement compte tenu de cette incertitude.

Les nations riches en carbone sont extrêmement exposées au risque carbone. De même que le secteur privé peut être confronté à une problématique d'« actifs échoués », les pays peuvent se retrouver avec des réserves de combustibles fossiles non exploitées, ce qui génère un risque de « nations échouées » (Cust, Manley et Cecchinato, 2017). Pour le bien de l'État, les gouvernements doivent prendre ces risques au sérieux. Bien qu'il paraisse difficile de limiter le risque « souterrain » que présentent les gisements de combustibles fossiles non développés et non extraits, de nombreuses stratégies politiques peuvent accroître ou diminuer l'exposition au risque « au-dessus du sol ». Le présent rapport aborde différentes facettes de cette problématique, comme la part de fonds publics qu'il convient d'investir dans des entreprises publiques de combustibles fossiles ou encore les fonds souverains détenant des actions d'entreprises de combustibles fossiles. De manière similaire, les pays riches en ressources investissent souvent les revenus tirés de l'exploitation des ressources naturelles dans des subventions aux combustibles fossiles ou dans le développement de compétences techniques locales dans le secteur pétrolier. À l'avenir, cependant, ces politiques risquent d'être de moins en moins efficaces si elles enferment l'économie dans une dynamique basée sur une forte consommation de carbone.

Il serait par ailleurs possible d'investir de façon bien plus efficace dans l'administration fiscale afin de capter une part plus importante des rentes sur les ressources naturelles. C'est ici que la communauté internationale peut jouer un rôle d'accompagnement pour les gouvernements de la région. L'absence d'une taxation complète du secteur pétrolier correspond à une forme de subvention de la production, tout en réduisant les recettes publiques générées par les activités extractives. Une telle stratégie va ainsi à l'encontre des intérêts des gouvernements, des citoyens et de la communauté internationale.

Contrairement aux ressources liées aux combustibles fossiles, il est probable que la demande de minerais et de métaux africains soit de plus en plus forte au cours des décennies à venir ; elle pourrait même s'accroître rapidement. Malgré ces défis, les perspectives à moyen et long terme concernant la prospection et les activités minières sur le continent africain sont positives. En effet, le renouveau des investissements étrangers consacrés à l'exploration et au développement miniers sera probablement stimulé par la croissance importante prévue de la demande de minerais destinés aux technologies énergétiques (Banque mondiale, 2020b), elle-même alimentée par la transition vers l'énergie verte (grosse source de consommation de métaux). Celle-ci fait suite à l'engagement de zéro émission à l'horizon 2050 pris par la majorité des pays lors de la Conférence de Glasgow sur le changement climatique en 2021. Qui plus est, certaines projections de la demande de minerais, réalisées dans le cadre d'un scénario où la hausse des températures serait comprise entre 1,5 °C et 2 °C, impliquent une production de minerais beaucoup plus élevée que les augmentations déjà conséquentes liées à la croissance continue d'une population mondiale migrant des aires urbaines à la recherche de meilleures conditions de vie et d'environnement.

Ces perspectives favorables en matière d'opportunités d'exportation de minerais africains, qui sont liées à la transition énergétique, ont été étayés par de multiples recherches. Dans leur étude, Galeazzi, Steinbuks et Cust (2020) concluent eux aussi que l'exportation d'hydrocarbures pourrait diminuer moins rapidement au cours de la transition que certains le prédisent ; elle aurait par ailleurs le potentiel de demeurer une source de revenus importante à court et moyen termes. Néanmoins, les auteurs en concluent également que la capacité des économies africaines à bénéficier d'une hausse de la demande de certains métaux et minerais dépendra de la réactivité de leurs investissements. D'autres régions du monde seraient en effet capables de développer leur offre plus rapidement, tempérant ainsi la dynamique d'une hausse des prix et limitant la part des pays africains dans l'offre mondiale. Par exemple, la demande de cobalt, ainsi que la hausse de son cours, pourrait faire exploser sa valeur à l'exportation pour les pays d'Afrique subsaharienne. On estime que celle-ci pourrait être multipliée par cinq d'ici 2029 (graphique A.15).

Graphique A.15 Exportations de cobalt depuis l'Afrique subsaharienne

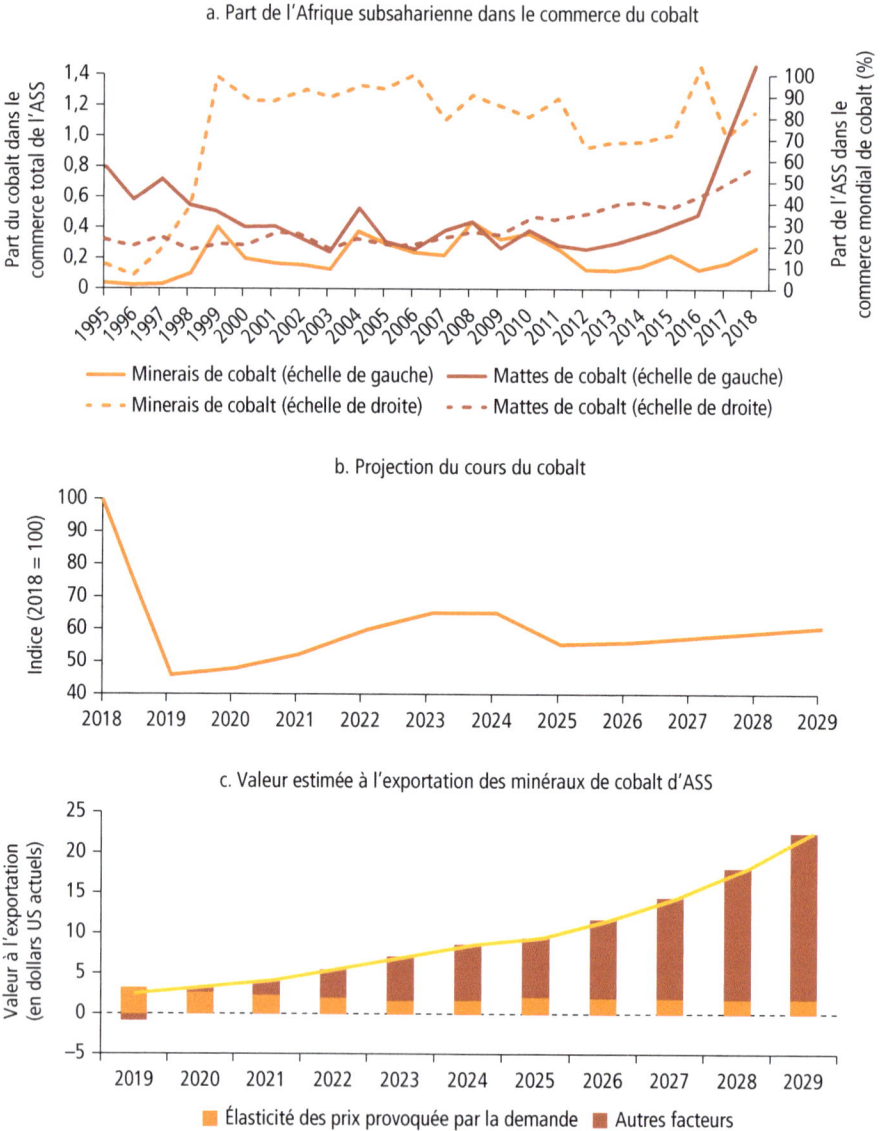

a. Part de l'Afrique subsaharienne dans le commerce du cobalt

b. Projection du cours du cobalt

c. Valeur estimée à l'exportation des minéraux de cobalt d'ASS

Source : Galeazzi, Steinbuks et Cust, 2020.
Remarque : ASS = Afrique subsaharienne.

Constat 12 : la mécanisation et la numérisation vont avoir un impact profond sur la productivité et l'emploi

L'adoption des technologies numériques dans le secteur minier est en train de s'accélérer. Quatre catégories de technologies vont jouer un rôle crucial dans la transformation numérique du secteur minier et des métaux : l'automatisation, la robotique et le matériel opérationnel ; une main d'œuvre maîtrisant le numérique ; des entreprises, des plateformes et des écosystèmes intégrés ; ainsi que des outils nouvelle génération en matière d'analyse de données et d'assistance à la prise de décision. Les entreprises font le choix de la mécanisation afin de rester rentables dans le contexte de chocs d'offre et de demande (Baskaran, 2021). Si la mécanisation permet d'améliorer la compétitivité-coût en augmentant la productivité (cf. graphique A.16), elle a aussi pour effet de réduire le nombre d'emplois nécessaires. Dans la région, les niveaux d'automatisation varient d'un pays à l'autre. Par exemple, en Afrique australe, le Botswana et l'Afrique du Sud présentent un niveau de mécanisation plus élevé que la moyenne, tandis que les mines de la Zambie et du Zimbabwe exigent encore, pour la plupart d'entre elles, une main d'œuvre importante.

Du fait de l'abondance des ressources naturelles comparativement à la taille des économies, les secteurs minier, pétrolier et gazier jouent un rôle important pour attirer des investissements étrangers et générer des revenus liés aux exportations ainsi que des recettes publiques. Par le passé, cependant, la contribution du secteur minier à la création d'emplois a été limitée; et la mécanisation devrait

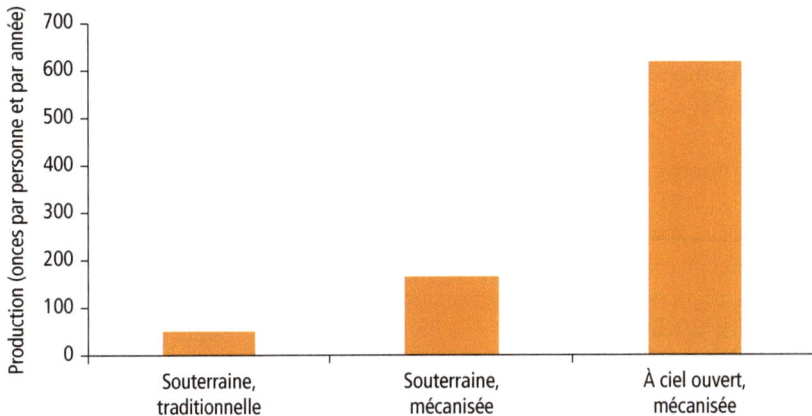

Graphique A.16 Production par personne et par année pour trois types différents de mines de métaux du groupe du platine détenues par Anglo American

Source : basé sur les données des bilans annuels de Anglo American.

comprimer davantage le nombre d'emplois. Le développement de la mécanisation, cependant, a contribué à faire fortement augmenter le nombre de femmes travaillant dans les industries extractives. En Afrique du Sud, 11 400 femmes étaient employées dans ce secteur en 2022. Ce chiffre est passé à 53 000 en 2015, puis à 56 691 en 2019. Cette augmentation correspond à un bond de 397 % entre 2002 et 2018. À titre de comparaison, au cours de la même période, la proportion des femmes dans la main d'œuvre nationale est passée de 42,4 % à 44,9 %, soit une augmentation de 2,5 points de pourcentage[8]. En Afrique du Sud, les femmes représentent à présent 12 % de la main d'œuvre employée dans le secteur minier ; bien que ce chiffre reflète une amélioration considérable, il est cependant inférieur à la moyenne mondiale, qui s'établit à 17 %. Il existe encore en Afrique du Sud des mines souterraines d'or et de platine nécessitant une main d'œuvre importante mais où le pourcentage de femmes employées est faible.

Constat 13 : la dégradation de l'environnement s'accélère

Au cours de la période du boom, les émissions de carbone sont montées en flèche et l'épuisement des ressources naturelles s'est nettement accéléré. Les émissions totales de carbone en Afrique subsaharienne ont augmenté de 32 % entre la période ayant précédé le boom et leur niveau à la fin de celui-ci, tandis que les émissions dans les pays riches en ressources naturelles de la région ont augmenté de 46 % passant de 172 millions à 252 millions de tonnes de dioxyde de carbone. L'épuisement des ressources naturelles s'est grandement accéléré en Afrique subsaharienne. Il a augmenté d'environ 150 % au cours du boom sur l'ensemble de la région, tandis que dans les pays africains riches en ressources naturelles, il est en moyenne de plus de 190 %. La superficie boisée totale a elle aussi diminué de 2 %, passant d'un couvert forestier moyen de 6,9 millions de km2 en 2004 à 6,5 millions de km^2 en 2014. Entre toutes les régions, cependant, la contribution par habitant des pays d'Afrique subsaharienne au changement climatique mondial demeure la plus faible au monde. L'existence de besoins économiques et énergétiques urgents à l'échelle nationale indique également que la production et la consommation de combustibles fossiles continuera à jouer un rôle important au cours des prochaines années. Les gouvernements africains doivent cependant établir des stratégies afin de tirer profit de la décarbonisation globale, afin d'accélérer la diversification, renforcer la résilience aux chocs externes et anticiper le déclin des marchés de combustibles fossiles.

D'autres problématiques environnementales présentent également des défis politiques particuliers : les gouvernements devront réfléchir à de nouvelles approches pour y répondre.

Les projets pétroliers et miniers peuvent provoquer une déforestation importante et entraîner des répercussions ainsi qu'une perte supplémentaire de forêts. Cust *et al.* (*à paraître*), par exemple, ont analysé l'impact des activités extractives dans les zones boisées. Les facteurs semblant influencer l'intensité de la déforestation autour des sites extractifs sont notamment le type de matière première extraite et la forme que prend l'extraction (par exemple, les mines à ciel ouvert entraînent un déboisement plus important que les forages. Par ailleurs, la construction de routes dans les zones boisées peut représenter une perte de forêts beaucoup plus importante que le projet en lui-même, dans la mesure où elle ouvre une nouvelle voie d'accès pour les agriculteurs et les bûcherons.

Le lien entre l'extraction de ressources et la perte de forêts est plus complexe que les simples cas de déboisement observés autour des sites d'extraction. Une nouvelle recherche (Cust, Harding et Rivera-Ballesteros, *à paraître*) révèle que le volume d'exportation des ressources naturelles, et par conséquent l'intensité du syndrome hollandais affectant un pays, peut influencer les niveaux de déforestation. L'augmentation de la déforestation est alimentée par l'impact du prix relatif des ressources naturelles et des produits agricoles dans des pays où l'expansion agricole est susceptible d'empiéter sur les forêts. Dans le cadre de ce mécanisme, appelé « syndrome amazonien » par Cust, Harding et Rivera-Ballesteros (*à paraître*) car analysé pour la première fois au Brésil, la chute des exportations de pétrole ou des cours du pétrole peut augmenter la compétitivité de l'agriculture dans le même pays et ainsi accroître la perte de forêts, comme cela a pu être constaté lors de la période ayant suivi la chute des prix du pétrole en 2015.

Pour un pays comme le Brésil, où l'agriculture empiète souvent sur la forêt, l'essor de l'agriculture provoque généralement une hausse de la déforestation. Dans le même temps, en tant qu'exportateur de pétrole de premier plan, les exportations du pays font grimper le taux de change réel, rendant l'agriculture moins compétitive que si les cours du pétrole étaient bas. Ainsi, les booms de l'agriculture provoqués par une baisse des prix du pétrole ou des exportations de pétrole vont intensifier la déforestation, à moins que des mesures politiques soient établies.

Le syndrome amazonien a des conséquences directes sur les économies africaines. Tout d'abord, dans les grands pays exportateurs de pétrole qui possèdent également des forêts en abondance, comme c'est le cas pour l'Angola, le Cameroun et la République du Congo, il est possible que le agricole soit moins compétitif en raison des exportations élevées de pétrole. Les pays de la planète ayant entamé leur décarbonisation, il est probable que la demande et les prix des combustibles fossiles tels que le pétrole diminueront progressivement. Lorsque les exportations de pétrole baisseront dans ces pays, il est probable que la compétitivité agricole augmentera. Un boom du secteur agricole dans ces pays pourrait avoir comme conséquence une explosion de la déforestation si des politiques ne sont pas mises en place afin de protéger les forêts. En d'autres termes, la transition vers la sobriété en carbone pourrait atténuer le syndrome hollandais dans ces pays mais le remplacer par un syndrome amazonien. Ce n'est donc plus le secteur manufacturier qui serait désavantagé : ici, ce sont les forêts tropicales qui risquent d'en faire les frais, comme cela a été observé au Brésil.

En outre, la déforestation et la destruction de la biodiversité peuvent avoir un impact négatif sur d'autres secteurs économiques, et tout particulièrement le tourisme. La biodiversité est un atout pour le tourisme : des zones comme les forêts tropicales et les parcs naturels dépendent de la préservation de leur capital naturel pour pouvoir attirer des visiteurs.

Les activités extractives artisanales et de petite envergure ont également une empreinte environnementale importante difficile à gérer pour les décideurs politiques. La pollution de l'eau et la dégradation des terres peuvent avoir des conséquences graves pour les agriculteurs environnants et les communautés habitant à proximité des sites miniers. Du fait de la nature essentiellement informelle des exploitations minières artisanales et de petite envergure, il est difficile d'encourager, de gérer ou d'appliquer des mesures basiques de protection de l'environnement. C'est pourquoi les gouvernements doivent trouver des solutions afin d'améliorer des niveaux de régularisation conformes aux exigences plus strictes des nouvelles normes environnementales, tout en protégeant les moyens de subsistance des mineurs et des personnes qui sont à leur charge.

Constat 14 : la gestion des défis structurels nécessitera de nouvelles stratégies politiques.

L'avenir de la transformation économique de l'Afrique dépendra de sa capacité à augmenter la productivité et à générer des emplois et des revenus, notamment dans les secteurs orientés vers l'exportation (hors exportation de matières premières). Cependant, ces augmentations sont difficiles à concrétiser dans des situations de richesses en ressources naturelles. Ross (2019) a analysé 50 pays exportateurs de pétrole pour déterminer si la diversification des exportations avait était un succès depuis 1998 : sur ces 50 pays, seuls 8 présentaient une diversification plus grande à la fin de la période analysée. Par ailleurs, Ross (2019) révèle que 4 de ces 8 pays ont diversifié leurs exportations en raison d'un épuisement de leurs ressources naturelles ou de sanctions économiques leur ayant été imposées de l'extérieur. Ce bilan est des plus préoccupant pour les pays exportateurs de ressources naturelles qui cherchent à promouvoir une diversification de leurs exportations avant que leurs ressources soient épuisées.

Ce défi relatif à la diversification de l'économie est la conséquence d'un phénomène appelé « syndrome hollandais », lequel est susceptible d'évincer le secteur manufacturier et le secteur agricole, ainsi qu'affecter l'accumulation du capital humain en le détournant des emplois productifs pour le rediriger vers la fonction publique.

Il existe trois principaux écarts en matière de capital humain dans les pays riches en ressources. Premièrement, le secteur des ressources naturelles a tendance à priver de capital humain certains secteurs à productivité élevée. Deuxièmement, la répartition du capital humain entre hommes et femmes et plus inégalitaire dans ces pays riches en ressources naturelles non renouvelables que dans les autres pays. Troisièmement, dans les pays riches en ressources naturelles, le capital humain a tendance à être orienté vers le secteur public. Ces caractéristiques peuvent contribuer ou être associées à une productivité globale de la main d'œuvre qui sera moindre du fait de la dépendance aux ressources naturelles.

Les inégalités entre les sexes continuent à prédominer. Cust et Mandon (2021) révèlent que les pays riches en ressources naturelles présentent une répartition du capital humain qui favorise les hommes, y compris en Afrique subsaharienne. Le graphique A.17 détaille la répartition du capital humain entre hommes et femmes dans les pays riches et pauvres en ressources naturelles appartenant aux marchés émergents. Les inégalités sont particulièrement flagrantes en Afrique subsaharienne, où les pays riches en ressources présentent un des pires déséquilibres en matière de répartition du capital humain entre hommes et femmes. Tandis que les femmes représentent en moyenne 42 % du capital humain total dans les pays d'Afrique subsaharienne pauvres en ressources naturelles, ce chiffre est seulement de 28 % dans le groupe des pays riches en ressources.

Graphique A.17 Répartition moyenne du capital humain entre hommes et femmes dans les pays riches et pauvres en ressources naturelles sur un panel de régions, 2018

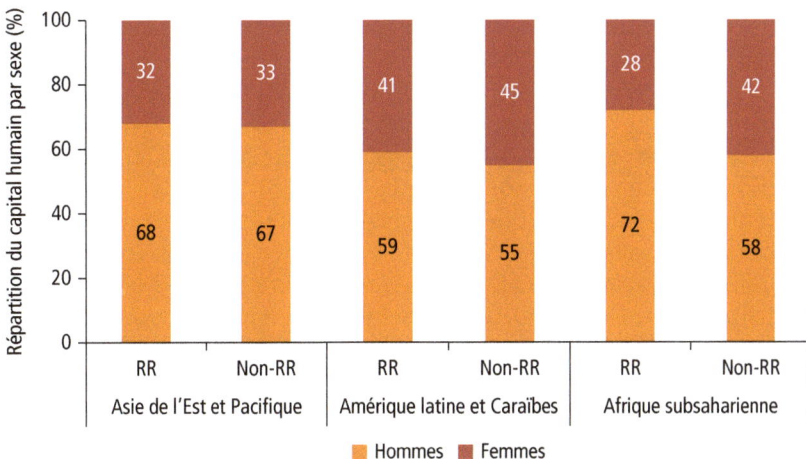

Source : Cust et Mandon, 2021.
Remarque : la catégorisation des pays en tant que pays riches en ressources (RR) se base sur le rapport du FMI (2012) ainsi que sur Venables (2016). Plus le chiffre est proche de 50 %, plus la répartition du capital humain entre hommes et femmes est égalitaire.

Recommandations politiques

Gérer la transition vers des économies à faible empreinte carbone.
La diversification des actifs constitue une stratégie que les pays dépendant des combustibles fossiles peuvent appliquer afin de mieux gérer les risques que représente la transition vers la sobriété en carbone. Peszko *et al.* (2020) révèlent que les politiques de décarbonisation initiées par les importateurs de combustibles fossiles peuvent générer une dynamique macroéconomique favorisant la diversification des exportations traditionnelles des exportateurs de combustibles fossiles, dans la mesure où ces derniers vont réduire leur dépendance aux recettes d'exportation dérivées des combustibles fossiles et diversifier leur économie en se concentrant sur des secteurs plus en aval des chaînes de valeur à forte empreinte carbone liés aux combustibles fossiles. Si ce type de diversification correspond à une zone de confort pour les exportateurs de combustibles fossiles, il augmente leur exposition à de multiples possibilités d'impacts provoqués par la transition vers des économies à faible empreinte carbone, tels que les ajustements carbone aux frontières, les technologies perturbatrices et les changements de préférences des consommateurs et des investisseurs. La diversification des actifs peut constituer une alternative durable à long terme, mais il s'agit d'un processus difficile, car il nécessite de nouvelles sources d'avantage comparatif ainsi que l'accumulation de capital produit et de capital humain qui n'étaient pas traditionnels, notamment de nouvelles compétences et de nouvelles fonctions.

Accompagner la transition vers l'automatisation et la mécanisation
Compte tenu des prévisions de baisse de l'emploi du fait de la mécanisation du secteur minier, il est crucial d'identifier de nouveaux procédés afin d'augmenter les opportunités d'emploi. Le dividende démographique se traduira par une nette augmentation du volume de personnes actives, et pour tirer profit de cette main d'œuvre dans le secteur minier et en dehors de celui-ci, il sera nécessaire de renforcer les fondements éducatifs de base.

Il est ainsi importer d'établir et de déployer des programmes de développement des compétences conformes aux avancées de la mécanisation et à la diversification des activités économiques, afin d'amortir la baisse des besoins en main d'œuvre causée par la mécanisation. Bien que la mécanisation débouche sur une productivité et des revenus considérablement plus élevés, celle-ci a un impact important sur les dynamiques de l'emploi à l'échelon local. Plus particulièrement, elle peut changer le type d'emplois requis, qui passent d'emplois peu qualifiés à des emplois hautement qualifiés, et conduire à une baisse générale du nombre d'emplois nécessaires. La passage à la mécanisation exige le développement d'une main-d'œuvre aux compétences adéquates pour d'autres secteurs et d'autres emplois qui sont en mesure d'absorber un nombre important d'emplois peu qualifiés. La hausse des recette fiscales provoquée par l'augmentation de la productivité minière peut être mobilisée afin de financer des programmes de développement des compétences.

La mécanisation exige également que des formations soient prodiguées aux fournisseurs locaux. La majorité des machines mécanisées utilisées en Afrique est importée d'autres continents, tout comme la main-d'œuvre nécessaire au fonctionnement et à la répartition des machines. Par conséquent, la capacité à fournir aux fournisseurs et aux réparateurs une formation adéquate leur permettant d'assurer ces tâches est cruciale afin de rendre les technologies minières nationales et les sociétés de services compétitives face à leurs homologues internationaux. Compte tenu du manque de compétences auquel sont confrontées de nombreuses communautés minières, il sera nécessaire, afin de proposer ce type d'offre locale, d'établir des capacités dans les domaines du développement technique et commercial. Il faudra également améliorer l'accès aux financements afin de soutenir le développement de liaisons tout en élargissant le nombre de bénéficiaires du secteur minier. Les PCL se concentrent essentiellement sur des quotas d'emplois directs, au détriment d'un développement de compétences qui permettrait de créer des emplois indirects dans d'autres secteurs de la chaîne de valeur. Le fait de donner la priorité à ce dernier aspect dans les PCL permettrait de d'accroître l'effet multiplicateur du secteur minier ainsi que ses liaisons productives.

Surmonter le syndrome hollandais
La question sous-jacente pour étudier le syndrome hollandais est d'identifier comment le gouvernement peut gérer et atténuer l'appréciation du taux de change réel causée par les recettes tirées de l'exploitation des ressources naturelles. Dans l'hypothèse conventionnelle du revenu permanent, une augmentation continue de la consommation peut être soutenue par des intérêts sur les actifs étrangers accumulés par le biais de réserves de change ou d'un fonds souverain, comme recommandé par le Fonds monétaire international (FMI, 2012) ou la formulation plus restrictive de cette approche, soit la stratégie de « l'oiseau en main » (Barnett et Ossowski, 2003). Cependant, comme l'ont analysé van der Ploeg et Venables (2011), ces approches ne sont pas optimales pour tous les pays riches en ressources. Cela est notamment le cas pour les pays riches en ressources à faible revenu, qui sont généralement pauvres en capital, et dont le rendement du capital intérieur peut être supérieur à celui du capital investi à l'étranger. Selon van der Ploeg et Venables (2011), la pénurie de capital implique un faible ratio capital-travail, peu d'infrastructures publiques, des salaires et revenus bas et un taux d'intérêt intérieur élevé. Dans les pays riches en ressources qui manquent de capitaux, un afflux temporaire de capitaux étrangers, consécutif à une flambée des prix des matières premières, à une découverte massive de ressources ou à une augmentation de la production de ressources, devrait généralement être dépensé et investi au niveau national,

et non pas dépensé pour accumuler des actifs étrangers. Les pays devraient mettre en œuvre des politiques qui leur permettent d'investir sur le plan national, c'est-à-dire d'investir dans l'investissement. Cette politique d'investissement permet d'augmenter progressive la consommation pour les générations actuelles et d'utiliser l'épargne pour réduire la dette extérieure et accumuler le capital intérieur. Tout d'abord, le document d'orientation du FMI (2012) soutient que la consommation devrait être orientée vers la génération actuelle en raison de la pauvreté relative de cette génération, par rapport à celles d'un avenir lointain. Ensuite, l'épargne devrait prendre la forme d'une accumulation de capital intérieur pour compenser la pénurie relative de capital. Cette utilisation des dépenses publiques devrait stimuler l'investissement privé et accélérer la croissance des secteurs non liés aux ressources grâce aux moteurs suivants : a) l'amélioration des infrastructures publiques et des services publics tels que l'électricité ou Internet (investissement public intérieur) ; (b) la réduction des taux d'intérêt (réduction de la dette extérieure) ; et (c) un processus axé sur l'« investissement dans l'investissement ». Les pays riches en ressources peuvent donc utiliser l'investissement public et les politiques connexes de façon stratégique pour augmenter la capacité d'absorption globale de l'économie en aplatissant les courbes d'offre ; ils pourront ainsi atténuer les effets du syndrome hollandais sur les secteurs non marchands.

Faire face aux défis structurels et préparer le prochain cycle d'expansion et de récession Les responsables politiques des pays riches en ressources pourraient rencontrer davantage de succès en misant sur une diversification des actifs plutôt que sur une diversification des exportations. La diversification du portefeuille d'actifs constitue une étape importante vers une croissance durable et constitue une option plus réalisable pour les pays riches en ressources que la diversification traditionnelle des exportations en raison de la pression exercée par le syndrome hollandais (Cust et Rivera-Ballesteros, 2021a). Le rapport sur l'évolution des richesses des nations 2021 (*The Changing Wealth of Nations 2021*, Banque mondiale, 2021) indique qu'une politique potentiellement efficace pour générer une croissance économique durable consisterait à diversifier le portefeuille d'actifs (c'est-à-dire investir dans le développement du capital physique et du capital humain) plutôt que de diversifier les exportations. Cette recommandation se fonde sur des travaux antérieurs (Gill *et al.*, 2014 ; Peszko *et al.*, 2020) qui analysait les avantages d'une diversification du portefeuille.

Cependant, afin de parvenir à cette diversification des actifs, les pays doivent réussir à transformer les gains générés par l'extraction des ressources en d'autres catégories d'actifs productifs. Une politique réussie de croissance économique durable pourrait ainsi cibler la diversification du portefeuille d'actifs au lieu de la diversification des exportations, en réduisant la part du capital naturel dans la richesse totale (Cust et Rivera-Ballesteros, 2021b). Cela n'implique pas une diminution de la valeur en dollars du capital naturel par habitant va baisser, mais bien plutôt une augmentation des investissements en matière de développement du capital humain et d'autres actifs productifs. Ces investissements peuvent être financés grâce à une gestion prudente des ressources et aux revenus qui en découlent. Ainsi, Lederman et Maloney (2012, 13) affirment que les pays devraient se concentrer non pas sur les secteurs favorisant la croissance ou la diversification, mais sur des politiques qui « améliorent la capacité globale d'un pays à accroître la productivité et la qualité, et à passer à des tâches plus sophistiquées ».

Notes

1. L'agenda 2030, ou agenda 2030 de développement durable, est un appel mondial pour mettre fin à la pauvreté. Il définit 17 objectifs à atteindre avant 2030, notamment en matière de protection de l'environnement et d'amélioration des conditions de vie.
2. Le présent rapport se concentre sur la région Afrique telle qu'elle a été définie par la Banque mondiale, soit essentiellement l'Afrique subsaharienne, qui comprend 48 pays au total (https://data.worldbank.org/region/sub-saharan-africa). Dans l'ensemble de l'ouvrage, ces pays seront désignés par l'expression « Afrique subsaharienne ». Le rapport se fonde sur la définition que donne le FMI de la richesse en ressources, laquelle permet de répartir les pays en différents groupes dans les analyses (FMI, 2012) et de rendre compte de l'évolution des dynamiques de dépendance aux ressources naturelles. Un pays est défini comme riche en ressources naturelles par le FMI en fonction d'un critère principal, à savoir si la part des ressources naturelles dans les exportations ou dans les recettes publiques dépasse 20 %.
3. Calculs fondés sur la base de données ICTD-UNU-WIDER sur les recettes publiques (2019), laquelle intègre uniquement les pays d'Afrique subsaharienne pour lesquels aucune donnée ne manque.
4. Certains documents décrivent les différents défis auxquels sont confrontés les gouvernements, comme la Charte des ressources naturelles, qui met en exergue les différents choix devant être faits en matière de politiques publiques tout au long de la chaîne de décision, depuis l'exploration des ressources jusqu'à l'investissement des recettes issues de ces ressources en vue d'un développement durable et diversifié (Cust et Manley, 2018).
5. Selon les données des équipes de la Banque mondiale ainsi que Lakner *et al.* (2021), la planète comptera en 2030 environ 616 millions de pauvres dans le monde, 500 millions en Afrique (81 %), 448 millions dans les pays riches en ressources (73 %), dont 379 millions en Afrique subsaharienne (soit 62 % des pauvres à l'échelle planétaire et 85 % des pauvres vivant dans des pays riches en ressources).
6. Dans les pays disposant de données relatives au PIB par secteur d'activités (Cust, Rivera-Ballesteros et Zeufack, 2022).

7. Les indicateurs relatifs à l'accès à l'électricité analysent les procédures, les délais et les coûts nécessaires pour qu'une entreprise puisse obtenir un approvisionnement permanent en électricité pour un entrepôt nouvellement bâti. L'indice « Fiabilité de l'approvisionnement et transparence des tarifs », quant à lui, mesure la fiabilité de l'approvisionnement, la transparence des tarifs et le prix de l'électricité.
8. D'après les données de la Banque mondiale basées sur les données ILOSTAT de l'Organisation internationale du Travail (https://data.worldbank.org/indicator/SL.TLF.TOTL.FE.ZS?locations=).

Bibliographie

BAD (Banque africaine de développement). 2018. *African Economic Outlook 2018.* Abidjan, Côte d'Ivoire : BAD.

Barnett, S. A. et R. Ossowski. 2003. « What Goes Up », *Finance and Development* 40 (1).

Baskaran, G., 2021. « Firms' Approach to Mitigating Risks in the Platinum Group Metals Sector. » *Mineral Economics* 34 (3) : 385-98.

Bos, K. et J. Gupta. 2019. « Stranded Assets and Stranded Resources: Implications for Climate Change Mitigation and Global Sustainable Development. » *Energy Research and Social Science* 56 : 101215.

Calderon, C. et Albert Zeufack. 2020. « Borrow with Sorrow? The Changing Risk Profile of Sub-Saharan Africa's Debt. » Document de travail de recherche sur les politiques n° 9137, Banque mondiale, Washington, DC.

Corden, W. M. et J. P. Neary. 1982. « Booming Sector and De-industrialisation in a Small Open Economy. » *Economic Journal* n° 92 (368) : 825-48.

Cudennec, S., et L. Kiwelu. 2021. « Powering Mining in Africa—The Rise of the Mini-Grid and Captive Model. » Norton Rose Fulbright, 26 avril 2021. https://www.nortonrosefulbright.com/en/inside-africa/blog/2021/04/powering-mining-in-africa-the-rise-of-the-mini-grid-and-captive-model.

Cust, J. et T. Balde. À paraître. « Windfalls and Labor Dynamics in Sub-Saharan Africa. » Banque mondiale, Washington, DC.

Cust, J., T. Harding, H. Krings et A. Rivera-Ballesteros. À paraître. « Public Governance versus Corporate Governance: Evidence from Oil Drilling in Forests. » Banque mondiale, Washington, DC.

Cust, J., T. Harding, H. et A. Rivera-Ballesteros. À paraître. « Tropical Deforestation and Terms of Trade Shocks. » Banque mondiale, Washington, DC.

Cust, J. et P. Mandon. 2021. « Nonrenewable Natural Capital and Human Capital Distortions: Impact on Accumulation, Gender, and the Public Sector. » Dans *The Changing Wealth of Nations 2021: Managing Assets for the Future*, 311-41. Washington, DC : Banque mondiale.

Cust, J. et D. Manley. 2018. *The Carbon Wealth of Nations: From Rents to Risks.* Washington, DC : Groupe de la Banque mondiale. https://elibrary.worldbank.org/doi/full/10.1596/978-1-4648-1046-6_ch5.

ABRÉGÉ   65

Cust, J., D. Manley et G. Cecchinato. 2017. « Unburnable Wealth of Nations. » *Finance and Development* 54 (1).

Cust, J. et J. T. Mensah. 2020. « Natural Resource Discoveries, Citizen Expectations and Household Decisions. » Document de travail de recherche sur les politiques n° 9372, Banque mondiale, Washington, DC.

Cust, J. et D. Mihalyi. 2017. « Evidence for a Presource Curse? Oil Discoveries, Elevated Expectations, and Growth Disappointments. » Document de travail de recherche sur les politiques n° 8140, Banque mondiale, Washington, DC.

Cust, J. et A. Rivera-Ballesteros. 2021a. « The Nonrenewable Wealth of Nations. » Dans *The Changing Wealth of Nations 2021: Managing Assets for the Future*, 193-223. Washington, DC : Banque mondiale.

Cust, J. et A. Rivera-Ballesteros. 2021b. « Wealth Accounting, Diversification, and Macrofiscal Management. » Dans *The Changing Wealth of Nations 2021: Managing Assets for the Future*, 271-310. Washington, DC : Banque mondiale.

Cust, J., A. Rivera-Ballesteros et D. Mihalyi. 2021. « Giant Oil and Gas Field Discoveries 2018. » https://doi.org/10.7910/DVN/MEH5CS, Harvard Dataverse.

Cust, J., A. Rivera-Ballesteros et A. Zeufack. 2022. « The Dog That Didn't Bark: The Missed Opportunity for Africa's Resource Boom. » Document de travail n° 1012, Banque mondiale, Washington, DC.

Devarajan, S., M. M. Giugale, H. Ehrhart, T. M. Le et H. Nguyen. 2013. « The Case for Direct Transfers of Resource Revenues in Africa. » Document de travail n° 333, Center for Global Development (Centre pour le développement mondial), Washington, DC.

ITIE (Initiative pour la transparence dans les industries extractives). 2020. « Zambia Extractive Industries Transparency Initiative. Zambia EITI Report 2019. » BDO Tunisia Consulting enassociation avec BDO Zambia, Tunis. https://eiti.org/sites/default/files/attachments/zeiti_report_2019.pdf.

Fitch Ratings. 2021. « African FTA Growth Impact Too Small to Affect Ratings. » Fitch Ratings, 7 janvier 2021. https://www.fitchratings.com/research/sovereigns/african-fta-growth-impact-too-small-to-affect-ratings-07-01-2021.

Galeazzi, C., J. Steinbuks et J. Cust. 2020. « Africa's Resource Export Opportunities and the Global Energy Transition. » *LiveWire*, Banque mondiale, Washington, DC.

Gill, I. S., I. Izvorski, W. van Eeghen et D. De Rosa. 2014. *Diversified Development: Making the Most of Natural Resources in Eurasia*. Washington, DC : Banque mondiale.

Guj, P., R. Schodde, B. Boucoum et J. Cust. À paraître. « Mineral Resources of Africa. » Banque mondiale, Washington, DC.

Hartwick, J. M. 1977. « International Equity and the Investing of Rents from Exhaustible Resources. » *American Economic Review* n° 67 (5) : 972-74.

AIE (Agence internationale de l'énergie). 2021a. « Fossil Fuel Use by Scenario, 2020, 2030 and 2050. » Dans *World Energy Outlook 2021*. Paris :AIE. https://www.iea.org/data-and-statistics/charts/fossil-fuel-use-by-scenario-2020-2030-and-2050.

AIE (Agence internationale de l'énergie). 2021b. « The Role of Critical Minerals in Clean Energy Transitions. » rapport spécial *World Energy Outlook* (Perspectives énergétiques mondiale, AIE, Paris. https://www.iea.org/reports/the-role-of-critical-minerals-in-clean-energy-transitions.

FMI (Fonds monétaire international). 2012. « Macroeconomic Policy Frameworks for Resource-Rich Developing Countries. » Document de travail du FMI, Washington, DC. https://bit.ly/2txKGzB.

FMI (Fonds monétaire international). 2015. « Options for Low-Income Countries' Effective and Efficient Use of Tax Incentives for Investment. Report to the G20 Development Working Group. » FMI, Washington, DC.

FMI (Fonds monétaire international). 2016. « West African Economic and Monetary Union. Common Policies of Member Countries—Press Release; Staff Report; and Statement by the Executive Director for the West African Economic and Monetary Union. » Rapport du FMI n° 16/96, FMI, Washington, D.C.

FMI (Fonds monétaire international). 2019. *Sub-Saharan Africa Regional Economic Outlook: Recovery Amid Elevated Uncertainty.* Washington, DC : FMI. https://www.imf.org/en/Publications/REO/SSA/Issues/2019/04/01/sreo0419.

Kaufmann, D., A. Kraay et M. Mastruzzi. 2010. « The Worldwide Governance Indicators: Methodology and Analytical Issues. » Document de travail de recherche sur les politiques n° 5430, Banque mondiale, Washington, DC.

Khatiwada, Y. R. 2014. « Development of Regional Capital Markets in Asia: Issues and Challenges. » Banque du Népal, communication à l'occasion de la 50ᵉ conférence des gouverneurs des banques centrales d'Asie du Sud-Est (SEACEN), Port Moresby, Papouasie-Nouvelle-Guinée, novembre 2014. https://www.nrb.org.np/contents/uploads/2019/12/Governors_Speeches-Development_of_Regional_Capital_Markets_in-Asia_-_Issues_and_Challenges.pdf.

Lakner, C., D. G. Mahler, N. Yonzan, R. A. Castaneda Aguilar et H. Wu. 2021. « Updated Estimates of the Impact of COVID-19 on Global Poverty: Turning the Corner on the Pandemic in 2021? » *Blogs de la Banque mondiale.* https://blogs.worldbank.org/opendata/updated-estimates-impact-covid-19-global-poverty-turning-corner-pandemic-2021.

Lederman, D. et W. Maloney. 2012. *Does What You Export Matter? In Search of Empirical Guidance for Industrial Policies.* Washington, DC : Banque mondiale.

Manasse, P. 2006. « Procyclical Fiscal Policy: Shocks, Rules, and Institutions—A View from MARS. » Document de travail n° 06/27, Fonds monétaire international, Washington, DC.

Mansour, M., et G. Rota-Graziosi. 2013. « Tax Coordination, Tax Competition, and Revenue Mobilization in the West African Economic and Monetary Union. » Document de travail n° 13/163, Fonds monétaire international, Washington, DC.

Martin, A., et H. Helbig de Balzac. 2017. « The West African El Dorado: Mapping the Illicit Trade of Gold in Côte d'Ivoire, Mali and Burkina Faso. » Partnership Africa Canada, Ottawa. https://www.africaportal.org/publications/the-west-african-el-dorado-mapping-the-illicit-trade-of-gold-in-c%C3%B4te-divoire-mali-and-burkina-faso/.

Maslen, S. et C. Aslan. 2022. « Enhancing Debt Transparency by Strengthening Public Debt Transaction Disclosure Practices. » EFI Insight, Banque mondiale, Washington, DC.

McKinsey. 2013. « Reverse the Curse: Maximizing the Potential of Resource-Driven Economies. » McKinsey Global Institute.

Mendes, A. et S. Pennings. 2020. « One Rule Fits All? Heterogeneous Fiscal Rules for Commodity Exporters When Price Shocks Can Be Persistent: Theory and Evidence. » Document de travail de recherche sur les politiques n° 9400, Banque mondiale, Washington, DC.

Mihalyi, D., J. Hwang, D. Rivetti et J. Cust. 2022. « Resource-Backed Loans in Sub-Saharan Africa. » Document de travail de recherche sur les politiques n° 9923, Banque mondiale, Washington, DC.

Mihalyi, D. et T. Scurfield. 2021. « How Africa's Prospective Petroleum Producers Fell Victim to the Presource Curse. » *The Extractive Industries and Society* n° 8(1) : 220-32.

OCDE (Organisation de coopération et de développement économiques). 2020. Base de données sur le commerce des matières premières. https://www.oecd.org/trade/topics /trade-in-raw-materials/.

Peszko, G., D. van der Mensbrugghe, A. Golub, J. Ward, C. Marijs, A. Schopp, J. Rogers et A. Midgley. 2020. *Diversification and Cooperation in a Decarbonizing World: Climate Strategies for Fossil Fuel–Dependent Countries.* Washington, DC : Banque mondiale.

Rivetti , D. 2021. *Debt Transparency in Developing Economies.* Washington, DC : Banque mondiale.

Ross, M. L. 2019. « What Do We Know About Economic Diversification in Oil Producing Countries? » Non publié, UCLA et Université d'Oxford.

Ruzzante, M. et N. Sobrinho. 2022. « The 'Fiscal Presource Curse': Giant Discoveries and Debt Sustainability. » Fonds monétaire international, Washington, DC.

Saygili, M., R. Peters et C. Knebe. 2018. « African Continental Free Trade Area: Challenges and Opportunities of Tariff Reductions. » Document de recherche n° 15 de la CNUCED, division du commerce international et des produits de base, Conférence des Nations unies sur le commerce et le développement, Genève. https:// unctad.org/system/files/official-document/ser-rp-2017d15_en.pdf.

Schodde, R. 2017. « Recent Trends and Outlook for Global Exploration. » Communication à l'occasion de la convention PDAC 2017, Toronto, 6 mars 2017. https://minexconsulting.com/wp-content/uploads/2019/04/Exploration-Trends -and-Outlook-PDAC-Presentation_compressed.pdf.

Schodde, R. 2019. « Trends in Exploration. » Communication à la conférence de l'IMARC, Melbourne, 30 octobre. Minex Consulting. http://minexconsulting.com /trends-in-exploration/.

Servén, L. 1998. « Macroeconomic Uncertainty and Private Investment in Developing Countries: An Empirical Investigation. » *Economic Journal* n° 41 (2) : 207-10.

Plateforme de S&P Global Market Intelligence. Consulté en novembre 2020. https:// www.spglobal.com/marketintelligence/en/.

CNUCED (Conférence des Nations Unies sur le commerce et le développement). n.d. « AfCFTA Support Programme to Eliminate Non-Tariff Barriers, Increase Regulatory Transparency and Promote Industrial Diversification. » CNUCED. https://unctad.org /project/afcfta-support-programme-eliminate-non-tariff-barriers-increase-regulatory -transparency-and.

CNUCED (Conférence des Nations Unies sur le commerce et le développement). 1999. « Investing in Transport Is an Investment in Africa's Future. » Communiqué de presse, 20 octobre 1999. https://unctad.org/press-material/investing-transport-investment -africas-future.

PNUE (Programme des Nations unies pour l'environnement). 2017. « Tourism Can Help Sustain Biodiversity. »Consulté le 14 juin 2022. https://www.unep.org/news-and -stories/story/tourism-can-help-sustain-biodiversity.

UNU-WIDER. 2022. Base de données UNU-WIDER sur les recettes publiques. Version 2022. https://doi.org/10.35188/UNU-WIDER/GRD-2022.

van der Ploeg, F. et A. J. Venables. 2011. « Harnessing Windfall Revenues: Optimal Policies for Resource-Rich Developing Economies. » *Economic Journal* n° 121 (551) : 1-30.

Banque mondiale. 2001. *World Development Report 2000/2001: Attacking Poverty*. Washington, DC : Banque mondiale. https://openknowledge.worldbank.org/handle /10986/11856.

Banque mondiale. 2019. « Digging Beneath the Surface: An Exploration of the Net Benefits of Mining in Southern Africa. » Banque mondiale, Washington, DC. https:// openknowledge.worldbank.org/bitstream/handle/10986/32107/Digging-Beneath-the -Surface-An-Exploration-of-the-Net-Benefits-of-Mining-in-Southern-Africa.pdf ?sequence=1.

Banque mondiale. 2020a. « Minerals for Climate Action: The Mineral Intensity of the Clean Energy Transition. » Washington, DC : Banque mondiale.

Banque mondiale. 2020b. *The African Continental Free Trade Area: Economic and Distribution Effects*. Washington, DC : Banque mondiale.

Banque mondiale. 2021. *The Changing Wealth of Nations 2021: Managing Assets for the Future*. Washington, DC : Banque mondiale.

Groupe de la Banque mondiale. Plateforme Pauvreté et inégalités. Consulté en novembre 2020. https://pip.worldbank.org/home.

Yunis, J., et E. Aliakbari. 2020. « Fraser Institute Annual Survey of Mining Companies 2020. » Fraser Institute, Vancouver. https://www.fraserinstitute.org/sites/default/files /annual-survey-of-mining-companies-2020.pdf.

Chapitre 1

Le potentiel économique inexploité des ressources pétrolières, gazières et minérales

Introduction

L'Afrique bénéficie de richesses naturelles importantes, qu'il s'agisse de diamants, d'or, de pétrole, de gaz naturel, d'uranium, de platine, de cuivre, de cobalt, de fer, de bauxite ou d'argent, entre autres ressources. En 2019, les minerais et les combustibles fossiles représentaient plus d'un tiers des exportations totales dans au moins 60 % des pays africains (Signé, 2021). La majorité des pays d'Afrique subsaharienne (26 pays sur 48) sont désormais classés dans la catégorie des pays riches en ressources naturelles selon la définition qu'en donne le Fonds monétaire international (FMI, 2012). Du fait des nouvelles découvertes majeures survenues au cours des dernières années, cette tendance s'accentue et de nouveaux pays devraient acquérir le statut de pays riche en ressources naturelles.

En dépit de réserves à la fois importantes et en augmentation, l'extraction des ressources souterraines a rarement débouché sur une prospérité durable dans la société et sur une réduction de la pauvreté. Par exemple, depuis le début du déclin du prix des matières premières en 2014, la croissance des pays d'Afrique subsaharienne riches en ressources a été plus lente que la croissance moyenne de la région. Outre une croissance faible, ces mêmes pays présentent des résultats inférieurs en matière de réduction de la pauvreté. La Banque mondiale estime que d'ici 2030, l'Afrique subsaharienne devrait rassembler plus de 80 % des habitants pauvres de la planète, et près de 75 % d'entre eux devraient habiter dans des pays riches en ressources (Cust, Rivera-Ballesteros et Zeufack, 2022).

Cela implique qu'additionnés, le pourcentage au niveau mondial de populations pauvres habitant dans les économies riches en ressources d'Afrique subsaharienne devrait atteindre le chiffre vertigineux de 62 % si l'on se base sur les dynamiques actuelles. L'éradication de la pauvreté est un défi qui se concentre beaucoup trop dans les pays riches en ressources naturelles d'Afrique subsaharienne[1]. Et comme la gestion des ressources naturelles joue un rôle si important dans les performances de ces économies, l'éradication de la pauvreté repose ainsi de manière cruciale sur la capacité des gouvernements à exploiter leurs ressources de façon efficace et à éviter les dangers macroéconomiques qu'une mauvaise gestion peut représenter.

Il est vital pour son avenir économique que le continent africain puisse exploiter ses richesses en ressources naturelles et ainsi favoriser sa transformation économique[2]. Les ressources souterraines comme les métaux, les minerais, le pétrole et le gaz demeurent des sources clés de recettes publiques, de revenus d'exportation et de potentiel de développement dans la majorité des pays africains (BAD, 2018). Le fléchissement du prix des matières premières constaté depuis 2014 a cependant conduit à une compression du secteur : en mettant sous pression les gouvernements et le secteur public, ce processus souligné la nécessité d'une économie plus diversifiée (Christensen, 2016). Tandis que le continent sortait d'une période de hausse prolongée du cours des matières premières lors de la période 2004-14, les pays d'Afrique subsaharienne ont éprouvé des difficulté pour transformer leur économie afin d'être moins dépendants à leurs ressources naturelles. Afin de mobiliser les ressources permettant une réelle transformation économique, il paraît nécessaire d'établir de nouvelles stratégies pour surmonter les écueils fréquents en matière d'économie politique.

Le cycle économique précédent, ainsi que l'héritage qu'il a laissé derrière lui, a été marqué par des opportunités manquées, une part importante des revenus issus des ressources naturelles n'ayant en général pas été convertie en une prospérité durable et diversifiée. Depuis la baisse du prix des matières premières constaté en 2014, la croissance des pays d'Afrique riches en ressources est plus lente que le taux de croissance moyen observé dans la région. Si le boom a coïncidé avec une décennie dorée de hausse des revenus et de croissance économique, cette prospérité s'est révélée précaire et trop dépendante de cours élevés sur le marché des matières premières.

Le secteur extractif peut soutenir la phase de reprise économique qu'aborde à présent la région Afrique. La pandémie de Covid-19 (coronavirus) ainsi que les problématiques d'endettement associées auxquelles sont confrontés de nombreux pays africains ont montré qu'il sera crucial de mobiliser davantage les revenus du pays. Nombreux sont ceux à voir dans les industries extractives une source d'opportunité économique potentielle. Or, les résultats ont été décevants par le passé. La croissance de la demande asiatique de matières premières a renforcé les investissements dans les ressources naturelles, et donc la dépendance à ceux-ci. En dépit de la décarbonisation et de l'épuisement des ressources, la quantité de richesses naturelles disponibles à l'exploitation continue à augmenter ; elles constituent ainsi un moteur potentiel de la transformation structurelle.

L'Afrique détient un énorme potentiel non exploité et non mobilisé en matière de ressources minérales et pétrolières, et le continent n'a été que peu exploré par rapport au reste du monde. Il détient également un éventail très diversifié de matières premières. Il y a donc l'espoir que, si toutes les conditions sont réunies, les ressources géologiques non exploitées de la région aient un impact important.

Cependant, la contribution du secteur minier à l'emploi ayant diminué avec la mécanisation, de nouvelles approches et de nouvelles politiques peuvent être requises afin de permettre une redistribution plus équitable des bénéfices générés par les industries extractives, au profit d'autres pans de l'économie.

Bien que la décarbonisation de l'économie mondiale ait commencé, la demande de combustibles fossiles demeure élevée, tandis que les évènements géopolitiques procurent de nouvelles opportunités d'exportation pour le pétrole et le gaz africains. Après deux décennies de découvertes majeures de gisements de pétrole en Afrique, ainsi que l'arrivée de plusieurs nouveaux pays producteurs sur le marché, le rôle joué par les combustibles fossiles dans les économies d'Afrique subsaharienne n'a jamais été aussi grand. Le défi, à présent, est d'identifier comment exploiter au mieux ces richesses dans un contexte d'incertitude quant aux perspectives et du risque potentiellement important d'une baisse du marché des hydrocarbures au cours des prochaines décennies.

En revanche, la demande relative à tout un ensemble de métaux et de minerais extraits en Afrique devrait, selon les projections, nettement augmenter. Les gisements de cobalt, de lithium, de manganèse et d'autres métaux vont jouer un rôle crucial dans la transition vers des économies à faible empreinte carbone. Dans le même temps, le continent va devoir répondre à des besoins énergétiques nationaux importants au cours des prochaines décennies : par conséquent, même si l'économie mondiale a entamé sa décarbonisation, le gaz naturel devrait cependant jouer un rôle important.

Additionnées, les ressources souterraines telles que les métaux, les minerais, le pétrole et le gaz vont sans doute demeurer des sources cruciales de recettes publiques, de revenus d'exportation et de potentiel de développement dans la majorité des pays d'Afrique subsaharienne au cours des prochaines années. En effet, les deux dernières décennies se sont caractérisées par une hausse de la dépendance aux ressources naturelles, en dépit de la nature finie et épuisable de ces ressources. Même si la décarbonisation a déjà commencé à l'échelle planétaire, la demande d'hydrocarbures est une composante profondément ancrée dans l'économie mondiale. Cependant, les décideurs politiques africains, s'ils devront agir avec prudence, peuvent anticiper les conséquences de cette tendance de fond.

Il leur revient ainsi de mobiliser efficacement les ressources naturelles et le potentiel économique important qu'elles représentent pour le futur du continent. Dans le même temps, les choix politiques actuels doivent également prendre en compte les risques qui se profilent et développer une résilience économique face à différents scénarios possibles.

Une nette augmentation du nombre de pays riches en ressources naturelles en Afrique au cours des deux dernières décennies

Pendant le boom des ressources naturelles, le nombre de pays riches en ressources dans la région d'Afrique subsaharienne, ainsi que leur niveau général de richesse en ressources, a considérablement augmenté. Le FMI définit un pays comme riche en ressources naturelles lorsqu'au moins 20 % des exportations, ou bien 20 % des recettes publiques, sont issues de l'exploitation des ressources naturelles. En vertu de cette définition, le nombre de pays riches en ressources naturelles est passé dans la région de 18 avant le boom

Carte 1.1 Évolution du nombre de pays riches en ressources en Afrique subsaharienne

a. Avant le boom (1998–2003) ; 18 au total   b. Définition du FMI (2006–10) ; 26 au total

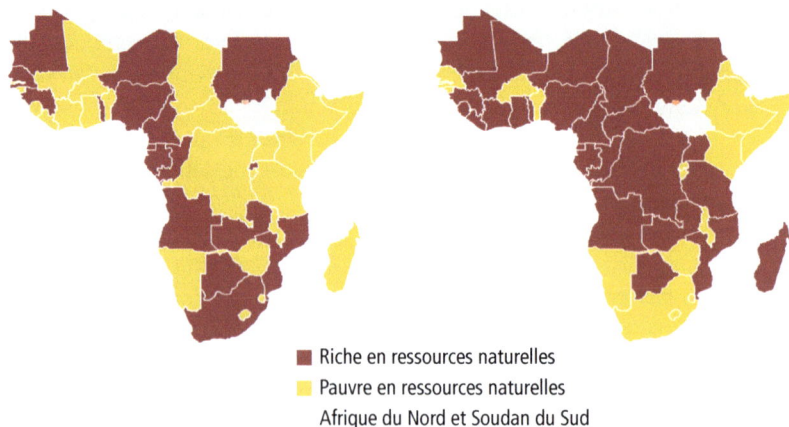

■ Riche en ressources naturelles
■ Pauvre en ressources naturelles
Afrique du Nord et Soudan du Sud

Sources : calculs basés sur les données du Fonds monétaire international. (FMI), de la base de données UNU-WIDER sur les recettes publiques (UNU-WIDER), de l'Organisation mondiale du commerce. (OMC) et de la Banque mondiale.
Remarque : Panneau a : les pays sont catégorisés comme riches en ressources naturelles au cours de la période ayant précédé le boom en utilisant les critères du FMI. Un pays est défini comme riche en ressources lorsque les exportations de pétrole et de produits miniers représentaient au moins 20 % de ses exportations totales en moyenne OMC), ou bien si les ressources naturelles représentaient au moins 20 % de ses recettes fiscales totales (UNU-WIDER) sur la période 1998-2003. Panneau b : un pays est catégorisé comme riches en ressources naturelles pendant la période du boom s'il remplit les critères suivants établis par le FMI : il s'agit d'un pays à faible revenu ou à revenu intermédiaire/tranche inférieure, et où les ressources naturelles représentaient soit 20 % des recettes fiscales totales du pays, soit 20 % de ses exportations totales sur la période 2006-2010 (en moyenne), ce qui peut inclure des pays où des réserves ont été identifiées mais dont la production n'a pas encore débuté ou n'a pas encore atteint un niveau important (République centrafricaine, Ghana, Madagascar, Mozambique, Sao Tomé-et-Principe, Sierra Leone, Tanzanie, Togo et Ouganda). Le Soudan du Sud n'est pas inclus car il n'a accédé à l'indépendant qu'en 2011.

à 26 pendant et après celui-ci soit la majorité des 48 pays d'Afrique sub-saharienne (FMI, 2012)[3]. De nouvelles découvertes, des cours élevés, ainsi qu'une hausse de la production, sont à l'origine de cette tendance, faisant augmenter les niveaux de dépendance aux ressources et favorisant l'inclusion de davantage de pays dans cette catégorie. La liste établie par le FMI en 2012 comprenait cinq nouveaux pays riches en ressources naturelles, et plusieurs autres qui l'étaient à titre prospectif, en raison de découvertes de gisements importants (cf. carte 1.1).

Les pays africains représentent une proportion importante du nombre de total de pays riches en ressources au niveau mondial. En calculant le pourcentage des rentes dans le PIB, on peut fournir une indication de l'importance économique globale des ressources naturelles, ainsi qu'une indication des revenus potentiellement imposables dans tel ou tel pays riche en ressources naturelles. Évalués de cette manière, de nombreux pays africains comptent parmi les plus riches en ressources naturelles au niveau mondial, et une grande partie d'entre eux sont des pays producteurs de pétrole et de gaz (graphique 1.1).

Graphique 1.1 Recettes générées par les ressources par pays, moyenne sur la période 2004-2014

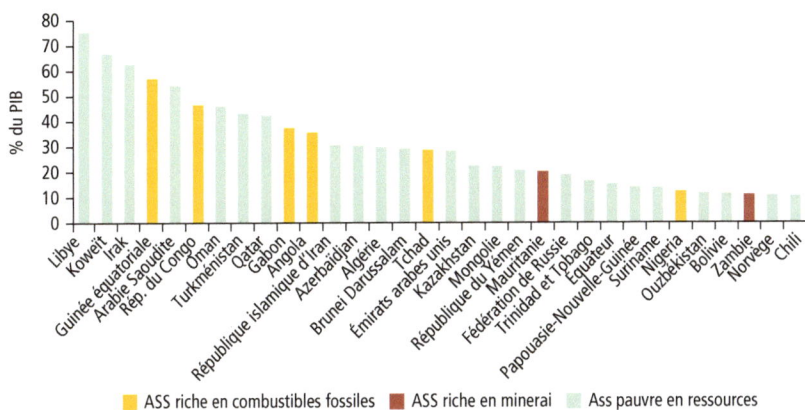

Source : calculs basés sur les données de la Banque mondiale et du rapport sur l'Évolution des richesses des nations 2021.
Remarque : ce graphique indique les pays où les rentes tirées des ressources naturelles sont supérieures à 10 % du PIB. Les pays riches en combustibles fossiles d'Afrique subsaharienne (en jaune) sont des pays qui ont été définis comme riches en ressources naturelles par le Fonds monétaire international. (FMI, 2012), et dont le pétrole et la principale ressource naturelle non renouvelable. La Mauritanie et la Zambie, qui apparaissent en rouge, sont les pays d'Afrique subsaharienne riches en ressources naturelles où les minerais constituent le principal type de ressources naturelle non renouvelable sur ce graphique. Au total, 20 pays au niveau mondial présentaient des rentes liées aux ressources naturelles supérieures à 20 % du PIB. Le Timor oriental ne figure pas sur cette illustration, mais la part des rentes tirées de l'exploitation des ressources naturelles dans son PIB dépassait les 100 %. ASS = Afrique subsaharienne.

On peut également analyser le niveau de richesse en ressources naturelles de la région par rapport à d'autres régions du monde. En utilisant les mêmes seuils que ceux appliqués au niveau national (les ressources naturelles doivent représenter 20 % des exportations ou 20 % des recettes publiques), les graphiques 1.2 et 1.3 révèlent que deux régions du globe peuvent être considérées comme des régions riches en ressources en se basant sur la catégorisation du FMI relative au seuil des 20 % : si la région Moyen-Orient et Afrique du Nord se place largement en tête dans cette catégorie, avec près de 70 % de la valeur totale de ses exportations issue des ressources naturelles –essentiellement du pétrole brut – et plus de 50 % de ses recettes publiques. Si la région Afrique subsaharienne dépassait également le seuil des 20 % permettant de la définir comme une région riche en ressources naturelles sur cette période, la part des minerais y était plus importante, représentant plus de 50 % de la valeur des exportations et près de 30 % des recettes publiques. Par ailleurs, dans ces deux régions, les recettes liées aux ressources naturelles dépassaient 80 % des recettes publiques totales dans certains pays au cours du boom.

Graphique 1.2 Part des exportations de ressources naturelles non renouvelables dans les exportations de marchandises totales, par moyenne sur la période 2004-2014

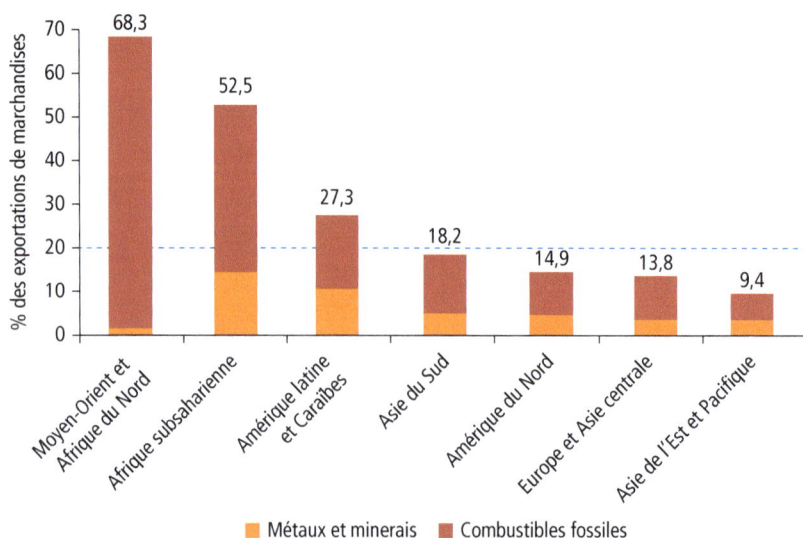

Source : Cust, Rivera-Ballesteros et Zeufack, 2022.
Remarque : le graphique indique pour chaque région la moyenne, sur la période 2004-2014, de la part des exportations de combustibles fossiles, de métaux et de minerais dans les exportations totales de marchandises. La ligne bleue en pointillés renvoie au seuil établi par le FMI pour définir la richesse en ressources (les revenus générés par les ressources naturelles ou leur exportation doivent représenter au moins 20 % des recettes budgétaires ou 20 % des exportations) appliqué à la période d'expansion économique.

Graphique 1.3 Part des revenus tirés des ressources dans le total des recettes publiques, par région, moyenne sur la période 2004-2014

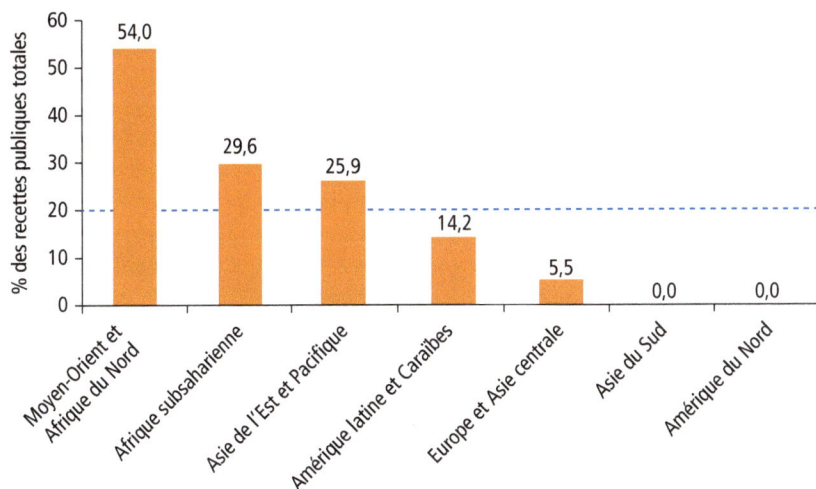

Source : Cust, Rivera-Ballesteros et Zeufack, 2022.
Remarque : Le graphique indique la moyenne, sur la période 2004-2014, de la part des ressources naturelles dans les recettes publiques totales. Ce chiffre a été obtenu en divisant la somme des revenus générés par les ressources naturelles sur l'ensemble des pays de chaque région disposant de données complètes par la somme des recettes publiques totales de la région, que celles-ci aient été générées ou non par les ressources naturelles (moyenne sur la période 2004-14). La ligne bleue en pointillés renvoie au seuil établi par le FMI pour définir la richesse en ressources (les revenus générés par les ressources naturelles ou leur exportation doivent représenter au moins 20 % des recettes budgétaires ou 20 % des exportations) appliqué à la période d'expansion économique.

Les ressources naturelles, un potentiel encore peu exploité en Afrique

Les richesses en ressources naturelles de l'Afrique subsaharienne, notamment ses réserves importantes et son potentiel inexploité d'investissement, peuvent et doivent jouer un rôle important dans son rétablissement économique. En 2018, environ un tiers du stock de ressources naturelles de l'Afrique subsaharienne était détenu sous la forme de différents éléments de capital naturel, notamment les gisements de pétrole et de minerai (Banque mondiale, 2021). Entre 2004 et 2014, les recettes tirées de l'exploitation des ressources naturelles s'établissaient en moyenne à 29,6 % des recettes publiques des pays d'Afrique subsaharienne, et 36 % des recettes publiques des pays d'Afrique subsaharienne riches en ressources, selon les données de la base UNU-WIDER (2022).

Cependant, ces revenus sont loin d'exploiter tout le potentiel économique des ressources naturelles. Les rentes estimées des ressources naturelles, soit la différence entre leurs coûts d'extraction et le prix moyen de leur vente (Cust et Rivera-Ballesteros, 2021), sont systématiquement bien plus élevés que le niveau de revenus collectés par les États. Les rentes annuelles estimées des ressources naturelles en Afrique subsaharienne représentent seulement 9 % du PIB des pays d'Afrique riches en ressources, mais équivaudraient environ à 260 % de leurs recettes publiques liées aux ressources naturelles, ce qui révèle un écart considérable entre les rentes générées par l'extraction des ressources et les montants captés en tant que recettes par les États[4].

La mobilisation de ces richesses afin de favoriser un développement durable n'a jamais été aussi cruciale, et les gouvernements doivent s'assurer que les secteurs puissent rester productifs et résilients. Si les gouvernements des pays d'Afrique riches en ressources naturelles parvenaient à capter ne serait-ce que 10 % des rentes non perçues, les revenus de la région augmenteraient de 2,4 milliards de dollars US par année[5]. Pour réduire cet écart, cependant, les États doivent trouver stratégies pour imposer une fiscalité plus efficace du secteur, en réduisant notamment leurs dépenses fiscales, tout particulièrement celles liées aux combustibles fossiles. Une meilleure transparence des contrats, ainsi que des processus d'appels d'offre compétitifs et des audits fondés sur une analyse des risques, sont des outils que les gouvernements peuvent déployer à cette fin. Les tentatives observées au niveau mondial pour fixer des niveaux minimum d'imposition peuvent également garantir que les pays puissent capter une part plus importante des rentes.

Géologie et ressources régionales

L'Afrique subsaharienne est une économie régionale qui dépend fortement de ses ressources naturelles, grâce à ses gisements importants de pétrole, de minerais et de métaux. Pour un grand nombre de nations d'Afrique subsaharienne, le secteur des minerais est en pleine expansion et constitue un élément clé de leur activité économique et de leurs exportations. Il représente 10 % du produit total de l'Afrique subsaharienne et 50 % de ses exportations hors produits pétroliers (Albertin, Devlin et Yontcheva, 2021).

Bien qu'elle ait été relativement peu explorée, l'Afrique subsaharienne est une région qui abrite une part déjà grande des ressources minérales de la planète, ce qui place potentiellement l'Afrique subsaharienne au centre de la transition vers l'énergie verte. En dehors des métaux précieux du groupe du platine (59 % des ressources mondiales totales) et des diamants (48 %), le continent occupe une position dominante dans le domaine des métaux ferro-alliés tels que le cobalt (75 %) et le manganèse (68 %) (Guj et al., à paraître). Certains de ces métaux, comme le cobalt, le manganèse, le graphite et le lithium, constituent des intrants importants pour les technologies d'énergie verte. Certains pays possèdent des gisements particulièrement importants : ainsi, les deux tiers de la production mondiale de cobalt sont extraits en République démocratique du Congo, un tiers de la production de tantale est originaire du Rwanda, et l'Afrique du Sud dispose des plus grandes réserves de platine, de palladium et de manganèse au monde. Le continent est également doté de ressources dont la demande mondiale est en pleine explosion. Des réserves de lithium, qui est un composant essentiel pour l'industrie des batteries de véhicules électriques (VE), se situent notamment en République démocratique du Congo :, au Ghana, au Mali, en Namibie et au Zimbabwe (cf. Guj *et al.*, *à paraître*). Par ailleurs, le continent abrite les plus grandes réserves mondiales de roches phosphatées (67 %) et de bauxite (59 %), ainsi que des gisements importants de minerais de fer, de sables minéraux, de sel et de potasse, ainsi que des minéraux énergétiques tels que le charbon et l'uranium. La carte 1.2 indique la répartition des principaux minéraux sur le continent africain.

Les niveaux de production actuels sont encore bas dans un certain nombre de pays d'Afrique subsaharienne, alors que leurs dotations en ressources naturelles

Carte 1.2 Gisements découverts en Afrique pour une sélection de métaux et de minerais, 1990-2019

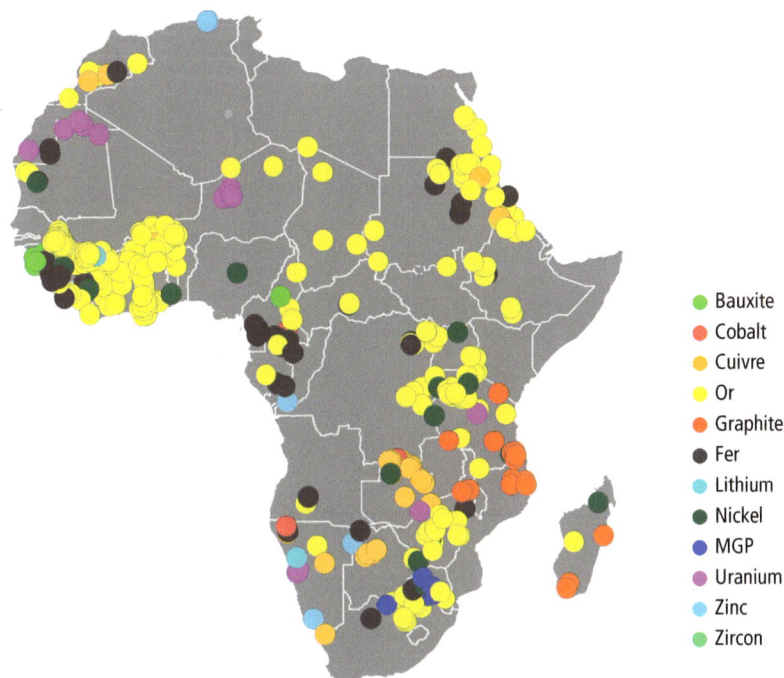

- ● Bauxite
- ● Cobalt
- ● Cuivre
- ● Or
- ● Graphite
- ● Fer
- ● Lithium
- ● Nickel
- ● MGP
- ● Uranium
- ● Zinc
- ● Zircon

Source : données tirées de la base de données MinEx Consulting Africa Minerals Database, 2020.
Remarque : la carte inclut les champs découverts en Afrique du Nord. MGP = métaux du groupe du platine.

comptent parmi les plus importantes au niveau mondial. Le tableau est sensiblement le même concernant les gisements de pétrole. Le graphite, par exemple, qui constitue l'un des composants les plus importants des batteries fonctionnant au lithium, est relativement peu exploité dans de nombreux pays d'Afrique subsaharienne, en particulier la Tanzanie. En 2018, alors que ce pays dispose de la cinquième plus grande réserve de graphite au monde, il se classait seulement à la 21e place en matière de production de graphite au niveau mondial. À titre de comparaison, l'Inde (qui dispose de réserves deux fois moins importantes que la Tanzanie) et la Norvège (réserves trente fois moins importantes) se placent respectivement en 6e et 8e positions en matière de production.

Une autre méthode pour mesurer cet écart consiste à comparer la différence entre les réserves la valeur économique réelle tirée des ressources naturelles d'une région à une autre. La contribution économique des ressources naturelles peut être calculée en se basant sur la comptabilité de la richesse, telle qu'elle a été conceptualisée et établie dans le rapport de la Banque mondiale intitulé *L'Évolution des richesses des nations 2021*.

Bien que l'Afrique subsaharienne dispose de ressources naturelles en abondance, notamment en minerais, en métaux, en pétrole, en gaz naturel, en terres et en forêts, son niveau de richesses généré par les ressources est l'un des plus faibles parmi les autres régions en développement de la planète (graphique 1.4). Mesurée

Graphique 1.4 **Richesse naturelle agrégée et par habitant en Afrique subsaharienne, 1995-2018**

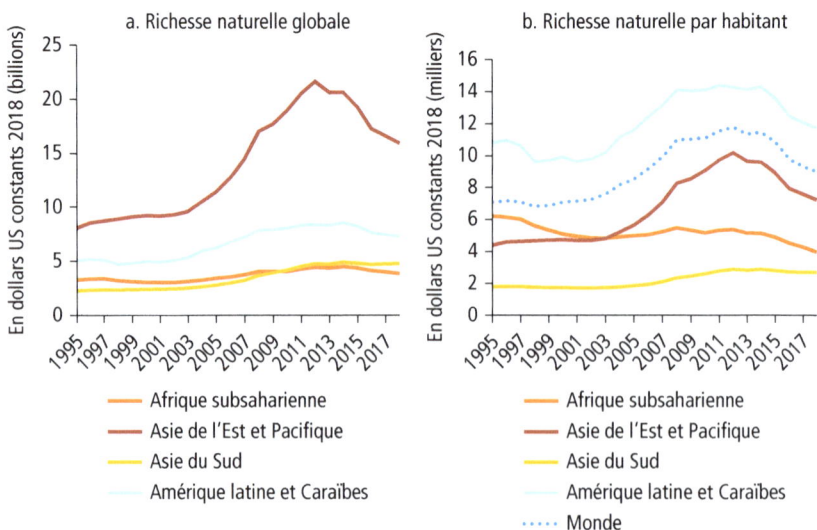

Source : tiré de la base de données de L'Évolution des richesses des nations 2021 (Banque mondiale, 2021).

en dollars en se basant sur la comptabilité de la richesse, la richesse que l'Afrique subsaharienne tire des ressources naturelles est bien inférieure à celle des autres régions, tant sur le plan de la richesse agrégée que de la richesse par habitant, ce qui est essentiellement le résultat d'un niveau de prospection et de développement moindre au cours des décennies précédentes. La richesse naturelle de l'Afrique subsaharienne pourrait fortement augmenter en une génération si la prospection minière et le développement de projets miniers atteignaient les niveaux observés dans d'autres régions. Certaines données indiquent que ce processus a été enclenché (Arezki, van der Ploeg et Toscani, 2019), mais que ces décisions d'investissement dépendent de la qualité des institutions (Cust et Harding, 2020).

Opportunités d'exploration en Afrique subsaharienne

Il existe dans le secteur des ressources naturelles un potentiel inexploité de participation plus grande à l'activité économique, notamment via la génération de revenus. Or, une grande partie de ces richesses n'ont pas été découvertes. Les pays d'Afrique subsaharienne n'ont été que relativement peu explorés par rapport à d'autres régions du monde (McKinsey, 2013).

Le faible niveau d'exploration est visible dans le fait que la région se situe derrière les autres régions du monde au niveau de la richesse par habitant liée aux ressources, comme nous l'avons mentionné et comme cela est montré par le graphique 1.4. Cela est également visible dans le nombre de sites extractifs par rapport aux autres régions. Le graphique 1.5 indique le nombre de sites actifs d'exploration de minerai dans le monde par région. En 2017, on estimait à 282 le nombre total de sites actifs d'exploration de minerai en Afrique, soit environ deux fois moins que le nombre de sites similaires en Australie et au Canada, sur une superficie pourtant trois fois plus grande que ces pays.

Graphique 1.5 Sites actif de prospection minière par millions de kilomètres carrés de superficie dans les principaux territoires miniers 2017

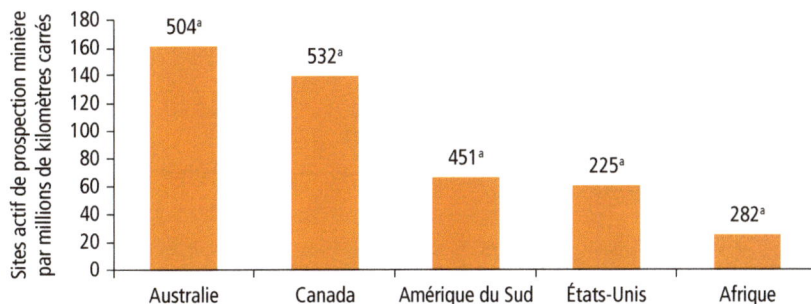

Sources : ingénierie des mines ; estimations de Statista ; Institut d'études géologiques des États-Unis ; Banque mondiale ; S&P Global Market Intelligence.
a. La valeur au-dessus de chaque barre indique le nombre de sites de prospection minière actifs dans chaque région.

Les faibles dépenses consacrées à l'exploration en Afrique subsaharienne constituent un facteur clé expliquant le nombre beaucoup trop bas de sites d'extraction actifs sur le continent. Bien qu'il s'agisse d'une région où la découverte de gisements est extrêmement rentable et où la valeur estimée des découvertes de minerais ont dépassé les coûts de prospection entre 2005 et 2014, les sommes consacrées à l'exploration minière étaient comparativement plus basses que dans d'autres endroits. Le graphique 1.6 montre que les dépenses consacrées à l'exploration minière en Afrique étaient inférieures aux dépenses d'exploration estimées dans des régions où les découvertes avaient débouché sur des bénéfices moindres, comme en Amérique latine et au Canada. En Afrique subsaharienne, la valeur de la prospection minière par rapport au nombre de gisements découverts est également plus élevée que dans d'autres régions riches en minerai, notamment l'Australie et les États-Unis. Bien que l'Afrique dispose de dotations importantes en ressources naturelles, le continent n'a attiré entre 2007 et 2016 que 14 % des dépenses totales consacrées à l'exploration au niveau mondial (20 milliards de dollars US). Ces résultats ne sont pas surprenants lorsque les investisseurs associent les activités dans ces régions à un risque perçu plus grand. L'environnement institutionnel est

Graphique 1.6 Dépenses consacrées à la prospection minière et valeur des découvertes, sélection de pays et de régions, 2007-2016

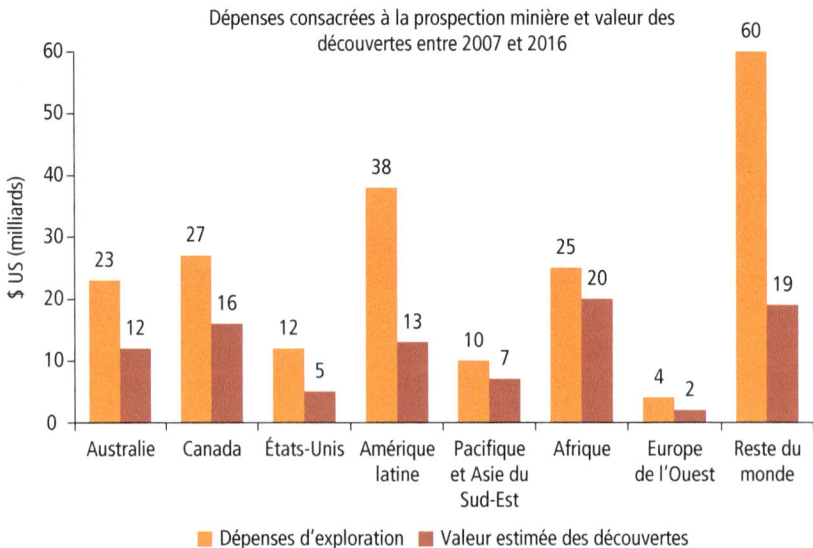

Source : Schodde, 2017.
Remarque : les estimations sont données à titre de référence et n'incluent pas les découvertes non déclarées.

un facteur qui influence probablement l'emplacement des investissements, comme cela a été montré pour les décisions relatives à la prospection pétrolière (Cust et Harding, 2020).

Au niveau mondial, les dépenses consacrées à la prospection ont fortement baissé après le dernier boom des matières premières. En effet, comme le montre le graphique 1.7, les dépenses consacrées à la prospection ont baissé de 68 %, passant de 34,9 milliards de dollars US en 2012 à 11,2 milliards de dollars US en 2016 (Schodde, 2019). Cette baisse est essentiellement la conséquence d'incertitudes accrues dans le secteur des matières premières lorsque les cours sont revenus à des niveaux plus modérés. Les perspectives à moyen terme concernant les investissements destinés à la prospection sont plus positives, les cours ayant nettement augmenté sur le marché des matières premières du fait de nouveaux programmes relatifs aux infrastructures dans des pays comme la Chine et les États-Unis, associés à la dynamique de la transition vers des énergies vertes.

Il existe quatre niveaux de gisements de minerai. Les gisements de niveau 1 sont des gisements importants, durables et à faible coût d'exploitation. Les gisements de niveau 2 sont de grands gisements, mais non aussi importants, durables ou rentables que les gisements de niveau 1. Les gisements

Graphique 1.7 Dépenses consacrées à la prospection minière au niveau mondial, échantillon de pays et de régions, 1975-2019

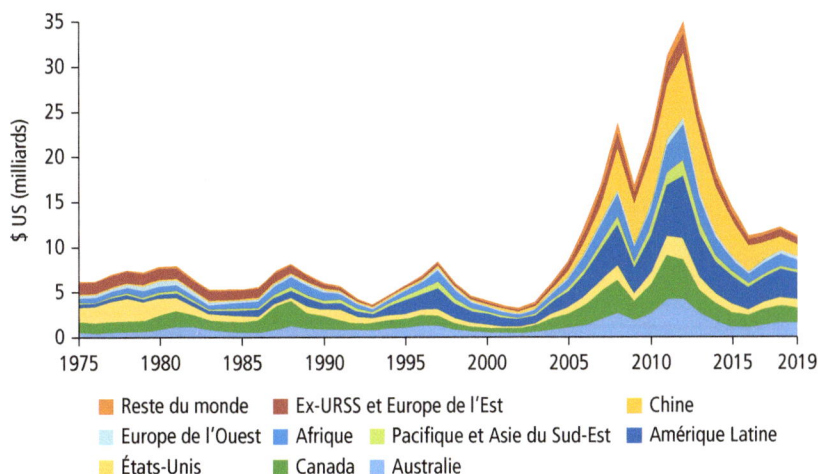

Source : Schodde, 2019.
Remarque : inclut les dépenses relatives à la prospection de minerais en vrac et non en vrac (le bauxite, le charbon et le minerai de fer).

de niveau 3 sont des gisements de petite envergure ou marginaux. Les gisements de niveau 4 sont des gisements considérés comme non rentables et
dont l'exploitation est peu probable. La majorité des gisements que l'on trouve
en Afrique sont des gisements de niveau 3. Ils peuvent être rentables mais
ne répondent qu'à un seul critère des gisements de niveau 1[6]. Les gisements
peuvent également être classés par leur taille en quatre catégories : géants,
majeurs, modérés et mineurs. Ces catégories dépendent de la quantité et de
du type de minerais qu'ils contiennent. Par exemple, les gisements aurifères
géants contiennent plus de 170 tonnes de ce métal, tandis que les gisements
de nickel géants contiennent plus de 1 tonne de cette ressource (cf. Guj. *et al.*
[*à paraître*] pour les seuils permettant de définir les différentes catégories
de taille pour différents types de métaux et de minéraux). La majorité des
gisements qui sont classés comme des gisements de niveau 1, 2 et 3 sont
considérés comme des gisements majeurs ou géants, tandis que les gisements
de niveau 4 correspondent essentiellement à des gisements de taille mineure
à modérée. Cependant, les gisements de taille modérée peuvent être classés
dans les niveaux 1, 2 ou 3 si l'on estime qu'ils ont une grande valeur ou que
leur teneur est particulièrement élevée.

Bien que l'Afrique australe présente la valeur totale la plus élevée en matière
de ressources non exploitées, c'est en Afrique de l'Ouest que se situent l'immense majorité des gisements de niveau 1 (cf. graphique 1.8 et tableau 1.1).

Graphique 1.8 Valeur des sites miniers et valeur primaire des minerais, par région d'Afrique

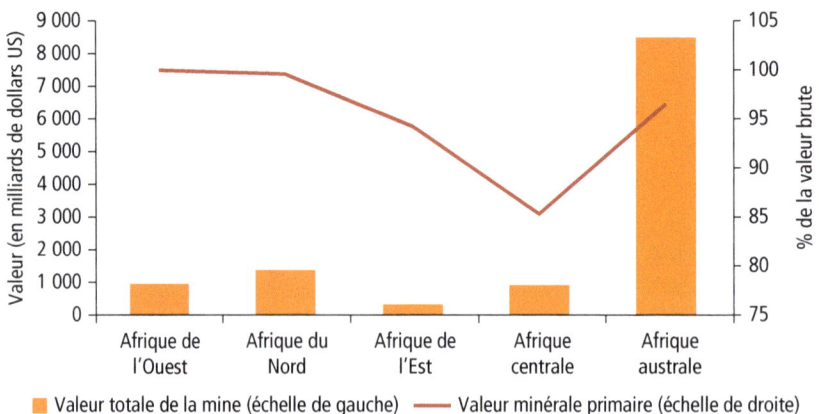

Valeur totale de la mine (échelle de gauche)   —— Valeur minérale primaire (échelle de droite)

Source : Guj *et al.*, à paraître.
Remarque : la valeur totale des sites miniers représente la valeur brute des ressources totales des mines en
activité en Afrique, ce qui inclut leurs sous-produits. La valeur primaire des minerais désigne la part de la valeur
primaire des minerais dans la valeur brute de la mine dont ils sont extraits.

Tableau 1.1 Valeur brute sur les sites miniers des ressources primaires totales des mines africaines en activité
En dollars US (millions)

Région	Niveau 1	Niveau 2	Niveau 3	Autres
Afrique de l'Ouest	534 955	304 308	465 227	250 075
Afrique du Nord	0	144 000	283 700	41 647
Afrique de l'Est	0	152 931	610 445	142 363
Afrique centrale	0	370 853	415 393	93 914
Afrique australe	16 235	892 481	6 053 281	1 270 842

Source : Guj et al., à paraître.
Remarque : Les gisements de niveau 1 sont des gisements importants, durables et à faible coût d'exploitation. Les gisements de niveau 2 sont de grands gisements, mais non aussi importants, durables ou rentables que les gisements de niveau 1. Les gisements de niveau 3 sont des gisements de petite envergure ou marginaux. La colonne « Autres » inclut les gisements de niveau 4 ou non catégorisés.

En Afrique de l'Ouest, les gisements de niveau 1 représentent 34,4 % de la valeur brute des sites miniers, contre 0,2 % en Afrique australe et 0 % en Afrique du Nord, en Afrique de l'Est et en Afrique centrale. En revanche, la valeur totale des sites miniers d'Afrique australe est plus de deux fois supérieure à celle des autres régions du continent africain combinées.

Nouvelles découvertes de pétrole et de minerai

La taille moyenne des gisements récemment découverts est en diminution. Schodde (2019) calcule que sur la décennie 2009-2018, 846 gisements de minerai de taille moyenne ou supérieure ont été découverts dans le monde. Cependant, dans cette catégorie, la part des découvertes de taille moyenne a augmenté, passant de 48 % à 61 %, ce qui indique qu'en moyenne, la taille des gisements découverts est en diminution. Au cours du siècle passé, cependant, le nombre de découvertes sur le continent avait nettement augmenté (graphique 1.9).

Une grande partie de la prospection se concentre sur les gisements aurifères. Au niveau mondial, l'or représentait 34 % des dépenses effectuées au cours de la décennie passée et 40 % de l'ensemble des gisements découverts. Il représentait également 25 % de tous les gisements de niveau 1 et 2 découverts, dont la majorité se situent dans des pays en développement (graphique 1.10).

Les compagnies minières de plus petite envergure ont commencé à jouer un rôle plus grand en matière d'exploration (graphique 1.11). Jusque dans les années 1990, les nouveaux gisements étaient souvent découverts par de grandes compagnies minières. Les juniors exploratrices ont fait leur apparition dans les années 1990 mais se sont fortement développées

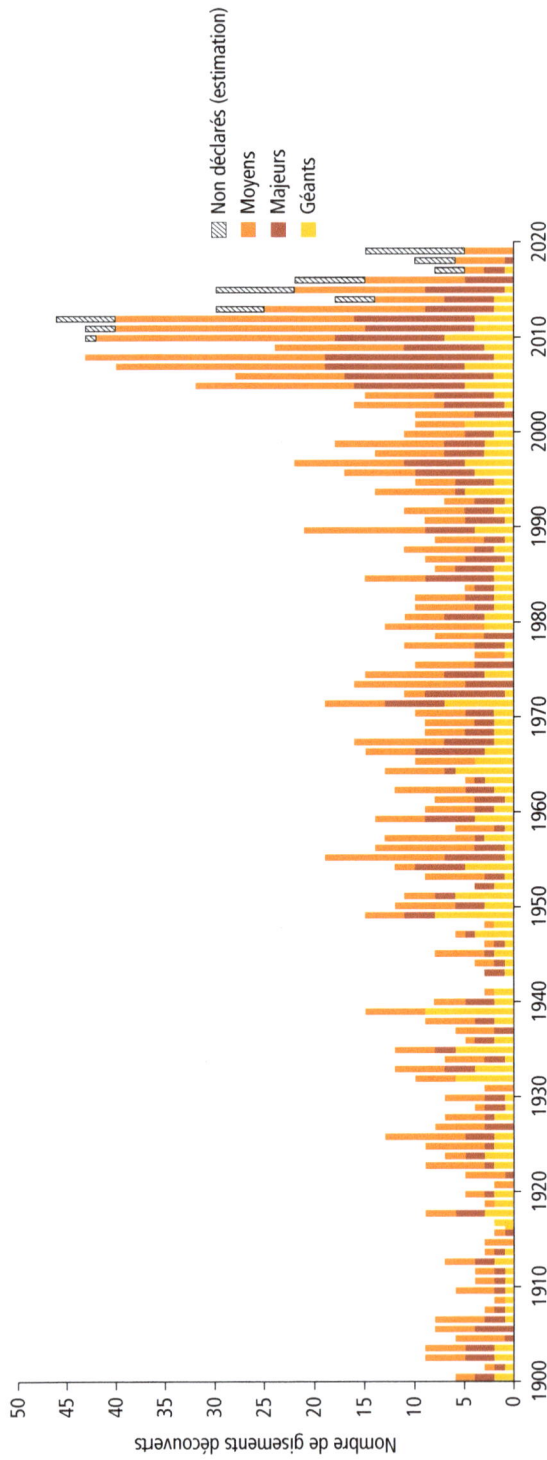

Graphique 1.9 Nombre de découvertes de minerais en Afrique, par taille du gisement, 1900-2019

Légende :
- Non déclarés (estimation)
- Moyens
- Majeurs
- Géants

Nombre de gisements découverts

Source : Guj et al., à paraître.

Graphique 1.10 Nombre de gisements de minerais découverts en Afrique, par taille du gisement, 1900-2019

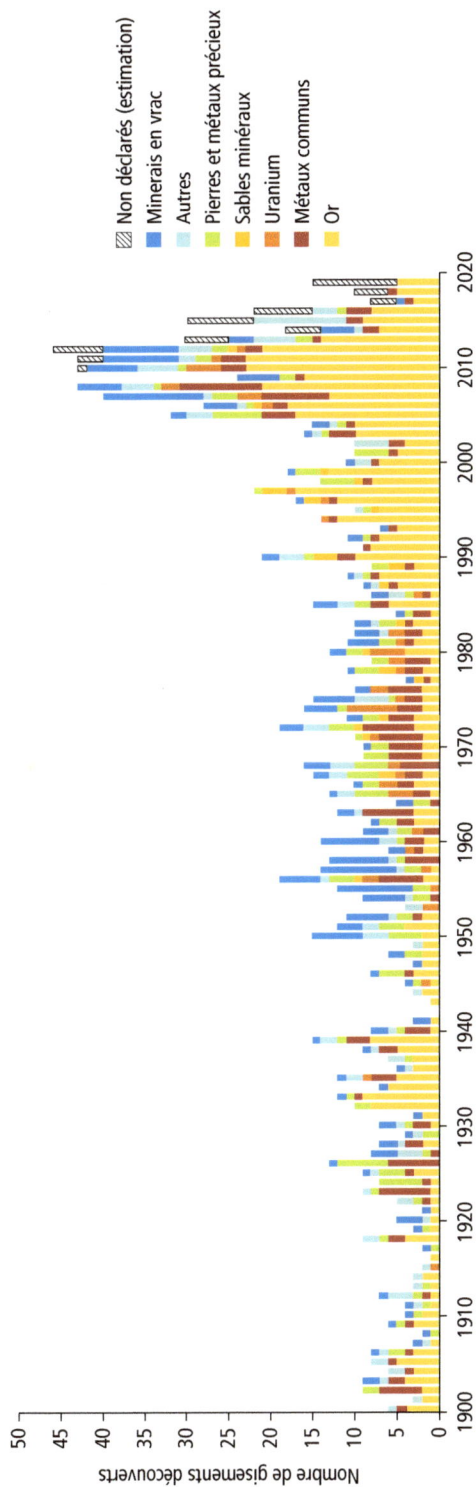

Légende :
- Non déclarés (estimation)
- Minerais en vrac
- Autres
- Pierres et métaux précieux
- Sables minéraux
- Uranium
- Métaux communs
- Or

Axe vertical : Nombre de gisements découverts

Source : Guj et al., 2022, à paraître.

Graphique 1.11 Nombre de découvertes de minerais en Afrique, par taille du gisement, 1900-2019

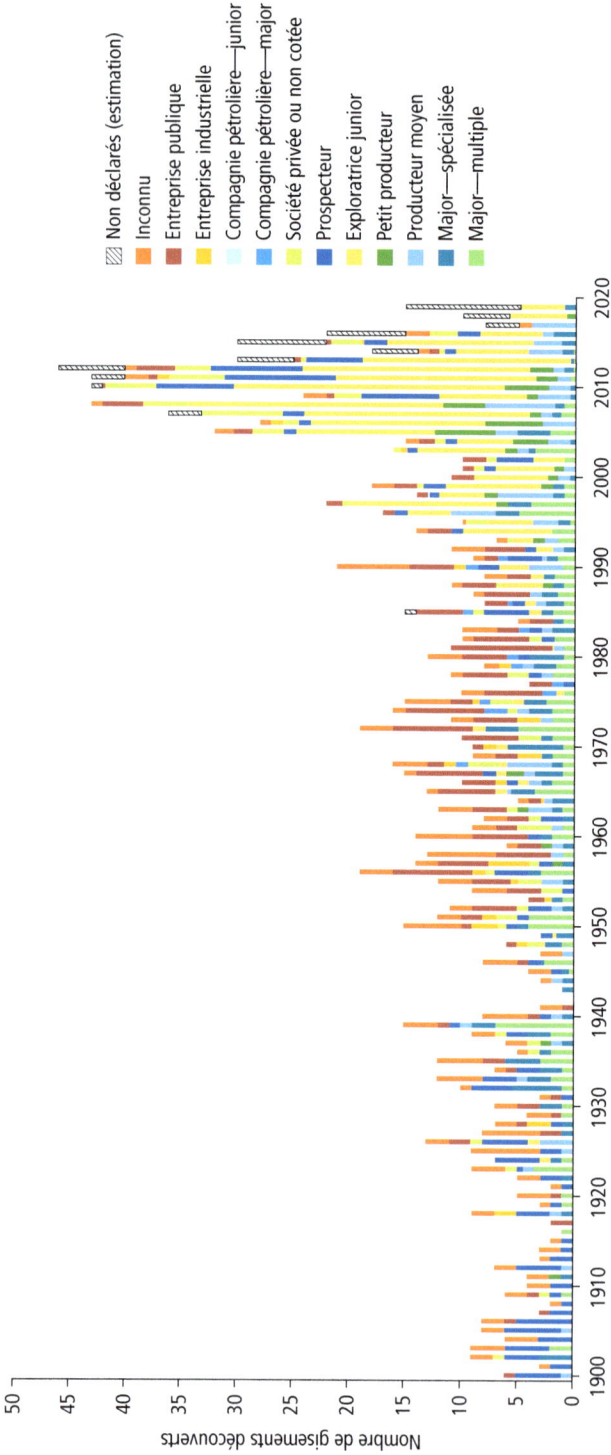

Légende :
- Non déclarés (estimation)
- Inconnu
- Entreprise publique
- Entreprise industrielle
- Compagnie pétrolière—junior
- Compagnie pétrolière—major
- Société privée ou non cotée
- Prospecteur
- Exploratrice junior
- Petit producteur
- Producteur moyen
- Major—spécialisée
- Major—multiple

Axe vertical : Nombre de gisements découverts (0 à 50)
Axe horizontal : 1900, 1910, 1920, 1930, 1940, 1950, 1960, 1970, 1980, 1990, 2000, 2010, 2020

Source : Guj et al., à paraître.

Remarque : entreprises publiques = mines détenues et gérées par le gouvernement du pays. Entreprises industrielles = entreprises engagées dans la production de minerais. Compagnies pétrolières = compagnies dont les principales activités sont l'exploration et la production de pétrole et de gaz. Prospecteurs = entreprises dont l'activité consiste à identifier les sites d'extraction potentiels. Exploratrices junior = compagnies disposant de revenus limités ou inexistants pour financer leurs activités d'exploration. Petits producteurs = compagnies dont les revenus annuels générés par leurs ventes atteignent moins de 50 millions de dollars US par an. Producteurs moyens = compagnies dont les revenus annuels générés par leurs ventes se situent entre 50 millions de dollars US et 500 millions de dollars US par an. Grands producteurs = compagnies dont les revenus annuels générés par leurs ventes atteignent plus de 500 millions de dollars US par an. Majors - spécialisées = compagnies qui se concentrent généralement sur une ou deux matières premières. Major - multiples = compagnies dont les activités et l'expertise minières sont diversifiées et concernent au moins trois matières premières différentes.

au cours de la période 2009-2018, au cours de laquelle elles représentaient 63 % de l'ensemble des découvertes. Les décideurs politiques d'Afrique subsaharienne doivent tenir compte de ce facteur lorsqu'ils établissent des réglementations et des régimes d'imposition à destination du secteur minier, afin de s'assurer que ceux-ci ne découragent pas l'activité des compagnies d'exploration junior.

Le pétrole demeure la ressource la plus précieuse pour l'Afrique subsaharienne

Le pétrole représente plus de 30 % des richesses totales des pays riches en ressources d'Afrique subsaharienne, notamment le Tchad, la République du Congo et le Gabon ; ce chiffre est cependant bien moins important que dans des pays riches en ressources équivalents situés en dehors de l'Afrique, où les richesses pétrolières moyennes excédaient 50 % des richesses totales (Banque mondiale, 2021). Il existe à la fois des producteurs majeurs, définis comme ceux qui produisent en moyenne plus de 100 000 barils par jour, et des producteurs mineurs, dont la production moyenne ne dépasse pas 100 000 barils par jour. Avant la période du boom, on comptait 14 pays producteurs de pétrole (7 producteurs majeurs et 7 producteurs mineurs).

Carte 1.3 Évolution du nombre de producteurs de pétrole en Afrique subsaharienne entre la période ayant précédé le boom et celle ayant suivi le boom

a. Avant le boom (1998–2003) b. Après le boom (2015–2018)

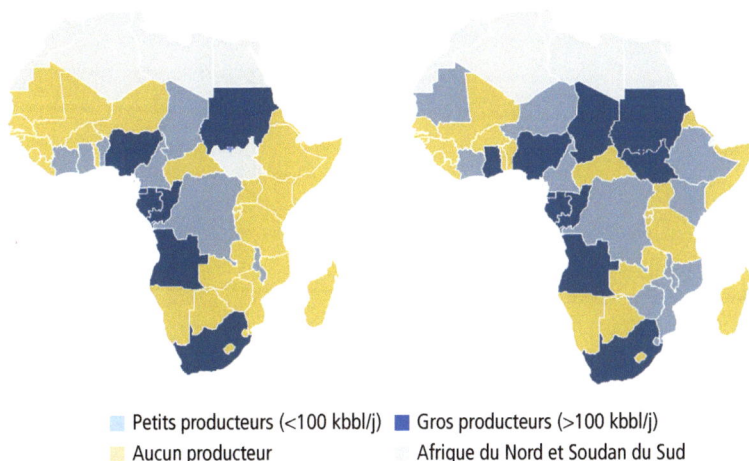

Petits producteurs (<100 kbbl/j) ■ Gros producteurs (>100 kbbl/j)
Aucun producteur   Afrique du Nord et Soudan du Sud

Source : données issues de l'EIA, 2022.
Remarque : kbbl/j = milliers de barils par jour.

Graphique 1.12 Découvertes de champs pétrolifères et gaziers géants, par région et par décennie, 1950-2018

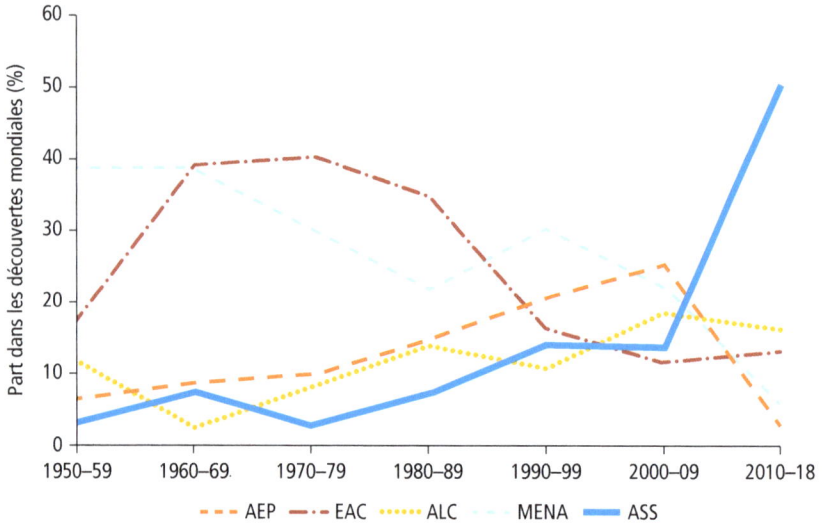

Source : données tirées de Cust, Rivera-Ballesteros et Mihalyi, 2021.
Remarque : la part des découvertes de champs pétrolifères géants par décennie et par région a été calculée en additionnant le nombre de découvertes de champs géants par région pour chaque décennie, divisé par le nombre total de champs géants découverts dans le monde au cours de la décennie concernée.
Nous avons adopté la classification des régions géographiques établie par la Banque mondiale : AEP = Asie de l'Est et Pacifique ; ALC = Amérique latine et Caraïbes ; ASS = Afrique subsaharienne ; EAC = Europe et Asie centrale ; MENA = Moyen-Orient et Afrique du Nord.

Après la période du boom, le nombre de pays producteurs de pétrole a augmenté, passant à 22 au total (10 producteurs majeurs et 12 producteurs mineurs) (carte 1.3).

Le graphique 1.12 indique qu'au cours de la flambée des prix des matières premières, entre 2004 et 2014, les découvertes de gisements de pétrole définis comme *géants* situés en Afrique subsaharienne ont explosé, ce qui a conduit à une augmentation de la production pétrolière dans la région.

L'analyse de Mihalyi et Scurfield (2021) indique que suite au boom des cours des matières premières, le nombre de pays d'Afrique subsaharienne définis comme riches en hydrocarbures a augmenté. En se basant sur les 12 pays d'Afrique subsaharienne[7] où des champs d'hydrocarbures importants ont été découverts pendant la période du boom (2014-2014), ils ont révélé trois déceptions clés relatives à ces découvertes : (a) un manque de développement commercial ; (b) des délais plus longs entre la découverte et la production ; et (c) une mobilisation des revenus plus faible que prévue. Un niveau d'attentes trop élevé peut expliquer ces déceptions, les prévisions – ainsi que les décisions politiques associées – étant supérieures à la concrétisation réelle. Dans le pire des scénarios, les découvertes peuvent conduire à une croissance économique faible ou négative : ce phénomène a été appelé la « malédiction des ressources annoncées » (Cust et Mihalyi, 2017).

Tout d'abord, certains découvertes, malgré l'enthousiasme qu'elles ont provoqué au départ, n'ont pas généré de richesses. Dans les scénarios les plus positifs, seuls 8 gisements pétroliers découverts sur 12 ont débouché sur une exploitation rentable sur le plan commercial (Mihalyi et Scurfield, 2021). Les découvertes initiales des quatre autres pays, à savoir la Guinée-Bissau, le Liberia, Sao Tomé-et-Principe et la Sierra Leone, se sont révélées infructueuses (puits secs ou de faible valeur) et ont été abandonnées. Par ailleurs, les prévisions étaient en décalage avec la réalité. Par exemple, à Sao Tomé-et-Principe, le FMI avait prévu en 2001 que la production pétrolière commencerait en 2006, alors qu'aucune découverte n'avait été confirmée. Celle-ci finit par être confirmée à la fin de l'année 2006 par la compagnie Chevron et ses coentreprises. Bien que dans ses annonces, la société ait indiqué qu'il était trop tôt pour déterminer si le gisement découvert était rentable ou non, elle prenait cependant comme référence certaines similitudes potentielles avec un grand champ pétrolier nigérian. Par conséquent, certains rumeurs firent état d'une potentielle découverte atteignant 1 milliard de baril. Or, ces rumeurs n'étaient fondées sur aucun élément probant, et il fut plus tard confirmé que le gisement n'était pas rentable sur le plan commercial. Aucun autre gisement n'a été découvert depuis dans ce bloc ou dans un autre[8]. En raison des résultats décevants des forages exploratoires, la totalité des compagnies pétrolières majeures se sont retirées de la zone commune de développement établie entre Sao Tomé-et-Principe et le Nigeria en 2012-2013. En outre, à l'exception du Mozambique, le volume des découvertes a été décevant dans ces pays depuis 2010, et le ratio Réserves sur Production était plus faible que prévu pour l'ensemble des réserves connues. Par exemple, ce ratio est d'environ 50 ans au Nigeria au rythme de la production actuelle (et d'environ 20 ans pour l'Angola, l'autre producteur de pétrole majeur de la région), tandis qu'il est estimé à plus de 100 ans dans de nombreux pays qui sont des producteurs de pétrole majeurs au Moyen-Orient.

Deuxièmement, le délai opérationnel entre la découverte et la production/exploitation s'est avéré plus long que prévu. Les prévisions initiales concernant le délai entre la découverte et l'exploitation pour le pétrole et le gaz était estimé à 6,2 ans pour les 12 pays d'Afrique subsaharienne étudiés par Mihalyi et Scurfield (2021), avant d'être réévalués à 11 ans en moyenne selon Mihalyi et Scurfield (2021). Par exemple, selon les prévisions actuelles, les champs pétrolifères de l'Ouganda (blocs 1, 2 et 3) pourraient être exploités seulement 15 à 17 ans après leur découverte, ce qui représente une augmentation importante par rapport aux prévisions initiales, qui étaient de 3 à 5 ans à l'origine. Concernant les champs gaziers (bloc 1, bloc 2 et bloc 4) en Tanzanie (Mihalyi et Scurfield (2021) estiment que le délai entre la découverte et l'exploitation devrait se situer en 15 et 17 ans, soit 8 à 10 ans de plus que selon les prévisions initiales. De manière générale, 56 % des champs d'hydrocarbures découverts en Afrique n'avaient pas encore été exploités en 2018, tandis que dans le reste du monde, seulement concernait seulement 33 % des champs d'hydrocarbures découverts, selon Mihalyi (2020). Mihalyi (2020) inclut des modèles de survie confirmant que ce processus prend plus de temps en Afrique subsaharienne que dans n'importe quelle autre région du monde tant pour l'extraction de gaz que de pétrole, et encore plus de temps pour les gisements de gaz par rapport aux gisements de pétrole. Ces statistiques restent valables lorsqu'on les indexe sur le niveau du PIB ; en ce sens, elles ne peuvent pas s'expliquer uniquement par des différences sur le plan des revenus entre les pays et les régions et font écho à des conclusions similaires sur les retards auxquels sont confrontés les projets miniers (Khan *et al.*, 2016).

Enfin, les performances au niveau de la génération de revenus ont été médiocres. Les revenus collectés étaient 63 % inférieurs à ce qui avait été initialement prévu dans les trois pays où la production a pu commencer (le Ghana, la Mauritanie et le Niger). Le cas du Ghana a été particulièrement bien documenté par Mihalyi et Scurfield (2021). Après la découverte du champ pétrolifère géant Jubilee en 2007, le FMI et la Banque mondiale avaient prédit des revenus pétroliers annuels d'au moins 1 milliard de dollars US à partir de 2011. En réalité, ces revenus pétroliers annuels étaient d'environ 0,6 milliards de dollars US entre 2011 et 2017 selon Mihalyi et Scurfield (2021). Ces projections trop optimistes étaient sans doute le résultat de deux facteurs : une estimation trop importante des recettes fiscales générées par les entreprises, et surtout, une estimation trop faible du recouvrement des coûts pour les nouveaux sites de production d'hydrocarbures liés aux conditions de cloisonnement du projet, ou à l'absence de conditions de ce type. Les déconvenues qui ont suivi sur le plan des revenus collectés ont également été provoquées par la chute des cours du pétrole. De nombreux champs pétrolifères géants ont été découverts en Afrique au cours de la période du boom des matières premières, entre 2004 et 2014 (graphique 1.13), ce qui a donné l'impression que les pays d'Afrique riches en ressources constituaient une aubaine ; cependant, en raison des délais importants de mise en œuvre, une faible proportion de ces champs sont arrivés à maturité avant la fin du supercycle et le début de la chute des prix au niveau mondial, ce qui a réduit davantage encore leur contribution potentielle aux recettes nationales.

Graphique 1.13 Plus grands champs pétrolifères géants découverts pour les économies nationales hôtes, valeur nette actuelle des gisements pondérés par leur part dans le PIB, 1960-2020

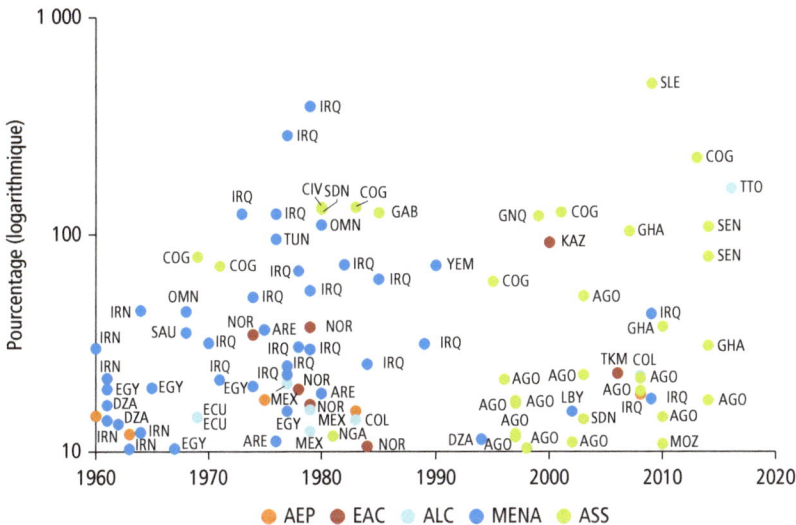

Source : données tirées de Cust, Rivera-Ballesteros et Mihalyi, 2021.
Remarque : ce graphique indique les pays où la valeur nette réelle actuelle générée par les gisements découverts dépasse 10 % du PIB réel. AEP = Asie de l'Est et Pacifique ; ALC = Amérique latine et Caraïbes ; ASS = Afrique subsaharienne ; EAC = Europe et Asie centrale ; MENA = Moyen-Orient et Afrique du Nord.

Libérer le potentiel des PME dans le secteur minier

Le secteur minier africain est un secteur où le sommet de la pyramide pèse lourd : il est en effet dominé par des compagnies minières de grande envergure et souvent à contrôle étranger, qui, par conséquent, utilisent souvent des fournisseurs internationaux pour leurs principaux intrants. D'autres pays et d'autres régions ont obtenu des succès via des sociétés d'extraction et de fourniture de la chaîne extractive qui étaient de plus petite envergure, avec une participation parfois plus nationale au capital. En Afrique, un portefeuille plus équilibré entre grandes, moyennes et petites sociétés minières permettrait au secteur de générer des bénéfices partagés plus importants.

Pour libérer tout le potentiel des petites et moyennes entreprises en Afrique subsaharienne, il est nécessaire d'établir un environnement réglementaire solide, un mécanisme d'accompagnement au secteur, ainsi qu'un accès aux financements. Les petites et moyennes entreprises (PME) d'Afrique du Sud bénéficient d'un climat d'investissement favorable. Un nombre important de programmes de développement des entreprises ont été mis en œuvre par de grandes sociétés minières du fait de la disposition de la troisième version de la charte minière[9] permettant aux entreprises de compenser jusqu'à 30 % de leur budget consacré aux achats par le développement des fournisseurs et des entreprises. Même si les capacités des PME sont en développement, le niveau de financement est encore insuffisant. Les banques commerciales ont une appétence aux risques qui est limitée, tout particulièrement compte tenu du nombre important de grandes sociétés minières pouvant arguer de plusieurs années de résultats financiers, ainsi que d'une rentabilité bien établie. Afin d'intégrer les PME dans les chaînes d'approvisionnement du secteur minier, une panoplie de mesures complémentaires est nécessaire, notamment le développement de compagnies minières junior africaines (encadré 1.1).

ENCADRÉ 1.1

Renforcer le soutien aux compagnies minières junior africaines

De manière générale, on utilise le terme de « société minière junior » pour désigner spécifiquement des entreprises de prospection se consacrant uniquement aux phases préliminaires de l'exploitation minière. En Afrique du Sud, cependant, les sociétés minières junior englobent, outre les compagnies exploratrices, les producteurs de taille intermédiaire. Ces entreprises sont souvent soutenues par des institutions de plus grande envergure. Au Canada, les sociétés minières junior sont soutenues par la Prospectors & Developers Association of Canada (association canadienne des prospecteurs et exploitants). En Afrique du Sud, Minerals Council South Africa, qui est l'association spécifique du secteur minier, soutient à la fois les sociétés junior et les sociétés de plus grande envergure.

En raison d'asymétries d'information importantes, Minerals Council South Africa a créé un bureau spécifiquement destiné aux sociétés minières junior et récemment créées (Junior and Emerging Miners' Desk) pour accompagner les petites sociétés membres de l'association et leur fournir des ressources. Cet organisme sectoriel soutient les sociétés minières junior ne disposant pas des capacités et des ressources nécessaires à la mise en œuvre des réglementations et des politiques. Le Junior and Emerging Miner's Desk n'apporte pas une aide directe à des entreprises spécifiques mais défend les intérêts des sociétés minières junior au niveau politique. Par exemple, le Junior and Emerging Miners' Leadership Forum a obtenu que des concessions soient faites dans la charte minière concernant les entreprises de plus petite envergure. Minerals Council South Africa organise également des séminaires sur des sujets tels que le développement de la communauté minière, les financements à destination des sociétés junior, la gestion de l'eau, ou encore la charte minière et les sociétés junior. Cet organisme a également créé un groupe de mentorat pour accompagner les sociétés junior et émergentes.

Source : Minerals Council South Africa, 2020.

Les instruments fiscaux destinés à capter une part des revenus devraient être redirigés vers les PME et les grandes compagnies minières. Les redevances, par exemple, peuvent être échelonnées de manière à ce que le taux dépende de la taille du gisement. L'établissement de différentes catégories de redevances pour chaque catégorie de mines peut encourager le développement de projets miniers de petite et moyenne envergure. Une analyse des 46 codes miniers des pays d'Afrique subsaharienne indique qu'à l'exception de la Tanzanie, aucune politique ou législation minières mentionne de façon explicite et séparée l'existence des activités minières de taille intermédiaire, et ne contient pas de dispositions spéciales les concernant. Par conséquent, les mines de taille petite à intermédiaire sont soumises au même régime d'imposition que les mines de plus grande envergure.

Outre via la législation et les politiques, les gouvernements peuvent soutenir le développement des PME en créant un environnement favorable à l'établissement d'un secteur privé dynamique et compétitif capable de répondre aux besoins des compagnies minières en n'important pas des biens mais en les produisant localement. La récente expérience de la Zambie souligne les défis que représentent les préférences des sociétés nationales, qui peuvent remplacer différents fournisseurs par des fournisseurs locaux mais ne parviennent pas à améliorer l'intégration. À la place, il serait préférable de se concentrer sur la création de valeur ajoutée et le renforcement de capacités durables. Les compagnies souhaitant investir et augmenter en conséquence la valeur ajoutée au niveau national ont besoin de davantage qu'un simple accès privilégié aux contrats d'achats publics. Par exemple, pour être compétitive, une compagnie souhaitant investir dans les machines utilisées pour le secteur minier, ou bien dans l'industrie de la dynamite, ou encore dans l'industrie du vêtement, devra disposer de compétences locales suffisantes, d'une infrastructure adéquate (sur le plan de l'énergie, du transport et de la logistique), ainsi qu'un accès à un dispositif de financement dynamique. En ce sens, l'accompagnement de l'État peut être plus efficace s'il parvient à résoudre ces obstacles plus généraux.

Compétences

L'établissement et le déploiement de programmes de développement des compétences conformes aux avancées de la mécanisation et à la diversification économique, afin d'amortir la baisse des besoins en main d'œuvre causée par la mécanisation, peut ainsi constituer un pilier fondamental de toute stratégie de soutien au secteur privé. Bien que la mécanisation débouche sur une productivité et des revenus considérablement plus élevés, elle un impact important sur les dynamiques d'emploi à l'échelon local car elle fait augmenter l'intensité capitalistique de la production. Plus particulièrement, elle peut avoir pour effet de faire basculer la demande de main-d'œuvre depuis des emplois peu qualifiés vers des emplois hautement qualifiés, et conduire à une baisse générale du nombre d'emplois nécessaires. La transition vers la mécanisation exige le développement d'une main-d'œuvre aux compétences conformes à ces nouveaux besoins, ainsi qu'une bonne gestion de la redirection des ouvriers peu qualifiés vers d'autres secteurs et d'autres emplois qui sont en mesure d'absorber un nombre important d'emplois peu qualifiés. Si la hausse des recette fiscales provoquée par l'augmentation de la productivité minière peut être mobilisée afin de financer des programmes de développement des compétences, il est également important que l'accompagnement de l'État soit proactif et flexible.

La mécanisation exige également le développement de capacités permettant un niveau suffisant de fournisseurs locaux. À l'heure actuelle, la quasi-totalité des machines mécanisées utilisées en Afrique subsaharienne est importée d'autres continents, tout comme la main-d'œuvre nécessaire au fonctionnement et à la répartition des machines. Par conséquent, la capacité à fournir aux fournisseurs et aux réparateurs une formation adéquate est cruciale afin de rendre les technologies minières nationales et les sociétés de services compétitives face à leurs homologues internationaux. Compte tenu du manque de compétences auxquelles sont confrontées de nombreuses communautés minières, cette mise à niveau nécessitera le renforcement des compétences dans les domaines du développement technique et commercial, ainsi qu'un accès amélioré aux financements, afin de soutenir le développement de liaisons tout en élargissant le nombre de bénéficiaires du secteur minier. Les politiques de contenu local se concentrent essentiellement sur des quotas d'emplois directs, au détriment d'un développement de compétences qui permettrait de créer des emplois indirects dans des secteurs liés. Le fait de donner la priorité à ce dernier aspect dans les politiques de contenu local permettrait de d'accroître l'effet multiplicateur du secteur minier ainsi que ses liaisons productives. En outre, les investissements et le développement de cursus et de formations techniques et professionnalisant en Afrique pourraient jouer une rôle crucial pour fournir au secteur les emplois qualifiés dont il a besoin. La jeunesse de la population africaine constitue une opportunité considérable pour que ces compétences nouvelle génération soient développées localement et assurées par des prestataires du continent.

Capacités et gouvernance

On peut diviser en quatre grandes catégories les recommandations politiques visant à renforcer la gouvernance du secteur minier : (a) renforcer la transparence et la responsabilisation du secteur ; (b) respecter les accords sociaux et fiscaux existants ; (c) créer des politiques exigeant que les entreprises couvrent l'ensemble de leurs coûts de façon systématique ; et (d) renforcer la collecte de revenus.

L'amélioration de la transparence et de la responsabilisation est cruciale afin de renforcer la confiance entre les compagnies minières et les gouvernements, ainsi que pour mieux gérer les attentes entre les communautés et les entreprises.

Par le passé, le manque de confiance était criant et se traduisait par des changements de politique abrupts ainsi que par des arrêts de production. Par exemple, en 2017, le gouvernement tanzanien a accusé Acacia, une société cotée à la bourse de Londres qui constitue également la plus grande compagnie minière du pays, de fraude fiscale, et lui a infligé une imposition de 190 milliards de dollars US – soit environ quatre fois le PIB du pays – pour une sous-déclaration de sa production entraînant un niveau d'imposition insuffisant. La compagnie a nié ces accusations (Banque mondiale, 2019). L'adoption généralisée de l'Initiative pour la transparence dans les industries extractives (ITIE), ainsi que l'instauration de normes telles que la divulgation systématique des données contractuelles, peuvent permettre de réduire les asymétries d'information et contribuer à établir un mécanisme favorisant la confiance et la collaboration entre l'État, les entreprises et la société civile. La norme ITIE exige que des informations soient fournies tout au long de la chaîne de valeur du secteur des industries extractives, notamment concernant l'extraction proprement dite, le transfert des rentes, ainsi que les bénéfices pour le grand public. L'objectif de l'ITIE est de réduire la captation des revenus par les élites en rendant publiques l'attribution des licences et des contrats, les personnes qui bénéficient de ces opérations, les dispositions juridiques et fiscales en vigueur, le montant des versements, les modalités d'allocation de ces revenus, ainsi que les contributions de l'extraction à l'économie, tout particulièrement en matière d'emploi. Les compagnies renforcent de plus en plus leurs propres pratiques, notamment en rendant leurs contrats publics et examinables, ainsi que par un suivi plus détaillé au niveau des projets concernant les impôts payés et les autres investissements sociaux. Des niveaux élevés de suivi en matière d'environnement, de rôle social, de gouvernance et d'empreinte carbone peuvent également contribuer à renforcer les canaux de responsabilisation.

Les investisseurs attachent une grande importance à la stabilité politique, ce qui inclut des dispositions fiscales stables dans le temps, tout en restant flexibles à l'évolution des prix. La stabilité politique et institutionnelle peut être cruciale afin de conserver et d'attirer des investissements. Par exemple, en 2020, 72 % des compagnies minières ayant participé à l'enquête menée par l'Institut Fraser ont indiqué que les incertitudes entourant l'interprétation et l'application des réglementations existantes jouaient un rôle modérément ou fortement dissuasif, ou bien constituaient un motif pour ne pas continuer à investir en Afrique du Sud (Yunis et Aliakbari, 2020). Cette tendance fait suite à des années de relative incertitude et de changements politiques.

La charte minière (Mining Charter) a été établie pour la première fois en 2002 afin de répondre à l'héritage de l'apartheid. Elle a été modifiée en 2010, puis révisée à nouveau en 2017 et 2018. En 2019, le Minerals Council a déposé une requête pour que la troisième charte minière fasse l'objet d'une révision judiciaire, en mettant en cause plusieurs dispositions clés, notamment au niveau des achats et de la participation au capital. En vertu de ces dispositions, les compagnies qui respectaient auparavant l'objectif d'une participation au capital de 26 % restaient en conformité si jamais leurs partenaires du programme Black Economic Empowerment (BEE) choisissaient de cesser leur participation au capital de la compagnie. Cependant, la nouvelle version de la charte stipulait que ces compagnies perdraient leur statut de conformité si elles renouvelaient ou transféraient leurs titres miniers, et qu'elles devraient compléter la part d'actionnariat relative au programme BEE pour atteindre le nouveau seuil de 30 %. Cette disposition était contraire à une décision de la Haute cour du Gauteng Nord datant d'avril 2018, en vertu de laquelle les compagnies qui remplissaient l'objectif de 26 % mais qui tombaient ensuite sous ce seuil n'auraient pas à augmenter la participation du BEE dans leur entreprise. Ce changement de politique a généré de l'incertitude parmi les entreprises existantes et les investisseurs potentiels, essentiellement en raison de son caractère inattendu et des changements considérables qu'il exigeait de la part des entreprises.

Par ailleurs, il est crucial de respecter les accords fiscaux existants. Le nationalisme des ressources naturelles est en augmentation en Afrique subsaharienne, ce qui se traduit par des hausses d'impôts, des augmentations des seuils de participation publique au capital, ainsi que des exigences en matière de valorisation locale. Lorsque les gouvernements modifient ou annulent des accords fiscaux établis avec des sociétés minières, ils envoient comme message que les investissements ou les projets futurs sont à risque et qu'ils sont exposés à des changements brusques. Par exemple, bien que la Zambie soit le deuxième producteur de cuivre en Afrique subsaharienne, le pays peine à conserver ses investissements existants et à en mobiliser de nouveaux, par rapport à un pays voisin comme la République démocratique du Congo. Bien qu'il existe un certain nombre de facteurs, l'existence de conditions fiscales imprévisibles est susceptible d'avoir un impact important : en 2018, par exemple, la Zambie a augmenté ses niveaux des redevances pour la dixième fois en 16 ans, ce qui a provoqué un climat d'incertitude chez les investisseurs.

L'élaboration et l'application systématique de politiques exigeant que les sociétés couvrent leurs coûts environnementaux et sociaux, depuis l'exploration jusqu'à la fermeture de la mine, devraient être une composante clé de la gouvernance du secteur. Les nombreuses externalités négatives générées par les compagnies ayant exploité des ressources naturelles par le passé ou continuant à les exploiter sont l'une des raisons principales pour lesquelles les gouvernements établissent des politiques pouvant être perçues comme pénalisantes pour ces compagnies : parmi ces externalités, citons notamment la pollution, les impacts sanitaires sur les ouvriers et les communautés, la dégradation des infrastructures, ainsi que la dégradation irréversible des terres. Dans l'idéal, ces coûts doivent être pris en charge par les entreprises qui profitent de ces activités extractives. Cependant, ils doivent être inscrits dans les accords conclus entre les entreprises et l'État, afin d'instaurer parallèlement une réelle transparence ainsi qu'un potentiel de stabilité politique, comme nous l'avons évoqué dans la recommandation précédente.

Enfin, les gouvernements devraient maximiser la collecte des revenus, tout en tenant compte du taux critique de rentabilité afin que les entreprises soient correctement rétribuées en contrepartie de la prise de risque associée au secteur extractif. Les revenus issus du secteur minier sont particulièrement faibles dans certains pays. Par exemple, en Afrique du Sud en 2017, le secteur des mines et des carrières représentait seulement 1,3 % des revenus totaux collectés par le gouvernement national, tandis que le secteur représentait au cours de cette année 7,3 % du PIB, ce qui est en partie dû aux incitations fiscales et au paiement de provisions.

Les gouvernements ne peuvent que bénéficier de dispositions institutionnelles adéquates favorisant une collecte des revenus effective et performante, notamment des améliorations en matière de capacités de données. La capacité à mesurer et à surveiller l'activité du secteur extractif peut permettre d'augmenter la capacité des gouvernements à appliquer les exigences fiscales existantes, mais également à leur fournir un plus vaste éventail d'options sur le plan des instruments fiscaux. La participation à l'ITIE, qui permettrait d'améliorer la transparence et la responsabilisation, ainsi que de réduire les asymétries d'information, fournirait aux gouvernements des informations précises qu'ils pourront exploiter afin d'établir des politiques fiscales adéquates et mettre en place une combinaison de taxes à la production, de redevances et d'impôts, afin de capter les rentes de manière efficace, tout en s'assurant que les entreprises demeurent rentables. Enfin, des audits fondés sur une analyse des risques peuvent contribuer à augmenter l'impact d'administrations fiscales aux capacités parfois limitées.

La transition vers la sobriété carbone exigera une forte utilisation de minerais

L'augmentation de la demande en métaux et en minerais pourrait alimenter l'établissement d'une économie sobre en carbone. Les perspectives peuvent être encore plus encourageantes pour des pays disposant de types de métaux et de minerais spécifiques. Ceux disposant les ressources nécessaires aux technologies énergétiques ou aux équipements électroniques sobres en carbone pourraient voir connaître une augmentation de la demande à l'avenir, à mesure que s'intensifie la transition vers la sobriété en carbone. Si ces pays pourraient bénéficier de cette dynamique, ils doivent également gérer le risque d'un scénario de malédiction des ressources naturelles face à la hausse de la demande au niveau de leurs exportations.

En cas de croissance démographique élevée et de pressions pour réduire le chômage, les contributions du secteur extractif à l'emploi sont susceptibles d'être davantage examinées. En tant que secteur à forte intensité capitalistique mais très visible sur le plan politique, la contribution du secteur minier à la création d'emplois fait l'objet de débats animés et de pressions politiques dans de nombreux pays d'Afrique subsaharienne. Ce débat public passionné peut bénéficier de davantage de données et d'exemples via l'examen des performances passées dans la région comme en dehors de celle-ci.

Le secteur extractif suit actuellement une trajectoire d'automatisation et d'avancées technologiques. Une des incertitudes sous-jacentes est liée à l'impact que pourraient avoir l'automatisation et les autres innovations technologiques sur les perspectives d'investissement, les nouvelles frontières de l'exploration et de l'extraction, ou encore l'intensité de main d'œuvre du secteur (et par conséquent les potentielles créations d'emplois).

La transition vers des économies à faible empreinte carbone coïncide avec la nécessité, en Afrique subsaharienne, d'une transition énergétique. Les pénuries d'approvisionnement, associées à un accès global insuffisant ainsi qu'à une croissance de la population, indiquent que les systèmes d'approvisionnement électrique doivent être repensés. Une question importante consiste à déterminer à quel degré les ressources en combustibles fossiles d'Afrique subsaharienne peuvent et doivent contribuer à ce changement, par rapport à une adoption des nouvelles technologies susceptible de fournir des approches moins centralisées et plus durables en matière d'alimentation électrique pour le continent.

La transition entre combustibles fossiles et énergies vertes va générer une demande de 3 milliards de tonnes de minerais et de métaux nécessaires au déploiement des technologies à énergie solaire, éolienne et géothermique d'ici 2050. Cette transition énergétique va avoir pour effet d'augmenter la demande en intrants de matières premières nécessaires aux technologies des énergies vertes. L'Afrique subsaharienne dispose d'importants gisements de minerais et de pétrole. Le lithium, le cobalt et le vanadium sont des éléments cruciaux permettant d'assurer le stockage de l'énergie, tandis que le cuivre, l'indium, le sélénium et le néodyme sont nécessaires à la fabrication des générateurs d'énergie éolienne et solaire. Certains minerais tels que les métaux du groupe du platine (platine, palladium et rhodium) sont des éléments essentiels pour l'entretien du parc énergétique actuel compte tenu des « ressources énergétiques héritées », comme les moteurs à combustion interne. L'Afrique subsaharienne représente déjà un fournisseur et un exportateur clé de certaines de ces ressources clés pour la transition énergétique. L'énergie éolienne et les panneaux photovoltaïques, les différents systèmes de batteries, le stockage de l'hydrogène, les véhicules électriques, ainsi que les diodes électroluminescentes, ne constituent que quelques exemples de technologies nécessitant un fort apport en minerais (Wellmer *et al.*, 2018). Par exemple, avec le développement du marché des batteries lithium-ion des VE, la demande globale s'accélère au niveau des métaux et des minerais nécessaires à leur production (graphique 1.14).

Graphique 1.14 Demande actuelle et prévue au niveau mondial en matière de métaux destinés aux batteries lithium-ion des VE

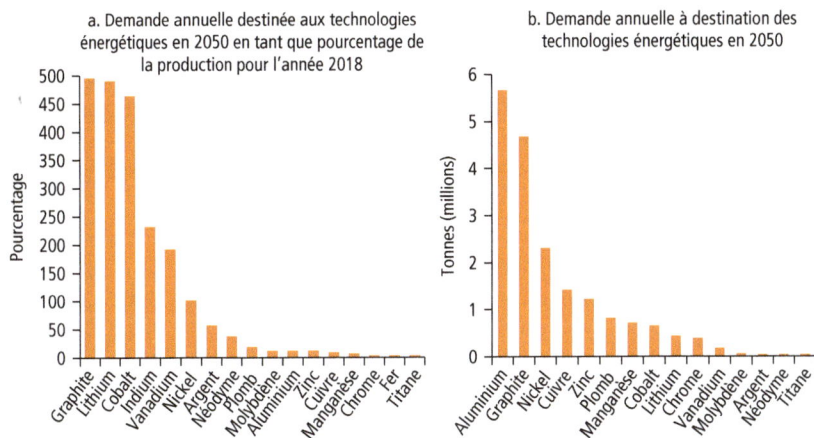

a. Demande annuelle destinée aux technologies énergétiques en 2050 en tant que pourcentage de la production pour l'année 2018

b. Demande annuelle à destination des technologies énergétiques en 2050

Source : Hund et al., 2020.
Remarque : VE = véhicule électrique

Les prévisions d'une augmentation rapide de la production de VE, et dans une moindre mesure des dispositifs de stockage énergétiques statiques, a attiré l'attention des analystes et des investisseurs du secteur minier sur tout un ensemble de minerais qui sont essentiels à la fabrication de ces produits. Selon une étude réalisée en 2018 par le McKinsey Center for Future Mobility, la production annuelle mondiale de VE devrait augmenter pour se situer entre 13 et 18 millions de véhicules en 2025, puis entre 26 et 36 millions de véhicules en 2030 ; la Chine représenterait 50 à 60 % de cette production (McKinsey, 2018). Ces chiffres semblent relativement optimistes, tout particulièrement si l'on prend en compte l'impact incertain da la pandémie de coronavirus, qui a provoqué une dégringolade de 60 % des ventes de VE en février 2020, par rapport au même mois de l'année 2019 (AIE, 2020b). En avril 2020, les ventes ont rebondi pour s'établir à 80 % du niveau prépandémie, et l'industrie du VE a sans doute renoué avec sa dynamique antérieure, suivant la croissance prévue par l'AIE (2020b) concernant la production à moyen et long termes, qui devrait atteindre 14 millions de VE en 2025 et 25 millions en 2030. Ces chiffres sont conformes aux estimations de l'AIE, selon lesquelles il pourrait y avoir en 2030 jusqu'à 140 millions de VE en circulation dans le monde du fait des politiques publiques actuelles (ce qui ne représenterait cependant que 7 % du nombre de véhicules total qui devraient alors être en circulation) AIE, 2020b).

Du fait de la transition vers un énergie sobre en carbone, le secteur minier va devoir réduire sa propre empreinte carbone. Cette transformation va notamment nécessiter des mesures plus strictes en matière d'efficacité énergétique, une baisse conséquente de la demande totale d'énergie primaire destinée à la production de pétrole et de gaz, ainsi qu'une augmentation considérable des capacités mondiales en matière d'énergies renouvelables. Selon certaines estimations, pour que les objectifs de réduction des émissions de CO2 soient tenus, il faudrait qu'environ 80 % des réserves prouvées de combustibles fossiles ne soient pas extraites (Bos et Gupta 2019).

Le secteur minier est l'un des principaux consommateurs de charbon et de combustibles fossiles ; pour réduire l'impact du secteur, il est crucial de réduire sa dépendance à ces sources d'énergie. En Namibie par exemple, B2Gold, qui est la plus grande compagnie minière aurifère du pays, a ouvert sa centrale solaire d'Otjikoto en 2018, qui est l'une des premières centrales hybrides entièrement autonome avec 7 mégawatts de capacité en énergie solaire, ce qui permettra de réduire sa dépendance à une installation de 24 mégawatts fonctionnant au fioul lourd. Au cours de la première année, la mine d'Otjikoto avait réduit sa consommation de fioul lourd de 2,1 millions de litres, et sa consommation totale de combustibles de 17 %. Il est important de noter que cette solution énergétique renouvelable a généré des bénéfices plus généraux pour la communauté. La centrale solaire de B2Gold s'inscrivait dans le programme de responsabilité sociale de l'entreprise ; elle continuera à fournir de l'énergie aux communautés locales même après la fermeture de la mine. La centrale d'Otijkoto présente trois avantages : elle a permis d'améliorer les rendements économiques, de réduire les impacts environnementaux et de fournir de l'énergie durable aux communautés locales. D'autres pays pourraient encourager des initiatives similaires afin de réduire l'empreinte carbone du secteur.

Cependant, la croissance du secteur minéral, destinée à répondre aux besoins de la transition vers des économies à faible empreinte carbone, ne se traduira pas par une augmentation proportionnelle du nombre d'emplois directs. Il s'agit en effet d'un secteur à forte intensité capitalistique, et qui d'ailleurs le devient de plus en plus, ce qui conduit à une amélioration démontrée de son efficacité mais également à une demande moindre sur le plan de la main-d'œuvre. En Afrique du Sud, la mine mécanisée à ciel ouvert de Mogalakwena, exploitée par Anglo American Platinum, emploie 1800 personnes. L'entreprise a mis en place des roulements de quatre équipes par jour, et 85 000 tonnes sont extraites par roulement. La mine d'Impala, dont l'exploitation n'est pas mécanisée, extrait 85 000 tonnes par mois et emploie 14 000 personnes. La production par personne est ainsi 11 fois plus élevé dans la mine mécanisée. L'identification de stratégies afin de créer des emplois à d'autres endroits de la chaîne de valeur ainsi que dans d'autres secteurs d'une économie diversifiée va ainsi être un enjeu de plus en plus crucial.

Comment l'Afrique subsaharienne peut-elle profiter d'une demande de minerais grandissante ? Constats tirés de l'élasticité du commerce en fonction de l'offre et de la demande

Une analyse des élasticités du commerce relative à l'offre et à la demande de minerais et de combustibles fossiles peut nous aider à mieux comprendre comment les évolutions futures de l'offre et de la demande peuvent affecter les économies africaines. Un examen des données relatives aux échanges commerciaux passés peut contribuer à évaluer les performances des économies africaines par rapport au reste du monde et permettre de donner des pistes aux gouvernements pour améliorer les investissements et la réactivité du secteur, afin de capitaliser sur toute flambée potentielle des cours des minerais qui serait provoquée par la transition vers des économies sobres en carbone (cf. annexe 1A à la fin de ce chapitre).

Les économies de nombreux pays d'Afrique subsaharienne sont fortement dépendantes de l'exportation de produits minéraux. Additionnés, les produits chimiques et les industries associées (2 %), les métaux communs (8 %), les pierres et métaux précieux (14 %) et les produits minéraux à base d'hydrocarbures (54 %) représentaient plus de 75 % de la valeur actuelle des exportations de la région à destination du reste du monde entre 1995 et 2018. En moyenne, ces produits représentaient en 2014 25 % des recettes publiques totales en Afrique subsaharienne (graphique 1.15).

Combinés à d'autres facteurs, la volatilité des cours des minerais peut affecter la croissance des pays d'Afrique subsaharienne (Renner et Wellmer, 2020, van der Ploeg et Poelhekke, 2009). La pandémie de coronavirus, par exemple, a eu des conséquences considérables sur le pris des ressources minérales et sur le volume des exportations. Les prévisions annuelles moyennes du cours du pétrole Brent en 2020 ont été revues à la baisse, passant de 62,70 dollars US à 39,00 dollars US par baril, et celles relatives aux cours du nickel sont passées de 6,20 dollars US à 5,70 dollars US par livre (S&P Global Market Intelligence, 2020). Dans les principaux pays exportateurs, les activités des compagnies minières ont pu être interrompues soit par des foyers épidémiques isolés, soit par des confinements instaurés par les gouvernements (Deloitte, 2020). Le confinement de l'Afrique du Sud, par exemple, a affecté 75 % de la production mondiale de platine, un matériau clé pour de nombreuses technologies d'énergie verte et de nombreux équipements de contrôle des émissions de carbone, même si le pays a plus tard permis aux mines de tourner à 50 % de leur capacité (AEI, 2020a). L'impact a été encore plus important en République démocratique du Congo, qui a dû faire face à la fermeture de la grande mine de cobalt de Mutanda, ainsi qu'à une réduction de la demande provoquée par la pandémie. Les compagnies minières de la Zambie, le deuxième pays producteur de cuivre d'Afrique subsaharienne, ont accusé une baisse de 30 % de leurs revenus lorsque la pandémie de coronavirus a touché l'économie mondiale (Reuters, 2020).

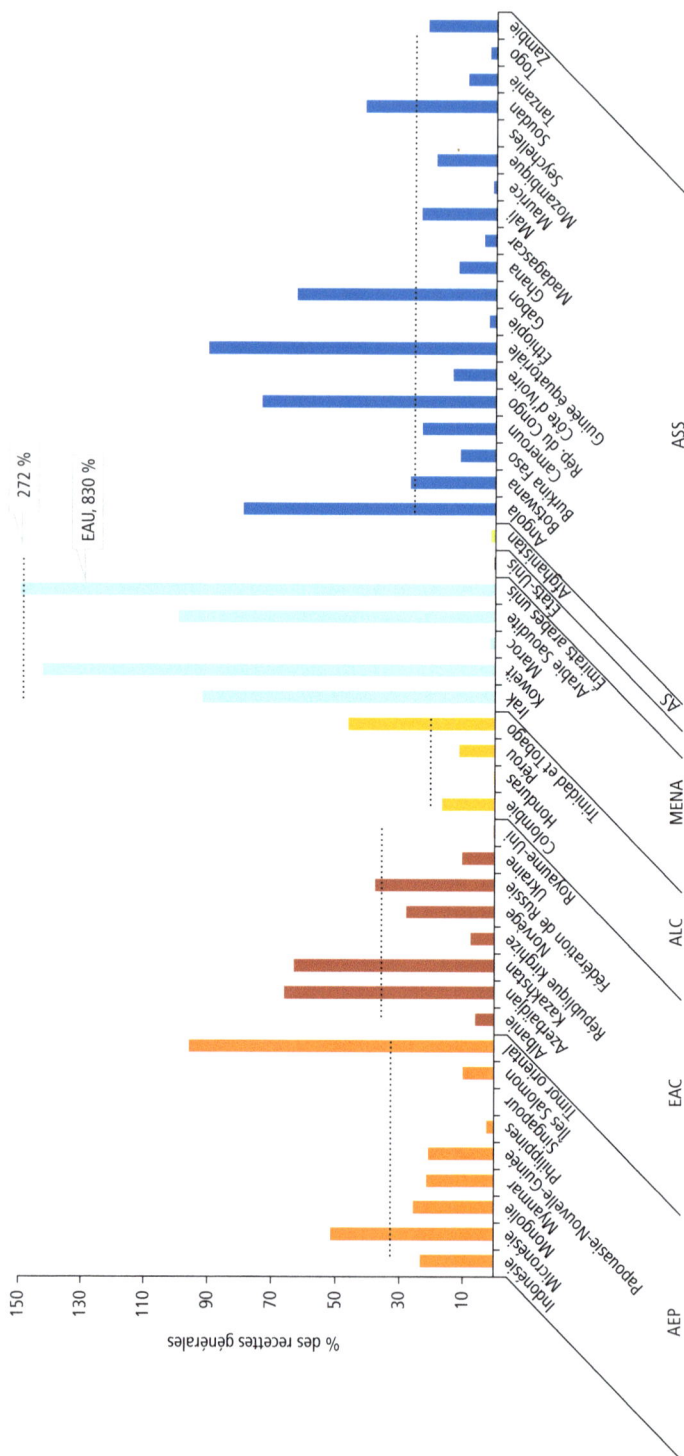

Graphique 1.15 Part de revenus tirés des ressources dans le total des recettes publiques, par région

Sources : données issues de la base de données UNU-WIDER sur les recettes publiques, du Fonds monétaire international, du Centre international pour la fiscalité et le développement (ICTD) et de l'Initiative pour la transparence dans les industries extractives (ITIE).

Remarque : AEP = Asie de l'Est et Pacifique ; ALC = Amérique latine et Caraïbes ; SAR : Asie du Sud ; ASS : Afrique subsaharienne ; EAC = Europe et Asie centrale ; MENA = Moyen-Orient et Afrique du Nord. Les lignes en pointillés correspondent aux moyennes régionales.

Les pays d'Afrique subsaharienne exportent des produits minéraux à destination des plus grands pays et des plus grands blocs commerciaux, notamment la Chine, l'Espace économique européen, l'Inde, le Japon et les États-Unis, désignés dans le présent rapport comme des « importateurs majeurs ». La structure des exportations pour ces matières premières a nettement changé au cours des deux dernières décennies, tant en termes absolus que sur le plan des partenaires commerciaux (graphique 1.16). Cette demande devrait continuer à augmenter.

Graphique 1.16 Évolution de la structure des exportations des produits minéraux d'Afrique subsaharienne chez les principaux importateurs, 1995-2018

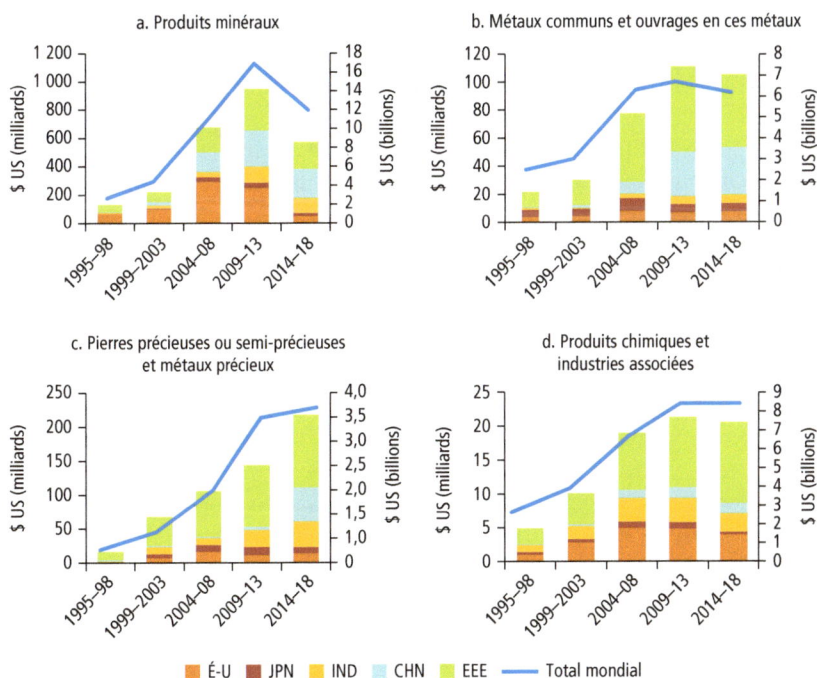

Source : Galeazzi, Steinbuks et Cust, 2020.
Remarque : les produits minéraux (chapitres 25-27) incluent les minerais, scories et cendres ; les combustibles minéraux, huiles minérales et produits de leur distillation ; les matières bitumineuses ; les cires minérales ; le sel ; le souffre ; les terres et pierres ; les plâtres, chaux et ciments. Les métaux communs et ouvrages en ces métaux (chapitres 72-83) incluent la fonte, le fer et l'acier, le cuivre, le nickel, l'aluminium, le plomb, le zinc, l'étain, etc. ; les cermets et les ouvrages en cermets. Les pierres précieuses ou semi-précieuses et les métaux précieux (chapitre 71) incluent les perles fines ou de culture, les pierres gemmes ou similaires (diamants, etc.), les métaux précieux (argent, or, platine, palladium, etc.), les plaqués ou doublés de métaux précieux, etc. Les produits des industries chimiques ou des industries connexes (chapitre 28) incluent les produits chimiques inorganiques, les composés inorganiques ou organiques de métaux précieux, d'éléments radioactifs, de métaux des terres rares ou d'isotopes. CHN = Chine ; EEE = Espace économique européen ; IND = Inde ; PN = Japon ; É-U = États-Unis.

Bien que les produits minéraux (notamment les combustibles minéraux tels que le pétrole et le gaz, les minerais métalliques et les sels) demeurent la principale source des exportations d'Afrique subsaharienne et représentent plus de 54 % du commerce régional à destination des autres régions, leur valeur a considérablement baissé au cours de ces dernières années (graphique 1.16, panneau a). Les métaux communs représentent une part relativement plus petite des exportations de l'Afrique subsaharienne, et ont eux aussi connu une légère baisse (graphique 1.16, panneau b). La dynamique concernant les exportations de pierres semi-précieuses et de métaux précieux est quant à elle positive (graphique 1.16, panneau c). Les mesures à intervalle de cinq ans depuis 1995 indiquent que ces exportations ont constamment augmenté et qu'elles sont plus de deux fois supérieures à celles des métaux et des articles associés aujourd'hui. Bien que relativement moins importantes, les produits chimiques et les industries associées n'ont connu aucune période de baisse par intervalle de cinq ans depuis 1995 (graphique 1.16, panneau d). Enfin, les destinations des exportations concernant les produits minéraux d'Afrique subsaharienne ont changé au fil du temps. Si l'Espace économique européen a toujours été un gros importateur de minerais d'Afrique subsaharienne, la place de la Chine dans les importations de produits minéraux et de métaux est importante et en augmentation depuis 2009.

Quelles sont les perspectives ? Les pays possédant des réserves importantes de matières énergétiques minérales (MEM) ont la possibilité de développer leurs exportations et de capter le potentiel de la transition énergétique mondiale ainsi que du rétablissement économique postpandémie. L'analyse de l'élasticité du commerce tend à indiquer que les exportateurs de MEM vont devoir être plus réactifs en matière d'exportations afin d'exploiter les prévisions de croissance de la demande résultant de la transition énergétique planétaire.

Les données tirées de l'analyse de l'élasticité indiquent également que les producteurs d'hydrocarbures africains connaissent une élasticité de l'importation de la demande relativement faible par rapport au reste du monde, ce qui signifie que les hydrocarbures peuvent potentiellement demeurer une source importante de revenus d'exportation à court et moyen termes. Cependant, comme la demande mondiale de pétrole et de gaz est en baisse constante avec le déploiement de la transition énergétique sur l'ensemble de la planète, les pays d'Afrique subsaharienne producteurs d'hydrocarbures devront s'adapter aux nouvelles conditions du marché. Ils disposent cependant d'un peu de temps pour organiser efficacement leur transition vers une économie qui ne dépend pas des combustibles fossiles.

Conclusions

L'Afrique subsaharienne bénéficie de richesses naturelles importantes. Le nombre de pays comptés comme des pays riches en ressources est en augmentation depuis le début du nouveau millénaire. La majorité des pays d'Afrique subsaharienne sont désormais classés dans la catégorie des pays riches en ressources, tandis que d'autres encore, compte tenu des nouvelles découvertes majeures survenues récemment, pourraient bientôt entrer dans cette catégorie.

En dépit de ces réserves importantes, les richesses souterraines se sont rarement traduites par le développement d'une prospérité équitable dans la société. Depuis la baisse du prix des matières premières constaté en 2014, la croissance des pays d'Afrique subsaharienne riches en ressources est plus lente que le taux de croissance moyen observé dans la région. La pauvreté est de plus en plus concentrée dans les pays d'Afrique subsaharienne riches en ressources. Dans le même temps, la contribution du secteur minier à l'emploi ayant diminué avec la mécanisation, de nouvelles approches et de nouvelles politiques peuvent être requises afin de permettre une redistribution plus équitable des bénéfices générés par les industries extractives, au profit d'autres pans de l'économie.

Selon les estimations de la Banque mondiale, le stock de richesses liées aux ressources naturelles en Afrique subsaharienne s'établissait en 2018 à 3,9 billions de dollars US, dont 1,1 billions de dollars US détenus dans les gisements de minerais et de pétrole (Banque mondiale, 2021). Cela représente près d'un tiers du stock total des richesses de l'Afrique en ressources naturelles. Compte tenu du faible degré d'exploration de ses réserves minérales ainsi que de son potentiel d'investissement inexploité, la région a la capacité de devenir un acteur clé de la transition vers des économies sobres en carbone. Les métaux précieux du groupe du platine (59 % des ressources mondiales totales) et les diamants (48 %) comptent parmi les ressources les plus importantes, et le continent occupe une position dominante dans le domaine des ferroalliages tels que le cobalt (75 %) et le manganèse (68 %) (Guj *et al.*, *à paraître*).

Davantage de gisements majeurs ont été découverts en Afrique subsaharienne depuis l'an 2000 que dans n'importe quelle autre région du monde : elle concentre 50 % de l'ensemble des gisements géants découverts au cours des années 2010. Avant la période du boom, on comptait 14 pays producteurs de pétrole (7 producteurs majeurs et 7 producteurs mineurs). Après la période du boom, le nombre de pays producteurs de pétrole a augmenté, passant à 22 au total (10 producteurs majeurs et 12 producteurs mineurs).

Il demeure vital pour son avenir économique que l'Afrique subsaharienne puisse tirer profit de ses richesses en ressources naturelles et ainsi favoriser sa transformation économique. Le secteur extractif peut soutenir la phase de reprise économique qu'aborde à présent l'Afrique subsaharienne. La croissance de la demande asiatique de matières premières a renforcé les investissements dans les ressources naturelles, et donc la dépendance à ceux-ci. En dépit de la décarbonisation et de l'épuisement des ressources, la quantité de richesses naturelles disponibles à l'exploitation continue à augmenter ; elles constituent ainsi un moteur potentiel de la transformation structurelle.

Il revient ainsi aux décideurs politiques de mobiliser ce potentiel. Si les leçons ne sont pas tirées des périodes d'expansion et de récession et si l'impact future des nouvelles tendances n'est pas anticipé, il sera difficile pour la Banque mondiale comme pour les décideurs politiques de trouver des mesures adéquates pour favoriser une croissance durable dans les pays d'Afrique riches en ressources naturelles.

Recommandations politiques

Les gouvernements doivent se concentrer sur l'établissement d'environnements politiques stables qui fournissent des certitudes aux entreprises et qui permettent aux gouvernements de collecter des recettes et d'empêcher que les communautés, les travailleurs et l'environnement assument les coûts des activités extractives.

Premièrement, renforcer la gouvernance et la transparence du secteur. Différents cadres de gouvernance ont été élaborés, qui fournissent des indicateurs utiles aux décideurs politiques afin que ceux-ci puissent mesurer l'efficacité de leurs actions. L'adoption de cadres tels que la charte sur les ressources naturelles (Natural Resource Charter) et l'Initiative pour la transparence dans les industries extractives (ITIE) peut aider les pays à renforcer leurs pratiques de transparence et de définition de leurs stratégies politiques. La norme ITIE exige que des informations soient fournies tout au long de la chaîne de valeur du secteur des industries extractives, notamment concernant l'extraction proprement dite, le transfert des rentes, ainsi que les bénéfices pour le grand public. L'objectif de l'ITIE est de réduire la captation des rentes en examinant l'allocation des licences et des contrats, les personnes qui bénéficient de ces opérations, les dispositions juridiques et fiscales en vigueur, le montant des versements, les modalités d'allocation de ces revenus, ainsi que les contributions de l'extraction à l'économie, tout particulièrement en matière d'emploi. L'adoption généralisée de l'ITIE, ainsi que l'instauration de normes telles que la divulgation systématique des données contractuelles, peuvent permettre de réduire les asymétries d'information et contribuer à établir un mécanisme favorisant la confiance et la collaboration.

Les compagnies renforcent de plus en plus leurs propres pratiques, notamment en rendant leurs contrats publics et ouverts à l'investigation, ainsi que par un suivi plus détaillé au niveau des projets en matière d'impôts payés et d'autres investissements sociaux. Des normes élevées de suivi en matière d'environnement, de société, de gouvernance et d'émissions de gaz à effet de serre peuvent également améliorer les mécanismes de responsabilisation ; cependant, elles doivent s'accompagner de réglementations solides et de leur application stricte par l'État, compte tenu des limites inhérentes à toute mesure volontaire du secteur privé.

Deuxièmement, afin de stimuler les investissements, il paraît nécessaire d'établir des accords fiscaux et sociaux clairs, appliqués de façon uniforme et inscrits dans la législation, plutôt que de mener des négociations contractuelles au cas par cas. Par exemple, en 2020, 72 % des compagnies minières ayant participé à l'enquête menée par l'Institut Fraser ont indiqué que les incertitudes entourant l'interprétation et l'application des réglementations existantes jouaient un rôle modérément ou fortement dissuasif, ou bien constituaient un motif pour ne pas continuer à investir en Afrique du Sud (Yunis et Aliakbari, 2020).

Troisièmement, développer des politiques permettant de s'assurer que les entreprises prennent en charge de façon interne le coût social et environnemental représenté par leurs activités, depuis l'exploration jusqu'à la fermeture de la mine. Les nombreuses externalités négatives générées par les compagnies minières par le passé ou à l'heure actuelle sont l'une des principales raisons pour lesquelles les gouvernements établissent des politiques pouvant être perçues comme pénalisantes pour ces compagnies : citons notamment la pollution, les impacts sanitaires sur les ouvriers et les communautés, les dommages aux infrastructures, ainsi que la dégradation irréversible des terres. Dans l'idéal, ces coûts doivent être pris en charge par les entreprises qui profitent de ces activités d'extraction de minerais. Mais ces coûts doivent être intégrés dans les réglementations ainsi que dans les accords conclus entre les entreprises et l'État, afin d'instaurer également une transparence et une stabilité politiques, comme cela a été évoqué dans la recommandation précédente.

Quatrièmement, maximiser la génération de revenus dans des contextes de cours élevés ou faibles sur le marché, tout en tenant compte du taux critique de rentabilité, afin que les entreprises soient correctement rétribuées en contrepartie de la prise de risque associée au secteur extractif. En pratique, une stratégie associant redevances et taxation des profits peut garantir une bonne captation des rentes pour l'État et les citoyens. Les pays devraient éviter autant que possible de recourir aux incitations fiscales. Les revenus issus du secteur minier sont particulièrement faibles dans certains pays. Par exemple, en Afrique du Sud, le secteur des mines et des carrières représentait en 2017 seulement 1,3 % des revenus totaux collectés par le gouvernement national, tandis que le secteur représentait au cours de cette année 7,3 % du PIB, ce qui est en partie dû aux incitations fiscales et au paiement de provisions. Les gouvernements ne peuvent que bénéficier de dispositions institutionnelles adéquates favorisant une collecte des revenus effective et performante.

Annexe 1A : Analyse des élasticités du commerce

Les élasticités du commerce peuvent fournir des données supplémentaires en révélant l'attraction relative des produits ou des exportateurs sur le marché mondial. Une faible élasticité de la demande d'importations (solidité de la demande d'importations) signale que la hausse ou la baisse des prix des matières minérales n'aura que peu d'incidence sur la consommation des importateurs. Une élasticité élevée de l'offre d'exportations (solidité de l'offre d'exportations) signale que les exportateurs peuvent rapidement intensifier ou réduire leur production lorsque le cours de la matière première augmente ou baisse. Du point de vue de l'exportateur, la situation la plus avantageuse est celle d'une combinaison entre faible élasticité de la demande d'importations et élasticité élevée de l'offre d'exportations.

Afin d'analyser l'attractivité des exportations de l'Afrique subsaharienne sur le plan des ressources nécessaires à la transition énergétique, les élasticités-prix de la demande d'importations et de l'offre d'exportations ont été calculées pour l'Afrique subsaharienne par rapport au reste du monde. Le graphique 1A.1 présente les élasticité calculées pour les principaux importateurs et l'ensemble des matières premières, telles qu'elles on été catégorisées dans les 97 chapitres du système harmonisé (SH) au niveau mondial sans distinction. La taille des ronds représente le volume du commerce de chaque produit vers les principaux importateurs. Les ressources nécessaires à la transition énergétique apparaissent en rouge. Le graphique indique par exemple que les produits chimiques inorganiques et les composés de métaux précieux présentent une solidité plus élevée de leur demande d'importations que le gaz et le pétrole car la demande d'importations relative à ces matières premières est moins élastique. Leur offre d'exportations est plus élastique que celle du pétrole et du gaz, qui sont des produits pour lesquels l'exportateur est également relativement avantagé.

Le graphique 1A.1 illustre les différences entre les élasticités de la demande d'importations et de l'offre d'exportations entre deux groupes : d'une part l'ensemble des pays à l'exception de l'Afrique subsaharienne, de l'autre l'ensemble des pays. La taille des ronds donne une idée de l'importance des exportations provenant de la région d'Afrique subsaharienne. Lorsque l'on a une valeur négative sur l'axe des ordonnées, cela indique que l'ajout de l'Afrique subsaharienne fait augmenter l'élasticité de l'offre, ce qui bénéficie aux exportateurs. Lorsque l'on a une valeur négative sur l'axe des abscisses, cela indique que l'ajout de l'Afrique subsaharienne fait augmenter l'élasticité de la demande, ce qui bénéficie également aux exportateurs.

Le graphique 1A.1 laisse ainsi à penser que :

- les exportations de nickel, de sel, de souffre et de graphite originaires de l'Afrique subsaharienne présentent une relative *solidité de l'offre d'exportations*

Graphique 1A.1 Élasticités de la demande d'importations et de l'offre d'exportations entre les exportateurs d'Afrique subsaharienne et les principaux importateurs par rapport au reste du monde, par chapitre

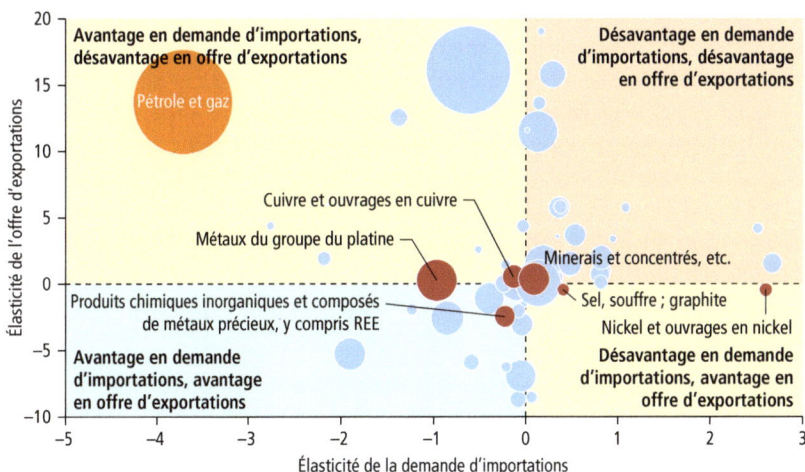

Source : Galeazzi, Steinbuks et Cust, 2020, tiré de la base de données Comtrade des Nations unies, version HS92 ; nettoyé par CEPII, publié dans la base de données BACI. Les calculs de l'élasticité se fondent sur les modifications effectuées par Broda et Weinstein (2006) et Soderbery (2015).
Remarque : sur ce graphique, chaque rond exprime la différence entre les élasticités, calculée ainsi : [élasticités CES pour tous les pays hors ASS] – [élasticités CES calculées pour tous les pays].
L'axe des ordonnées exprime la différence d'élasticité CES de l'offre et l'axe des abscisses exprime la différence d'élasticité CES de la demande. Lorsque l'on a une valeur négative sur l'axe des ordonnées, cela indique que l'ajout de l'ASS fait augmenter l'élasticité de l'offre [ce qui est un aspect positif].
Lorsque l'on a une valeur négative sur l'axe des abscisses, cela indique que l'ajout de l'ASS fait baisser l'élasticité de la demande [ce qui est un aspect positif].
Nickel (chapitre 75 du SH) ; cuivre (chapitre 74 du SH) ; sel, souffre et graphite (chapitre 25 du SH) ; métaux du groupe du platine (chapitre 71 du SH) ; pétrole et gaz (chapitre 27 du SH) ; produits chimiques inorganiques, y compris métaux des terres rares (chapitre 28 du SH) : minerais et concentrés (chapitre 26 du SH). SH = système harmonisé ; REE = éléments de terres rares ; ASS = Afrique subsaharienne.

et une relative *faiblesse de la demande d'importations* par rapport aux exportations originaires d'autres régions du monde.

- les exportations de métaux du groupe du platine, de cuivre, de pétrole et de gaz originaires de l'Afrique subsaharienne présentent une relative *solidité de la demande d'importations* et une relative *faiblesse de l'offre d'exportations* par rapport aux exportations originaires d'autres régions du monde.

- les produits chimiques, y compris les métaux de terres rares, présentent une relative *solidité de la demande d'importations comme de l'offre d'exportations*.

- les exportations de minerais et de concentrés originaires de l'Afrique subsaharienne présentent une relative *faiblesse de la demande d'importations comme de l'offre d'exportations*.

Ces résultats indiquent qu'il existe un potentiel d'exportations important pour l'Afrique subsaharienne, celui de répondre à la demande croissante de certaines ressources clés de la transition énergétique, comme le sélénium et d'autres minerais cruciaux. Ils indiquent également que les exportations de l'Afrique subsaharienne de ressources énergétiques classiques comme le pétrole et le gaz, ainsi que de métaux du groupe du platine et de cuivre, sont relativement plus résistantes aux fluctuations des prix à l'importation. D'un autre côté les exportations de minerais métalliques d'Afrique subsaharienne sont moins attractifs que celles des autres régions du monde. Afin d'analyse le potentiel futur des principales exportations de ressources minérales énergétiques d'Afrique subsaharienne, des élasticités du commerce ont été évaluées pour les produits suivants : pétrole brut, cobalt, cuivre et nickel (graphique 1A.2). Les trois sections verticales des graphiques 1A.2 illustrent les éléments suivants :

- l'importance de l'Afrique subsaharienne dans le commerce total de cette matière première, et l'importance de cette matière première dans le commerce total de l'Afrique subsaharienne

- les prévisions des cours de cette matière première selon S&P Global Market Intelligence.

- les prévisions de la valeur à l'exportation de cette matière première, en intégrant séparément l'effet de prix et en se basant sur les élasticités estimées

La pandémie de coronavirus a eu un impact important sur la demande et le cours du pétrole brut, qui constitue actuellement la principale matière première exportée par l'Afrique subsaharienne, ainsi que 30 % de la valeur totale de ses échanges en 2018 (panneau *a* dans l'illustration 1A.2). La pandémie a conduit à une révision à la baisse des prix de 2020, dont le point d'indice est passé de 86 à 54 (avec 2018 comme année de base) dans les prévisions de S&P Global Market Intelligence (panneau *b* de l'illustration 1A.2). Les cours devraient se situer entre 54 et 91,5 points de pourcentage entre 2019 et 2028, et ne devraient pas revenir à leur niveau prépandémie avant 2026. L'élasticité-prix de la demande en 2020 ne s'est pas accompagnée par l'offre et par d'autres facteurs, et s'équilibre à environ 75 milliards de dollars US en dollars courants (principaux importateurs à l'exception de l'Inde et des États-Unis. Cela est sans doute le résultat d'une réduction de la production par les pays de l'OPEP+[10] ainsi qu'une baisse générale de la demande mondiale, notamment la demande de pétrole brut. La croissance future des recettes tirées des exportations de pétrole devrait donc être modeste au cours de la prochaine décennie.

Les prix du cobalt devraient modérément se rétablir après leur chute de 2019. Les prévisions pour la période 2019-2029 s'établissent entre 45 et 65 points de

Graphique 1A.2 Impact des minéraux énergétiques dans les recettes d'exportation des pays d'Afrique subsaharienne

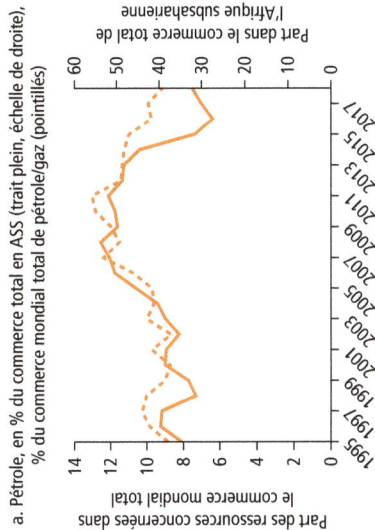

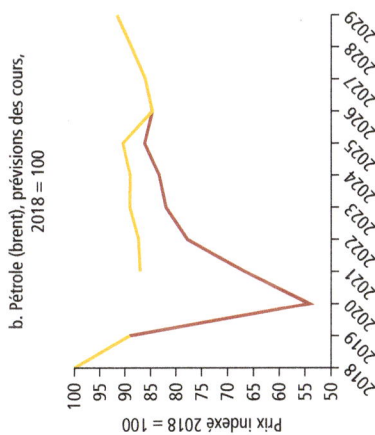

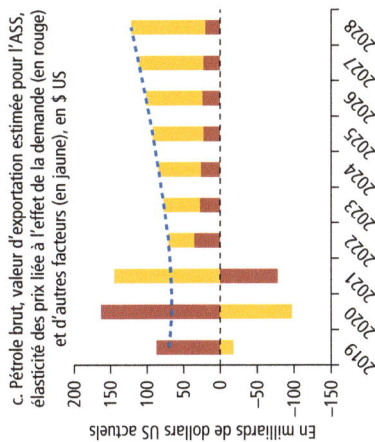

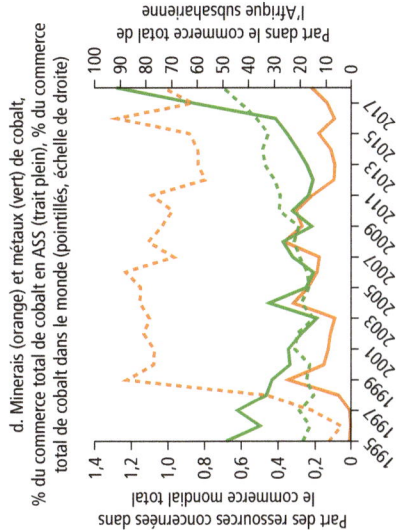

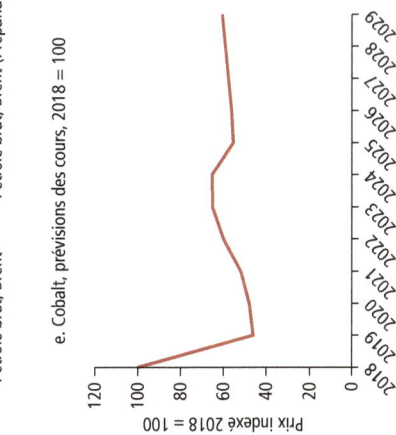

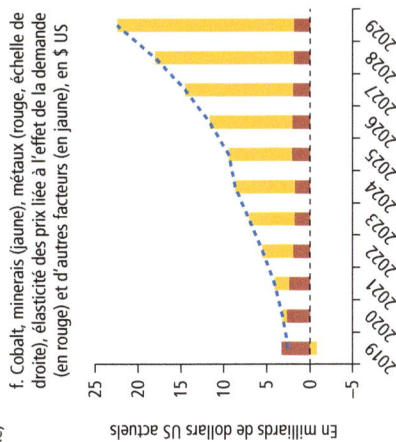

a. Pétrole, en % du commerce total en ASS (trait plein, échelle de droite), % du commerce mondial total de pétrole/gaz (pointillés)

Part des ressources concernées dans le commerce mondial total

Part dans le commerce total de l'Afrique subsaharienne

b. Pétrole (brent), prévisions des cours, 2018 = 100

Prix indexé 2018 = 100

c. Pétrole brut, valeur d'exportation estimée pour l'ASS, élasticité des prix liée à l'effet de la demande (en rouge) et d'autres facteurs (en jaune), en $ US

En milliards de dollars US actuels

d. Minerais (orange) et métaux (vert) de cobalt, % du commerce total de cobalt en ASS (trait plein), % du commerce total de cobalt dans le monde (pointillés, échelle de droite)

Part des ressources concernées dans le commerce mondial total

Part dans le commerce total de l'Afrique subsaharienne

e. Cobalt, prévisions des cours, 2018 = 100

Prix indexé 2018 = 100

f. Cobalt, minerais (jaune), métaux (rouge, échelle de droite), élasticité des prix liée à l'effet de la demande (en rouge) et d'autres facteurs (en jaune), en $ US

En milliards de dollars US actuels

Pétrole brut, Brent   Pétrole brut, Brent (Prépandémie)

(suite page suivante)

111

Graphique 1A.2 (suite)

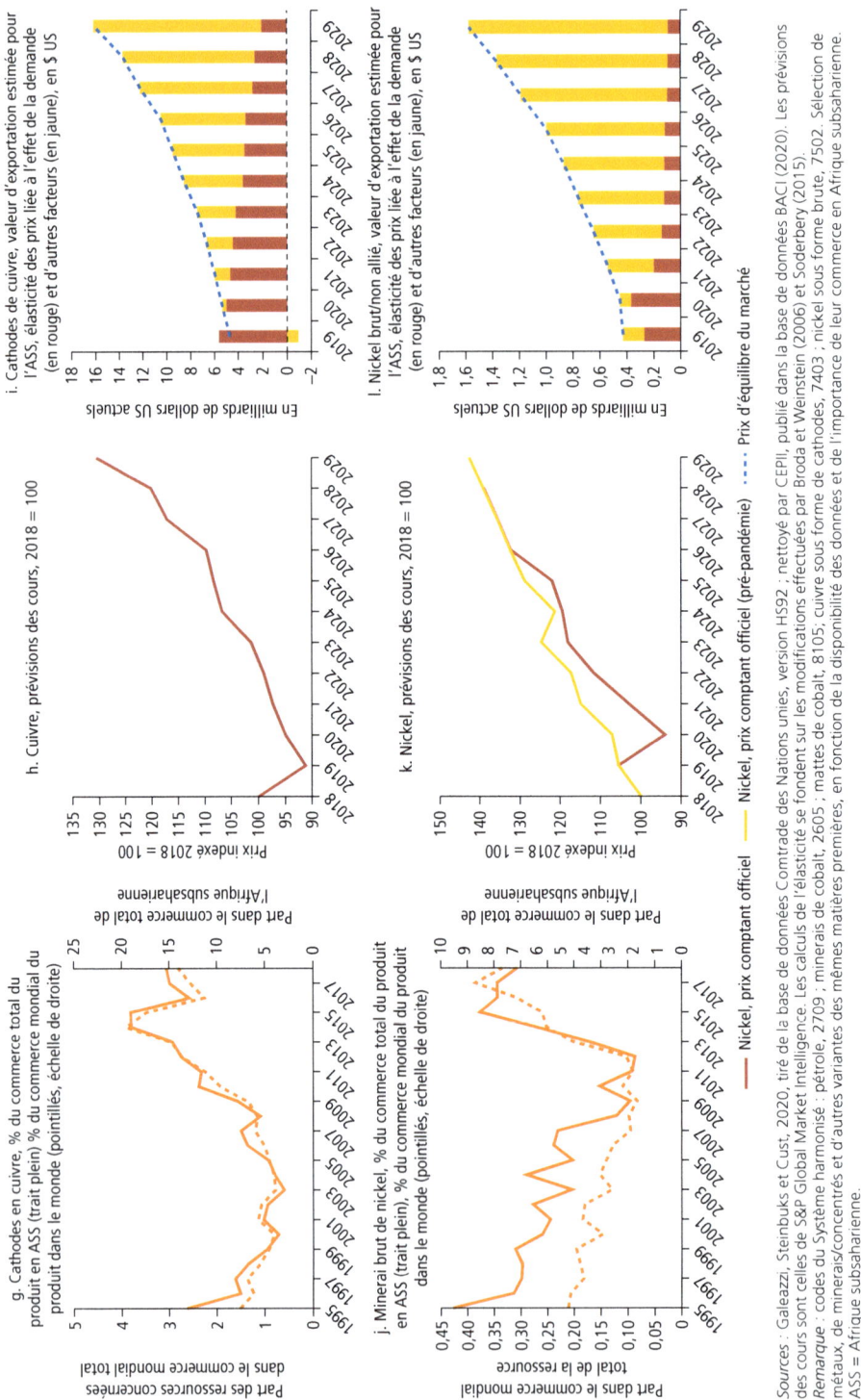

g. Cathodes en cuivre, % du commerce total du produit en ASS (trait plein) % du commerce mondial du produit dans le monde (pointillés, échelle de droite)

Part des ressources concernées dans le commerce mondial total

Part dans le commerce total de l'Afrique subsaharienne

h. Cuivre, prévisions des cours, 2018 = 100

Prix indexé 2018 = 100

i. Cathodes de cuivre, valeur d'exportation estimée pour l'ASS, élasticité des prix liée à l'effet de la demande (en rouge) et d'autres facteurs (en jaune), en $ US

En milliards de dollars US actuels

j. Minerai brut de nickel, % du commerce total du produit en ASS (trait plein), % du commerce mondial du produit dans le monde (pointillés, échelle de droite)

Part dans le commerce mondial total de la ressource

Part dans le commerce total de l'Afrique subsaharienne

k. Nickel, prévisions des cours, 2018 = 100

Prix indexé 2018 = 100

l. Nickel brut/non allié, valeur d'exportation estimée pour l'ASS, élasticité des prix liée à l'effet de la demande (en rouge) et d'autres facteurs (en jaune), en $ US

En milliards de dollars US actuels

Nickel, prix comptant officiel — Nickel, prix comptant officiel (pré-pandémie) ···· Prix d'équilibre du marché

Sources : Galeazzi, Steinbuks et Cust, 2020, tiré de la base de données Comtrade des Nations unies, version HS92 ; nettoyé par CEPII, publié dans la base de données BACI (2020). Les prévisions des cours sont celles de S&P Global Market Intelligence. Les calculs de l'élasticité se fondent sur les modifications effectuées par Broda et Weinstein (2006) et Soderbery (2015).

Remarque : codes du Système harmonisé : pétrole, 2709 ; minerais de cobalt, 2605 ; mattes de cobalt, 8105 ; cuivre sous forme de cathodes, 7403 ; nickel sous forme brute, 7502. Sélection de métaux, de minerais/concentrés et d'autres variantes des mêmes matières premières, en fonction de la disponibilité des données et de l'importance de leur commerce en Afrique subsaharienne. ASS = Afrique subsaharienne.

pourcentage (2018 comme année de base) (panneau *b* de l'illustration 1A.2). L'effet de l'élasticité-prix de la demande (en rouge sur le panneau *f* de l'illustration 1A.2) devrait être mince pour le cobalt d'Afrique subsaharienne comparé à d'autres facteurs. Une nouvelle demande devrait apparaître parallèlement au déploiement des technologies de stockage de l'énergie pour le matériel électronique destiné à la grande consommation, à l'énergie et aux transports, ce qui va créer des opportunités de croissance future pour les pays d'Afrique subsaharienne exportateurs de cobalt, tout particulièrement la République démocratique du Congo.

D'un autre côté, entre 2019 et 2029, les prévisions du prix du cuivre et du nickel se situent respectivement entre 91 et 130,5 points de pourcentage, et entre 94 et 139 points de pourcentage (2018 comme année de base). L'élasticité-prix de la demande semble contribuer de façon plus importante au prix d'équilibre du marché pour le cuivre comparé au nickel, ce qui suggère que d'autres facteurs d'offre et de demande affectent la croissance du marché du nickel en Afrique subsaharienne. Cela devrait bénéficier aux exportations de bénéfices des principaux exportateurs d'Afrique subsaharienne comme la Côte d'Ivoire et le Zimbabwe.

Notes

1. Des progrès impressionnants ont été réalisés en matière de réduction de la pauvreté dans des pays comme la Chine et l'Inde, ce qui implique une concentration de plus en plus forte de la pauvreté dans les pays qui ont stagné ou régressé en matière de réduction de la pauvreté ces dernières années. Un nombre disproportionné de ces pays sont des pays à faible revenu riches en ressources, dont un grand nombre sont situés en Afrique subsaharienne. Associé à une croissance démographique plus importante que la moyenne, la réduction de la pauvreté est un défi d'envergure.
2. Le présent rapport se concentre sur la région Afrique, soit 48 pays d'Afrique subsaharienne selon la définition de la Banque mondiale.
3. Le présent rapport se concentre sur la région Afrique telle qu'elle a été définie par la Banque mondiale, soit essentiellement l'Afrique subsaharienne, qui comprend 48 pays au total (https://data.worldbank.org/region/sub-saharan-africa). Dans l'ensemble de l'ouvrage, ces pays seront désignés par l'expression « Afrique subsaharienne ». Le rapport se fonde sur la définition que donne le FMI de la richesse en ressources, laquelle permet de répartir les pays en différents groupes dans les analyses (FMI, 2012) et de rendre compte de l'évolution des dynamiques de dépendance aux ressources naturelles.
4. Calculs fondés sur la base de données ICTD-UNU-WIDER sur les recettes publiques (2019), laquelle intègre uniquement les pays d'Afrique subsaharienne pour lesquels aucune donnée ne manque. Pour une analyse plus approfondie des rentes des ressources et des politiques publiques, consulter Cust et Rivera-Ballesteros (2021).

5. Ce nombre correspond à 10 % de la différence annuelle moyenne, dans les pays riches en ressources d'Afrique, entre les rentes des ressources naturelles (Banque mondiale, 2021) et les revenus des ressources naturelles (UNU-WIDER), en valeurs moyennes sur la période 2015-2018. Les pays d'Afrique riches en ressources incluent les pays catégorisés par le FMI (2012) comme des pays riches en ressources, à l'exception de la République centrafricaine, de la Côte d'Ivoire, de Madagascar, du Mozambique, du Niger, de la Tanzanie et du Togo, pour lesquels il n'existe pas de données sur les recettes générées par l'exploitation des ressources naturelles.

6. Minex Consulting, « Tiers », https://minexconsulting.com/definitions/tiers/.

7. Ces pays sont le Ghana, la Guinée-Bissau, le Kenya, le Liberia, la Mauritanie, le Mozambique, le Niger, Sao Tomé-et-Principe, le Sénégal, la Sierra Leone, la Tanzanie et l'Ouganda.

8. Un « bloc » désigne une zone géographique où une entreprise est autorisée à exploiter et à produire du pétrole ou du gaz.

9. La troisième version de la charte minière (Mining Charter III), également connue sous le nom de « Broad-Based Socio-Economic Empowerment Charter for the Mining and Minerals Industry », est une initiative du gouvernement sud-africain. Publiée en 2018, elle vise à favoriser la transformation durable, la croissance et le développement de l'industrie minière. Pour plus détails sur cette initiative, consulter la page suivante : https://www.gov.za/sites/default/files/gcis_document/201809/41934gon1002.pdf.

10. OPEP+ est un terme utilisé pour désigner des pays non-membres de l'OPEP, mais qui comptent parmi les principaux producteurs de pétrole à l'échelle mondiale, à savoir l'Azerbaïdjan, Bahreïn Darussalam, Brunei, le Kazakhstan, la Malaisie, le Mexique, Oman, la Fédération de Russie, le Soudan du Sud et le Soudan.

Bibliographie

BAD (Banque africaine de développement). 2018. *African Economic Outlook 2018*. Abidjan, Côte d'Ivoire : BAD.

Albertin, G., D. Devlin et B. Yontcheva. 2021. « Countering Tax Avoidance in Sub-Saharan Africa's Mining Sector. » Blog du FMI, 5 novembre 2021. https://www.imf.org/en/Blogs/Articles/2021/11/05/blog-countering-tax-avoidance-sub-saharan-africa-mining-sector.

Arezki, R., F. van der Ploeg et F. Toscani. 2019. « The Shifting Natural Wealth of Nations: The Role of Market Orientation. » *Journal of Development Economics* 138 : 228-45.

Bos, K. et J. Gupta. 2019. « Stranded Assets and Stranded Resources: Implications for Climate Change Mitigation and Global Sustainable Development. » *Energy Research and Social Science* 56 : 101215.

Broda, C. et D. E. Weinstein. 2006. « Globalization and the Gains from Variety. » *Quarterly Journal of Economics* n° 121 (2) : 541-85.

Christensen, B. V. 2016. « Challenges of Low Commodity Prices for Africa. » BIS Papers n°87, Banque des règlements internationaux, département monétaire et économique, Bâle. https://www.bis.org/publ/bppdf/bispap87.pdf.

Cust, J. et T. Harding. 2020. « Institutions and the Location of Oil Exploration. » *Journal of the European Economic Association* n° 18 (3) : 1321-50.

Cust, J. F. et D. Mihalyi. 2017. « Evidence for a Presource Curse? Oil Discoveries, Elevated Expectations, and Growth Disappointments. » Document de travail de recherche sur les politiques n° 8140, Banque mondiale, Washington, DC.

Cust, J. et A. Rivera-Ballesteros. 2021. « The Nonrenewable Wealth of Nations. » Dans *The Changing Wealth of Nations 2021: Managing Assets for the Future*, 193-223. Washington, DC : Banque mondiale.

Cust, J., A. Rivera-Ballesteros et D. Mihalyi. 2021. « Giant Oil and Gas Field Discoveries 2018. » https://doi.org/10.7910/DVN/MEH5CS, Harvard Dataverse.

Cust, J., A. Rivera-Ballesteros et A. Zeufack. 2022. « The Dog That Didn't Bark: The Missed Opportunity for Africa's Resource Boom. » Document de travail n° 1012, Banque mondiale, Washington, DC.

Deloitte. 2020. « Understanding COVID-19's Impact on the Mining and Metals Sector: Guidance for Mining and Metals Executives. » https://www2.deloitte.com/global /en/pages/about-deloitte/articles/covid-19/understanding-covid-19-s-impact-on-the -mining---metals-sector---.html.

EIA (Energy Information Administration, États-Unis). 2022. « Annual Petroleum and Other Liquids Production. » Consulté en juillet 2022. https://www.eia.gov /international/data/world.

Galeazzi, C., J. Steinbuks et J. Cust. 2020. « Africa's Resource Export Opportunities and the Global Energy Transition. » *Live Wire* 2020/111, Banque mondiale, Washington, DC. https://openknowledge.worldbank.org/handle/10986/34946.

Gaulier, G. et S. Zignago. 2010. « BACI: International Trade Database at the Product-Level: The 1994-2007 Version. » Document de travail du CEPII n° 2010-23. Mis à jour en 2020. Centre d'Études Prospectives et d'Informations Internationales (CEPII), Paris.

Guj, P., R. Schodde, B. Boucoum et J. Cust. À paraître. « Mineral Resources of Africa. » Banque mondiale, Washington, DC.

Hund, K., D. La Porta, T. P. Fabregas, T. Laing et J. Drexhage. 2020. *Minerals for Climate Action: The Mineral Intensity of the Clean Energy Transition*. Washington, DC : Banque mondiale.

AIE (Agence internationale de l'énergie). 2020a. « Clean Energy Progress after the Covid-19 Crisis Will Need Reliable Supplies of Critical Minerals. » AEI, Paris. https://www.iea .org/articles/clean-energy-progress-after-the-covid-19-crisis-will-need-reliable-supplies -of-critical-minerals.

AIE (Agence internationale de l'énergie). 2020b. *Global EV Outlook 2020: Entering the Decade of Electric Drive?* Paris : IEA. https://iea.blob.core.windows.net/assets /af46e012-18c2-44d6-becd-bad21fa844fd/Global_EV_Outlook_2020.pdf.

FMI (Fonds monétaire international). 2012. « Macroeconomic Policy Frameworks for Resource - Rich Developing Countries. » Policy Paper, Fonds monétaire international, Washington, DC. https://bit.ly/2txKGzB.

Khan, T. S., T. T. T. Nguyen, R. Schodde et F. Ohnsorge. 2016. « From Commodity Discovery to Production. » Document de travail de recherche sur les politiques n° 7823, Banque mondiale, Washington, DC.

McKinsey. 2013. « Reverse the Curse: Maximizing the Potential of Resource-Driven Economies. » McKinsey Global Institute.

McKinsey. 2018. « Lithium and Cobalt—A Tale of Two Commodities. » https:// www.mckinsey.com/~/media/mckinsey/industries/metals%20and%20mining/our%20 insights/lithium%20and%20cobalt%20a%20tale%20of%20two%20commodities/lithium -and-cobalt-a-tale-of-two-commodities.ashx.

Mihalyi, D. 2020. « The Long Road to First Oil. » Document n° 103725 de la MPRA. Bibliothèque universitaire de Munich, Allemagne.

Mihalyi, D. et T. Scurfield. 2021. « How Africa's Prospective Petroleum Producers Fell Victim to the Presource Curse. » The Extractive Industries and Society n° 8(1) : 220-32.

Minerals Council South Africa. 2020. « Junior and Emerging Miners' Desk Fact Sheet. » Consulté le 14 juin 2022. https://www.mineralscouncil.org.za/work/supporting -junior-and-emerging-miners.

Renner, S. et F. W. Wellmer. 2020. « Volatility Drivers on the Metal Market and Exposure of Producing Countries. » Mineral Economics 33 (3) : 311-40.

Reuters. 2020. « Zambia Mining Revenues Drop 30% due to COVID-19, Chamber of Mines Says. » 18 juin 2020.

S&P Global Market Intelligence. 2020. Plateforme de S&P Global Market Intelligence. Consulté en novembre 2020. https://www.spglobal.com/marketintelligence/en/.

Schodde, R. 2017. « Recent Trends and Outlook for Global Exploration. » Communication à l'occasion de la convention PDAC 2017, Toronto, 6 mars 2017. https:// minexconsulting.com/wp-content/uploads/2019/04/Exploration-Trends-and-Outlook -PDAC-Presentation_compressed.pdf.

Schodde, R. 2019. « Trends in Exploration. » Communication à l'occasion de la confé-rence International Mining and Resources Conference (IMARC), Melbourne, 30 octobre 2019. Minex Consulting. http://minexconsulting.com/trends -in-exploration/.

Signé, L. 2021. « Digitalizing Africa's Mines. » Africa in Focus, The Brookings Institution. Consulté le 14 juin 2022. https://www.brookings.edu/blog/africa-in-focus/2021/12/03 /digitalizing-africas-mines/.

Soderbery, A. 2015. « Estimating Import Supply and Demand Elasticities: Analysis and Implications. » Journal of International Economics n° 96 (1): 1-17.

UNU-WIDER (Université des Nations unies et Institut mondial pour la recherche en économie du développement). 2022. Ensemble de données sur les recettes publiques, version 2022. UNU-WIDER, Helsinki. Consulté en juin 2022. https://doi .org/10.35188/UNU-WIDER/GRD-2022.

van der Ploeg, F. et S. Poelhekke. 2009. « Volatility and the Natural Resource Curse. » Oxford Economic Papers n° 61 (4) : 727-60.

Wellmer, F. W., J. E. Tilton, P. C. Crowson, J. H. DeYoung, Jr., R. G. Eggert, M. Ericsson, J. I. Guzmán, et al. 2018. « Public Policy and Future Mineral Supplies. » Resources Policy n° 57 : 55-60.

Banque mondiale. 2019. « Digging Beneath the Surface : An Exploration of the Net Benefits of Mining in Southern Africa. » Banque mondiale, Washington, DC. https:// openknowledge.worldbank.org/bitstream/handle/10986/32107/Digging-Beneath-the -Surface-An-Exploration-of-the-Net-Benefits-of-Mining-in-Southern-Africa.pdf ?sequence=1.

Banque mondiale. 2021. *The Changing Wealth of Nations 2021: Managing Assets for the Future*. Washington, DC : Banque mondiale.

Yunis, J. et E. Aliakbari. 2020. « Fraser Institute Annual Survey of Mining Companies 2020. » Fraser Institute, Vancouver. https://www.fraserinstitute.org/sites/default/files /annual-survey-of-mining-companies-2020.pdf.

Chapitre 2

Héritage et leçons du cycle d'expansion et de récession des matières premières en Afrique

Introduction

Le boom du prix des matières premières entre 2014 et 2014 constituait une opportunité économique exceptionnelle pour les pays africains qui disposaient d'importantes réserves de pétrole, de gaz et de minerais. Au cours de cette période, les recette publiques tirées de l'exploitation des ressources naturelles par les pays africains riches en ressources ont augmenté en moyenne de 1,1 milliard de dollars US par rapport aux années ayant précédé le boom (1998-2003) ; dans le même temps, la croissance économique de ces pays a augmenté de près de 1 point de pourcentage. Néanmoins, même au cours de cette période d'abondance, le développement économique s'est confiné à des domaines très restreints, la majorité de la valeur ajoutée ayant été créée dans le secteur des ressources naturelles. Une fois soustraite de la croissance du PIB la contribution d'un secteur des ressources naturelles en plein boom, les performances économiques globales de ces pays n'étaient guère meilleures que dans le reste du continent.

Un des héritages du boom, c'est que comme l'augmentation de la croissance ne s'est pas traduite par un développement durable plus général, les pays se sont retrouvés mal préparés à la chute des cours des matières premières qui a suivi. Rares sont ceux à avoir préservé et investi une proportion suffisante des revenus générés par leurs ressources naturelles, ou converti leurs rentes tirées de l'exploitation des ressources en recettes publiques, afin d'accroître leur richesse nationale par l'accumulation d'actifs de compensation au cours du boom. Par exemple, le graphique 2.1 illustre la chute rapide, à partir de 2014, des recettes publiques issues des ressources naturelles ainsi que la part des rentes tirées des ressources naturelles dans le PIB dans un panel de pays d'Afrique subsaharienne riches en ressources naturelles. Par conséquent, la période de récession

Graphique 2.1 Recettes et rentes publiques tirées des ressources naturelles, panel de pays d'Afrique subsaharienne riches en ressources naturelles d'Afrique subsaharienne, 1990-2020

a. Recettes publiques issues des ressources naturelles

b. Rentes des ressources naturelles

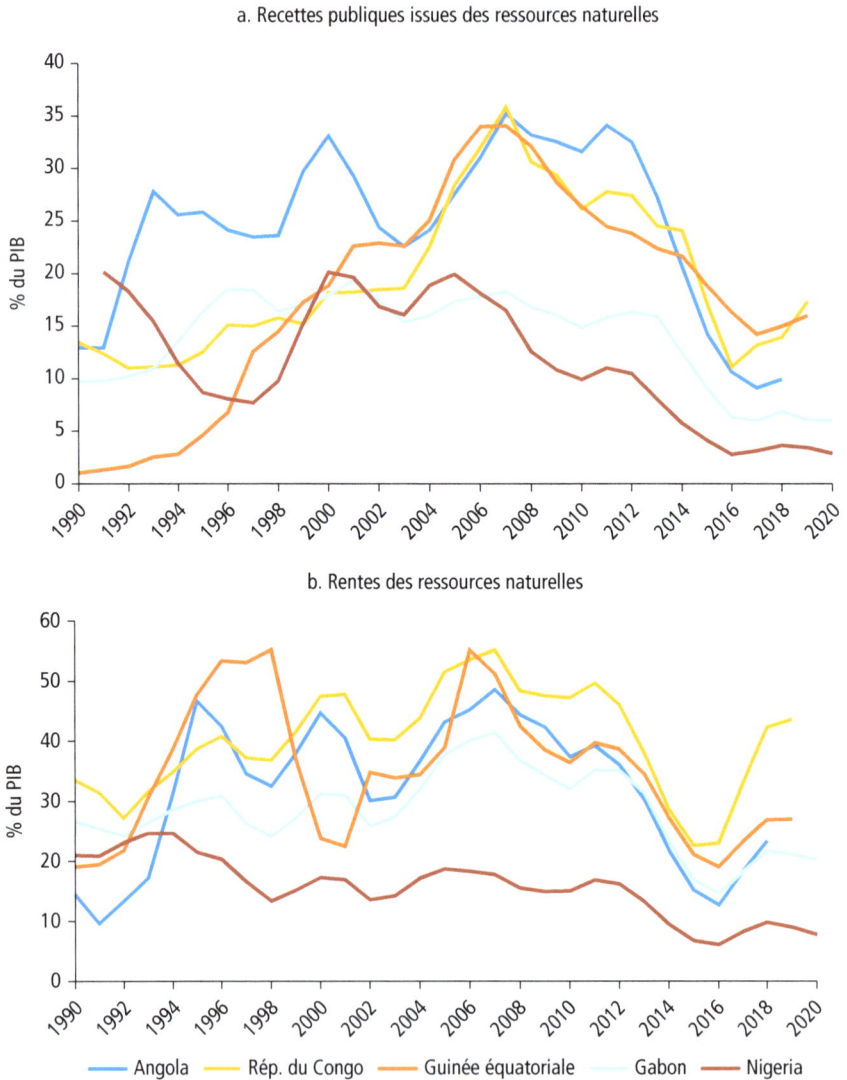

Sources : Panneau a : basé sur les données de UNU-WIDER 2022. Panneau b : basé sur le portail de données en accès libre de la Banque mondiale (https://data.worldbank.org/indicator/NY.GDP.TOTL.RT.ZS).
Remarque : les estimations des rentes des ressources naturelles en tant que pourcentage du PIB se fondent sur les sources et les méthodes détaillées par la Banque mondiale (2021).

a sapé les gains économiques réalisés au cours du boom. Plusieurs pays riches en ressources ont fait défaut sur leur dette souveraine après 2014. La période ayant suivi le boom ou période de récession (2015-2018), une tendance plus générale est apparue : les pays riches en ressources naturelles ont connu un ralentissement de leur croissance du PIB et de la croissance du PIB des secteurs non liés aux ressources naturelles, les taux de ces deux indicateurs devenant inférieurs à ceux du reste du continent africain.

Ce chapitre analyse les impacts de la flambée du prix des matières premières entre 2004 et 2014 environ, et les conséquences que cela a pu avoir sur les économies d'Afrique subsaharienne.

Il montre comment cette période a constitué un changement par rapport aux années ayant précédé le boom et analyse l'état des économies riches en ressources naturelles après la chute des cours des matières premières en 2015. Enfin, il examine dans quelle mesure les pays riches en ressources ont réussi à saisir les opportunités que représentait le boom et compare les performances de leurs économies par rapport à leurs voisins pauvres en ressources de la région.

Peut-être sans grande surprise, ce chapitre indique que le boom, de manière générale, ne s'est pas traduit par une prospérité économique mieux étayée via des investissements à destination d'autres pans de l'économie. Le ralentissement des taux de croissance à la suite de la baisse des cours des matières premières a donné la preuve la plus flagrante que le boom économique était trop limité et qu'il ne pouvait durer. Au cours de la période ayant suivi le boom, la croissance annuelle du PIB par habitant dans les pays riches en ressources était en moyenne 2,5 points de pourcentage inférieure à celle constatée pendant le boom, et 1,5 points de pourcentage inférieure à celle des pays pauvres en ressources naturelles de la même région.

En soi, le boom a engendré tout un ensemble de défis d'envergure en matière de politiques publiques. Tout d'abord, en raison des cours élevés, une somme importante de revenus s'est accumulée au niveau des recettes publiques : par conséquent, il a été difficile d'éviter des formes politiques où le rôle de l'État est fort, ce qui fait gonfler la masse salariale du secteur public. Les États, en tant que propriétaires constitutionnellement désignés des ressources, devaient essayer de capturer toute la valeur des ressources pour le compte de leurs citoyens, tout en gérant de manière efficace les entreprises publiques d'exploitation des ressources naturelles ainsi que les parts de production. Ensuite, ils devaient optimiser les revenus du secteur en harmonisant leur stratégie aux investissements étrangers à destination du secteur, par exemple en exploitant le potentiel géologique et les nouvelles découvertes. Troisièmement, ils devaient assurer une utilisation adéquate de ces revenus, c'est-à-dire répondre aux besoins de développement les plus urgents et aux objectifs d'investissements à long terme pour une prospérité durable. Enfin, ils devaient veiller à préserver l'économie des conséquences néfastes découlant d'une trop grande dépendance aux ressources naturelles, qui peut notamment engendrer un risque de syndrome hollandais (Corden et Neary, 1982), de volatilité des prix et de fluctuation de revenus, ainsi que de conflits et de gaspillages[1].

L'héritage qu'a laissé derrière lui ce cycle d'expansion et de récession a été marqué par des opportunités manquées, ainsi que par échec à convertir les richesses issues des ressources naturelles en une prospérité durable et diversifiée. La hausse des revenus et des investissements n'a débouché que sur peu de résultats dans ces pays au cours de cette période. Les déficits budgétaires et l'augmentation de la dette publique menacent les avancées réalisées en matière de croissance économique et de réduction de la pauvreté au cours du boom. Sur le plan des performances économiques globales et de la réduction de la pauvreté, les pays riches en ressources ont accru leur retard sur les pays pauvres en ressources. La même tendance se retrouve dans différents pays d'Afrique subsaharienne. Ce chapitre présente cinq principaux constats et conséquences du boom des ressources naturelles.

- *Premièrement, la croissance économique s'est effondrée après la chute des cours des matières premières.* Bien qu'au cours du boom, les pays d'Afrique subsaharienne riches en ressources aient connu une croissance moyenne par habitant supérieure à celle de leurs homologues d'Afrique subsaharienne pauvres en ressources naturelles, ce sont ces derniers qui ont réussi à maintenir une croissance positive — quoique modeste — en 2015 et 2016.

- *Deuxièmement, la pauvreté a fortement augmenté dans les pays d'Afrique subsaharienne riches en ressources naturelles – une tendance qui risque de perdurer.* En l'an 2000, 13 % des pauvres de la planète habitaient dans des pays d'Afrique subsaharienne riches en ressources naturelles. En dépit de gisements importants et de la flambée des cours des matières premières, la pauvreté extrême s'est de plus en plus concentrée dans ces pays. Selon les prévisions, 62 % des populations pauvres de la planète devraient habiter dans ces pays en 2030.

- *Troisièmement, des inégalités endémiques persistent dans les pays riches en ressources.* La moitié des pays riches en ressources de la région ont constaté une augmentation des inégalités entre le début et la fin du boom. La mécanisation a contribué à cette dynamique, dans la mesure où les rendements engendrés par des processus à intensité capitalistique de plus en plus forte se concentrent au niveau du capital davantage que de la main-d'œuvre.

- *Quatrièmement, les pays n'ont pas réussi à diversifier leur économie.* Alors que les décideurs politiques ont cherché à profiter du boom pour traduire les investissements et les revenus en une transformation économique plus générale, l'économie, les exportations et les actifs se sont nettement concentrés sur le secteur extractif, signalant une diversification limitée.

- *Cinquièmement, les institutions jouent un rôle important tant sur le plan de la gouvernance des ressources que du soutien à la stabilité de la fiscalité.* Les institutions ont un rôle important à jouer dans la réduction de la corruption, la gestion des attentes, la mise en œuvre de politiques fiscales anticycliques afin d'éviter les scénarios de surendettement, ainsi que la création d'un environnement caractérisé par une redistribution plus équitable des bénéfices générés par le secteur.

Constat 1 : Dans les pays riches en ressources d'Afrique subsaharienne, la croissance économique s'est effondrée après la chute du cours des matières premières

Bien qu'au cours du boom, les pays d'Afrique subsaharienne riches en ressources aient connu une croissance moyenne par habitant supérieure à celle de leurs homologues d'Afrique subsaharienne pauvres en ressources naturelles, ce sont ces derniers qui ont réussi à maintenir une croissance positive — quoique modeste — après la fin du boom. Au cours du boom, les pays riches en ressources d'Afrique subsaharienne ont également connu une croissance dans certains secteurs autres que les industries extractives, ce qui était partiellement dû au développement de certains liens en amont et en aval, notamment dans le domaine du bâtiment, des transports et de la logistique/services. D'ailleurs, les taux de croissance du PIB dans les secteurs non basés sur les ressources naturelles dépassaient 3 % par an pendant le boom (graphique 2.2).

En dépit d'une croissance soutenue au cours du boom (Warner, 2015), la croissance du PIB pendant une période de flambée des cours des ressources naturelles ne garantit pas forcément des gains de productivité dans d'autres secteurs de l'économie, ni un prolongement de cette expansion économique au-delà de la période de cours élevés ou de l'épuisement des ressources. En règle générale, l'augmentation de la demande et du prix des matières premières dans un pays conduira le plus souvent à une hausse du PIB dans le secteur des ressources naturelles. Mais toute la question de la durabilité revient à déterminer si le boom peut permettre à une économie non basée sur les ressources d'améliorer ses projections de croissance au-delà de la période du boom. Le graphique 2.2 indique que les performances des pays riches en ressources se sont révélées médiocres. Tandis que les pays riches en ressources ont connu une croissance légèrement plus rapide que le reste de la région au cours du boom, leur croissance après cette période était nettement plus basse. Par ailleurs, le ralentissement ne se limitait pas au secteur des ressources, la croissance du PIB ayant ralenti elle aussi dans les secteurs non liés aux ressources

Graphique 2.2 Comparaison des taux de croissance du PIB et du PIB hors ressources naturelles avant, pendant et après le boom, dans les pays riches ou pauvres en ressources naturelles

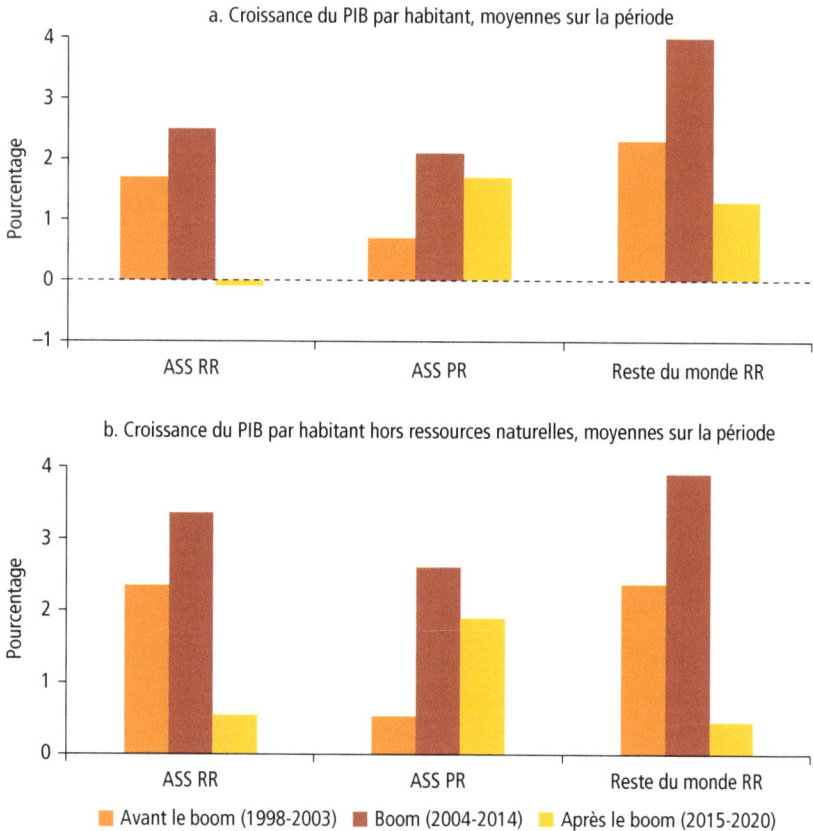

a. Croissance du PIB par habitant, moyennes sur la période

b. Croissance du PIB par habitant hors ressources naturelles, moyennes sur la période

■ Avant le boom (1998-2003) ■ Boom (2004-2014) ■ Après le boom (2015-2020)

Source : Cust, Rivera-Ballesteros et Zeufack, 2022.
Remarque : RR = riche en ressources ; ASS = Afrique subsaharienne. Pays RR reste du monde = pays en dehors de l'Afrique subsaharienne atteignant des seuils similaires sur le plan de la richesse en ressources naturelles.

naturelles. Ce résultat peut être partiellement dû au fait que de nombreux secteurs connaissent une expansion parallèle à celle du secteur minier, notamment les secteurs de la logistique, du bâtiment, des services, etc. Warner (2015) constate que tandis que les États du Golfe ont réussi à utiliser les recettes tirées de l'exploitation des ressources pour financer une expansion économique favorisée par l'immigration, les pays d'Afrique subsaharienne y sont rarement arrivé. Dans son analyse portant sur 18 pays, cinq étaient situés en Afrique subsaharienne (le Tchad, la Guinée équatoriale, la Mauritanie, le Mozambique et la Zambie) : pour aucun d'entre eux il n'y avait de différence statistique significative sur le plan de la croissance entre la période du boom et la période de comparaison hors boom.

Les prix élevés des matières premières constatés au cours du boom ont eu pour effet d'augmenter les rentes et d'accroître les niveaux de richesse de manière générale sur le plan du capital humain, du capital naturel et du capital produit. Le rapport de la Banque mondiale sur l'évolution des richesses des nations (*The Changing Wealth of Nations*, 2021) fait aussi le constat que les pays d'Afrique riches en ressources n'ont pas réussi à investir cet apport de richesses supplémentaire dans d'autres actifs au cours du boom. Par conséquent, les nivaux de richesse et les cours se sont effondrés après la fin du boom. Comme le montre le graphique 2.3, si la richesse par adulte, qui était déjà en diminution avant le boom dans de nombreux pays d'Afrique subsaharienne riches en ressources, a connu un taux de croissance annuel exceptionnellement élevé pendant le boom, elle est cependant redevenue négative à la fin de celui-ci. À titre de comparaison, les pays d'Afrique subsaharienne pauvres en ressources naturelles ont suivi des trajectoires similaires en matière de taux de croissance avant et pendant le boom, mais n'ont pas connu de diminution de leurs richesses car ils étaient moins dépendants aux ressources naturelles et bénéficiaient d'une économie plus diversifiée.

Graphique 2.3 Croissance annuelle des richesses totales par habitant en Afrique subsaharienne, moyennes sur la période

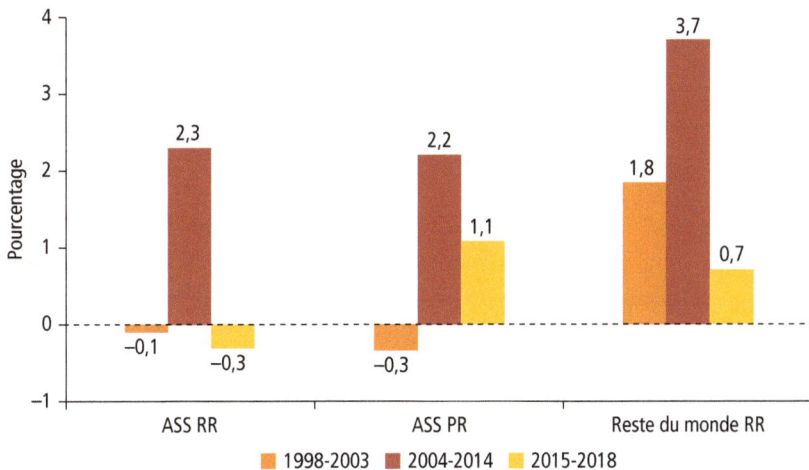

Source : basé sur les données de la Banque mondiale, 2021.
Remarque : RR = riche en ressources ; ASS = Afrique subsaharienne.

Constat 2 : La pauvreté s'est accentuée dans les pays riches en ressources d'Afrique subsaharienne

En dépit de l'augmentation des revenus ayant résulté du boom, la pauvreté extrême se concentre de plus en plus dans les pays d'Afrique subsaharienne riches en ressources. En 2030,

On estime que d'ici 2030, l'Afrique subsaharienne rassemblera plus de 80 % des personnes pauvres de la planète, et près de 62 % d'entre elles devraient habiter dans les pays d'Afrique riches en ressources naturelles, alors que ce chiffre s'élevait à seulement 13 % en l'an 2000 (graphique 2.4) (Cust, Rivera-Ballesteros et Zeufack 2022)[2].

En termes absolus, le nombre total de personnes considérées comme pauvres devrait atteindre environ 379 millions d'individus d'ici 2030, tandis que ce nombre dans les pays d'Afrique pauvres en ressources devrait passer sous la barre des 120 millions d'individus(graphique 2.5). En 2030, 62 % des habitants pauvres de la planète devraient résider dans des pays d'Afrique subsaharienne riches en ressources naturelles, contre 20 % dans des pays pauvres en ressources de la région. De manière générale, les pays d'Afrique riches en ressources ont

Graphique 2.4 Part des pays d'Afrique subsaharienne riches en ressources et pauvres en ressources dans le nombre d'habitants pauvres total dans le monde, 1995-2030

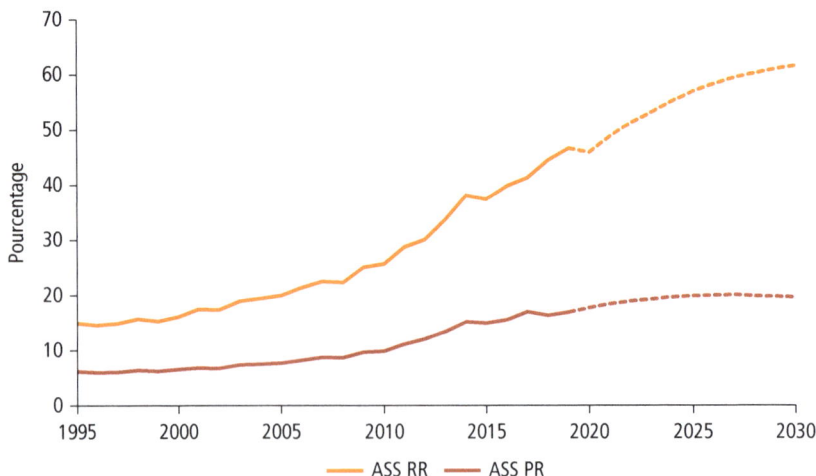

Source : Cust, Rivera-Ballesteros et Zeufack, 2022.
Remarque : le graphique indique la part des habitants pauvres qui vivent avec moins de 1,90 dollars US par jour. Les projections commencent après 2020, et les données manquantes sur les niveaux de pauvreté passés ont été remplies en se basant sur des interpolations linéaires calculées à partir des données disponibles. RR = riche en ressources ; PR = pauvre en ressources ; ASS = Afrique subsaharienne.

Graphique 2.5 Nombre d'habitants pauvres total, pays d'Afrique subsaharienne riches en ressources et pauvres en ressources 1995-2030

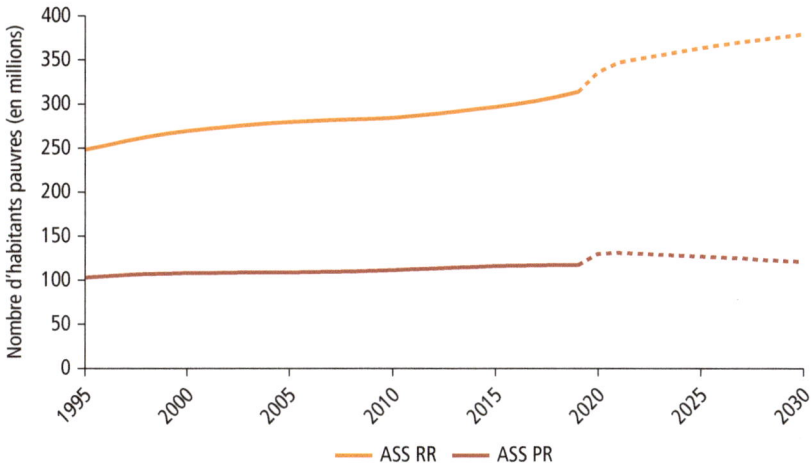

Source : Cust, Rivera-Ballesteros et Zeufack, 2022.
Remarque : Le graphique indique le nombre de personnes vivant avec moins de 1,90 dollars US par jour. Les projections commencent après 2020 et les données manquantes sur les niveaux de pauvreté passés ont été remplies en se basant sur des interpolations linéaires calculées à partir des données disponibles. RR = riche en ressources ; PR = pauvre en ressources ; ASS = Afrique subsaharienne.

constaté une augmentation du nombre de citoyens pauvres au cours du boom, signalée dans le graphique 2.5 par la ligne orange en trait plein : ce chiffre est passé de 280 millions de personnes vivant dans une pauvreté extrême en 2003 à plus de 310 millions en 2019.

Bien que la flambée des cours des matières premières ait conduit à des entrées de capitaux importantes dans les économies africaines grâce aux exportations des compagnies exploitant les ressources naturelles, ainsi qu'aux recettes publiques générées par les parts de production, les redevances et autres taxes du secteur des ressources naturelles, ces apports de capitaux n'ont pas permis de réduire efficacement la pauvreté et les inégalités. En outre, l'impact du changement climatique sur les revenus et sur la consommation réelle pourrait faire tomber dans la pauvreté davantage d'Africains encore (Jafino *et al.*, 2020). L'éradication de la pauvreté est ainsi en train de devenir un problème beaucoup trop associé aux pays riches en ressources du continent africain.

Dans le même temps, les pays africains pauvres en ressources ont constaté une légère augmentation du nombre d'habitants pauvres dans leur pays, qui est passé de 110 millions à plus de 113 millions sur la même période ; cette augmentation est en partie causée par le fait que le taux de pauvreté moyen plus élevé des pays d'Afrique subsaharienne riches en ressources n'a pas convergé avec les taux de pauvreté des pays d'Afrique subsaharienne pauvres en ressources. Elle a également été causée par une croissance démographique élevée dans ces pays riches en ressources ; par exemple, selon les données de la Division de la population des Nations Unies, l'indice de fécondité s'établissait en moyenne au cours du boom à 5,9 au Nigeria et à 6,5 en République démocratique du Congo, contre 4,7 au Rwanda et 2,6 en Afrique du Sud. Par conséquent, le nombre total de pauvres au niveau mondial se concentre de plus en plus dans les pays d'Afrique subsaharienne riches en ressources : la région devrait comptabiliser plus de 60 % des habitants pauvres de la planète en 2030 (graphique 2.4).

Entre le début et la fin du boom, le nombre d'habitants pauvres a augmenté dans la moitié des pays riches en ressources d'Afrique subsaharienne. Le graphique 2.6 indique le nombre d'habitants pauvres avant et après le boom. Les pays situés à gauche de la diagonale sont des pays où le nombre d'habitants pauvres a augmenté entre le début et la fin du boom. Douze des 24 pays

Graphique 2.6 Nombre d'habitants pauvres dans les pays d'Afrique subsaharienne, comparaison entre 2003 et 2014

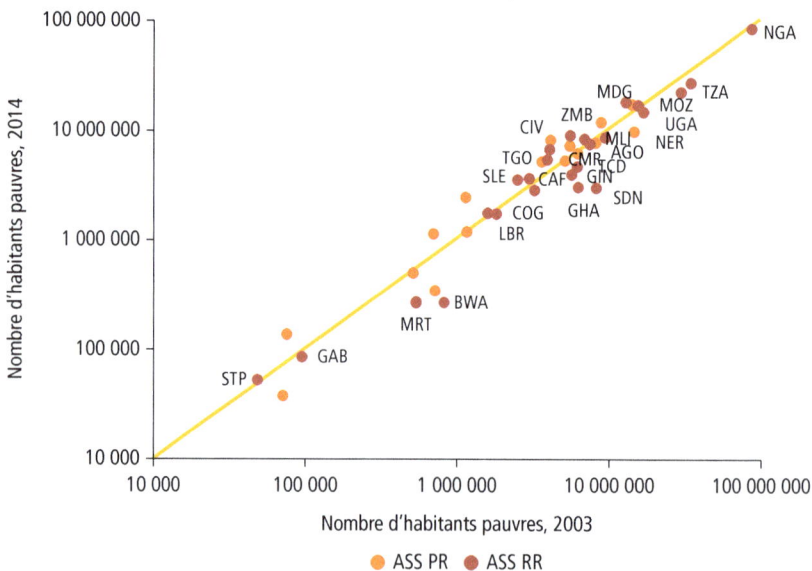

Source : données issues de la plateforme PovcalNet de la Banque mondiale.
Remarque : les pays où la pauvreté a augmenté se situent au-dessus de la diagonale. Nombre de personnes pauvres vivant avec moins de 1,90 dollars US par jour (2011, PPA). Lorsque des données étaient manquantes concernant la pauvreté en 2003 et 2004, elles ont été remplacées par la valeur de l'année précédente la plus proche. RR = riche en ressources ; ASS = Afrique subsaharienne.

riches en ressources disposant de données disponibles concernant la pauvreté indiquent une augmentation du nombre d'habitants pauvres en Côte d'Ivoire, à Madagascar et en Zambie. Plusieurs pays riches en ressources, comme le Ghana, la Tanzanie et l'Ouganda, ont réussi à réduire leurs niveaux de pauvreté au cours de la même période[3]. De programmes de protection sociale, tels que des allocations sociales et des prestations de retraite, font partie des nouveaux dispositifs de lutte contre la pauvreté.

La pauvreté devrait continuer à s'accentuer du fait de la pandémie de coronavirus et des conséquences du changement climatique. L'économie des pays d'Afrique subsaharienne peine à se rétablir après le ralentissement que la pandémie a provoqué dans l'activité économique mondiale, les interruptions constantes des chaînes d'approvisionnement, les foyers de nouveaux variants du Covid-19, les niveaux élevés d'inflation, ainsi que le risque grandissant associé à des niveaux d'endettement élevés. La lenteur de ce rétablissement a déjà eu un impact sur la pauvreté dans la région en faisant augmenter le nombre d'habitants pauvres davantage qu'en 2015 (graphique 2.7). Il a été prévu que la croissance économique allait diminuer en 2022 avec le cumul de différents chocs (Zeufack *et al.*, 2022). Le changement climatique va avoir un impact négatif sur la productivité agricole, ce qui va faire augmenter le prix des denrées, l'insécurité alimentaire, ainsi que la part des dépenses des ménages consacrées à la consommation alimentaire (Jafino *et al.*, 2020). Les populations les plus pauvres sont les plus exposées à ces chocs. Les dispositifs de protection sociale destinés à soutenir les plus vulnérables sont cruciaux pour permettre de réduire la pauvreté. Le changement climatique pourrait cependant avoir un impact important sur la pauvreté au niveau mondial et faire augmenter le nombre d'habitants pauvres de la région. Jafino *et al.* (2020) ont identifié cinq impacts du changement climatique susceptibles de faire tomber davantage de personnes dans la pauvreté, au niveau mondial et tout particulièrement en Afrique subsaharienne. Le premier impact concerne la productivité agricole et les prix. Celui-ci peut être particulièrement important lorsqu'un nombre élevé d'habitants dépend du secteur agricole ou travaille dans ce secteur. Le deuxième impact concerne le montant des dépenses des ménages consacrées à la consommation alimentaire. Le troisième impact concerne l'exposition aux catastrophes naturelles, telles que les cyclones, les inondations et les sécheresses, ainsi que les pertes qu'elles peuvent occasionner. Le quatrième impact concerne la productivité du travail pour les personnes qui travaillent en extérieur et dont les revenus annuels peuvent baisser en raison de conditions climatiques extrêmes. Le cinquième impact du changement climatique, enfin, concerne la malnutrition chronique et les maladies, notamment le paludisme et la diarrhée. Les pays riches en ressources sont vulnérables aux changements climatiques, c'est pourquoi ces impacts pourraient entraîner des prévisions des taux de pauvreté plus élevées.

Graphique 2.7 **Évolution passée et projections du nombre de personnes pauvres à l'échelle mondiale, 1995-2030**

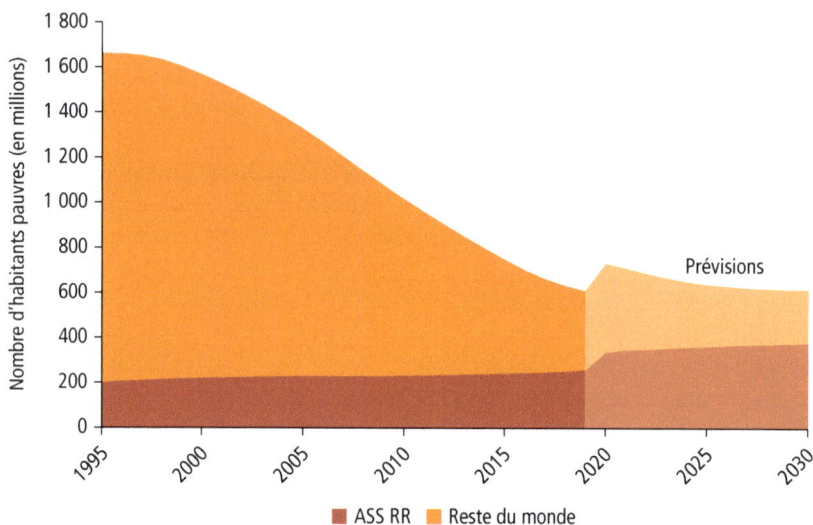

Source : calculs basés sur les données de Lakner *et al.* (2021) et autres estimations des équipes.
Remarque : la projection du nombre d'habitants pauvres vivant avec moins de 1,90 $ par jour prend en compte les impacts du Covid-19 (coronavirus).
Le graphique utilise les cours internationaux de 2011. Les années ultérieures à 2020 correspondent à des projections. RR = riche en ressources ; ASS = Afrique subsaharienne.

D'autres projections sont encore plus inquiétantes, notamment le fait que d'ici 2030, même en ajustant les chiffres nationaux en fonction des impacts de la pandémie, 80 % des habitants pauvres de la planète devraient résider en Afrique subsaharienne, et 75 % dans des pays riches en ressources. Additionnés, 62 % des personnes en situation d'extrême pauvreté pourraient se concentrer dans des pays d'Afrique subsaharienne riches en ressources naturelles, alors que ce chiffre s'élevait à seulement 13 % en l'an 2000 (Cust, Rivera-Ballesteros et Zeufack, 2022).

Constat 3 : Les inégalités persistent dans les pays riches en ressources d'Afrique subsaharienne

Comme c'est le cas avec la pauvreté, la moitié des pays ont constaté une augmentation des inégalités de revenus entre le début et la fin du boom. La majorité des pays riches en ressources pour lesquels les données de l'indice Gini sont disponibles (soit 10 sur 18), notamment le Mozambique, la Tanzanie et la Zambie, présentaient une aggravation de leur indicateurs d'inégalité en 2014 par rapport à 2003, c'est-à-dire une augmentation de leur coefficient Gini. Le graphique 2.8 compare les niveaux d'inégalités avant le boom (2003) à ceux à la fin du boom (2014), les pays à gauche de la diagonale ayant connu une détérioration de leur coefficient Gini au cours du boom. Cependant, certains pays riches en ressources sont parvenus à réduire les inégalités, comme c'est le cas du Botswana et de l'Ouganda. Par exemple, entre l'année de son indépendance et la période du boom, le Botswana a réussi à rediriger les rentes issues des ressources naturelles vers l'inscription d'adultes âgés de 25 ans et plus dans l'enseignement secondaire. Le succès de ces politiques publiques, qui visent à convertir les dotations en ressources en capital humain, peut en partie expliquer les dynamiques positives observées en matière de réduction de la pauvreté et des inégalités au cours de la période du boom.

Graphique 2.8 Coefficients Gini en Afrique subsaharienne, comparaison entre la période ayant précédé le boom (2014) et la fin du boom (2014)

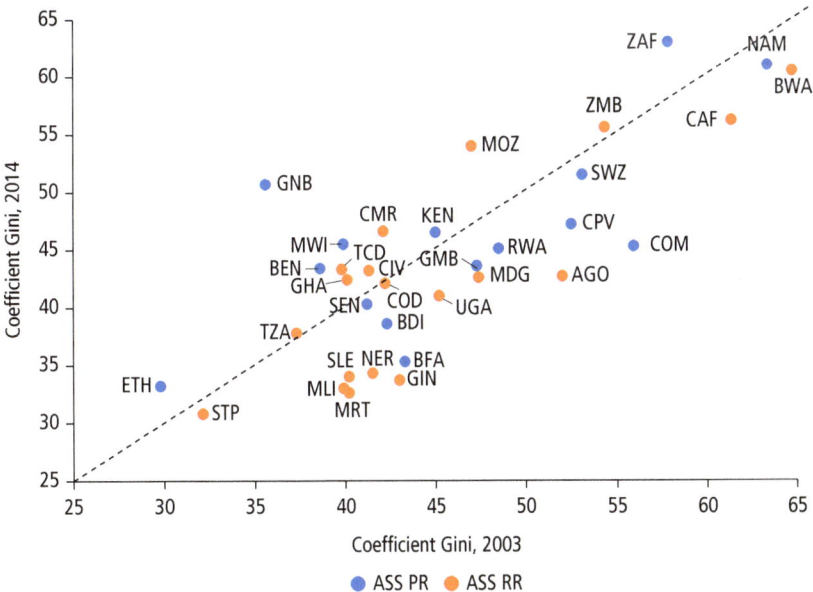

Source : calculs basés sur les données de la Banque mondiale et le Chartbook of Economic Inequality https://www.chartbookofeconomicinequality.com/.
Remarque : les inégalités ont augmenté dans les pays situés au-dessus de la diagonale. Lorsque la valeur du coefficient Gini était manquante en 2003 et 2004, celle-ci a été remplacée par la valeur de l'année précédente la plus proche. RR = riche en ressources ; ASS = Afrique subsaharienne.

Graphique 2.9 Évolution du coefficient Gini dans les pays d'Afrique subsaharienne, comparaison entre la période précédant le boom et la fin du boom

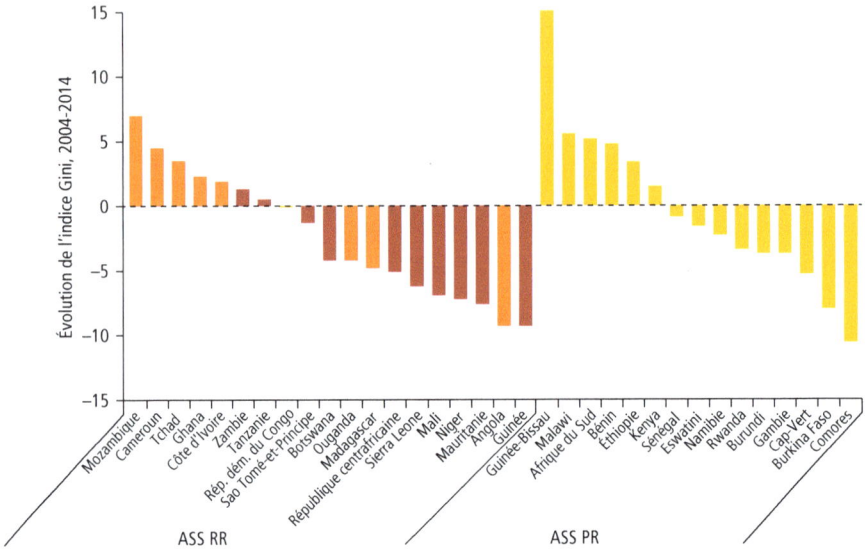

Source : basé sur les données de la plateforme Pauvreté et inégalités (PIP)de la Banque mondiale (https://pip. worldbank.org/home).
Remarque : ce graphique indique les indices Gini pour l'année 2014 ou l'année la plus proche pour laquelle des données étaient disponibles, moins la valeur de l'indice Gini de l'année 2004 ou de l'année la plus proche pour laquelle des données étaient disponibles. Les barres orange désignent les pays riches en combustibles fossiles et les barres rouges aux pays riches en minerai, selon les définitions du FMI (2012). Une diminution du coefficient Gini correspond à une réduction des inégalités de revenus au sein de la population d'un pays. RR = riche en ressources ; ASS = Afrique subsaharienne.

Dans certains pays riches en minerai, comme la Guinée et la Mauritanie, les inégalités ont nettement baissé au cours de ces années de flambée des prix, tandis que chez d'autres grands producteurs de pétrole, comme le Cameroun et le Tchad, les inégalités de revenus ont augmenté (graphique 2.9).

Constat 4 : En dépit de recettes importantes au cours du boom, les pays riches en ressources d'Afrique subsaharienne ne sont pas parvenus à diversifier leurs économies

Si les performances économiques globales étaient élevées au cours du boom, elles n'ont pas duré à la fin de celui-ci. Dans les pays riches en ressource, la croissance économique a augmenté pendant la période du boom, stimulée par les exportations de ressources naturelles ainsi que par l'augmentation des recettes publiques. Cependant, une fois soustraite la contribution d'un secteur des ressources naturelles en plein boom, la croissance économique de ces pays n'était guère meilleure que dans le reste du continent africain. Cette état de fait met en lumière la prépondérance du secteur des ressources naturelles parmi les facteurs de croissance économique, tout en révélant une incapacité à traduire un boom économique en une prospérité économique mieux étayée. Le ralentissement des taux de croissance à la suite de la baisse des cours des matières premières a été la preuve la plus flagrante que le boom économique était trop limité et qu'il ne pouvait durer. Lors de la période ayant suivi le boom, la croissance annuelle du PIB par habitant des pays riches en ressources a été en moyenne 2,5 points de pourcentage inférieure à celle des pays pauvres en ressources naturelles de la même région.

Concentration économique : Une croissance limitée dans les secteurs non spécifiques aux ressources naturelles

Les décideurs politiques ont chercher à surfer sur le boom pour que les investissements et les revenus débouchent sur une transformation économique plus générale. Cet objectif s'est traduit par l'établissement de politiques de contenu local et des restrictions à l'exportation destinées à augmenter la création de valeur ajoutée au niveau national, afin de développer l'intégration dans les chaînes de valeur. Les pays avaient également l'occasion de stimuler la croissance des exportations du secteur manufacturier et d'autres secteurs économiques non extractifs. Cette diversification économique, qui se concentrait sur une diversification des exportations, a été un objectif économique privilégié au cours de cette période. Cependant, peu de changements ont été constatés au niveau de la composition sectorielle générale des exportations dans les économies riches en ressources, en dehors d'une hausse du secteur des ressources naturelles et d'une compression des exportations agricoles (graphique 2.10).

Les données disponibles indiquent que dans 11 des 23 pays riches en ressources d'Afrique subsaharienne, la concentration économique a augmenté[4]. Le graphique 2.11 détaille les résultats par pays : dans ceux situés à gauche de la diagonale, le ratio du PIB des ressources naturelles sur le PIB hors ressources naturelles a augmenté après le boom, ce qui signifie que la concentration économique dans le secteur des ressources avait augmenté à la fin du boom. Des pays comme le Tchad, la République démocratique du Congo et la Zambie appartenaient à cette catégorie. Le Botswana, le Nigéria et 10 autres pays riches en ressources naturelles sont en revanche parvenus à réduire leur concentration économique. Au Botswana, par exemple, la contribution du secteur manufacturier au PIB a augmenté, passant de 6 % en 2004 à 8 % en 2014.

Graphique 2.10 Répartition par secteur des exportations de l'Afrique subsaharienne, moyennes avant, pendant et après le boom

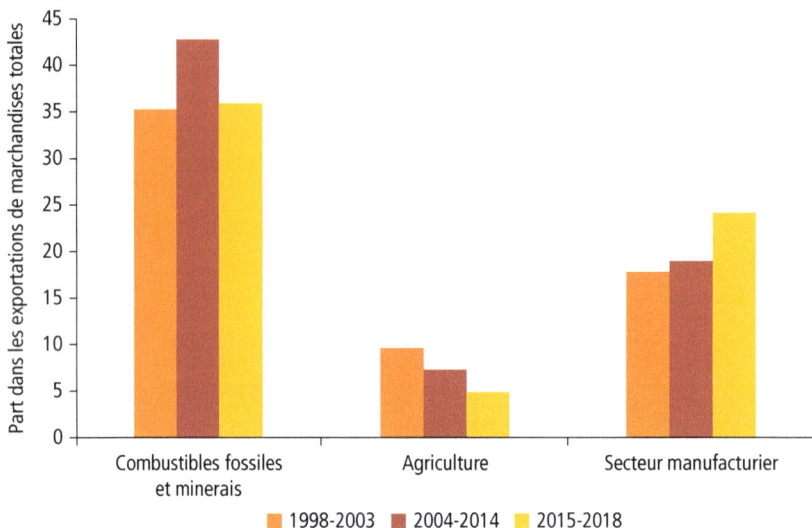

Source : estimations basées sur les données de la plateforme World Integrated Trade Solution de la base de données Comtrade de la Division des statistiques des Nations Unies.
Remarque : le graphique indique la part de chaque secteur dans la valeur totale des exportations de marchandises en dans les pays riches en ressources d'Afrique subsaharienne ;moyennes sur la période avant le boom (1998-2003), pendant le boom (2004-2014) et après le boom (2015-2018).

Concentration des exportations : une augmentation de la concentration favorisée par le boom

L'une des recommandations clés pour les pays riches en ressources consiste à exploiter l'opportunité représentée par un boom afin de favoriser l'établissement d'une économie plus diversifiée. Cela peut permettre de réduire l'exposition à la volatilité des prix et aux risques associés, tout en déplaçant l'économie plus en aval de la chaîne de valeur et ainsi augmenter la création de valeur ajoutée, ainsi qu'en redirigeant l'économie vers un secteur manufacturier d'exportation à forte demande de main-d'œuvre ou vers d'autres secteurs en dehors du secteur des ressources naturelles. La diversification constitue une protection contre l'épuisement des réserves de ressources naturelles ; dans le cas des hydrocarbures, il peut s'agir d'une garantie face à l'abandon futur de la consommation de combustibles fossiles stimulée par les technologies énergétiques alternatives et la taxation des émissions de carbone (Cust, Manley et Cecchinato, 2017).

Graphique 2.11 **Ratio du PIB des ressources naturelles sur le PIB hors ressources naturelles dans les pays d'Afrique subsaharienne, comparaison entre les moyennes des périodes 1998-2003 et 2014-2018**

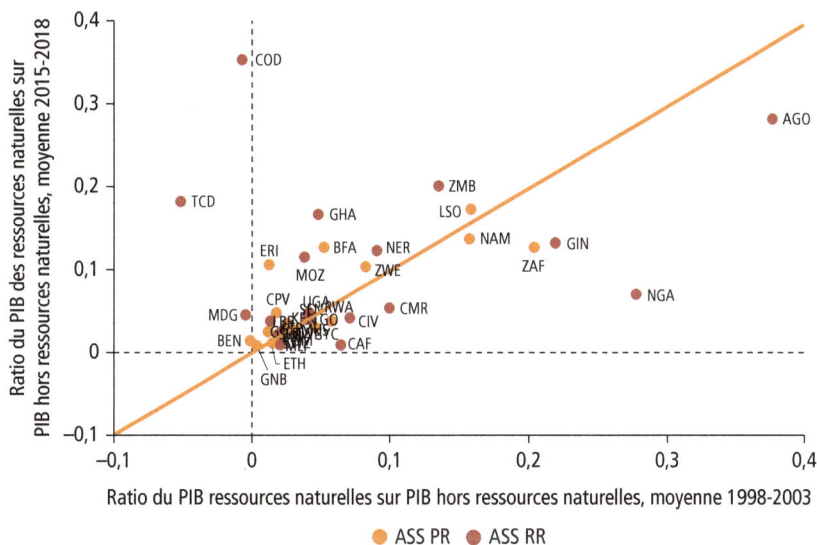

Source : Cust, Rivera-Ballesteros et Zeufack, 2022.
Remarque : le PIB des ressources naturelles correspond au PIB attribuable aux activités extractives, ce qui inclut l'extraction de métaux et de minerais, ainsi que l'extraction de pétrole brut et de gaz. Dans les pays situés au-dessus de la diagonale, la croissance de leur PIB des ressources naturelles a été supérieure à celle du PIB hors ressources naturelles après le boom. Le Botswana, la République du Congo, la Guinée équatoriale et le Gabon ne sont pas représentés sur le graphique. Leurs ratios au cours de la période 1998-2003 étaient respectivement de 0,7, 0,4, 1,1 et 3,3. Leurs ratios au cours de la période 2014-2018 étaient respectivement de 0,2, 0,4 et 0,6. RR = riche en ressources ; ASS = Afrique subsaharienne.

Bien que de nombreux pays aient misé de façon active sur des stratégies de diversification au cours de leurs booms des ressources naturelles, le bilan est médiocre. Pour de nombreux pays riches en pétrole, y compris en Afrique, le boom s'est accompagné d'une augmentation de la concentration des exportations. Certaines régions, cependant, ont réussi à diversifier quelque peu leur économie, notamment dans certains pays d'Amérique latine et d'Asie du Sud-Est, selon Ross (2017). Ross démontre que sur quatre des huit cas où des économies riches en pétrole ont réussi à diversifier leur économie au cours de périodes où le cours du pétrole était élevé, les ressources du pays étaient bientôt épuisées, ou bien que des sanctions économiques avaient été imposées de l'extérieur.

La majorité des pays d'Afrique riches en ressources qui mesuraient la diversification de leurs économies ont indiqué une augmentation de la concentration de leurs exportations (14 sur 24 se situaient à gauche de la diagonale). Le graphique 2.12 illustre les performances des économies africaines en matière de diversification des exportations. Les pays situés à droite de la ligne à 45 degrés ont augmenté la diversification des exportations tardivement au cours de la période du boom (2006-2010) par rapport à la période précédant le boom (1998-2003). À titre d'exemple, cette concentration a augmenté au Tchad et au Soudan, tandis que la Tanzanie et l'Ouganda ont réussi à diversifier leurs exportations. Cette situation de hausse de la concentration des exportations dans le secteur des ressources naturelles ne se limite pas à l'Afrique. D'abord modélisé par Corden et Neary (1982), ce phénomène s'est popularisé sous le nom de syndrome hollandais. Harding et Venables (2016) constatent que pour chaque dollar supplémentaire de recettes provenant des ressources naturelles, les pays ont tendance à observer une diminution des exportations non liées aux ressources de 0,75 dollar US.

Graphique 2.12 Indice de diversification des exportations des pays d'Afrique subsaharienne, comparaison entre les moyennes des périodes 1998-2003 et 2006-2010

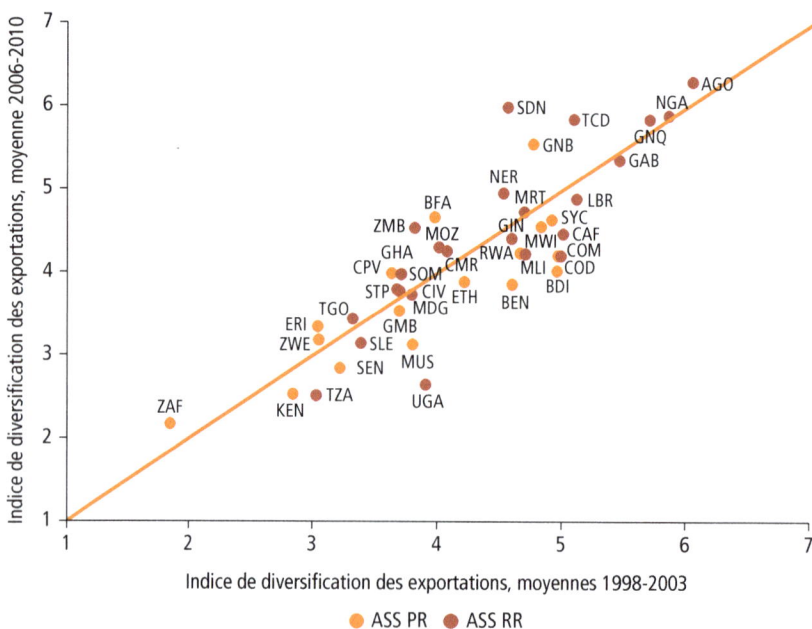

Source : Cust, Rivera-Ballesteros et Zeufack, 2022.
Remarque : Un indice plus faible correspond à une plus grande diversification ; 2010 est l'année la plus récente pour laquelle des données sont disponibles. RR = riche en ressources ; PR = pauvre en ressources ; ASS = Afrique subsaharienne.

Concentration des actifs : qu'est-il advenu de la richesse des nations ?

Le processus d'extraction des ressources a comme impact premier de réduire la richesse générale d'un pays en épuisant son stock de capital naturel fini et non renouvelable. Cependant, les pays peuvent utiliser les bénéfices générés par cet épuisement afin d'accumuler d'autres formes de capital, par exemple en construisant des infrastructures physiques ou en investissant dans le capital humain via des améliorations de l'éducation et de la santé de ses citoyens. Dans le même temps, le stock de capital naturel peut également augmenter en raison d'une hausse des prix qui s'appliquent aux réserves restantes de ressources naturelles, ou bien du fait de nouvelles découvertes, certaines dans le cadre du processus de découverte liée à l'extraction.

Au cours de la décennie d'expansion, le stock de richesses totales a augmenté de manière générale dans les pays d'Afrique riches en ressources. Ainsi, en tenant compte d'effets de prix, la valeur totale des stocks nationaux de richesses humaines, de capital productif et d'actifs naturels a augmenté. Le graphique 2.13 signale cette tendance pour les pays africains, en exprimant des valeurs par habitant.

Les stocks de richesses totales ont augmenté en moyenne de 4190 dollars US par personne en Afrique subsaharienne au cours de cette période. Le Gabon était l'un des pays qui se démarquaient de la tendance générale : du fait d'une combinaison entre un épuisement important de ses réserves pétrolières et d'une

Graphique 2.13 Évolution de la richesse totale par habitant dans les pays d'Afrique subsaharienne, 2004-2014

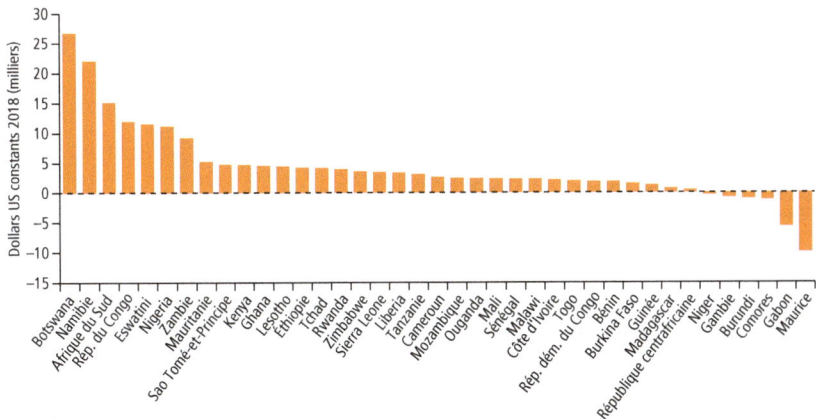

Source : Cust, Rivera-Ballesteros et Zeufack, 2022.

croissance démographique importante, la richesse par habitant a baissé sur la période 2004-2014. Certains pays comme le Botswana et la Namibie ont ainsi ajouté plus de 20 000 dollars US par personne à leurs richesses nationales totales pendant cette décennie. Cependant, une augmentation de la richesse par habitant ne se traduira pas forcément par une réduction des inégalités ; en dépit de la croissance de ses richesses nationales, la Namibie occupe la deuxième place au niveau mondial en matière d'inégalités de revenus.

L'accumulation d'actifs en remplacement à l'épuisement d'un autre actif constitue un principe clé pour assurer une gestion prudente des ressources naturelles. Selon ce principe, connu sous le nom de « règle de Hartwick » (Hartwick, 1977), la durabilité économique passe par le remplacement d'un actif naturel non renouvelable par un actif productif de substitution, afin de compenser l'épuisement du capital naturel. Ce capital de substitution peut prendre la forme de capital physique, financier ou humain.

Le taux d'épargne nette ajustée, calculé et publié par la Banque mondiale, constitue un indicateur précieux pour évaluer l'accumulation d'actifs de compensation par un pays. Les pays riches en ressources naturelles, compte tenu du degré élevé d'épuisement des ressources associé à leur extraction, sont davantage susceptibles de présenter un taux négatif d'épargne nette ajustée. Le taux impliqué d'accumulation de capital augmente parallèlement au taux et à la valeur de l'actif épuisable ; en d'autres termes, ces pays doivent accroître leurs économies et leurs investissements de manière proportionnellement car leurs revenus sont issus de l'épuisement d'un actif. Malheureusement, pendant le boom, la relation entre la richesse en ressources, mesurée par la part des rentes dans le PIB, a été associée négativement aux taux d'épargne nette ajustée des pays, comme le montre le graphique 2.14 En Afrique, dans de nombreux pays présentant les niveaux d'épuisement les plus élevés (mesurés par les rentes tirées de l'exploitation), les taux d'épargne nette ajustées sont bas et négatifs : les réserves globales d'actifs diminuent ainsi dans le pays, et consomment une partie importante de cette valeur. Cette tendance révèle que les pays accordent la priorité à la consommation au détriment du PIB futur, réduisant de fait les actifs disponibles pour les générations à venir.

Une étude réalisée par la Banque mondiale (2019) indique que les taux négatifs d'épargne nette ajustée constatés dans la région de l'Afrique australe s'expliquent principalement par la dépréciation d'actifs, et non par leur épuisement. Parallèlement à l'augmentation de l'intensité capitalistique du secteur minier, celui-ci va absorber une grande partie de l'épargne nationale pour la réinvestir et composer la dépréciation des actifs. Plus l'investissement de capital est élevé, plus les actifs sont dépréciés et plus il devient nécessaire d'investir les sommes épargnées afin d'assurer la rentabilité de ces actifs. La recherche de Venable (2016) analyse ce phénomène.

Graphique 2.14 Part moyenne de l'épargne nette ajustée dans le RNB et part moyenne des rentes tirées des ressources naturelles dans le PIB en Afrique subsaharienne pendant le boom (2004-2014)

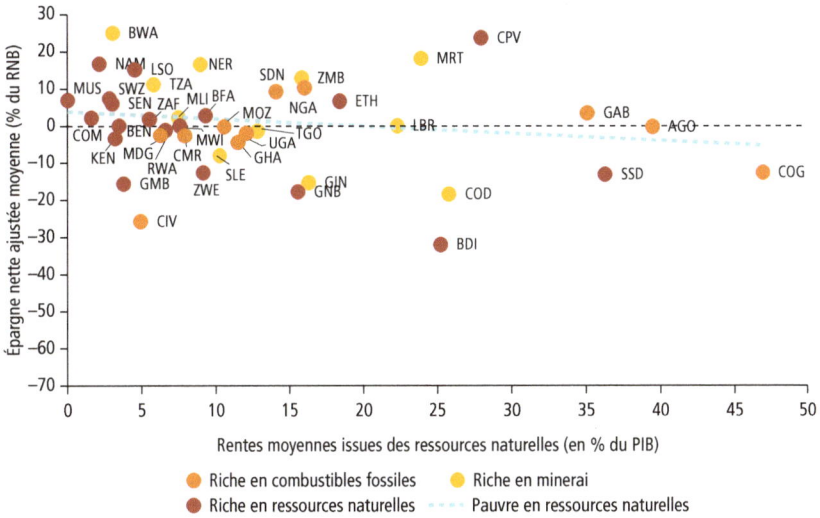

Source : Cust, Rivera-Ballesteros et Zeufack, 2022.
Remarque : Ligne pointillée = régression linéaire pour les pays d'ASS riches en ressources. PIB = produit intérieur brut ; RNB = revenu national brut. La classification du FMI (2012) a été appliquée pour définir les pays comme riches ou pauvres en ressources naturelles.

Les investissements dans le capital humain et le capital physique peuvent améliorer l'épargne nette ajustée et réduire la pauvreté ainsi que les inégalités dans un contexte de mécanisation. Le secteur minier est devenu un secteur à intensité capitalistique de plus en plus forte ; de ce fait, la majorité des rendements se concentrent sur le capital. Les investissements dans le capital humain, en particulier la scolarité et les compétences professionnelles, ainsi que dans le capital physique, en particulier les infrastructures, peuvent créer un environnement propice à l'établissement d'industries plus diversifiées et générer une main d'œuvre plus productive et en meilleure santé.

Selon les données du rapport de la Banque mondiale relatif à l'évolution des richesses des nations (*Changing Wealth of Nations* ; Banque mondiale, 2021), en 2004, 10 pays d'Afrique subsaharienne détenaient la majorité de leur richesse sous la forme d'actifs naturels et non de capital humain ou productif, ou encore d'actifs nets étrangers. De façon surprenante, le capital naturel était encore l'actif le plus abondant en 2014 dans le même nombre de pays. Seul le Ghana a réduit la part de capital nature dans sa richesse totale à un niveau inférieur au capital humain, tandis qu'au Niger, celle-ci a augmenté. Cela est en grande partie causé par le fait que les pays ont remplacé leurs réserves en diminution par la découverte de nouveaux gisements ; en outre, lorsque les prix augmentent de manière suffisante, la valeur de ces réserves bientôt épuisées augmente, alors même que leur stock baisse, ce qui se traduit par une augmentation de la richesse en capital naturel. Si l'on se concentre exclusivement sur les actifs naturels non renouvelables, sept pays détenaient encore la majorité (plus de 50 %) de leur richesse totale dans des actifs comme le pétrole, le gaz naturel, le charbon, ou encore les métaux et les minerais. En 2014, la richesse totale dans sept de ces pays se concentrait encore dans des ressources naturelles non renouvelables (tableau 2.1). Ces pays étaient les suivants : la République centrafricaine, le Tchad, la République du Congo, le Gabon, la Guinée, le Liberia et le Mali. Selon la *Commission on Growth and Development* (2008, 34), « [une] croissance soutenue et durable exige des investissements importants [...]. À en juger par d'autres exemples de croissance élevée et prolongée, il semble nécessaire que les investissements atteignent au moins 25 % du PIB, en comptabilisant à la fois les dépenses publiques et les dépenses privées. »

Dans les pays riches en ressources naturelles, le boom des ressources ne s'est pas traduit par une transformation importante de la composition du portefeuille d'actifs. En moyenne, les données disponibles pour les pays riches et pauvres et ressources naturelles indiquent que la valeur de la richesses totale par habitant a augmenté entre le début et la fin du boom. Cependant, la composition des actifs n'a que peu changé dans ses proportions. Malgré la hausse de la valeur des actifs non renouvelables dans les pays riches en ressources, la valeur du capital naturel disponible par habitant a augmenté de moins de 2 % et

Tableau 2.1 Capital naturel, capital produit et capital humain par habitant, et part dans la richesse totale, avant et après le boom

	Capital naturel par habitant (part dans la richesse totale en %)		Capital produit par habitant (part dans la richesse totale en %)		Capital humain par habitant (part dans la richesse totale en %)	
	2004	2014	2004	2014	2004	2014
Afrique subsaharienne, pays riches en ressources	5883 (44,0)	5961 (33,0)	3495 (26,1)	4380 (24,2)	6181 (46,2)	10 164 (56,3)
Afrique subsaharienne, pays pauvres en ressources	3 479 (21,3)	3 899 (18,8)	4 285 (26,3)	4 912 (23,7)	8 919 (54,7)	12 419 (60,0)
Exemples :						
Botswana	7847 (15,3)	9 951 (12,8)	13 740 (26,8)	23 750 (30,4)	25 332 (49,4)	40 610 (52,0)
Nigeria	7 811 (36,1)	7 430 (22,7)	4 472 (20,7)	5 308 (16,2)	9 786 (45,2)	20 159 (61,5)

Source : basé sur les données de Banque mondiale, 2021.
Remarque : les valeurs du capital naturel, produit et humain sont exprimées en milliers de dollars US constants de 2018.

a continué a représenter la deuxième source de richesse la plus importante. La croissance du capital naturel par habitant dans les pays pauvres en ressources a été elle aussi limitée, stagnant à environ 20 % de la richesse totale (cf. tableau 2.1 et graphique 2.15).

Graphique 2.15 **Composition de la richesse par habitant en Afrique subsaharienne, comparaison entre 2004 et 2014**

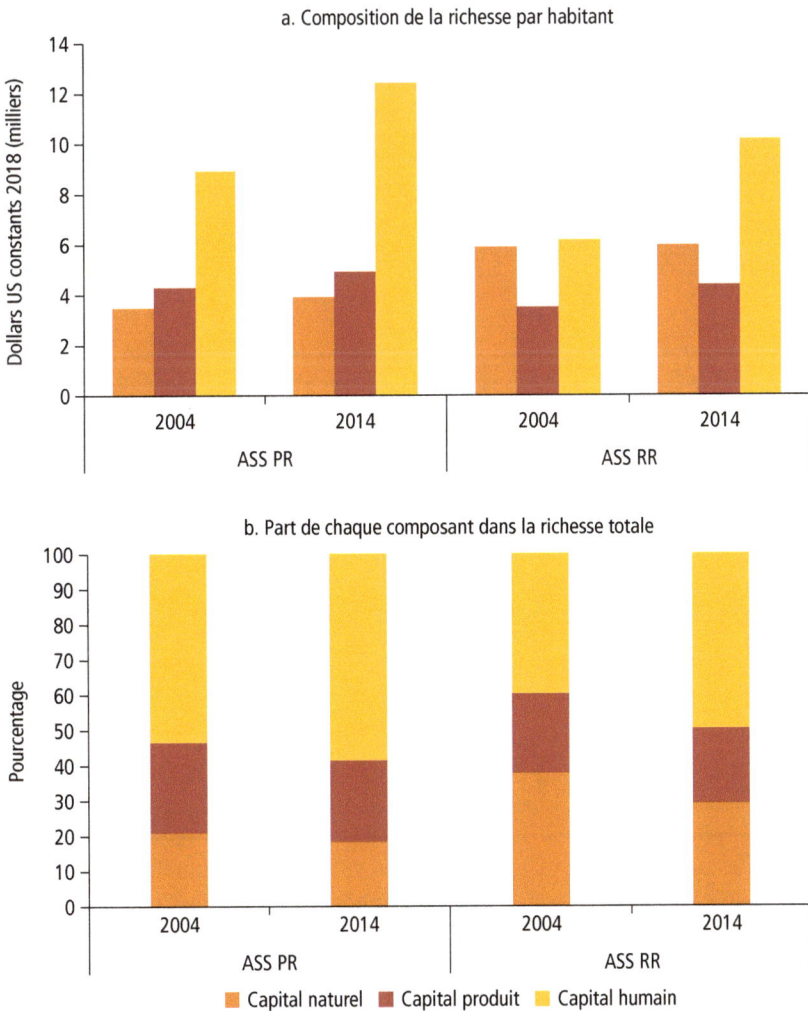

a. Composition de la richesse par habitant

b. Part de chaque composant dans la richesse totale

■ Capital naturel   ■ Capital produit   ■ Capital humain

Source : basé sur les données de *L'Évolution des richesses des nations 2021* (Banque mondiale, 2021).
Remarque : les actifs nets étrangers ne sont pas inclus dans le graphique. RR = riche en ressources ; ASS = Afrique subsaharienne.

Les responsables politiques des pays riches en ressources pourraient rencontrer davantage de succès en misant sur une diversification des actifs plutôt que sur une diversification des exportations. La diversification du portefeuille d'actifs constitue une étape importante vers une croissance durable et constitue une option plus réaliste pour les pays riches en ressources que la diversification traditionnelle des exportations, en raison de la pression exercée par le syndrome hollandais (Cust et Rivera-Ballesteros, 2021). Le rapport sur l'évolution des richesses des nations (*The Changing Wealth of Nations 2021* indique qu'une politique potentiellement efficace pour générer une croissance économique durable consisterait à investir dans le développement du capital physique et du capital humain, plutôt que de diversifier les exportations. Cette recommandation se fonde sur des recherches antérieures ayant analysé les bénéfices d'une diversification du portefeuille, notamment *Diversification and Cooperation Strategies in a Decarbonizing World* (Peszko, van der Mensbrugghe et Golub, 2020), « Economic Diversification for a Sustainable and Resilient GCC » (Ollero et al, 2019), et *Diversified Development* (Gill *et al.*, 2014).

Constat 5 : la gouvernance est un facteur qui détermine fortement les résultats des pays riches en ressources

Le boom aurait pu être l'occasion, pour les pays riches en ressources, de mobiliser des ressources économiques afin d'établir des institutions plus solides, capables de sécuriser les revenus épargnés et de les protéger des brusques fluctuations des cours, dans un contexte de grande volatilité du marché des matières premières. Cependant, les données indiquent que ces pays n'ont pas saisi l'opportunité qui se présentait ; bien au contraire, certains indicateurs relatifs à la qualité des institutions se sont effondrés. En comparant différentes catégories d'indicateurs de la gouvernance dans le monde (WGI) entre pays africains riches et pauvres en ressources naturelles, on constate qu'en moyenne, les performances de ces derniers sont nettement supérieures à celles de leurs homologues riches en ressources. Les données indiquent que les perceptions relatives aux catégories « voix citoyenne et responsabilité » et « État de droit » ont baissé pendant et après le boom dans les pays riches en ressources. Dans le même temps, les quatre autres catégories (maîtrise de la corruption, efficacité des pouvoirs publics, environnement réglementaire et stabilité politique) ne se sont que très légèrement améliorées dans les pays africains riches en ressources naturelles par rapport aux pays pauvres en ressources (graphique 2.16). La catégorie où l'écart est le plus grand entre les deux groupes concerne la perception de la maîtrise de la corruption, ce qui correspond aux constats de Konte et Vincent (2020). Dans le groupe des pays riches en ressources naturelles, certains pays

Graphique 2.16 Indicateurs indexés de la gouvernance dans le monde : moyenne sur la période dans les pays africains riches et pauvres en ressources naturelles

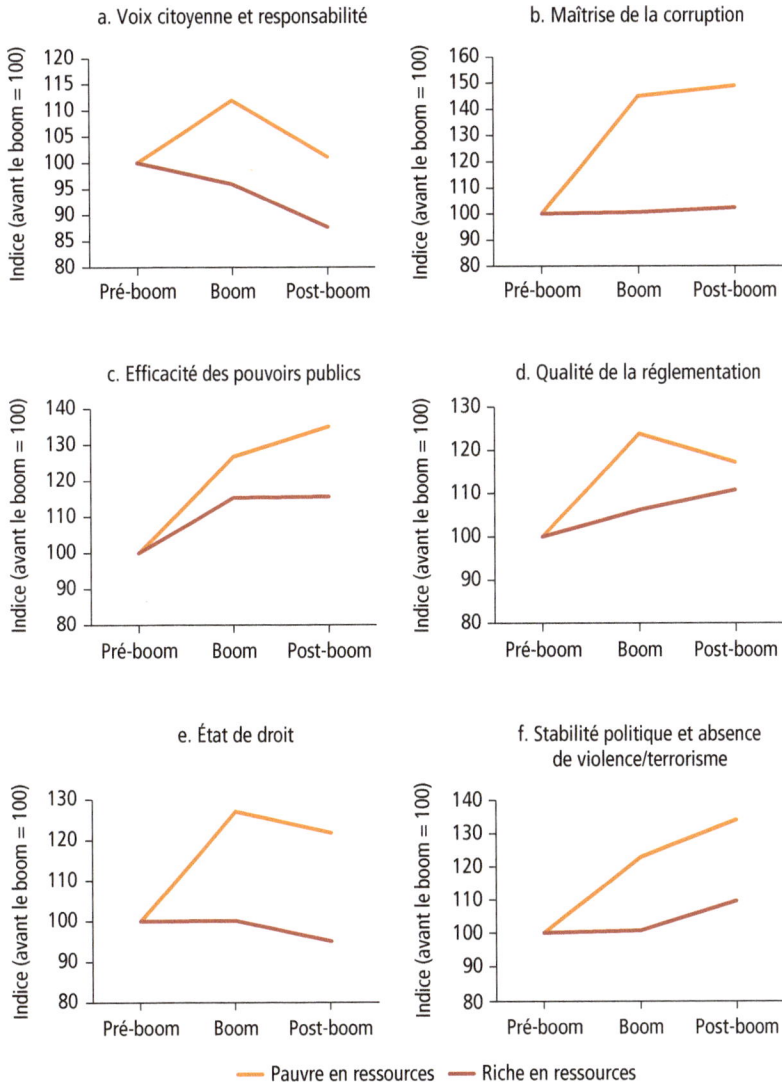

a. Voix citoyenne et responsabilité

b. Maîtrise de la corruption

c. Efficacité des pouvoirs publics

d. Qualité de la réglementation

e. État de droit

f. Stabilité politique et absence de violence/terrorisme

—— Pauvre en ressources   —— Riche en ressources

Source : basé sur les données de Kaufmann, Kraay et Mastruzzi, 2010.

présentaient des résultats moins bons que les autres. Dans certains pays riches en ressources, notamment la République centrafricaine et le Mali, dans lesquels les gisements d'or et de diamants ont pu entraîner des comportements de recherche de rentes, les indicateurs d'au moins cinq catégories de gouvernance ont baissé. Dans le même temps, certains pays riches en minerai et en pétrole ont légèrement amélioré leurs mesures visant à établir une bonne gouvernance. Par exemple, même si ces pays partaient de très bas, l'Angola, le Liberia et la Sierra Leone ont amélioré leur score dans les six catégories depuis la fin du boom, en profitant d'une meilleure stabilité politique, de l'absence de violence et d'une amélioration de l'indicateur « voix citoyenne et responsabilité ». D'un autre côté, certains pays comme le Botswana et le Ghana ont présenté des scores constamment positifs (graphique 2.17).

La corruption effective, mesurée par l'incidence de pots-de-vin au niveau local et le sentiment de méfiance envers les fonctionnaires municipaux, amplifie les impacts négatifs que représente la proximité géographique avec une mine active. Mehlum, Moene et Torvik (2006) font le constat que dans les pays disposant de ressources naturelles en abondance, des institutions favorables aux activités de prédation (*grabber-friendly*)[5] font baisser les niveaux de revenu, tandis que les institutions favorables aux activités productives (*producer-friendly*) font augmenter les revenus. Boschini, Pettersson et Roine (2003) constatent quant à eux que les problèmes de gouvernance, comme la recherche d'un avantage personnel et les conflits d'intérêts, peuvent être résolus par des institutions de qualité. Les analyses tendent cependant à indiquer que les rentes des ressources peuvent progressivement affaiblir les garde-fous existants (Collier et Hoeffler, 2009), en menaçant les budgets des gouvernements ainsi que la qualité des investissements. Ainsi, Arezki et Brückner (2011) dressent comme conclusion que les pays riches en ressources disposant d'institutions politiques et économiques plus solides présentent en moyenne des performances macroéconomiques plus élevées. Par exemple, les politiques fiscales des pays où les institutions sont plus faibles sont le plus souvent de nature procyclique, ce qui peut compliquer la planification fiscale dans un contexte de volatilité des prix et d'épuisement des ressources naturelles (FMI, 2012).

Encadrer les nouvelles découvertes et gérer les attentes : le risque d'une malédiction des ressources annoncées

L'hypothèse d'une « malédiction des ressources annoncées », formulée pour la première fois par Cust et Mihalyi (2017), met en lumière les risques auxquels sont confrontés les pays où des gisements importants ont été découverts récemment. Cette recherche révélait que certains pays où avaient eu lieu des découvertes de gisements importants étaient passés par un « boom des attentes »,

Graphique 2.17 Évolution des scores moyens des indicateurs de gouvernance dans le monde, par pays d'Afrique subsaharienne riche en ressources, entre les périodes 1998-2003 et 2015-2018

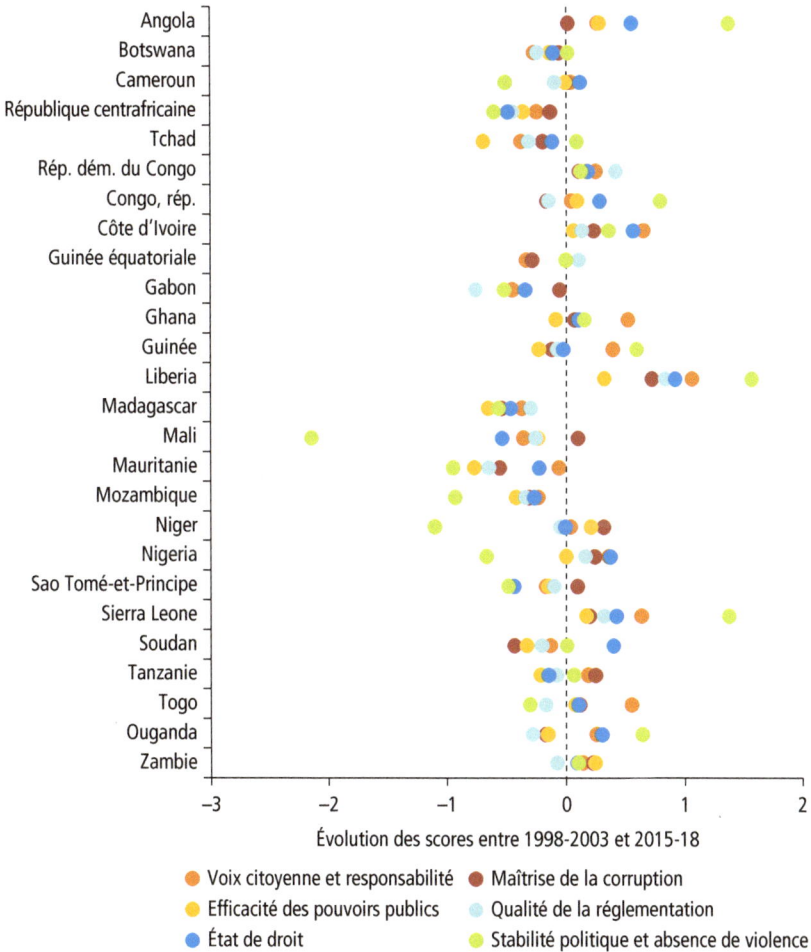

Source : basé sur les données de Kaufmann, Kraay et Mastruzzi, 2010.

suivi par des niveaux de croissance décevants. Dans le même temps, l'accès au marché des Eurobond a fourni à de nombreux pays d'Afrique subsaharienne de nouvelles opportunités pour émettre des obligations souveraines aux taux du marché et mobiliser à cette fin les richesses tirées des ressources naturelles. Associée à l'incertitude planant sur les cours des matières premières, ces emprunts peuvent augmenter le risque de défaut, tout particulièrement si les investissements ne sont pas consacrés à des projets à rendements élevés. Un optimisme excessif quant aux taux de croissance futurs, aux niveaux de recettes ou à la vitesse de développement des projets peut exacerber comportements risqués, particulièrement si cet optimisme est partagé par les citoyens, les gouvernements et les institutions financières internationales, les agences de notation du risque de crédit et les acteurs du marché.

De surcroît, la dilapidation des ressources lors du dernier boom des matières premières a intensifié les pressions en faveur d'un soi-disant nationalisme des ressources et de politiques protectionnistes. Certains pays ont voulu renégocier leurs contrats ou bien effectuer une révision réglementaire des dispositions fiscales. D'autres ont dû faire face à des projets retardés ou suspendus, ce qui a créé de l'incertitude quant au moment et à la possibilité même du démarrage de la production. Cela a alimenté davantage encore le sentiment que le secteur des ressources était sous-performant par rapport aux bénéfices économiques escomptés par certains.

Le phénomène de la malédiction des ressources annoncées a été formulé pour la première fois en se basant sur l'analyse des découvertes de gisements de pétrole et de gaz géants dans le monde entre 1988 et 2010. Au cours de cette période, des gisements ont été découverts dans 46 pays, ce qui a conduit en moyenne à des sous-performances sur le plan de la croissance par rapport à la croissance prévue, qui se fondait sur l'impact de ces découvertes. Cet effet se produisait en général après la découverte, mais avant que le processus d'extraction en soi ait commencé (Cust et Mihalyi, 2017). Ces sous-performances se calculaient en associant l'impact des prévisions de croissance excessivement optimistes des acteurs internationaux (essentiellement le Fonds monétaire international [FMI] dans sa série sur « Perspectives de l'économie mondiale ») à celui des déconvenues ayant suivi sur le plan du taux de croissance effectif du PIB. Les excès d'optimisme dans les prévisions de croissance peuvent faire gonfler les attentes des gouvernements suite à la découverte de gisements, ce qui peut conduire à différents comportements inefficaces (graphique 2.18). Parmi ces comportements, on peut citer les emprunts à risque (Mihalyi, 2016), qui menacent la soutenabilité de la dette, et même les importations d'armes, qui peuvent nuire à la viabilité des finances publiques. Le cas du Mozambique après 2009 en constitue un exemple flagrant. Vezina (2020) explique que suite à la découverte de champs de gaz naturel géants au large du Mozambique entre 2009 et 2011, le pays a connu une croissance rapide ainsi qu'un boom des investissements étrangers, ce qui s'est traduit par un niveau d'emprunts sans précédent destinés à acquérir illégalement des navires militaires. Le pays est rapidement entré dans une phase de crise budgétaire car les revenus ne se sont pas concrétisés à l'échelle et dans les temps originellement prévus.

Graphique 2.18 Impact à court terme sur la croissance des découvertes géantes d'hydrocarbures

a. Dans tous les pays où des gisements ont été découverts

b. Dans des pays où les institutions sont plus fortes

c. Dans des pays où les institutions sont plus faibles

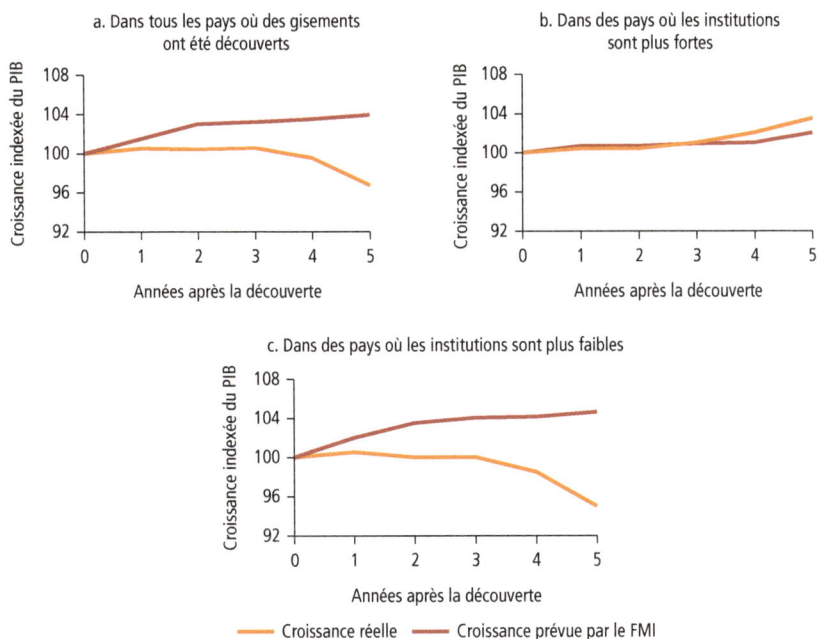

Croissance réelle   Croissance prévue par le FMI

Source : Cust et Mihalyi, 2017.
Remarque : FMI = Fonds monétaire international.

L'hypothèse d'un optimisme excessif de la part des citoyens a été testée par Cust et Mensah (2020) concernant les découvertes en hydrocarbures dans 35 pays d'Afrique subsaharienne entre 2002 et 2015, en utilisant les données des enquêtes Afrobarometer. Ils révèlent que cet excès d'optimisme et ces attentes élevées de la part des citoyens semblent être beaucoup moins prononcés dans des pays présentant des scores de démocratisation élevés.

Cust et Mensah (2020) utilisent la méthode des doubles différences pour montrer que la découverte de gisements génère une augmentation sur 1 à 12 mois de l'optimisme des citoyens concernant les conditions macroéconomiques et l'augmentation du niveau de vie (graphique 2.19), tout particulièrement lorsque le niveau de démocratisation est peu élevé, ce qui tend à indiquer qu'un renforcement des institutions politiques et une meilleure administration permettraient de mieux gérer et de mieux tempérer le risque d'attentes exagérées ne se concrétisant pas par des performances équivalentes. De même, de telles institutions politiques peuvent permettre d'augmenter les chances que ces découvertes se traduisent par des bénéfices rapides dans le pays.

Graphique 2.19 Optimisme excessif des citoyens concernant les conditions macroéconomiques et les niveaux de vie après la découverte de gisements d'hydrocarbures

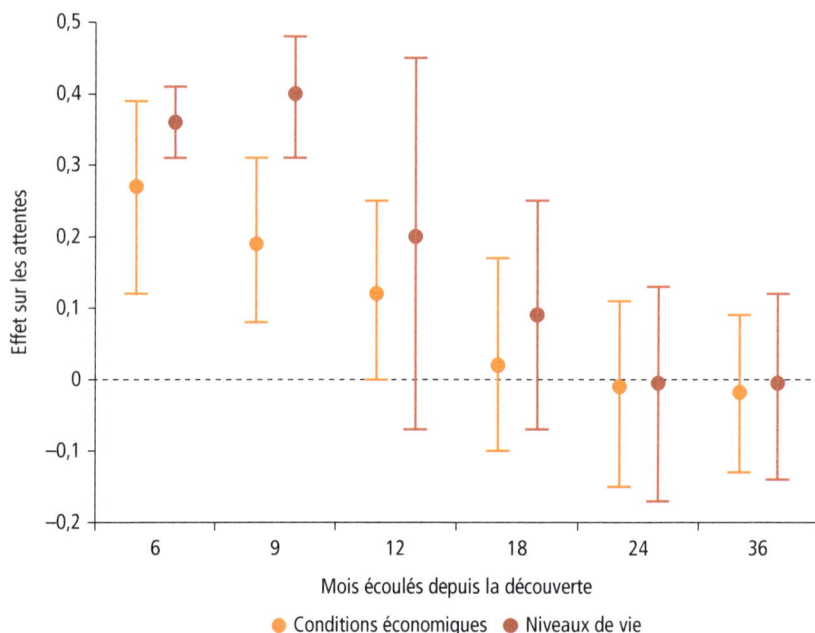

● Conditions économiques ● Niveaux de vie

Source : Cust et Mensah, 2020.
Remarque : chaque estimation représentée par un point indique l'impact des découvertes sur les attentes (concernant les conditions économiques ou le niveau de vie), évaluées séparément pour la durée concernée sur l'axe horizontal : le chiffre 1 est attribué lorsque les personnes interrogées déclarent espérer *a minima* de meilleures conditions économiques ou un meilleur niveau de vie ; lorsque ce n'est pas le cas, le chiffre 0 est attribué. Les barres verticales représentent des intervalles de confiance à 95 %.

Plus précisément, Mihalyi et Scurfield (2021) indiquent que (a) les réformes en matière d'attribution des licences et de sélection des entreprises pour l'extraction des ressources peuvent améliorer les perspectives d'exploitation des gisements découverts ; (b) les réformes des normes réglementaires et des procédures de négociation pourraient permettre de réduire les délais de mise en opérations ; et c) les réformes de la mobilisation fiscale et des incitations fiscales relatives aux découvertes peuvent être cruciales pour garantir la soutenabilité fiscale et les capacités de financements publics dans un contexte de pays riche en ressources.

Gérer l'expansion associée au phénomène de découverte

Les données font état d'une augmentation des investissements publics et de la consommation publique et privée pendant plusieurs années suite à une découverte. Ainsi, Ruzzante et Sobrinho (2022) documentent une « malédiction fiscale des ressources annoncées ». Ils constatent que les ressources naturelles peuvent compromettre la viabilité budgétaire avant même que la première goutte de pétrole ne soit extraite. Plus précisément, ils remarquent que les découvertes géantes, principalement de pétrole et de gaz, entraînent une augmentation permanente de la dette publique, et finalement des épisodes de surendettement, en particulier dans les pays dont les institutions politiques et la gouvernance sont plus faibles. Ces données suggèrent que la malédiction peut être atténuée et même évitée en poursuivant des politiques budgétaires et des stratégies d'emprunt prudentes, en renforçant l'administration budgétaire et en mettant en œuvre des cadres budgétaires transparents et robustes pour la gestion des ressources.

Les attentes de la communauté

Les recherches révèlent que les découvertes géantes de gisement pétrolier ont une incidence positive sur les décisions liées à la fertilité, tandis que les découvertes sous-géantes n'ont aucune incidence sur celles-ci. D'après Cust and Mensah (2020), une découverte géante de pétrole est associée à une augmentation de la probabilité qu'une femme donne naissance dans l'année suivant la découverte de 1,6 point de pourcentage, soit un effet considérable sur le plan statistique et économique. Par rapport à la moyenne de l'échantillon, les effets correspondent à une augmentation des naissances de 8 %. On a donc la preuve d'un bref baby boom suite aux découvertes géantes, qui pourrait découler d'une hausse des attentes des citoyens quant à l'amélioration des conditions économiques et sociales suggérée par l'extraction des ressources. Les auteurs ont trouvé des preuves évoquant l'impatience des citoyens dans les deux à trois ans suivant les découvertes, avant même que l'exploitation ne commence. Toutefois, la qualité institutionnelle joue un rôle clé dans la gestion des attentes. La création d'institutions robustes est donc essentielle afin de gérer les attentes des citoyens quant à la manne que représente l'exploitation des ressources.

Les perceptions de la gouvernance

On remarque que la proximité des mines a une incidence sur les perceptions de la gouvernance. Konte et Vincent (2020) ont constaté que la proximité géographique d'une mine affecte les attentes des individus quant à leurs conditions de vie à l'avenir. Les résultats de référence suggèrent que les résidents vivant dans un périmètre de 50 kilomètres d'une mine active sont moins susceptibles d'approuver les performances du gouvernement en matière d'amélioration du niveau de vie (-1,8 %), des services d'approvisionnement en eau et d'assainissement (-2,3 %), de la création d'emplois (-2,9 %), des services sanitaires (-1,8 %) et des services publics (-1,9 %). En outre, ils sont également moins susceptibles d'être optimistes quant à leur niveau de vie futur (-4,2 %). Tandis que les résultats sont plus atténués en ce qui concerne la distance par rapport à une mine inactive, Konte et Vincent (2020) soulignent l'insatisfaction des habitants vivant à proximité en termes de la gestion de l'eau et de l'assainissement par le gouvernement (-1,1 %) et une diminution de l'optimisme quant à l'avenir (-2,6 %). Par rapport aux mines inactives, l'extraction minière active réduit la probabilité que les individus approuvent les performances du gouvernement en matière d'amélioration du niveau de vie de 2,3 points de pourcentage, de la création d'emploi de 2,7 points de pourcentage, des services sanitaires de 1,2 point de pourcentage, et des services publics dans leur ensemble de 1,8 point de pourcentage. Le statut actif d'une mine à proximité réduit également l'optimisme quant à l'avenir de 1,6 point de pourcentage.

Gérer les risques macroéconomiques

Bien que la phase de récession du cycle économique présente des inconvénients évidents pour les pays riches en ressources, la phase d'expansion a quant à elle introduit de graves risques macroéconomiques dans l'économie lorsque sa gestion n'est pas optimale. Par exemple, pendant une phase d'expansion, les choix économiques du gouvernement et du secteur privé peuvent être sujets à des distorsions, entraînant des affectations erronées ou pire encore. Parmi les exemples de distorsions, on retrouve l'effet du syndrome hollandais, dans le cadre duquel les exportations de ressources peuvent provoquer une contraction des secteurs commerciaux tels que celui du secteur manufacturier. Les phases d'expansion peuvent également mener à une augmentation des recettes publiques, déclenchant des dépenses susceptibles d'évincer le secteur privé ou de créer des distorsions dans le marché du travail, par exemple en augmentant le salaire des fonctionnaires (Balde, 2020 ; Devarajan *et al.*, 2013). L'abondance des ressources risque également de favoriser une augmentation des emprunts et des dépenses, ce qui a donné lieu à des déceptions en matière de croissance et, dans certains cas, à des crises macroéconomiques.

Les cycles des matières premières peuvent en outre favoriser une politique budgétaire procyclique, un facteur susceptible d'engendrer des difficultés en raison de la volatilité macroéconomique croissante, de faire fléchir les investissements dans le capital réel et humain, d'entraver la croissance et de nuire aux communautés pauvres (Mansse, 2006 ; Servén, 1998 ; Banque mondiale, 2001). Dans les cas extrêmes, la procyclicité peut encourager des emprunts et un endettement publics supplémentaires pendant les phases d'expansion et de récession du cycle économique. Certains gouvernements empruntent pendant la période d'expansion, en plus des recettes supplémentaires qu'ils reçoivent. En outre, les pays peuvent choisir de garantir la dette en fonction de leurs ressources, soit sous la forme de garanties de flux de revenus futurs, soit sous la forme d'accords en nature dans lesquels le créancier est remboursé en barils de pétrole ou en tonnes de minerais. De nouvelles données suggèrent que dans les pays riches en ressources, une politique budgétaire optimale dépend du régime de change, où une politique budgétaire optimale serait procyclique si le pays avait un taux de change flottant. Mendes et Pennings (2020) indiquent que, contrairement aux conseils politiques habituels consistant à épargner pendant les hausses de prix et à dépenser pendant les chutes de prix, une politique budgétaire optimale dépend du régime de change du pays, c'est-à-dire un taux flottant ou fixe. D'après les auteurs, les pays à taux de change fixe devraient suivre des règles budgétaires contracycliques afin d'homogénéiser le cycle économique. Quant aux pays à taux de change flottant, ils devraient plutôt dépenser selon la théorie du revenu permanent, car les chocs de prix des matières premières sont très persistants. La phase d'expansion précédente a toutefois démontré qu'il était nécessaire d'investir ces dépenses dans des actifs durables, une constatation cohérente avec la règle d'Hartwick, mais aussi que les pays éviteraient de faire face à une surextension budgétaire lorsque les prix des matières premières chutent.

La période d'expansion qui s'est étalée entre 2004-2014 a permis aux gouvernements de jouir d'une forte hausse de leurs ressources budgétaires, en partie grâce aux recettes provenant de la taxation des ressources et de l'allégement de la dette pour certains pays après 2000. Ainsi, au moins huit pays d'Afrique subsaharienne ont tiré des revenus des ressources naturelles représentant en moyenne plus de 10 % de leur PIB pendant la période d'expansion, une proportion importante selon les normes régionales et mondiales. Bon nombre d'entre eux ont choisi d'utiliser cette période pour développer considérablement la prestation de services publics, par exemple en augmentant le nombre d'inscriptions dans les établissements d'enseignement et en investissant davantage dans les infrastructures. Dans l'ensemble de données du FMI sur les investissements et les stocks de capitaux, il ressort par exemple que l'investissement public dans les actifs physiques, dont les infrastructures économiques comme les routes et les aéroports, et les infrastructures sociales comme les hôpitaux et les écoles, est passé d'une moyenne d'environ 200 dollars US par habitant au cours de la période précédant la phase d'expansion (1998-2003) à plus de 435 dollars US par habitant pendant l'expansion, et à 270 dollars US après cette phase dans les pays africains riches en ressources (Cust, Rivera-Ballesteros et Zeufack, 2022). De même, on constate une hausse des dépenses annuelles consacrées aux services sanitaires, de 4,6 % du PIB à 4,9 % en moyenne, et des dépenses consacrées à l'éducation, d'une moyenne de 2,8 % du PIB avant la phase d'expansion à 3,5 % du PIB après cette phase.

Graphique 2.20 Dette brute publique générale en Afrique subsaharienne, par type de dotation en ressources, 2007, 2013 et 2018

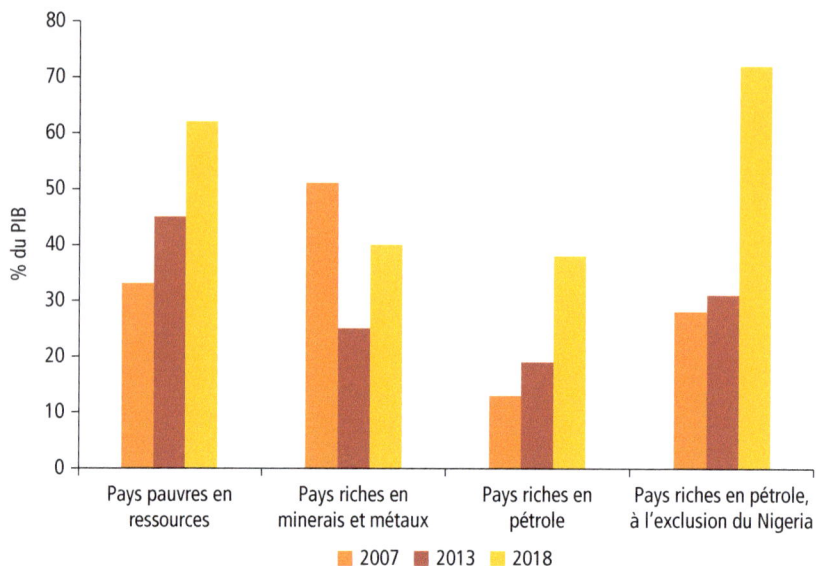

Source : Calderon et Zeufack, 2020.

Calderon et Zeufack (2020) soulignent que la dette publique pour l'Afrique subsaharienne en général et les pays riches en ressources de l'Afrique subsaharienne en particulier était, en 2018, toujours inférieure à la période précédant la radiation de la dette, bien que certains pays aient emprunté des montants importants pendant la période d'expansion (2004-2014) et aient ensuite été surexposés à des risques de crises en matière de dette publique, susceptibles de nuire à la transformation structurelle (graphique 2.20).

Plus important encore, Calderon et Zeufack (2020) fournissent la preuve que le profil de risque de la dette publique a considérablement augmenté depuis 2012 pour l'Afrique subsaharienne en général et les pays riches en ressources de l'Afrique subsaharienne en particulier, car la part de la dette publique à des conditions de faveur a diminué alors que la part des euro— obligations due aux créanciers privés et aux créanciers bilatéraux non-membres du Club de Paris a augmenté. L'augmentation du profil de risque en matière de dette est particulièrement problématique pour tous les pays riches en ressources de l'Afrique subsaharienne qui ont contracté des prêts adossés à des ressources, c'est-à-dire des garanties *ex ante*.

Les prêts adossés à des ressources naturelles comportent des risques cachés

L'augmentation de la dette et le niveau record des prix des matières premières incitent de nombreux pays en développement à utiliser les richesses de leur sous-sol pour obtenir les financements dont ils ont cruellement besoin. Cependant, de nouvelles données relatives aux prêts adossés à des ressources naturelles incitent à la prudence et révèlent que des risques cachés existent (Rivetti, 2021).

Ces prêts ne sont pas intrinsèquement mauvais : dans certaines circonstances, ils peuvent être avantageux pour les pays pauvres disposant de ressources naturelles abondantes. Ils doivent toutefois s'accompagner d'une analyse minutieuse du rapport coût-risque et de la viabilité de la dette, et avoir des clauses contractuelles transparentes. Or, cela est rarement le cas. En conséquence, les prêts adossés à des ressources naturelles ont été plus susceptibles d'exacerber les vulnérabilités de la dette que de les minimiser ; voir par exemple Mihalyi, Adam, et Hwang (2020).

Mihalyi *et al.* ont ainsi analysé un échantillon de 30 prêts adossés à des ressources naturelles accordés, entre 2004 et 2018, à des administrations centrales et à des entreprises publiques en Afrique subsaharienne, pour un total de 46,5 milliards de dollars US, soit près d'un dixième des nouveaux emprunts du continent pendant cette période. Malgré le montant des prêts, rares sont les informations disponibles sur leurs conditions. (Mihalyi *et al.* 2022).

Il y a plusieurs raisons à ce manque de données. Premièrement, les pays qui recourent à ces méthodes d'emprunt ont généralement des pratiques moins rigoureuses en matière de communication sur la dette. Deuxièmement, ces emprunts sont souvent contractés par des entreprises publiques ou des structures spécifiques qui ne publient pas d'états financiers audités ou ne fournissent pas les données au bureau national chargé de la gestion de la dette. Troisièmement, les contrats comportent souvent des clauses de confidentialité strictes (Estevão, 2022).

En outre, les prêts adossés à des ressources naturelles ne sont pas nécessairement moins chers que les prêts non garantis. Le Tchad, par exemple, a restructuré son prêt avec Glencore en 2015, mais payait toujours un coût global supérieur à 8 % sur son prêt entièrement garanti, avant de le restructurer à nouveau en 2018 (Payne, 2018). Premièrement, l'emprunteur qui contracte un prêt adossé à des ressources a généralement un accès limité au marché ou des sources de financement limitées. Deuxièmement, étant donné la complexité de ces transactions, les emprunteurs ne comprennent pas toujours pleinement les incidences des clauses contractuelles lorsqu'ils les négocient. Ces risques sont aggravés par le manque de transparence et de redevabilité des pouvoirs publics.

Plusieurs cas de pays africains soulignent ces difficultés. Le Soudan du Sud fait déjà les frais d'un prêt mal conçu, adossé sur le pétrole, qu'il a contracté alors que sa capacité de production était encore forte (Reuters, 2022). Le Tchad, lui, peine à restructurer sa dette, car les prêteurs commerciaux qui lui ont accordé des prêts adossés par le pétrole n'ont guère de raisons de faciliter la tâche au gouvernement (Savage et Prentice, 2022). Quant au Zimbabwe, le pays a récemment entamé des discussions avec un négociant en matières premières afin de lui céder les recettes de ses lucratives mines d'or et de nickel pour rembourser sa dette (Njini et Sguazzin, 2022).

Les prêts adossés à des ressources naturelles impliquent des emprunts publics de gros montants, généralement destinés à des infrastructures, qui sont garantis par les flux de revenus qui seront générés par les ressources naturelles abondantes du pays. Ces prêts sont souvent opaques ; peu d'informations sont communiquées sur les clauses des contrats, et il peut par conséquent être difficile de garantir la responsabilité publique. Ils ne sont pas nouveaux, leur apparition remontant à au moins un siècle. Mais leur utilisation s'est généralisée au début des années 2000 dans les pays en développement riches en ressources naturelles, au moment de l'envolée des prix des matières premières. En Afrique subsaharienne, par exemple, ils ont représenté près de 10 % des nouveaux emprunts entre 2004 et 2018.

Une meilleure divulgation des transactions améliorera le rapport qualité-prix et protégera les pays. Il est donc impératif que les détails de ces prêts soient rendus publics. Certains gouvernements ont commencé à prendre des mesures importantes dans cette direction (Maslen et Aslan, 2022). La République démocratique du Congo, par exemple, a publié les contrats de prêt signés entre ses sociétés minières publiques et un consortium de sociétés chinoises, ainsi qu'avec un important négociant en matières premières. Pour favoriser les progrès, les pays devraient imposer des obligations légales en matière de transparence des contrats de prêt.

D'autres instruments visant à tirer parti des ressources sont également à l'étude, tels que la titrisation proposée des redevances aurifères du Ghana. Alors que la proposition est en cours d'élaboration et a suscité la controverse quant à la rapidité de son adoption par le Parlement, de telles innovations financières peuvent encore ouvrir la voie à de nouveaux moyens, ainsi qu'à des moyens potentiellement plus transparents et plus compétitifs, de mobiliser de nouveaux flux de financement. Pour l'instant, les pays en développement qui ont des besoins de financement croissants devraient toutefois se méfier des prêts adossés à des ressources naturelles et effectuer une analyse minutieuse du rapport risque-rendement.

Conclusions : les enseignements du cycle d'expansion et de récession

Les conclusions de ce chapitre sont sombres. Le boom des matières premières de 2004-2014 a offert aux pays d'Afrique subsaharienne riches en ressources une énorme opportunité de dépasser les performances de leurs voisins qui ne sont pas dotés de ces ressources naturelles. En réalité, cette phase d'expansion a créé dans les pays riches en ressources plusieurs sources de vulnérabilités, lesquelles constituent désormais le sombre héritage d'un âge d'or. Au début, la phase d'expansion a fait naître de grandes attentes en matière de croissance dans les pays riches en ressources, ce qui les a incités à adopter des comportements à risque et a engendré des phénomènes tels que la malédiction des ressources annoncées. Pendant la période d'expansion, la hausse des rentes et des aubaines n'a pas été suffisamment canalisée pour diversifier l'économie ou dans le cadre d'efforts visant à réduire la pauvreté et les inégalités. Au lieu de cela, la pauvreté et les inégalités ont augmenté dans de nombreux pays riches en ressources pendant la période d'expansion. La dépendance à l'égard de ces ressources a de surcroît introduit de graves risques macroéconomiques pour ces pays.

Les pays riches en ressources naturelles n'ont pas profité de l'occasion pour diversifier leurs économies et utiliser ces revenus supplémentaires afin d'investir dans d'autres actifs ou pour mieux se préparer à gagner en résilience. À la fin de la période d'expansion, les pays riches en ressources se sont donc retrouvés avec des trajectoires de croissance non durables et une plus grande vulnérabilité aux chocs de prix des matières premières. Cette expansion n'a pas non plus aidé les pays africains riches en ressources à réduire la pauvreté et, à présent, on s'attend à ce qu'ils concentrent la majeure partie des communautés pauvres dans le monde, avec des inégalités persistantes. Les suites de la phase d'expansion ont ainsi révélé le rôle essentiel des choix politiques et des institutions pour que les pays africains riches en ressources exploitent correctement cette manne. Quant à la prochaine phase d'expansion, il incombera aux gouvernements africains et aux populations de l'Afrique riche en ressources d'en déterminer les résultats.

Notes

1. Ces différents défis auxquels sont confrontés les gouvernements sont détaillés dans des documents tels que la charte sur les ressources naturelles (Natural Resource Charter), qui souligne l'éventail de politiques publiques devant être déployées tout

au long de la chaîne de décision, depuis la prospection des ressources naturelles jusqu'à la mobilisation des recettes générées par les ressources naturelles au profit d'un développement durable et diversifié (Cust et Manley, 2014).

2. D'après les projections de Lakner *et al.* (2021), la planète comptera d'ici à 2030 environ 616 millions de personnes pauvres, dont 500 millions en Afrique (80 %), 448 millions dans les pays riches en ressources (75 %), et 379 millions d'entre elles vivront en Afrique subsaharienne (soit 62 % du total des personnes pauvres dans le monde et 85 % de celles vivant dans les pays riches en ressources).

3. Ces estimations se fondent sur la méthodologie de projection de la pauvreté élaborée et publiée par Lakner *et al.* (2021), qui inclue les répercussions de la pandémie sur la pauvreté mondiale. Ces projections se basent sur les prévisions de croissance indiquées dans la version des Perspectives économiques mondiales publiée en juin 2021 et sur la définition de l'extrême pauvreté des Objectifs de développement durable, qui regroupe les personnes vivant en dessous du seuil de pauvreté de 1,90 dollar US par jour, mesuré en prix de parité de pouvoir d'achat en 2011.

4. Vingt-trois pays disposaient de données sectorielles sur le PIB.

5. Les institutions favorables aux activités de prédation (*grabber-friendly*) encouragent la concurrence entre la recherche de rentes et la production, contrairement aux institutions favorables aux activités de production (*producer-friendly*), où la recherche de rentes et la production sont des activités complémentaires (Mehlum, Moene et Torvik, 2006).

Bibliographie

Arezki, R. et M. Brückner. 2011. « Oil Rents, Corruption, and State Stability: Evidence from panel data regressions. » *European Economic Review* n° 55 (7) : 955-63.

Balde, M. T. 2020. « A Brief History of Time: Taxation and Mineral Production in Developing Countries. » *Resources Policy* n° 68 : 101687.

Boschini, A., J. Pettersson et J. Roine. 2013. « The Resource Curse and Its Potential Reversal. » *World Development* n° 43 : 19-41.

Calderon, C. et Albert Zeufack. 2020. « Borrow with Sorrow? The Changing Risk Profile of Sub-Saharan Africa's Debt. » Document de travail de recherche sur les politiques n° 9137, Banque mondiale, Washington, DC.

Collier, P. et A. Hoeffler. 2009. « Testing the Neocon Agenda: Democracy in Resource-Rich Societies. » *European Economic Review* n° 53 (3) : 293-308.

Commission sur la croissance et le développement. 2008. *The Growth Report: Strategies for Sustained Growth and Inclusive Development*. Washington, DC : Banque mondiale.

Corden, W. M. et J. P. Neary. 1982. « Booming Sector and De-industrialisation in a Small Open Economy. » *Economic Journal* n° 92 (368) : 825-48.

Cust, J., D. Manley et G. Cecchinato. 2017. « Unburnable Wealth of Nations. » *Finance and Development* 54 (1).

Cust, J. et J. T. Mensah. 2020. « Natural Resource Discoveries, Citizen Expectations and Household Decisions. » Document de travail de recherche sur les politiques n° 9372, Banque mondiale, Washington, DC.

Cust, J. et D. Mihalyi. 2017. « Evidence for a Presource Curse? Oil Discoveries, Elevated Expectations, and Growth Disappointments. » Document de travail de recherche sur les politiques n° 8140, Banque mondiale, Washington, DC.

Cust, J. et A. Rivera-Ballesteros. 2021. « The Nonrenewable Wealth of Nations. » Dans *The Changing Wealth of Nations 2021: Managing Assets for the Future*, 193-223. Washington, DC : Banque mondiale.

Cust, J., A. Rivera-Ballesteros et A. Zeufack. 2022. « The Dog That Didn't Bark: The Missed Opportunity for Africa's Resource Boom. » Document de travail de recherche sur les politiques n° 10120, Banque mondiale, Washington, DC.

Devarajan, S., M. M. Giugale, H. Ehrhart, T. M. Le et H. Nguyen. 2013. « The Case for Direct Transfers of Resource Revenues in Africa. » Document de travail n° 333, Center for Global Development (Centre pour le développement mondial), Washington, DC.

Estevão, M., 2022. « Tracking Government Debt Is Hard. Banishing Secrecy ClausesWould Make It Far Easier. » *Blogs de la Banque mondiale*, 18 mai 2022. https:// blogs.worldbank.org/voices/tracking-government-debt-hard-banishing-secrecy -clauses-would-make-it-far-easier.

Gill, I. S., I. Izvorski, W. van Eeghen et D. De Rosa. 2014. *Diversified Development: Making the Most of Natural Resources in Eurasia*. Washington, DC : Banque mondiale.

Harding, T. et A. J. Venables. 2016. « The Implications of Natural Resource Exports for Nonresource Trade. » *Economic Review* n° 64 (2) du FMI : 268-302.

Hartwick, J. M., 1977. « International Equity and the Investing of Rents from Exhaustible Resources. » *American Economic Review* n° 67 (5) : 972-74.

FMI (Fonds monétaire international). 2012. « Macroeconomic Policy Frameworks for Resource Rich Developing Countries. » Document de travail du FMI, Washington, DC. https://www.imf.org/en/Publications/Policy-Papers/Issues/2016/12/31/ Macroeconomic-Policy-Frameworks-for-Resource-Rich-Developing-Countries -PP4698.

Jafino, B. A., B. Walsh, J. Rozenberg et S. Hallegatte. 2020. « Revised Estimates of the Impact of Climate Change on Extreme Poverty by 2030. » Document de travail de recherche sur les politiques n° 9417, Banque mondiale, Washington, DC.

Kaufmann, D., A. Kraay et M. Mastruzzi. 2010. « The Worldwide Governance Indicators: Methodology and Analytical Issues. » Document de travail de recherche sur les poli-tiques n° 5430, Banque mondiale, Washington, DC.

Konte, M. et R. C. Vincent. 2020. « Mining and the Quality of Public Services: The Role of Local Governance and Decentralization. » *World Development* n° 140 : 105350.

Lakner, C., D. G. Mahler, N. Yonzan, R. A. Castaneda Aguilar et H. Wu. 2021. « Updated Estimates of the Impact of COVID-19 on Global Poverty: Turning the Corner on the Pandemic in 2021? » *Blogs de la Banque mondiale*. https://blogs.worldbank.org/opendata /updated-estimates-impact-covid-19-global-poverty-turning-corner-pandemic-2021.

Manasse, P., 2006. « Procyclical Fiscal Policy: Shocks, Rules, and Institutions—A View From MARS. » Document de travail n° 06/27, Fonds monétaire international, Washington, DC.

Maslen, S. et C. Aslan. 2022. « Enhancing Debt Transparency by Strengthening Public Debt Transaction Disclosure Practices. » EFI Insight, Banque mondiale, Washington, DC.

Mehlum, H., K. Moene et R. Torvik. 2006. « Institutions and the Resource Curse. » *Economic Journal* n° 116 (508) : 1-20.

Mendes, A. et S. Pennings. 2020. « One Rule Fits All? Heterogeneous Fiscal Rules for Commodity Exporters When Price Shocks Can Be Persistent: Theory and Evidence. » Document de travail de recherche sur les politiques n° 9400, Banque mondiale, Washington, DC.

Mihalyi, D. 2016. « Debt Sustainability Challenges in Resource-Rich Developing Countries. » *Blog du NRGI*, 18 novembre 2016. https://resourcegovernance.org/blog/debt-sustainability-challenges-resource-rich-developing-countries.

Mihalyi, D., A. Adam et J. Hwang. 2020. « Resource-Backed Loans: Pitfalls and Potential. » Institut de gouvernance des ressources naturelles (*National Resource Governance Institute* – NRGI) New York. https://resourcegovernance.org/sites/default/files/documents/resource-backed-loans-pitfalls-and-potential.pdf.

Mihalyi, D., J. Hwang, D. Rivetti et J. Cust. 2022. « Resource-Backed Loans in Sub-Saharan Africa. » Document de travail de recherche sur les politiques n° 9923, Banque mondiale, Washington, DC.

Mihalyi, D. et T. Scurfield. 2021. « How Africa's Prospective Petroleum Producers Fell Victim to the Presource Curse. » *The Extractive Industries and Society* n° 8(1) : 220-32.

Njini, F. et A. Sguazzin. 2022. « Trafigura Seeks Control of Zimbabwe's Metals for Unpaid Debts. » Bloomberg, 29 avril 2022. https://www.bloomberg.com/news/articles/2022-04-29/trafigura-seeks-control-of-zimbabwe-s-metals-for-unpaid-debts.

Institut de gouvernance des ressources naturelles (*National Resource Governance Institute* —NRGI) 2014. « Natural Resource Charter. » (« Charte des ressources naturelles ») NRGI, New York. https://Resourcegovernance.Org/Analysis-Tools/Publications/Natural-Resource-Charter-2nd-Ed.

Ollero, A. M., S. S. Hussain, S. Varma, G. Peszko et H. M. F. Al-Naber. 2019. « Economic Diversification for a Sustainable and Resilient GCC. » Gulf Economic Update n° 5, Banque mondiale, Washington, DC. http://documents.worldbank.org/curated/en/886531574883246643/Economic-Diversification-for-a-Sustainable-and-Resilient-GCC.

Payne, J. 2018. « Glencore, Banks and Chad Reach Deal on $1 Bln-plus Oil-Backed Loan. » Reuters, 21 février 2018. https://www.reuters.com/article/us-glencore-chad/glencore-banks-and-chad-reach-deal-on-1-bln-plus-oil-backed-loan-idUSKCN1G52B9.

Peszko, G., D. van der Mensbrugghe et A. Golub. 2020. *Diversification and Cooperation Strategies in a Decarbonizing World*. Washington, DC : Banque mondiale.

Reuters. 2022. « Oil-Backed Loans Swallowing S. Sudan Government's Salaries—Finance Minister. » Reuters, 5 mai 2022. https://www.reuters.com/article/southsudan-oil-idUSL3N2WX31K.

Rivetti , D. 2021. *Debt Transparency in Developing Economies*. Washington, DC : Banque mondiale. Ross, M. L. 2017. « What Do We Know About Economic Diversification in Oil Producing Countries? » Non publié, UCLA et Université d'Oxford.

Ruzzante, M. et N. Sobrinho. 2022. « The 'Fiscal Presoure Curse': Giant Discoveries and Debt Sustainability. » Fonds monétaire international, Washington, DC.

Savage, R. et A. Prentice. 2022. « Debt Deal Delays Blocking Funding for Chad—Directeur Afrique du FMI. » *Financial Post*, 26 mai 2022. https://financialpost.com/pmn/business-pmn/debt-deal-delays-blocking-funding-for-chad-imf-africa-director.

Servén, L. 1998. « Macroeconomic Uncertainty and Private Investment in Developing Countries: An Empirical Investigation. » *Economic Journal* n° 41 (2) : 207-10.

UNU-WIDER (Université des Nations Unies et Institut mondial pour la recherche en économie du développement). 2022. Ensemble de données sur les recettes publiques, version 2022. UNU-WIDER, Helsinki. Consulté en juin 2022. https://doi.org/10.35188/UNU-WIDER/GRD-2022.

Venables, A. J. 2016. « Using Natural Resources for Development: Why Has It Proven so Difficult? » *Journal of Economic Perspectives* n° 30 (1) : 161-84.

Vezina, P.-L., 2020. « The Oil Nouveau-Riche and Arms Imports. » Document de travail de recherche sur les politiques n° 9374, Banque mondiale, Washington, DC.

Warner, M. A. M., 2015. « Natural Resource Booms in the Modern Era: Is the Curse Still Alive? » Document de travail n° 15/237, Fonds monétaire international, Washington, DC.

Banque mondiale. 2001. *World Development Report 2000/2001: Attacking Poverty*. Washington, DC : Banque mondiale.

Banque mondiale. 2019. *Digging Beneath the Surface: An Exploration of the Net Benefits of Mining in Southern Africa*. Washington, DC : Banque mondiale. https://openknowledge.worldbank.org/bitstream/handle/10986/32107/Digging-Beneath-the-Surface-An-Exploration-of-the-Net-Benefits-of-Mining-in-Southern-Africa.pdf?sequence=1.

Banque mondiale. 2021. *The Changing Wealth of Nations 2021: Managing Assets for the Future*. Washington, DC : Groupe de la Banque mondiale.

Zeufack, A. G., C. Calderon, A. Kabundi, M. Kubota, V. Korman, D. Raju, K. G. Abreha, W. Kassa et S. Owusu. 2022. *Africa's Pulse*, n° 25, avril 2022. Washington, DC : Banque mondiale.

Chapitre 3

Libérer le potentiel économique de la chaîne de valeur du secteur minier en misant sur l'intégration régionale et la zone de libre-échange continentale africaine

Introduction

La zone de libre-échange continentale africaine (ZLECAf) rassemble 54 pays africains, avec une population totale de plus d'un milliard d'habitants et un produit intérieur brut (PIB) combiné de plus de 3,4 billions de dollars US (Banque mondiale 2020). Si elle est mise en œuvre avec succès, elle permettra aux pays de développer leurs liaisons avec les chaînes de valeur régionales et mondiales.

L'essor des chaînes de valeur régionales et mondiales, dans lesquelles le processus de production est fragmenté en composantes spécialisées, a créé une opportunité pour les pays en développement : celle de rejoindre le marché mondial. Cette division du travail permet aux pays de s'impliquer dans des tâches spécialisées au sein de la chaîne de valeur sans avoir à produire toute la chaîne de valeur à des coûts compétitifs. Les accords de libre-échange sont essentiels pour rentabiliser les chaînes de valeur régionales et mondiales, car ils permettent de réunir les différents composantes de production sans ajout de droits de douane en cours de route. Actuellement, le commerce intra-africain ne représente que 16 % du commerce total de l'Afrique (OMC, 2021), contre 40,3 % en Amérique du Nord et 61,7 % dans l'Union européenne (CNUCED, 2019). La ZLECAf constitue la plus grande zone de libre-échange au monde et a le potentiel de débloquer environ 3,2 billions de dollars US en commerce intra-africain (Banque mondiale, 2020a). Pour que les pays africains stimulent la transformation économique et l'industrialisation, l'intégration régionale et la promotion des liaisons commerciales joueront un rôle essentiel (Abreha *et al.*, 2021, et Macmillan et Zeufack, 2022).

La ZLECAf offre ainsi une occasion sans précédent de développer la chaîne de valeur de la mine au marché sur le continent. Celle-ci est entrée en vigueur le 1er janvier 2021. Le secteur minier est bien positionné pour avoir un effet de démonstration. La ZLECAf libère le potentiel de promotion de la valeur ajoutée et de l'enrichissement liés aux minerais sur le continent, ce qui augmente la productivité sectorielle et la valeur globale des exportations. La chaîne de valeur, de la fabrication d'intrants intermédiaires tels que les machines (liaisons en amont) à l'extraction proprement dite des minerais, en passant par la phase de traitement (liaisons en aval), peut rarement être accomplie par un seul pays, en raison des contraintes en matière de compétences, d'infrastructures et de capital, entre autres. Bien que de nombreux pays accordent la priorité à une valorisation au niveau local, peu d'entre eux ont la capacité de la réaliser entièrement au niveau national. Déployée de façon efficace, la ZLECAf permettrait à divers pays du continent de se spécialiser dans une sélection de composants de la chaîne de valeur et de faire transiter ces composants entre les pays participants sans barrières tarifaires, permettant ainsi à l'ensemble de la chaîne de valeur de se construire en Afrique de façon compétitive.

Une mise en œuvre rapide de la ZLECAf est essentielle afin de maximiser le potentiel des régions dans le cadre de la transition vers une énergie propre. Les pays africains sont bien dotés en métaux nécessaires à la fabrication de système de stockage d'énergie par batterie. Par exemple, le Zimbabwe possède l'une des 10 plus grandes réserves au monde, et d'autres pays, comme la Namibie, ont commencé à construire des mines de lithium. L'Afrique du Sud est le plus grand producteur mondial de manganèse, la RDC abrite près de 70 % de l'approvisionnement mondial en cobalt utilisé dans les batteries lithium-ion et le Mozambique, Madagascar et la Tanzanie figurent parmi les dix pays qui possèdent les plus grands gisements de graphite (AIE, 2022). Actuellement, ces ressources sont en grande partie extraites et expédiées à l'étranger pour le traitement et/ou la fabrication de systèmes de stockage par batterie. En se concentrant sur le développement de quelques centres de fabrication en Afrique, la région peut grandement bénéficier des réserves abondantes de métaux pour batteries. Pour ce faire, il est nécessaire de modifier l'approche dans laquelle chaque pays d'extraction développe des politiques de fabrication au niveau national, ce qui limite leur compétitivité au regard des grandes opérations industrielles en Chine, dans l'UE et aux États-Unis. Au lieu de cela, l'accent doit être mis sur l'agrégation des métaux et la fabrication au niveau régional, sans taxes ni tarifs douaniers.

Ce chapitre identifie les principaux obstacles tarifaires, non tarifaires et politiques qui nuisent au développement de l'avantage comparatif de l'Afrique. Il associe des données, un examen de la législation récente, ainsi que des études de cas au niveau national et au niveau des entreprises, afin de mieux identifier l'ampleur de ces obstacles et leur impact sur le développement des liaisons, ce qui peut affecter la création d'emplois et la croissance générée par les exportations, et freiner la participation aux chaînes de valeur mondiales. Il présente ensuite une liste de recommandations à court et à long terme, par ordre de priorité, afin de minimiser les obstacles et ainsi stimuler le développement de la chaîne de valeur intracontinentale.

La zone de libre-échange continentale africaine

La ZLECAf a été créée pour combler la fragmentation existante et favoriser une croissance équitable sur le continent par le biais de quatre objectifs fondamentaux : (a) créer un marché continental unique pour les biens et les services, en garantissant une libre circulation des personnes, des capitaux et des investissements, afin d'accélérer la création d'une union douanière continentale et d'une union douanière africaine ; (b) développer le commerce intra-africain par l'intermédiaire de l'harmonisation et de la coordination des régimes et instruments de libéralisation et de facilitation du commerce dans toute l'Afrique ; (c) résoudre les défis des adhésions multiples et qui se chevauchent et accélérer les processus d'intégration au niveau régional et continental ; et (d), renforcer la compétitivité au niveau des secteurs et des entreprises en tirant parti des opportunités de production à grande échelle, d'accès au marché continental et d'une meilleure réaffectation des ressources (Banque mondiale, 2020a).

La ZLECAf peut fournir une plate-forme de coordination entre les nombreuses communautés économiques régionales (CER). L'Union africaine reconnaît actuellement huit CER : l'Union du Maghreb arabe, le Marché commun pour l'Afrique orientale et australe, la Communauté des États sahélo-sahariens, la Communauté de l'Afrique de l'Est, la Communauté économique des États de l'Afrique centrale, la Communauté économique des États de l'Afrique de l'Ouest, l'Autorité intergouvernementale pour le développement et la Communauté de développement de l'Afrique australe (SADC). La ZLECAf ne vise pas à remplacer les CER, mais plutôt à promouvoir la coordination en vue de construire une véritable zone de libre-échange. Sans coordination, les différents droits de douane, les exigences en matière de facilitation du commerce et les restrictions relatives à l'exportation peuvent en effet nuire au développement d'une chaîne de valeur solide.

Pour établir une chaîne de valeur continentale compétitive en termes de coûts, comme le prévoit la ZLECAf, des réformes doivent être entreprises dans trois domaines : les droits de douane, les obstacles non tarifaires et les obstacles réglementaires qui entravent la mise en œuvre de la zone de libre-échange continentale.

Premièrement, dans le cadre de l'accord commercial, les droits de douane sur 90 % des marchandises seront éliminés progressivement dans un délai de cinq ans (période de dix ans pour les pays les moins avancés, ou PMA). Les 10 % restants nécessiteront un délai supplémentaire, un objectif qui sera traité à partir de 2025, selon le secrétariat de la ZLECAf (Banque mondiale, 2020a). Malheureusement, pendant le développement de la ZLECAf, et même après sa ratification en mars 2018, un certain nombre de pays ont mis en œuvre des droits de douane, ce qui rend le coût du développement de la chaîne de valeur rédhibitoire au niveau régional. Deuxièmement, le coût des obstacles non tarifaires, en particulier en ce qui concerne le transport et l'énergie, est souvent plus élevé que le coût des droits de douane. Par exemple, Atkin et Donaldson (2015) ont calculé que le coût du transport de marchandises pourrait s'avérer jusqu'à cinq fois plus élevé (par unité de distance) dans certains pays d'Afrique subsaharienne qu'aux États-Unis. Enfin, des politiques ont été mises en place dans divers pays qui entravent directement le développement de la chaîne de valeur régionale, notamment les interdictions d'exportation, les politiques de contenu local et les restrictions en matière de capitaux étrangers.

Si les pays s'unissent pour tirer pleinement parti de la ZLECAf, l'Afrique subsaharienne peut devenir chef de file mondial des chaînes de valeur minières. Comme le montre le tableau 3.1, le secteur extractif représente déjà au moins 20 % de la valeur des exportations dans 30 pays d'Afrique subsaharienne. Ce chapitre identifie les principaux obstacles tarifaires, non tarifaires et politiques qui érodent le développement de l'avantage comparatif de l'Afrique.

Tableau 3.1 Contribution du secteur extractif aux exportations des pays d'Afrique subsaharienne
Part de la valeur des produits d'exportation dans le monde (%)

Pays	Minerais	Combustibles	Métaux	Pierre et verre Part du secteur	Extractif dans les exportations totales
Angola	0,1	95,2	0,1	3,5	98,9
Botswana	0,4	0,3	0,6	91,5	92,8
Guinée	25,7	0,5	0,2	65,3	91,6
Nigeria	0,1	87,0	4,2	0,0	91,4
Gabon	3,0	83,1	0,2	0,0	86,3
Congo, rép.	0,2	83,9	1,9	0,0	86,0
Zambie	3,8	1,1	74,4	3,3	82,6
Mozambique	7,5	42,4	23,2	4,0	77,1
Burkina Faso	0,3	0,6	5,3	69,7	75,8
Niger	26,6	25,7	0,2	22,3	74,7
Mali	0,0	0,7	0,9	73,0	74,6
Ghana	2,5	31,7	1,2	37,1	72,5

(suite page suivante)

Tableau 3.1 (suite)

Pays	Minerais	Combustibles	Métaux	Pierre et verre Part du secteur	Extractif dans les exportations totales
Zimbabwe	19,6	1,1	17,2	33,0	70,9
Namibie	14,4	0,7	28,3	27,2	70,6
Congo, rép. du Congo	9,6	1,1	56,1	1,7	68,6
Cameroun	0,2	50,3	4,7	0,4	55,5
Tanzanie	1,9	2,1	2,1	48,2	54,3
Afrique du Sud	15,2	9,8	11,0	17,3	53,3
Rwanda	10,1	12,9	1,9	27,4	52,3
Burundi	7,3	2,6	2,1	37,7	49,8
Gambie	1,6	46,8	1,2	0,0	49,5
Sénégal	9,4	19,9	3,2	15,4	47,9
Mauritanie	35,9	—	0,0	9,8	45,7
Ouganda	1,8	5,0	2,9	35,5	45,3
Soudan	0,1	14,1	0,6	25,2	39,9
Seychelles	0,0	37,3	0,3	0,1	37,6
Togo	15,9	17,1	2,0	0,0	35,1
Madagascar	6,4	2,9	20,9	4,5	34,7
Côte d'Ivoire	1,4	16,8	0,4	8,5	27,1
Sierra Leone	18,1	0,1	3,4	0,1	21,7
République centrafricaine	0,1	0,0	0,4	18,5	19,0
Lesotho	0,3	0,1	0,4	17,4	18,1
Kenya	4,4	7,7	4,5	1,0	17,6
Bénin	2,9	3,0	3,8	1,8	11,5
Maurice	0,0	0,9	1,7	6,3	8,9
Érythrée	0,3	—	2,8	0,2	3,3
Eswatini	0,0	0,8	0,3	0,2	1,3
Comores	0,0	0,0	1,3	0,0	1,3
Sao Tomé-et-Principe	0,0	0,0	1,1	0,2	1,3
Éthiopie	0,6	0,0	0,4	0,3	1,2
Guinée-Bissau	—	—	0,6	—	0,6
Malawi	0,0	0,0	0,4	0,1	0,5
Cap-Vert	0,2	0,0	0,0	0,0	0,2

Source : données World Integrated Trade Solution (WITS) de la Banque mondiale, 2019.
Remarque : la nomenclature des produits utilisée est le Système harmonisé 1988/92. Les exportations indiquées représentent la part des exportations brutes vers le monde, y compris les réexportations, et la valeur correspond au prix FAB (franco à bord). Données non disponibles pour le Tchad, la Guinée équatoriale, le Liberia, la Somalie et le Soudan du Sud. Certains pays ne disposent pas de données pour 2019. Les données pour le Cameroun, la République centrafricaine, la Sierra Leone et le Soudan correspondent aux valeurs de 2018, pour le Gabon aux valeurs de 2009 et pour la Guinée-Bissau aux valeurs de 2006. — = données non disponibles.

Barrières tarifaires

Afin d'augmenter les bénéfices qu'ils peuvent tirer du secteur minier à un moment où la pression fiscale s'accroît et que le taux de chômage augmente, nombreux sont les États à avoir opté pour des stratégies d'industrialisation fondées sur une politique d'extraction de minerai comportant une augmentation des droits de douane, ou bien ne correspondant pas du tout aux principes du marché unique. La liste des concessions tarifaires de la ZLECAf comprend les éléments suivants (Banque mondiale, 2020a) :

- suppression des droits de douane sur 90 % des marchandises sur une période de cinq ans, à compter de 2020 (10 ans pour les PMA).
- 7 % supplémentaires des lignes tarifaires sont considérées comme « sensibles ». Les droits de douane sur ces marchandises seront éliminés sur une période de 10 ans (13 ans pour les PMA).
- les 3 % restants peuvent être exclus de la libéralisation, mais la valeur de ces biens ne doit pas dépasser 10 % des importations intra-africaines totales.

Les pays hésitent souvent à réduire les droits de douane par crainte de perte de recettes intérieures. Une analyse de la Conférence des Nations Unies sur le commerce et le développement (CNUCED), qui utilise le modèle informatisé d'équilibre général du réseau mondial *Global Trade Analysis Project*, révèle que si tous les droits de douane sont entièrement éliminés au sein de la ZLECAf, la perte de revenus qui dépendaient des droits de douane s'élèvera à 4,1 milliards de dollars US, soit 9,1 % des revenus actuels (Saygili, Peters et Knebe, 2018). Les bénéfices, cependant, seraient conséquents. Les simulations à long terme suggèrent en effet d'importants gains économiques, à raison de 16,1 milliards de dollars US (après déduction des 4,1 milliards de dollars US de pertes de recettes tarifaires) ; le PIB devrait augmenter de 0,97 %, et l'emploi total, de 1,2 %. Quant au commerce intra-africain, il devrait croître de 33 %, tandis que le déficit commercial total du pays serait réduit de moitié (Saygili, Peters et Knebe, 2018). Le secteur minier resterait limité car la production est intensive en capital et la production supplémentaire n'affectera pas de manière significative les taux d'emploi. En revanche, le nombre d'emplois dans la totalité des autres secteurs de l'économie devrait augmenter, et c'est le secteur manufacturier qui devrait profiter le plus de cette croissance (graphique A.13). Cette croissance attendue de l'emploi dans le secteur manufacturier correspond par ailleurs à l'objectif de transformation structurelle et d'industrialisation de la ZLECAf (Saygili, Peters et Knebe, 2018). La croissance de certains secteurs, tels que les machines, les produits miniers, le pétrole et le charbon ainsi que les métaux, résulterait du développement des liaisons en amont et en aval avec le secteur minier, plutôt que d'une création d'emplois importante au sein du secteur.

Même les efforts d'harmonisation régionale peuvent être compromis par les politiques nationales. Le Burkina Faso, la Côte d'Ivoire, la Guinée et le Mali en

Graphique 3.1 Croissance de l'emploi en Afrique pondérée par le PIB, par sous-secteur, scénario de libre échange total à long terme

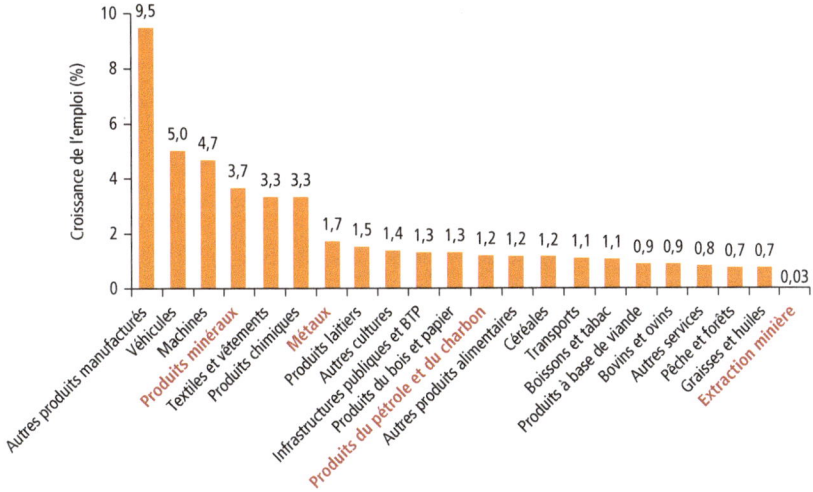

Source : basé sur les données du Global Trade Analysis Project reprises par Saygili, Peters et Knebe (2018).

sont un exemple. Les prélèvements à l'exportation ont eu beau être harmonisés à 3 % dans les quatre pays, la mise en œuvre n'a pas été homogène. En théorie, si les niveaux de taxation sont similaires, il n'y a aucune raison pour que les exportateurs choisissent d'implanter leur base d'expédition dans un pays où la fiscalité serait plus avantageuse que dans un autre. Or, la réglementation du Mali présente une faille importante. En effet, le taux de 3 % s'applique uniquement aux 50 % premiers kilogrammes d'or par mois (Martin et Helbig de Balzac, 2017) ; passé ce seuil, le poids restant exporté n'est pas imposable.

On suppose donc qu'une importante quantité d'or provenant de chacun de ces pays transiterait par le Mali. Pour répondre à ce problème, la Guinée a réduit tous ses droits d'exportation, ce que la Sierra Leone n'a pas apprécié puisqu'elle soupçonnait déjà que de grandes quantités d'or passaient en contrebande par la Guinée pour arriver au Mali. La tentative d'harmonisation régionale a cédé la place à des défis et à des tensions accrus entre les pays, ainsi qu'à une augmentation du risque de contrebande (Martin et Helbig de Balzac, 2017).

De manière générale, dans le secteur minier, les pays « parlent à l'échelle continentale » mais « pensent à l'échelle nationale ». Le reste de cette section examine un éventail de politiques tarifaires qui sont en contradiction avec la ZLECAf. Certaines existent depuis longtemps, tandis que d'autres ont été mises en œuvre après que la ZLECAf a été envisagée et ratifiée.

République démocratique du Congo. Le pays a exploité une interdiction d'exportation sur les concentrés de cobalt et de cuivre par intermittence pour forcer les entreprises à transformer les minerais au niveau national. La dernière

interdiction à été levée en mars 2019, mais elle s'accompagnait d'un avertisse-
ment : le gouvernement doit examiner la nécessité d'une interdiction d'exportation tous les six mois et la mettre en œuvre, le cas échéant. Dans une lettre
adressée à la Fédération nationale des entreprises, le ministre des Mines a déclaré
que l'exigence d'enrichissement local avait été mise en œuvre afin de maximiser les recettes intérieures provenant de la production minière. Cependant, la
Fédération nationale des entreprises a souligné que le déficit énergétique du
pays représentait une contrainte majeure à la transformation des concentrés au
niveau national. Une interdiction d'exportation sur les concentrés de cuivre a un
impact significatif sur le commerce avec la Zambie, un partenaire commercial
majeur de la République démocratique du Congo (Hunter, 2019).

En outre, la République démocratique du Congo perçoit une taxe de 3 % sur
les exportations d'or, ce qui a encouragé le commerce illicite. Selon les estimations, 90 % de la production d'or de la République démocratique du Congo sont
exportés illégalement via l'Ouganda et le Rwanda (Economist, 2019). L'Ouganda
a taxé les exportations d'or jusqu'en 2014, lorsque le président Yoweri Museveni a
levé la taxe à l'exportation, ce qui a induit une augmentation des investissements.
En 2014, les investisseurs belges ont versé 15 millions de dollars dans l'entreprise
African Gold Refinery, après avoir reçu l'assurance d'exonérations fiscales pour
l'importation d'or brut et l'exportation d'or raffiné pendant une décennie. Depuis,
la raffinerie a exporté plus de 30 tonnes d'or. Une entreprise concurrente, Bullion
Refinery, est également entrée sur le marché (Economist, 2019).

Zambie. Début 2019, la Zambie a imposé une nouvelle taxe à l'exportation
de 15 % sur les métaux précieux et un prélèvement à l'importation de 5 % sur
les concentrés de cuivre et de cobalt. Plusieurs entreprises minières importent
des concentrés de cuivre et de cobalt pour accroître la rentabilité des fonderies
zambiennes. La taxe à l'importation a ainsi été conçue pour encourager les entreprises à augmenter leur production minière à l'échelle nationale et à employer la
population locale, plutôt que d'importer pour atteindre les seuils de transformation des métaux dans leurs fonderies. Peu de temps après, l'entreprise Eurasian
Resources Group a décidé de fermer sa fonderie de cuivre de Chambishi en
Zambie, d'une capacité de 55 000 tonnes par an, en raison de la taxe à l'importation de 5 % (Reuters, 2020). En effet, l'usine de transformation dépendait fortement des concentrés de cuivre importés de son voisin, la République démocratique
du Congo, y compris des mines Boss Mining et Frontier Mines de l'entreprise
Eurasian Resources Group. À peu près au même moment, Konkola Copper Mines,
une filiale de Vedanta Resources, a interrompu ses activités à Nchanga en Zambie,
invoquant la taxe d'importation de 5 % sur ce concentré comme raison pour
laquelle la fonderie n'était plus viable sur le plan commercial[1]. La fermeture de ces
opérations a entraîné des réductions d'effectifs massives et a eu de lourdes répercussions sur la stabilité du secteur. En 2020, la Zambie a annoncé qu'elle suspendait
sa taxe à l'exportation de 15 % (à l'exception des diamants), après la baisse de la
production occasionnée par les mesures prises pour augmenter les recettes.

Le ministre des Mines a déclaré lors d'un entretien que « l'industrie était mise à mal et que la production chutait » (Mfula, 2019). Mais plus récemment, des réformes émises par une nouvelle administration semblent inverser ces tendances.

Namibie. La loi n° 2 de 2016 sur les prélèvements à l'exportation a été créée afin de soutenir les efforts du pays visant à renforcer les chaînes de valeur et promouvoir l'industrialisation en encourageant la transformation locale des matières premières. Lorsque la loi est entrée en vigueur, les prélèvements pour les minerais, le gaz et les produits pétroliers bruts variaient de 0,25 % à 2 %. En 2019, le prélèvement à l'exportation pour les pierres de taille a été porté à 15 % (tableau 3.2). Bien que la loi sur les prélèvements à l'exportation ait été en cours

Tableau 3.2 Namibie : Taux des prélèvements à l'exportation pour les minéraux, le gaz et les produits pétroliers bruts

Produit principal	Produit spécifique	Taux de prélèvement à l'exportation (%)
Diamants	Diamants bruts purs non triés	2,0
	Triés par taille	1,5
	Triés et classés	1,0
	Découpés et polis	0,5
	Produits de bijouterie, etc.	0
Zinc	Minerai concassé	2,0
	Concentré de zinc	1,0
	Tôles de zinc	0,5
	Lingots de zinc	0,25
	Produits sidérurgiques	0
Plomb, autres métaux	Concentré de plomb	1,0
Uranium	Oxyde d'uranium / *yellowcake*	0,25
Cuivre	Concentré de cuivre	1,0
Or	Lingot d'or	1,0
Manganèse	Concentré de manganèse	1,0
Fluorine	Fluorine de qualité acide	0,25
Autres métaux	Métaux purs	0,25
Pierres précieuses et semi-précieuses	Pierre pure	0,25
Pierres de taille	Blocs de pierre	15,0
Marbre	Blocs de pierre	2,0
Gaz	Gaz non raffiné, tous types confondus	1,5
	Gaz raffiné, tous types confondus	0
Pétrole brut	Pétrole brut non raffiné, tous types confondus	1,5
	Pétrole brut raffiné, tous types confondus	0

Sources : KPMG (2019) et PricewaterhouseCoopers (2017).
Remarque : la taxe à l'exportation pour les pierres de taille est passée de 2 % à 15 % en 2019 (KPMG, 2019).

d'élaboration depuis 2012, elle a rencontré une forte résistance de la part de la Chambre des mines de Namibie, qui a fait valoir qu'un prélèvement à l'exportation découragerait les investissements au sein du secteur. Nous avons donc un exemple frappant du conflit qui existe entre le renforcement d'une chaîne de valeur nationale en mettant en œuvre des prélèvements à l'exportation, et le renforcement des chaînes de valeur régionales en favorisant le libre-échange.

Sierra Leone. Le pays perçoit une taxe sur les principales exportations, dans le but d'optimiser à la fois la valeur ajoutée et le développement des communautés locales. Il existe un prélèvement sur les diamants et l'or, à 3 % et 5 %, respectivement, bien que l'or produit par les mineurs artisanaux soit soumis à un prélèvement moindre, à hauteur de 3 %. La valeur est évaluée par la Direction du commerce des minéraux précieux (OMC, 2017). Les prélèvements à l'exportation ont été initialement fixés par une loi créée en 2009, et soutenue par le Fonds monétaire international (FMI), en vue d'augmenter les recettes gouvernementales dans la Sierra Leone d'après-guerre. Ils ont toutefois résulté en une forte réduction des exportations officielles. En 2011, les taxes à l'exportation ont été réduites, passant de 6,5 % à 3 % pour les diamants provenant de mines artisanales, et de 5 % à 3 % pour l'or provenant de mines artisanales en 2012, afin de décourager la contrebande et de renforcer les exportations (Akam, 2012).

Afrique du Sud. La loi n° 15 de 2007 sur le prélèvement à l'exportation des diamants et la loi n° 14 de 2007 sur le prélèvement (administration) à l'exportation des diamants ont imposé une taxe à l'exportation sur les diamants non polis[2]. La taxe à l'exportation correspond à 5 % de la valeur totale des diamants. Cette réglementation vise à stimuler le développement de l'économie nationale en encourageant l'industrie diamantaire locale à transformer localement les diamants, y compris le taillage et le polissage, ce qui contribue à former les populations et à créer des emplois. La taxe à l'exportation décourage en outre l'envoi de diamants non polis vers le Botswana voisin, qui dispose actuellement des capacités nécessaires à la transformation des diamants.

Obstacles non tarifaires : logistique et infrastructures

Les barrières non tarifaires demeurent un obstacle à la concrétisation des avantages de la ZLECAf. Celles-ci constituent en effet des réglementations et des procédures restrictives qui accroissent la difficulté et le coût de l'importation et de l'exportation des produits. Ainsi, des recherches menées par la CNUCED révèlent que les barrières non tarifaires sont au moins trois fois plus restrictives que les droits de douane standard et suggèrent que les pays africains augmenteraient leur PIB de 20 milliards de dollars US en s'attaquant à ces obstacles non tarifaires au niveau continental (CNUCED, non daté). Bien qu'en vertu de l'article 4, les États parties doivent « [éliminer] progressivement les barrières tarifaires et non-tarifaires au commerce des marchandises », une étude publiée par Fitch Ratings en 2021 révèle que la suppression des BNT dans le cadre de la ZLECAf devrait être bien inférieure aux ambitions de l'accord, ce qui limitera l'impact de celui-ci. Cette étude note que « l'impact de l'union douanière de la Communauté d'Afrique de l'Est, par exemple, a été limité par l'absence d'intégration et de suppression des obstacles non tarifaires, malgré ses 15 ans d'existence » (Fitch Ratings, 2021).

L'amélioration des barrières non tarifaires, en particulier en ce qui concerne la logistique, est un élément essentiel de la mise en œuvre de la ZLECAf. Cinq annexes se concentrent sur les différentes dimensions du commerce et de la logistique : l'annexe 3 porte sur la coopération douanière et l'assistance administrative mutuelle ; l'annexe 4 sur la facilitation du commerce ; l'annexe 5 sur les obstacles non tarifaires ; l'annexe 6 sur les obstacles techniques au commerce ; et l'annexe 8 sur le transit. La région dispose d'une marge de manœuvre importante pour améliorer ses capacités logistiques, compte tenu des faibles performances à ce jour. L'Indice de performance logistique (IPL) de la Banque mondiale évalue l'efficacité des systèmes de dédouanement et de gestion des frontières, la qualité des infrastructures commerciales et de transport, la facilité d'organisation des expéditions, la qualité des services logistiques, la capacité de suivre et de retracer les expéditions et la fréquence à laquelle les expéditions parviennent aux destinataires à temps. Lorsque l'on examine l'IPD des pays africains, seulement cinq ont obtenu une note supérieure à 2,75 (note sur 5) : l'Afrique du Sud, la Côte d'Ivoire, le Rwanda, le Kenya et le Bénin. La moyenne pour la région était de 2,35, soit le deuxième indice le plus faible du monde après l'Asie du Sud, qui a obtenu 2,3.

Les carences en matière de transport et d'énergie constituent des barrières non tarifaires qui entravent l'industrialisation fondée sur les ressources. Pour saisir l'ampleur de ces défis, considérons que le coût de l'expédition d'un conteneur de la Chine à Beira, au Mozambique, est de 2 000 dollars US, mais le transport de ce même conteneur de Beira au Malawi, sur une distance de 500 kilomètres à l'intérieur des terres, coûte 5 000 dollars US. L'accès à l'électricité demeure rare et peu fiable, ce qui accroît le coût des échanges commerciaux. Au Malawi, où le conteneur a été expédié, 61 % des ménages ne sont pas connectés à un réseau électrique (Economist, 2022).

Transports

Les coûts liés aux transports et à la logistique dans les pays d'Afrique subsaharienne sont beaucoup plus élevés que ceux des autres pays en développement, compromettant de fait le commerce intrarégional. Si la superficie des terres émergées en Afrique est plus grande que les superficies combinées de la Chine, de l'Europe, de l'Inde et des États-Unis continentaux, son réseau de chemins de fer, qui atteint à peine 82 000 kilomètres, est tout juste supérieur à la somme des chemins de fer français et allemands. La majorité des infrastructures des chemins de fer sont mal entretenues, et 16 % des voies ferrées sont complètement hors d'usage. En 2016, l'Afrique représentait seulement 2 % des biens transportés par transport ferroviaire (en tonnes-kilomètres au niveau mondial). Les ports ne sont pas en mesure de répondre à la demande ; en moyenne, le fret attend près de trois semaines en Afrique subsaharienne, soit plus qu'en Asie, en Europe et en Asie et en Amérique latine, où cela peut prendre moins d'une semaine. Les frais d'approche sont 50 % supérieurs à ceux constatés dans d'autres régions du monde. Si la majorité du fret (soit entre 80 et 90 %) est transportée par voie routière, la densité du réseau routier sur le continent est l'une des plus faibles au monde, avec 27 kilomètres de route pour 10 000 habitants. Seulement 28 % des 2,8 millions de kilomètres de routes du continent sont goudronnés. Une recherche menée par le FMI en 2019 révèle que si les infrastructures d'Afrique subsaharienne étaient améliorées afin d'atteindre le même niveau que la moyenne planétaire, le commerce continental augmenterait de 7 % (FMI, 2019). Le coût du transport n'a que très peu baissé au fil des années. Entre 2005 et 2014, la différence entre les coûts de transport en Afrique et ceux des autres régions a augmenté, ces coûts pouvant atteindre le double de ceux des économies développées (graphique 3.2). L'Afrique centrale et l'Afrique de l'Ouest ont non seulement les coûts de transport et de logistique les plus élevés au monde, mais également les scores internationaux les plus bas en ce qui concerne

Graphique 3.2 Coûts internationaux en matière de transport pour tous les modes de transport, par moyenne régionale, 1985-2014

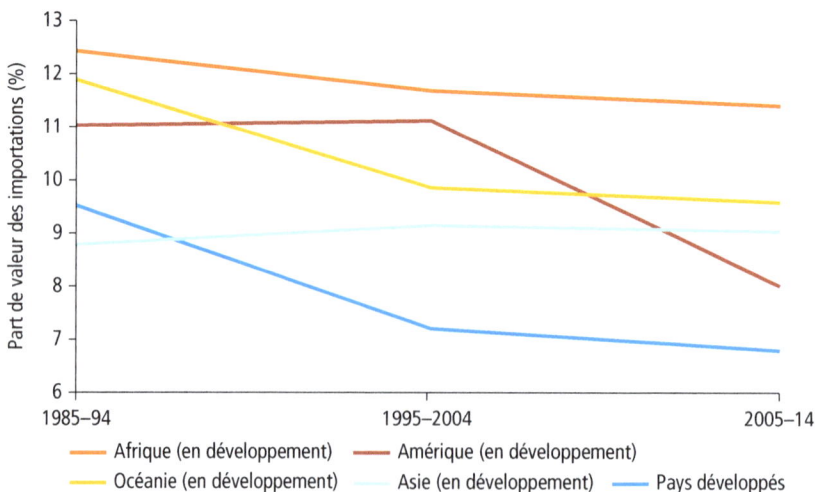

Source : basé sur les données de la CNUCED, 2015, 55.
Remarque : les données indiquent le coût du transport international, à l'exclusion des frais d'assurance, en tant que part de la valeur CAF (coût, assurance, fret) des marchandises importées.

la perception des services logistiques en fonction de l'efficacité des processus de dédouanement, de la qualité des infrastructures liées au commerce et au transport, de la facilité d'organiser des envois à des prix compétitifs, de la qualité des services logistiques, de la capacité de suivre et de retracer les envois et de la fréquence avec laquelle les envois parviennent au destinataire dans les délais prévus. Ces faibles scores sont le reflet des lacunes qui subsistent dans les infrastructures matérielles et matérielles. Le coût moyen du transport d'un conteneur en Afrique centrale et en Afrique de l'Ouest est de 2,43 dollars US par kilomètre, soit 1,5 et 2,2 fois les taux de fret en Afrique du Sud et aux États-Unis, respectivement. Pour les économies enclavées telles que la Zambie (encadré 3.1), les coûts de transport représentent en moyenne 45 % de la valeur des importations et 35 % de la valeur des exportations, soit des chiffres largement supérieurs aux moyennes mondiales de 5,4 % (des importations) et de 8,8 % (des exportations) (Viljoen, non daté).

ENCADRÉ 3.1

Être privé de littoral a un coût : l'exemple de la Zambie

Selon l'Initiative pour la transparence des industries extractives (ITIE, 2020), le secteur extractif représentait 77 % des exportations en Zambie en 2019. Mais au fil du temps, la rentabilité de la mine zambienne moyenne a diminué en raison du vieillissement des mines, des coûts de transport élevés et de la mise en place de nouvelles taxes.

Les coûts élevés en matière d'infrastructures ont réduit la compétitivité de la Zambie dans le secteur minier. Les coûts de transport ont ajouté 40 % au coût du produit car l'accès aux ports, comme ceux de Beira, Dar es Salaam, Durban, Lobito et Walvis Bay, est coûteux. Par exemple, lorsque l'on se rend par voie terrestre au port de Walvis Bay, en Namibie, plus de 50 % des lignes de chemin de fer exploitées actuellement par la société publique TransNamib ne répondent pas à la norme minimale de 18,5 tonnes de charge par essieu fixée par la Communauté de développement de l'Afrique australe (SADC). a Les trains doivent donc fonctionner à une vitesse réduite, engendrant des retards à tous les niveaux. Ces inefficacités ont une incidence considérable sur le secteur extractif, les minerais et les combustibles représentant 41,9 % du tonnage transporté (TransNamib, 2021).

Les retards aux frontières affectent également de manière disproportionnée les pays enclavés. En 2021, les économies d'Afrique australe ont ainsi perdu 330 millions de dollars US en l'espace de cinq mois en raison de retards aux frontières entre les pays de la SADC. La SADC a publié une déclaration notant que les pertes commerciales comprenaient 16,4 millions d'heures de retard. Les États membres de la SADC ont par conséquent appelé à la création d'une « institution de gestion du corridor » qui gérerait le corridor nord-sud, un réseau de routes et de voies ferrées reliant le port sud-africain de Durban via Johannesburg au Botswana ou au Zimbabwe, desservant ensuite la Zambie, la République démocratique du Congo et le Malawi.

a. TransNamib (https://www.transnamib.com.na/).

Les coûts élevés en matière de transports et de logistique résultent d'une série de facteurs : des infrastructures physiques mal développées et vétustes, la mauvaise connectivité des transports régionaux et internationaux, l'inefficacité des services logistiques, le manque de confiance entre les opérateurs, les cartels de fournisseurs de transport, les systèmes de partage de fret et le manque d'accès aux services de transport maritime. Par ailleurs, l'Afrique centrale manque cruellement d'infrastructures ce qui, par extension, constitue un obstacle essentiel à la connectivité entre l'Afrique du Nord, l'Afrique de l'Est, l'Afrique de l'Ouest et l'Afrique australe.

Énergie

L'exploitation minière est un secteur à forte intensité énergétique qui nécessite une alimentation de base constante, 24 heures sur 24. Le secteur minier est d'ailleurs le plus grand consommateur d'énergie dans la plupart des pays extractifs. En Afrique du Sud, par exemple, les mines et les fonderies consomment environ 30 % des stocks d'électricité annuels du pays. Pour des raisons de santé et de sécurité, d'accès et de production, les mines doivent disposer d'électricité en toutes circonstances. Bien que d'autres secteurs, tels que les services ou le commerce, puissent fonctionner avec une alimentation de secours, cela n'est pas tenable pour les opérations à forte consommation d'énergie comme l'exploitation minière. Le secteur minier dépend souvent de fournisseurs d'énergie publics et peut être confronté à des infrastructures de production, de transmission et de distribution de qualité inférieure (Cudennec et Kiwelu, 2021), ce qui occasionne un accès à l'électricité insuffisant dans la plupart des pays d'Afrique subsaharienne. Comme le montre le tableau 3.3, le score de l'Afrique

Tableau 3.3 Performance régionale vis-à-vis de la composante « Raccordement à l'électricité » du score « Doing Business », 2020

Région	Raccorde- ment à l'électricité (score sur 100)	Procé- dures (nombre)	Temps (en jours)	Coût (% du revenu l' à l' par habitant)	Fiabilité de approvisi- onnement et transparence des tarifs (indice de 0 à 8)	Raccordement électricité (rang sur 197 régions et pays)
Asie de l'Est et Pacifique	75,1	4,2	63,2	594,6	4,0	83
Europe et Asie centrale	75,6	5,1	99,6	271,9	6,2	81
Amérique latine et Caraïbes	71,7	5,5	66,8	407,2	4,4	96
Moyen-Orient et Afrique du Nord	72,4	4,4	63,5	419,6	4,4	86
Pays à revenu élevé de l'OCDE	85,9	4,4	74,8	61,0	7,4	43

(suite page suivante)

Tableau 3.3 (suite)

Région	Raccorde-ment à l'électricité (score sur 100)	Procé-dures (nombre)	Temps (en jours)	Coût (% du revenu l' à l' par habitant)	Fiabilité de approvisi-onnement et transparence des tarifs (indice de 0 à 8)	Raccordement électricité (rang sur 197 régions et pays)
Asie du Sud	62,6	5,5	86,1	952,6	2,7	118
Afrique subsaharienne	50,4	5,2	109,6	3 187,5	1,6	146

Source : basé sur le rapport de la Banque mondiale, 2020b.
Remarque : OCDE= Organisation de coopération et de développement économiques.

subsaharienne pour le raccordement à l'électricité[3] est le plus bas au monde : 50,4 sur une échelle de 100 points, contre 85,9 dans les pays à revenu élevé de l'Organisation de coopération et de développement économiques (OCDE), en Asie de l'Est et dans le Pacifique, et 71,7 en Amérique latine et dans les Caraïbes. Le coût de l'électricité est le plus élevé de toutes les régions du monde, plus de 3,5 fois plus que le deuxième plus élevé, l'Asie du Sud ; plus de 5 fois plus qu'en Asie de l'Est et dans le Pacifique ; et plus de 7 fois plus qu'en Amérique latine et au Moyen-Orient et en Afrique du Nord. Cependant, certains pays ont commencé à déréglementer les entreprises publiques afin d'améliorer l'accès au réseau ; cf. encadré 3.2.

L'amélioration de l'accès à l'infrastructure électrique et la baisse des coûts associés peut permettre de renforcer le développement des relations interindustrielles. La mise à disposition d'une énergie fiable et peu coûteuse est cruciale pour établir un avantage comparatif dans la transformation des intrants et dans le traitement des minerais. Les pannes de courant risquent d'engendrer des dommages aux équipements, des temps d'arrêt de la production et des retards de traitement, rendant difficile le respect des délais d'exportation. Une forte augmentation des coûts énergétiques peut avoir un impact considérable sur la capacité des mines à rester ouvertes.

Au vu de l'accès peu fiable et coûteux à l'électricité, les sociétés minières d'un certain nombre de pays d'Afrique subsaharienne ont décidé de construire leurs propres infrastructures énergétiques. Entre 2000 et 2015, les sociétés minières africaines ont ainsi consacré environ 15,3 milliards de dollars US à leurs propres investissements et coûts d'exploitation liés à l'électricité, avec des installations parvenant à générer 1 590 mégawatts (Banerjee *et al.*, 2015). Par exemple, en 2019, Gem Diamonds a investi environ 13,5 millions de dollars US dans un projet portant sur l'électrification de la mine de Letseng et des communautés environnantes au Lesotho, réduisant ainsi le recours aux générateurs diesel ; ceux-ci représentaient en effet une dépense notable

ENCADRÉ 3.2

Remédier au frein que représentent les fournisseurs d'énergie publics dans le secteur minier

La déréglementation des secteurs d'énergie publics peut aider le secteur minier à produire sa propre énergie et à réduire sa dépendance aux réseaux en cas de pénurie ou de perturbation. En Afrique du Sud, Eskom, le producteur d'électricité public, a commencé à mettre en œuvre des pannes de courant en 2007 pour compenser les pénuries d'énergie. Ces pannes, associées à de fortes augmentations des tarifs, ont alors représenté un lourd fardeau pour les sociétés minières. En 2019, le *Minerals Council South Africa*, l'association sud-africaine de l'industrie des minerais, a constaté que les augmentations des prix de l'électricité supérieures à l'inflation accéléreraient les pertes d'emplois dans les mines à haute intensité énergétique. Plus précisément, l'association a affirmé que les mines d'or et de platine du pays accuseraient une perte d'environ 90 000 emplois sur trois ans en raison de la flambée des prix de l'électricité supérieurs à l'inflation imposée par Eskom.

Reconnaissant les limites du fournisseur public, le président de l'Afrique du Sud a annoncé en 2021 que les investisseurs privés seraient désormais autorisés à construire leurs propres centrales électriques, avec une capacité de production allant jusqu'à 100 mégawatts sans nécessiter de licence. En 2022, l'entreprise Anglo American a ainsi conclu un accord avec EDF Renewables, un chef de file international mondial des énergies renouvelables, pour développer un écosystème régional des énergies renouvelables en Afrique du Sud. Le système devrait ainsi fournir 100 % des besoins opérationnels en électricité d'Anglo American en Afrique du Sud à l'horizon 2030. Anglo American a déclaré que le partenariat apporterait de nombreux avantages à l'Afrique du Sud et à la région, notamment la mise en œuvre de trois à cinq gigawatts d'électricité renouvelable (solaire et éolienne) et de stockage au cours de la prochaine décennie. La société a déjà obtenu un approvisionnement en électricité renouvelable à 100% pour toutes ses opérations en Afrique du Sud, ce qui se traduira par 56 % de son approvisionnement électrique mondial généré par des énergies renouvelables d'ici à 2023.[a]

a. « Anglo American Partners with EDF Renewables to Secure 100% Renewable Energy Supply for South Africa Operations » (https://www.angloamerican.com/media/press-releases/2022/18-03-2022).

compte tenu des coûts de transport requis pour se rendre dans le « royaume des montagnes ». Mais dans les pays aux dotations moins rentables (le Lesotho abrite certains des diamants les plus précieux au monde), les gouvernements doivent intervenir pour financer les infrastructures, puis récupérer ces coûts par le biais des impôts. Certaines entreprises ont également choisi de suivre la voie des énergies renouvelables. Comme nous l'avons vu dans le chapitre 1, en

Namibie, B2Gold, le plus grand producteur d'or du pays, a construit une centrale solaire hybride de 7 mégawatts qui est le premier fournisseur d'énergie issue de trois sources (solaire, au fioul lourd et électrique) à grande échelle au monde.

Obstacles politiques : exigences en matière de politiques de contenu local et restrictions relatives à l'exportation

De nombreux pays d'Afrique subsaharienne ont mis en œuvre des politiques visant à soutenir des objectifs socio-économiques plus larges. Ces politiques peuvent viser à accroître la valeur ajoutée intérieure, à créer des emplois, à générer des revenus pour le gouvernement ou encore à faciliter une croissance diversifiée. Bien que ces politiques partent d'une bonne intention, l'expérience continentale et mondiale suggère qu'elles ont fortement tendance à se retourner contre elles. Ainsi, ces politiques peuvent nuire au développement de chaînes de valeur régionales concurrentielles. Cette section se penche sur l'utilisation des restrictions à l'exportation et des politiques de contenu local et évalue leur incidence sur la mise en œuvre de la ZLECAf. L'atténuation des obstacles politiques peut permettre de renforcer la mise en œuvre d'une approche régionale qui unit les avantages comparatifs et accroît la valeur ajoutée continentale.

Restrictions et interdictions relatives à l'exportation

Depuis 2009, les restrictions à l'exportation de matières premières brutes en Afrique subsaharienne se sont intensifiées. La base de données mondiale de l'OCDE comprend 79 pays qui exportent des minerais et des métaux bruts. Sur les 19 pays d'Afrique subsaharienne inclus dans cette base de données, tous sauf un disposaient en 2020 d'une certaine forme de restriction à l'exportation de minerais et de métaux bruts (OCDE, 2020). Tous ces pays ont eu recours à de multiples restrictions à l'exportation, mais en ce qui concerne la mesure la plus restrictive, huit utilisaient des interdictions d'exportation, huit imposaient des taxes à l'exportation et deux utilisaient des licences non automatiques (tableau 3.4). Au fil du temps, un certain nombre de pays ont mis en œuvre des restrictions à l'exportation plus strictes. Par exemple, en 2009, la mesure d'exportation la plus restrictive en Angola, à Madagascar, en Sierra Leone et au Zimbabwe était l'utilisation de licences non automatiques. En 2020, la Sierra Leone et le Zimbabwe imposaient des taxes à l'exportation, tandis que l'Angola et Madagascar avaient mis en œuvre des interdictions d'exportation. Le Sénégal, qui n'avait pas de restrictions en 2009, a mis en place une taxe à l'exportation en 2021. Dans l'ensemble, alors que le nombre de pays imposant des restrictions à l'exportation de minerais et de métaux bruts en Afrique subsaharienne variait de 17 à 19 depuis 2009, la sévérité des restrictions s'est renforcée. En 2009, 26,3 %

Tableau 3.4 Mesure la plus restrictive pour les métaux et minerais bruts dans certains pays d'Afrique subsaharienne, 2020

Pays	Mesure d'exportation la plus restrictive
Mozambique	Aucune restriction
Botswana	Licence non automatique
Éthiopie	Licence non automatique
Gabon	Taxe à l'exportation
Guinée	Taxe à l'exportation
Namibie	Taxe à l'exportation
Sénégal	Taxe à l'exportation
Sierra Leone	Taxe à l'exportation
Afrique du Sud	Taxe à l'exportation
Zambie	Taxe à l'exportation
Zimbabwe	Taxe à l'exportation
Angola	Interdiction d'exportation
Burundi	Interdiction d'exportation
Rép. du Congo	Interdiction d'exportation
Ghana	Interdiction d'exportation
Kenya	Interdiction d'exportation
Madagascar	Interdiction d'exportation
Nigeria	Interdiction d'exportation
Rwanda	Interdiction d'exportation

Source : données issues de la base de données sur les matières brutes, OCDE, 2020.

des pays ont eu recours à une interdiction d'exportation, contre 42,1 % en 2020 (tableau 3.5). La carte 3.1 présente les types de restrictions en Afrique et dans d'autres pays du monde.

Les pays d'Afrique subsaharienne ont souvent mis en place des interdictions d'exportation sur les matières premières afin de favoriser leurs objectifs de développement économique à l'échelle nationale. Bien que de nombreux pays d'Afrique subsaharienne disposent d'importants gisements de minerais et de métaux, leur capacité de traitement reste limitée en raison d'infrastructures insuffisantes, d'une pénurie de compétences et d'un manque de ressources financières, techniques et de capital humain. Néanmoins, les pays ont eu recours aux restrictions à l'exportation pour stimuler le développement de liaisons en aval et accroître la valeur ajoutée intérieure. Cette section utilise des exemples de la République démocratique du Congo, de la Guinée, de la Tanzanie et du Zimbabwe pour montrer que les interdictions d'exportation peuvent avoir l'effet inverse : elles risquent de dissuader les investissements et de faire perdre des gains durement gagnés.

Tableau 3.5 Nombre de pays d'Afrique subsaharienne imposant des restrictions à l'exportation des métaux et minerais bruts, 2009-2020

Restriction à l'exportation	2009	2013	2017	2020
Aucune restriction	2	0	0	1
Licence non automatique	6	3	2	2
Taxe à l'exportation	6	7	8	8
Interdiction d'exportation	5	9	8	8
Total	19	19	18	19

Source : tiré de la base de données sur le commerce des matières premières, OCDE, 2020 ; basé sur les pays répertoriés dans le tableau 3.4.

Carte 3.1 Restrictions à l'exportation sur les minerais et les métaux bruts en Afrique subsaharienne, 2020

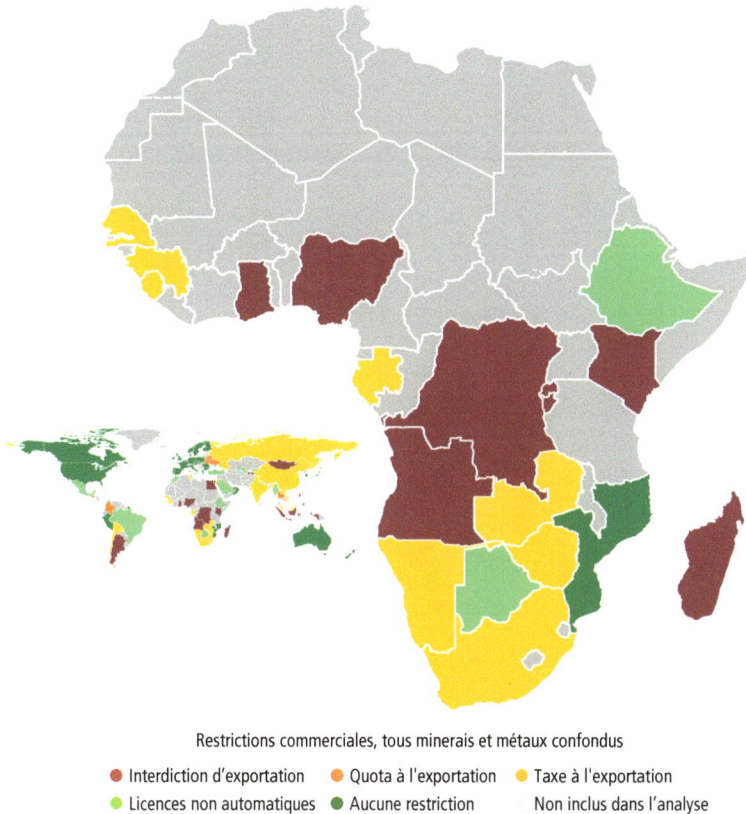

Restrictions commerciales, tous minerais et métaux confondus

● Interdiction d'exportation   ● Quota à l'exportation   ● Taxe à l'exportation
● Licences non automatiques   ● Aucune restriction   Non inclus dans l'analyse

Source : données issues de la base de données sur les matières brutes, OCDE, 2020.
Remarque : le code de couleurs indique l'intensité des restrictions et non le nombre de restrictions. Les pays en gris ne disposent pas de données.

En 2013, la République démocratique du Congo, premier producteur mondial de cobalt et premier producteur africain de cuivre, a interdit les exportations de concentrés de cuivre et de cobalt pour encourager les mineurs à transformer et à raffiner le minerai au niveau national. Malheureusement, la capacité de fusion reste limitée en raison de pénuries d'infrastructures. Le gouverneur du Haut-Katanga, Jacques Kyabula Katwe, constate : « Le problème du déficit d'électricité subsiste, qui empêche les sociétés minières de construire des installations de transformation[4]. » Plutôt que de supprimer l'interdiction, le gouvernement a émis à plusieurs reprises des dérogations. En 2020, la République démocratique du Congo a renoncé indéfiniment à l'interdiction d'exportation des hydroxydes et carbonates de cobalt, des concentrés d'étain d'Alphamin, ainsi que des concentrés d'étain, de tungstène et de tantale.

En 2017, les exportations minières de la Guinée ont augmenté pour atteindre un taux sans précédent de 79 %, par rapport aux taux de croissance annuels inférieurs à 50 % enregistrés entre 2010 et 2014. Cette croissance s'explique par l'augmentation de la production de bauxite en Guinée, elle-même due à une réduction de la production de bauxite en Indonésie (le concurrent de la Guinée dans ce domaine) : ce pays d'Asie du Sud-Est a en effet mis en place des réformes réglementaires, la loi imposant désormais des liaisons de production au niveau local.

En 2017, la Tanzanie a annoncé une interdiction des exportations de concentrés et de minerais d'or, d'argent, de cuivre et de nickel non transformés. Malheureusement, le développement des liaisons en aval a été entravé car le pays n'avait pas les capacités nécessaires pour traiter la production de minerais bruts de manière rentable. Une étude de faisabilité réalisée en 2012 a ainsi montré qu'au vu du volume, la transformation au niveau local n'était pas réalisable en raison d'une quantité insuffisante d'or produite. En 2017, la Chambre des minerais et de l'énergie tanzanienne a recommandé au gouvernement de suspendre temporairement l'interdiction tout en évaluant la viabilité des opérations de raffinage, de fusion et de transformation dans le pays[5]. La production d'or avait en effet chuté brutalement en raison de l'interdiction (graphique 3.3).

Une analyse de Fitch Ratings prévoit que la production minière aurifère de la Tanzanie connaîtra un taux de croissance annuel moyen de 1,5 % au cours de la période 2021-2030, contre 1,9 % au cours de la décennie 2011-2020, en raison du renforcement des réglementations minières du pays. À partir de 2022, la croissance de la production aurifère en Tanzanie ralentira progressivement en raison du contrôle accru du gouvernement sur les ressources naturelles dans le pays et de la poursuite de politiques minières rigoureuses (Fitch Solutions, 2021).

En 2021, le gouvernement du Zimbabwe a approuvé une interdiction immédiate de l'ensemble des exportations de minerai de chrome non transformé afin de soutenir la concrétisation d'une industrie de 12 milliards de dollars US d'ici à 2023. Le gouvernement a déclaré que l'interdiction des exportations

Graphique 3.3 Production aurifère à la mine de Bulyanhulu détenue par Acacia Mining en Tanzanie, 2016-2021

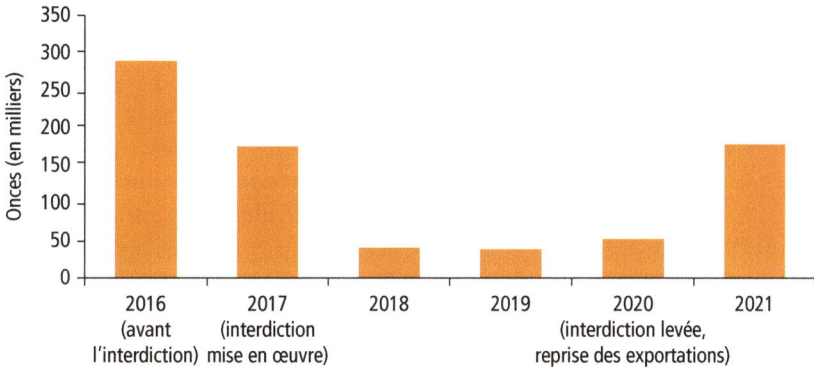

Sources : basé sur la Banque mondiale, 2019 et Barrick Gold Corporation, 2021.

de minerai de chrome brut permettrait de promouvoir la chaîne de valeur nationale. L'interdiction vise à renforcer les capacités des fonderies actuelles et à maximiser la valeur ajoutée intérieure des abondantes ressources du pays, une priorité figurant dans la première stratégie nationale de développement.

Politiques de contenu local

Les politiques de contenu local (PCL) sont conçues pour permettre aux pays de maximiser les bénéfices nationaux issus de l'investissement étranger direct en favorisant la participation au niveau local. Les activités minières présentant une intensité capitalistique de plus en plus forte, la hausse des revenus tend à être captée par le capital. Compte tenu des contraintes auxquelles sont confrontés de nombreux pays d'Afrique subsaharienne, le secteur minier dépend largement de capitaux et de compétences étrangers, ce qui signifie qu'une grande partie des revenu générés seront captés par des acteurs étrangers et non par le pays possédant les ressources naturelles. Les décideurs politiques considèrent ainsi les PCL comme une piste importante pour élargir la redistribution des bénéfices générés par le secteur minier. Les PCL comptent quatre piliers : (a) la participation des habitants à l'emploi et à la gestion (localisation) ; (b) la provenance locale de matières premières ou de composants à valeur ajoutée, souvent appelé approvisionnement local ; (c) la définition géographique d'une entreprise « locale » (locale, régionale ou nationale) ; et (d) la catégorisation des entreprises selon leur taille (micro, petite, moyenne ou grande). Les exigences relatives aux PCL son intégrées dans les accords contractuels entre les gouvernements et les entreprises étrangères ou font l'objet de lois (Ba et Jacquet, 2022). Cette section se concentre surtout sur l'emploi et l'approvisionnement dans le secteur extractif ; il existe toutefois une ambition et des opportunités de taille en ce qui concerne la valeur ajoutée intérieure et la création d'emplois dans le secteur des énergies durables, comme l'a exprimé le Communiqué de Kigali de 2022[6].

Emploi direct local

Les politiques de ce type visent à accroître la quantité et la qualité de l'emploi local généré par les exploitations minières. Déployées avec succès, elles peuvent créer de nouveaux emplois locaux, faire croître et développer les compétences de la main d'œuvre nationale et soutenir les efforts visant à promouvoir l'égalité des sexes et l'inclusion sociale. Le manque de travailleurs qualifiés constitue l'un des principaux défis pour parvenir à des résultats positifs. Pour y pallier, de nombreux pays ont mis en œuvre des exigences de formation pour les sociétés minières visant à augmenter la disponibilité de travailleurs qualifiés. Il existe deux types de politiques pour l'emploi local :

- Les approches réglementaires, qui se traduisent généralement par des politiques contraignantes de type « politique du bâton », sont le plus souvent obligatoires et reposent sur des mécanismes de conformité bien ancrés. Par exemple :
  ○ Pourcentage minimal d'emploi local, qui varie le plus souvent selon le type d'emploi
  ○ Obligation de mettre en place des formations pour les populations locales ou accompagnement de services de formation
  ○ L'établissement requis de plans de succession ou de localisation
  ○ Des restrictions de visa pour les travailleurs étrangers
  ○ L'emploi imposé des populations indigènes, des femmes ou des groupes désavantagés
- Des approches de facilitation, qui reposent généralement sur des politiques incitatives de type « carotte », offrent un soutien et des incitations pour le développement et l'embauche de travailleurs locaux. Par exemple :
  ○ Préférences dans l'octroi dans contrats miniers
  ○ Exigences d'employer les populations locales à caractère non contraignant (par exemple : « dans la mesure du possible »)
  ○ Incitations fiscales à l'emploi des populations locales

L'Atlas des législations minières africaines (AMLA) est une plateforme dont le but est de promouvoir la transparence l'accessibilité et les comparaisons des législations africaines relatives aux activités minières, de faciliter la préparation, la révision et la mise en œuvre des législations minières, de fournir une base de données régulièrement mise à jour permettant de stimuler les recherches et les débats politiques relatifs aux problématiques juridiques et réglementaires, et promouvoir le développement d'une expertise juridique et une législation minière locales. Ce projet peut contribuer à évaluer les politiques relatives a) à l'emploi et à la formation et b) à l'achat de biens et de services locaux. Les types de politiques sont très hétérogènes ; certaines sont réglementaires, avec des quotas stricts (évoqués plus avant dans cette section), tandis que d'autres sont facilitatrices et peuvent être lues comme des suggestions. Il existe quelques pays qui ne disposent pas de PCL axées sur l'emploi et la formation, mais la majorité en ont entre une et quatre. Certains se démarquent particulièrement : le Gabon en compte 7, le Tchad 8, le Kenya et la Tanzanie 9 et la Zambie 12. Le tableau 3.6 présente une liste des PCL relatives à l'emploi et à la formation. Au-delà des mesures réglementaires figurant dans l'AMLA, il existe des politiques de localisation supplémentaires, qui seront abordées dans cette section.

Même si toutes ces politiques relèvent du pilier de l'emploi au sein des PCL, elles présentent de grandes variations. Certains pays ont une approche plus favorable aux investisseurs, tandis que d'autres favorisent fortement les travailleurs nationaux.

Tableau 3.6 Aperçu des politiques de contenu local relatives à l'emploi et à la formation en Afrique subsaharienne à partir de la base de données de l'Atlas des législations minières africaines

Pays	Nombre de politiques	Type de politiques	Quotas
Angola	1	Emploi local et formation locale	—
Bénin	1	Emploi local	—
		Programmes de formation et de promotion pour les populations locales	
		Faciliter le transfert de technologies au profit des entreprises et des populations locales	
Botswana	1	Emploi local	—
		Programmes de formation	
Burkina Faso	1	Conformité avec la législation du travail locale	—
		Programme de formation visant à éliminer progressivement le personnel expatrié	
		Quotas progressifs pour les programmes de formation, d'emploi et de promotion destinés au personnel local	
		Approbation de contrats de travailleurs non nationaux	
Burundi	2	Embaucher du personnel recruté au niveau national, s'il dispose de qualifications équivalentes	—
Cap-Vert	0	S.O.	S.O.

(suite page suivante)

Tableau 3.6 (suite)

Pays	Nombre de politiques	Type de politiques	Quotas
Cameroun	4	Mécanismes favorisant le transfert de technologies et de compétences aux populations locales	90 % des emplois ne nécessitant pas de qualification particulière sont réservés aux Camerounais.
		Plan de formation et de recrutement afin d'augmenter les embauches locales	
		Améliorer les conditions de travail	
		Développement d'un programme visant à renforcer les capacités locales des MPME locales	
		Mise à niveau de la capacité des entreprises locales dans les secteurs de liaison (c'est-à-dire la construction de mines)	
République centrafricaine	2	Programme de formation et de recrutement des ressortissants nationaux	—
Tchad	8	Emploi, formation technique et promotion des ressortissants nationaux	90 % des emplois ne nécessitant pas de qualification particulière sont réservés aux ressortissants nationaux ; les 10 % restants doivent être réservés aux ressortissants régionaux et sous-régionaux
		Transfert de technologie	
		Conformité avec la législation du travail local résidant sur le territoire.	
		Approbation de contrats de travailleurs non nationaux	
Comores	0	s.o.	s.o.
Congo, rép. du Congo	2	Financer la formation à l'étranger pour le personnel national	—
		Embauche de personnel recruté au niveau national, s'il dispose de compétences équivalentes	
Congo, rép.	2	Embaucher du personnel recruté au niveau national, s'il dispose de qualifications équivalentes	—
		Assurer la formation continue du personnel local	
		Une part fixe des coûts miniers globaux doit être utilisée pour renforcer l'expertise nationale dans le contrôle de la prospection, de la recherche et d'un travail industriel en toute sécurité	
Côte d'Ivoire	5	Mettre en œuvre un plan de formation pour les MPME nationales	—
		Priorité accordée à l'embauche des ressortissants nationaux	
		Financement des efforts visant à renforcer les capacités par l'Administration minière	
		Former des ingénieurs et des géologues nationaux	

(suite page suivante)

Tableau 3.6 (suite)

Pays	Nombre de politiques	Type de politiques	Quotas
Djibouti	1	Accueillir des étudiants universitaires et des apprentis pour des stages et des possibilités de formation	—
Guinée équatoriale	1	Privilégier les travailleurs nationaux et les biens, services et équipements locaux	—
Érythrée	1	Emploi local	—
		Programme de formation pour les employés	
Eswatini	4	Programme de formation pour les employés et les habitants	—
		Mettre à disposition des fonds pour l'éducation des employés	
		Une licence de reconnaissance doit être accompagnée d'une proposition visant à améliorer l'emploi et la formation des ressortissants nationaux	
Éthiopie	1	Veiller à ce que les employés reçoivent une formation adéquate pour les opérations minières	—
Gabon	7	Embaucher du personnel recruté au niveau national, s'il dispose de qualifications équivalentes	—
		Promotion des petites et moyennes entreprises locales	
		Établir un programme annuel de formation du personnel	
		Proposer des stages aux ressortissants nationaux	
		Établir un plan progressif pour le transfert des compétences	
		Contribuer au fonds de formation du personnel à l'administration nationale des mines	
Gambie	0	s.o.	s.o.
Ghana	3	Mise en place d'une formation Programme d'élimination progressive du personnel expatrié	—
		Emploi local	

(suite page suivante)

Tableau 3.6 (suite)

Pays	Nombre de politiques	Type de politiques	Quotas
Guinée	2	Emploi local	Le titre IV, chapitre 1, article 108 universités pour former les citoyens Emploi local et formation locale quota minimum strict d'employés guinéens par développement. La première année, 33 % des cadres dirigeants, 50 % des cadres supérieurs, 66 % des travailleurs qualifiés et 100 % des travailleurs non qualifiés doivent être de nationalité guinéenne. Tandis que tous les travailleurs non qualifiés doivent être guinéens tout au long de la durée de vie du projet, les quotas minimum augmentent rapidement pour les catégories restantes. À l'année 5, 50 % des cadres dirigeants et 80 % des cadres supérieurs et des travailleurs qualifiés doivent être guinéens, et à l'année 11, 90 % des cadres dirigeants et 100 % des cadres supérieurs et des travailleurs qualifiés doivent être guinéens. fixe un
Guinée-Bissau	2	Mise en place d'un programme de formation visant à éliminer progressivement le personnel expatrié	—
Kenya	9	Privilégier l'emploi de travailleurs locaux, s'ils disposent de qualifications équivalentes	—
		Le Cabinet émet des réglementations sur le remplacement des expatriés et le nombre d'années de service des expatriés	
		Établir des liens avec les	
Lesotho	1	Emploi local	—
		Programme de formation	
Liberia	3	Embauche locale pour les postes qualifiés	Aucun opérateur, ses entrepreneurs ou sous-traitants en vertu de la loi minière de 2000 n'emploiera de main d'œuvre étrangère non qualifiée.
		Formation continue pour les employés nationaux afin de les recruter pour des postes qualifiés	
		Transfert de technologie	
Madagascar	0	s.o.	s.o.
Malawi	2	Emploi local et formation locale	—

(suite page suivante)

Tableau 3.6 (suite)

Pays	Nombre de politiques	Type de politiques	Quotas
Mali	3	Embaucher du personnel recruté au niveau national, s'il dispose de qualifications équivalentes	—
		Mettre en œuvre un programme de formation et de promotion pour les ressortissants nationaux tout au long de la chaîne de valeur minière	
		visant à éliminer progressivement le personnel expatrié	
Mauritanie	0	s.o.	s.o.
Maurice	0	s.o.	s.o.
Mozambique	3	Garantir des emplois et une formation technique pour les ressortissants nationaux, de préférence ceux qui vivent dans la zone de concession	—
		Plan d'embauche locale et de formation technique et professionnelle	
Namibie	1	Emploi local	—
		Mettre en œuvre des programmes de formation pour promouvoir le développement des ressortissants nationaux	
Niger	2	Obligation d'employer du personnel recruté au niveau national et de leur permettre d'accéder à tous les emplois correspondant à leurs compétences	—
		Établir un programme de formation du personnel	
Nigeria	2	Bourses d'études, apprentissage, formation technique et possibilités d'emploi pour les autochtones des communautés	—
Rwanda	1	Mettre en œuvre un programme de renforcement des capacités pour le personnel	—
Sao Tomé-et-Principe	0	s.o.	s.o.
Sénégal	1	Embaucher du personnel recruté au niveau national, s'il dispose de compétences équivalentes	—
		Programme de formation et de promotion du personnel au niveau national	
Seychelles	0	s.o.	s.o.

(suite page suivante)

Tableau 3.6 (suite)

Pays	Nombre de politiques	Type de politiques	Quotas
Sierra Leone	2	Emploi local Programme de formation du personnel local Soumettre un rapport annuel présentant la composition du personnel national/expatrié et le statut des programmes de formation	Le titulaire d'un droit minier ne doit pas importer de main d'œuvre non qualifiée pour l'exécution de ses opérations entreprises en vertu du droit minier.
Somalie	0	s.o.	s.o.
Afrique du Sud	2	Les aspects de politique de contenu local de la Charte minière III incluent la propriété locale, le développement des ressources humaines et l'équité en matière d'emploi	La Charte minière III fait état des objectifs suivants concernant l'équité en matière d'emploi : conseil d'administration (50 % de Noirs, dont 20 % de femmes noires) ; direction générale (50 % de Noirs, dont 20 % de femmes noires) ; cadres supérieurs (60 % de Noirs, dont 25 % de femmes noires) ; cadres intermédiaires (60 % de Noirs, dont 25 % de femmes noires) ; cadres débutants (70 % de Noirs, dont 30 % de femmes noires) ; compétences de base et compétences essentielles (60 % de Noirs) ; et employés en situation de handicap (1,5 % de l'effectif total).
Soudan du Sud	1	Emploi local Soumettre un rapport annuel sur l'emploi et la formation Privilégier les fournisseurs nationaux s'ils sont comparables aux fournisseurs non nationaux	Un titulaire de licence d'exploitation minière ne doit pas importer de main d'œuvre non qualifiée pour l'exécution de ses opérations minières entreprises en vertu de la licence.
Soudan	1	Suivi des contrôles de l'emploi, de la formation, de l'assurance des sites et des équipements et des employés, avec des procédures de sécurité contre les risques	—
Tanzanie	9	Programme d'embauche et de formation des ressortissants nationaux Présentation d'un plan de relève pour les expatriés	—
Togo	1	Programmes de formation Soumettre des programmes de formation et de mises à jour des formations périodiques	—
Ouganda	6	Aucune licence d'exploitation minière ne sera accordée sans une proposition adéquate pour l'embauche et la formation de ressortissants nationaux Mise en œuvre de ces programmes	—

(suite page suivante)

Tableau 3.6 (suite)

Pays	Nombre de politiques	Type de politiques	Quotas
Zambie	12	Emploi et formation de ressortissants nationaux	—
Zimbabwe	3	Programme de formation pour les ressortissants nationaux	—

Source : base de données de l'AMLA (2022).
Remarque : MPME = micro, petites et moyennes entreprises ; — = données non disponibles ; s.o. = sans objet.

Le Mali (titre VIII, chapitre 1, article 139) est favorable aux investisseurs. « Les titulaires de titres miniers et leurs sous-traitants peuvent, pour leurs activités au Mali, embaucher le personnel expatrié nécessaire à la bonne exécution et au succès de leurs activités. L'État facilitera l'acquisition des documents administratifs nécessaires à l'entrée et au séjour de ce personnel expatrié conformément à la législation en vigueur. »

La République centrafricaine (titre II, section 5, article 52) confère à l'investisseur davantage de flexibilité. « Le droit de l'Investisseur de recruter ou de licencier le personnel local et expatrié nécessaire à la conduite efficace des opérations minières, et son engagement à former du personnel local en vue de remplacer progressivement le personnel expatrié qualifié par du personnel local ayant acquis les mêmes compétences et la même expérience sur le terrain, conformément aux dispositions légales en matière d'emploi… »

La Guinée-Bissau (chapitre VIII, article 58) adopte une approche similaire à celle de la République centrafricaine. « Le titulaire de droits miniers est libre d'employer les personnes qu'il juge nécessaires ou utiles à son activité. Sans préjudice des dispositions du numéro précédent, le titulaire, dans des circonstances égales, devrait privilégier l'emploi de citoyens nationaux. »

En revanche, la Guinée dispose d'un ensemble très strict de quotas (titre IV, chapitre 1, article 108). Le quota minimum de salariés guinéens par phase de développement du projet ou par période d'exploitation de l'entreprise est défini dans le tableau 3.7.

Le code minier guinéen établit également des règles pour les cadres dirigeants de l'industrie minière. Le directeur général adjoint titulaire du titre d'exploitation minière ou de l'autorisation d'exploitation de carrière doit être guinéen à compter de la première année de production commerciale. Après les cinq premières années de production commerciale, le directeur général de la société d'exploitation doit également être guinéen. Le titulaire du titre minier doit d'abord recruter des cadres guinéens et accorder la priorité à l'embauche des habitants des communautés locales environnantes pour des emplois ne nécessitant pas de qualifications spécialisées. Si ces quotas et ces règles ne sont pas respectés, le titulaire pourra faire l'objet d'une pénalité financière.

Tableau 3.7 Quota minimum d'employés guinéens, par catégorie de travailleurs et phase d'évolution de l'entreprise
Pourcentage

Catégories d'employés	Année 1	Année 2	Année 5	Années 6–10	Années 11–15
Cadres dirigeants	33	20	60	80	90
Cadres supérieurs	50	30	80	90	100
Travailleurs qualifiés	66	40	80	95	100
Travailleurs non qualifiés	100	100	100	100	100

Source : code minier guinéen de 2011 (https://guilaw.com/code-minier/).

Un certain nombre d'autres pays appliquent des quotas stricts pour des catégories spécifiques de travailleurs.

- *Cameroun*. Pour les emplois qui ne nécessitent pas de qualification particulière, 90 % des emplois sont réservés aux Camerounais.

- *Tchad*. Pour les emplois qui ne nécessitent pas de qualification particulière, 90 % des emplois sont réservés aux ressortissants nationaux, et les 10 % restants doivent être réservés aux ressortissants sous-régionaux et régionaux résidant sur le territoire.

- *Liberia*. Aucun opérateur, ses sous-traitants ou sous-traitants en vertu de la loi minière de 2000 n'emploiera de main d'œuvre étrangère non qualifiée.

- *Sierra Leone*. Le titulaire d'un droit minier ne doit pas importer de main d'œuvre non qualifiée pour l'exécution de ses opérations entreprises en vertu du droit minier.

- *Soudan du Sud*. Un titulaire de licence d'exploitation minière ne doit pas importer de main d'œuvre non qualifiée pour l'exécution de ses opérations entreprises en vertu de la licence.

Certaines politiques ne sont pas incluses dans ces lois. C'est le cas, par exemple, de la Charte d'autonomisation socioéconomique des Noirs de l'Afrique du Sud pour l'industrie minière sud-africaine, également connue sous le nom de « Charte minière ». Elle a été développée pour la première fois en 2002, modifiée en 2010 et revue en 2017 et 2018. Sous la rubrique de la transformation, la charte vise à défaire l'héritage de l'apartheid, rendant l'exploitation minière plus représentative de la démographie sud-africaine (tableau 3.8). Les objectifs peu stables , modifiés par chaque nouvelle version de la Charte minière, ont donné lieu à une incertitude politique généralisée (tableau 3.8). En 2021, l'Afrique du Sud s'est placée au 75ᵉ rang sur 84 juridictions minières en termes d'attrait pour les investissements miniers dans l'enquête annuelle sur les sociétés minières de l'Institut Fraser (Yunis et Elmira, 2021). L'incertitude réglementaire a fortement contribué à ce classement.

Tableau 3.8 Objectifs d'équité en matière d'emploi, Charte minière 2010 et 2018 de l'Afrique du Sud

% du total des employés dans chaque catégorie

Mesure	Objectif (2010)	Objectif (2018)
Conseil d'administration		
Noirs	s.o.	50
dont femmes noires	s.o.	20
Cadres dirigeants et direction générale		
Noirs	40	50
dont femmes noires	s.o.	20
Cadres supérieurs		
Noirs	40	60
dont femmes noires	s.o.	25
Cadres intermédiaires		
Noirs	40	60
dont femmes noires	s.o.	25
Cadre débutant		
Noirs	40	70
dont femmes noires	s.o.	30
Compétences de base et compétences indispensables		
Noirs	40	60
Personnes en situation de handicap		
Noirs	1,5	3

Sources : troisième version de la Charte minière sud-africaine (2018) ; Government Gazette n° 41934.
Remarque : s.o. = sans objet.

Approvisionnement local

Les gouvernements mettent en œuvre des PCL pour accroître la participation des entreprises nationales à la chaîne d'approvisionnement minière. De manière générale, il existe trois raisons principales pour lesquelles les pays adoptent des politiques d'approvisionnement locales. Les pressions politiques et financières pour répondre à l'absence de transformation structurelle lors des envolées des prix des matières premières en sont la première raison. Comme nous l'avons vu plus haut dans le présent rapport, la plupart des pays ne sont pas parvenus à diversifier leurs économies pendant les booms des prix des matières premières. Ainsi, lors de la phase de récession, les gouvernements choisissent d'approfondir les liaisons industrielles entre le secteur extractif et d'autres secteurs. Le développement des secteurs de liaison augmente lui aussi les recettes fiscales. Les gouvernements mettent également en œuvre des politiques de contenu local pour stimuler la mise à niveau des compétences et la création d'emplois. L'exploitation minière en soi n'est pas un secteur qui requiert une forte main d'œuvre. Les gouvernements ont donc fréquemment recours à l'approvisionnement local afin de stimuler le développement de secteurs de liaison à forte intensité de main d'œuvre, tels que la fabrication, les services, la logistique et la construction. En troisième figure le développement des communautés. Les activités extractives opèrent souvent dans les zones rurales ou périurbaines plutôt que dans les grandes villes. C'est pourquoi l'obligation d'un approvisionnement au niveau local peut permettre de stimuler les activités rémunératrices dans des endroits peu exploités. L'approvisionnement local constitue donc un outil supplémentaire qui peut être utilisé pour tirer profit du développement économique, au-delà des emplois directs dans le secteur, des redevances et de la responsabilité sociale des entreprises. En termes d'approvisionnement local, la grande majorité des pays ont adopté des approches axées sur la facilitation, suggérant généralement de privilégier l'achat de biens et de services locaux lorsqu'ils sont disponibles. Seuls quelques pays disposent de plus de deux PCL relatives à l'approvisionnement local. À l'instar de la catégorie des PCL relatives à l'emploi et à la formation, le Kenya (7), la Tanzanie (7) et la Zambie (10) en avaient le nombre le plus élevé, et cinq pays disposaient de quotas explicites. La liste complète des PCL relatives à l'approvisionnement local figure dans le tableau 3.9.

Tableau 3.9 Aperçu des politiques de contenu local relatives à l'emploi et à la formation dans les pays d'Afrique subsaharienne

Pays	Nombre de politiques	Quotas
Angola	1	Tant que les prix ne dépassent pas de plus de 10 % des matériaux nationaux et que les délais de livraison ne dépassent pas huit jours ouvrables, les titulaires de droits miniers doivent privilégier l'utilisation de matériaux, de services et de produits nationaux dont la qualité est compatible avec l'économie, la sécurité et la rentabilité des opérations minières.
Bénin	1	Tout sous-traitant étranger qui fournit, pour une période supérieure à si mois, des services pour le compte des titulaires de titres miniers, est tenu de créer une société conformément à la réglementation en vigueur.
Botswana	1	—
Burkina Faso	1	—
Burundi	2	—
Cap-Vert	0	s.o.
Cameroun	2	—
République centrafricaine	0	s.o.
Tchad	1	—
Comores	0	s.o.
Congo, rép. du Congo	1	—

(suite page suivante)

Tableau 3.9 (suite)

Pays	Nombre de politiques	Quotas
Congo, rép.	2	—
Côte d'Ivoire	4	—
Djibouti	1	—
Guinée équatoriale	1	—
Érythrée	1	—
Eswatini	5	—
Éthiopie	1	—
Gabon	2	La part minimale des activités des PME et des PMI détenues ou contrôlées par les Gabonais, en particulier dans la construction, l'approvisionnement, le transport de personnel et la mise à disposition de biens et de services, sera fixée par voie réglementaire. Elle ne peut être inférieure aux seuils suivants : 5 % pour la recherche 5 % pour le développement 5 % pour l'exploitation, entre la 5e et la 10e année d'exploitation 7 % pour l'exploitation, entre la 10e et la 15e année d'exploitation 10 % pour l'exploitation, entre la 15e et 20e années d'exploitation 15 % pour l'exploitation au-delà de la 25e année d'exploitation
Gambie	0	s.o.
Ghana	1	—
Guinée	1	Part minimale de PME, de PMI et de sociétés détenues ou contrôlées par des Guinéens dans la mise à disposition de biens et de services aux sociétés minières : Années 1-5 : 15% Années 6-10 : 25% Années 11-15 : 30%
Guinée-Bissau	1	—
Kenya	7	—
Lesotho	1	—
Libéria	0	s.o.
Madagascar	0	s.o.
Malawi	1	—
Mali	1	—
Mauritanie	0	s.o.
Maurice	0	s.o.
Mozambique	1	—
Namibie	1	—
Niger	1	—
Nigeria	0	s.o.

(suite page suivante)

Tableau 3.9 (suite)

Pays	Nombre de politiques	Quotas
Rwanda	1	—
Sao Tomé-et-Principe	0	s.o.
Sénégal	2	—
Seychelles	0	s.o.
Sierra Leone	1	—
Somalie	1	—
Afrique du Sud	1	La Charte minière III fixe les exigences suivantes (Hogan Lovells, 2018) : Dans le cas des produits miniers, au moins 70 % des dépenses totales pourl'achat de produits miniers (y compris les dépenses non discrétionnaires) doivent être consacrés aux produits manufacturés sud-africains. Par « produits manufacturés sud-africains », on entend les produits dont le contenu local est d'au moins 60 % lors de l'assemblage ou de la fabrication du produit en Afrique du Sud. Les 70 % du total des dépenses pour l'achat de produits miniers doivent être répartis comme suit : • 21 % doivent être consacrés à des produits manufacturés sud-africains produits par une entreprise détenue et contrôlée par des personnes historiquement défavorisées, • 5 % doivent être consacrés à des produits manufacturés sud-africains produits par une entreprise détenue et contrôlée par des femmes ou des jeunes, • 44 % doivent être consacré à des produits manufacturés sud-africains produits par une entreprise conforme à l'autonomisation économique des Noirs (qui est définie comme une entreprise ayant un statut minimum d'autonomisation économique des Noirs de niveau 4 au sens des codes de bonnes pratiques du ministère du Commerce et des industries, et au moins 25 % plus une voix de propriété par des personnes historiquement défavorisées). En ce qui concerne les services, au moins 80 % des dépenses totales consacrées aux services (y compris les dépenses non discrétionnaires) doivent provenir d'entreprises basées en Afrique du Sud. Les 80 % du total des dépenses en services doivent être répartis comme suit : • 50 % doivent être consacrés à des services fournis par des entreprises détenues et contrôlées par des personnes historiquement défavorisées, • 15 % doivent être consacrés à des services fournis par des entreprises détenues et contrôlées par des femmes, • 5 % doivent être consacrés à des services fournis par des jeunes, et • 10 % doivent être consacrés à des services fournis par des entreprises conformes à l'autonomisation économique des Noirs.

(suite page suivante)

Tableau 3.9 (suite)

Pays	Nombre de politiques	Quotas
Soudan du Sud	0	s.o.
Soudan	0	s.o.
Tanzanie	7	—
Togo	1	—
Ouganda	4	—
Zambie	10	—
Zimbabwe	2	—

Source : base de l'AMLA (2022) et autres législations nationales.
Remarque : — = données non disponibles ; s.o. = sans objet ; PME = petites et moyennes entreprises ;
PMI = petites et moyennes industries.

Bien que les PCL soient conçues pour créer une répartition plus équitable des bénéfices générés par l'exploitation minière, elles peuvent entraîner des conséquences inattendues. Hilson et Ovadia (2020) constatent ainsi qu'une application généralisée des exigences en matière de contenu local peut contribuer à creuser les inégalités au sein du pays, car les bénéfices reviendront à ceux qui ont déjà du capital, plutôt que de favoriser une répartition plus équitable. Comme le montre le tableau 3.10, les résultats des PCL nationales sont entravés par les pénuries de compétences, les exonérations fiscales pour les importations et un contrôle insuffisant. L'application des PCL au niveau continental permettrait aux pays de gagner en compétitivité puisqu'ils pourraient puiser dans un plus grand réservoir de capitaux et de compétences, mettre en œuvre un code fiscal harmonisé afin que les entreprises étrangères ne soient pas dans une position avantageuse dans certains pays, et renforcer la surveillance en centralisant les mesures de conformité.

Exigences relatives à la participation au capital publique et locale

Les exigences relatives à la participation au capital des États et des collectivités locales sont souvent utilisées afin d'améliorer la répartition des bénéfices du secteur minier. Les gouvernements utilisent les fonds propres publics afin de capter les sources de revenus issus de projets rentables et pouvoir participer à la prise de décision pour de futurs projets. Les fonds propres publics présentent un avantage : ils permettent aux entreprises et aux gouvernement de surmonter l'asymétrie des informations puisque les deux parties sont représentées. D'un autre côté, l'État peut avoir un conflit d'intérêts s'il joue à la fois le rôle de partie prenante et de régulateur de fonds propres. Pour éviter ce conflit, une solution consiste à attribuer les fonctions réglementaires et les fonctions opérationnelles à deux entités distinctes.

La participation aux fonds propres locaux est utilisée pour conserver dans le pays une partie des revenus du capital. Étant donné que la plupart des sociétés minières ont des actionnaires étrangers, on peut supposer qu'une majorité des revenus du capital quitte le pays. Pour améliorer la répartition intérieure des

Tableau 3.10 Politiques et défis en matière de contenu local dans trois pays d'Afrique de l'Ouest

Pays	Politiques de contenu local	Défis
Libéria	Les accords de développement minier et les dispositions relatives aux investissements entre les sociétés minières et le gouvernement libérien exigent généralement que les sociétés et leurs principaux contractants accordent la priorité aux biens et ressources fabriqués au Liberia et aux services fournis par des Libériens résidant au Liberia ou des fournisseurs libériens (définis comme des entreprises dans lesquelles les Libériens résidant au Liberia reçoivent 60 % des bénéfices) si ces produits et services sont compétitifs en termes de coût, de qualité, de livraison, de service, etc. ; les accords de développement minier et les dispositions exigent également que le contenu libérien constitue 60 % des processus de production des entreprises et que tous les postes non qualifiés soient occupés par des Libériens. Les entreprises sont tenues de présenter des plans montrant comment elles respecteront les quotas pour les travailleurs libériens occupant des postes qualifiés. Pour faciliter l'embauche de Libériens à des postes qualifiés, de direction et techniques, les entreprises sont tenues de mettre à disposition des possibilités de formation à la fois dans le pays et à l'étranger ainsi que des bourses pour permettre l'enseignement supérieur à l'étranger.	Les sociétés minières ne satisfont pas aux exigences locales en matière d'emploi en raison de la faiblesse des mécanismes de conformité. En vertu du code des recettes, les sociétés pétrolières, gazières et minières bénéficient d'importations en franchise de droits sur les produits suivants : les biens intermédiaires, les « installations et équipements » et les matériaux non transformés. L'exonération fiscale profite aux entreprises étrangères.
Sierra Leone	La politique de contenu local de 2012 comporte les exigences suivantes : • Dans l'emploi, les opérateurs et les entrepreneurs sont censés donner la priorité aux Sierra-Léonais (qui ont les compétences et la formation requises) sur les étrangers, pourvoir tous les postes non qualifiés et débutants avec des Sierra-Léonais, et les postes de direction et intermédiaires devraient être pourvus par des Sierra-Léonais à hauteur des pourcentages suivants : 20 % et 50 %, respectivement (passant à 60 % et 80 %, respectivement, après cinq ans de fonctionnement). • Dans le cas où il n'y aurait pas de Sierra-Léonais possédant les qualifications requises, les entreprises doivent présenter des plans de formation et de relève afin de remplacer les étrangers par des Sierra-Léonais. • En ce qui concerne l'approvisionnement, la priorité devrait être accordée aux biens et matériaux produits en Sierra Leone s'ils répondent aux normes internationales, aux prestataires de services situés dans le pays et appartenant à des citoyens de Sierra Leone, et aux offres ayant le contenu local le plus élevé (au moins 5 % de plus que le concurrent le plus proche) si les offres ne dépassent pas 5 % en termes de prix. Les sociétés sierra-léonaises (définies comme celles qui sont enregistrées en Sierra Leone et avec une participation au capital d'au moins 50 % de Sierra Léonais) devraient bénéficier d'un traitement préférentiel pour l'exécution des contrats, à condition qu'elles ne soient pas supérieures de plus de 10 % au prix de l'offre la plus basse. • Pour promouvoir le transfert de technologie et de savoir-faire, les opérateurs et les contractants devraient faciliter les coentreprises et les partenariats entre les entreprises sierra-léonaises et les entreprises étrangères.	L'approvisionnement se produit principalement dans les services non essentiels (en particulier les services d'assurance, d'audit et juridiques, qui ont tendance à être moins techniques) et, dans une bien moindre mesure, dans les services essentiels (évaluation environnementale, forage minier et gestion de projet et technique). Les exonérations fiscales sur les biens importés (dont bénéficient les grandes entreprises) ne s'étendent pas aux fournisseurs locaux, ce qui désavantage ces derniers en termes de coûts. Il est par conséquent plus rentable pour les grandes entreprises d'importer elles-mêmes des biens que de se les procurer auprès de fournisseurs locaux.

(suite page suivante)

Tableau 3.10 (suite)

Pays	Politiques de contenu local	Défis
Sierra Leone	En outre, avant de demander (ou de recevoir) des incitations à l'investissement, les entreprises doivent présenter un plan local décrivant comment leur production et d'autres processus utiliseront et renforceront le contenu (biens et services) sierra-léonais et comment elles développeront des programmes pour faciliter les coentreprises entre les entreprises nationales et étrangères (Agence de contenu local, Sierra Leone, 2012).	En comparant la capacité d'approvisionnement des petites et moyennes entreprises locales et celles des entreprises internationales, on a constaté que les entreprises locales étaient soumises à des contraintes importantes et accusaient un retard par rapport à leurs homologues internationales en raison d'un manque de capitaux, d'une gamme limitée de biens et de services et d'un style plus informel de relations commerciales.
	• Enfin, le Comité du contenu local a été créé dans le but de collecter des données, de surveiller la mise en œuvre des politiques, d'évaluer les plans de contenu local et d'informer les habitants de Sierra Leone des opportunités disponibles. La loi de l'Agence de contenu local de Sierra Leone, qui a été adoptée en mars 2016 par le gouvernement de Sierra Leone (Warner 2016), a incorporé la plupart des éléments de la politique de contenu local de 2012 ; cependant, la loi est allée plus loin en établissant des sanctions et en imposant des rapports sur le contenu local pour décourager la non-conformité. Les sanctions comprennent des amendes, l'emprisonnement, la révocation des incitations à l'investissement (telles que les exonérations fiscales) et l'annulation de projets.	En ce qui concerne l'emploi, la part la plus importante des Sierra-Léonais occupe des postes de niveau subalterne (57,4 %), tandis que les parts de Sierra-Léonais occupant des postes de niveau intermédiaire et supérieur sont de 23,4 % et 11,7 %, respectivement. La coordination insuffisante avec les institutions d'enseignement nationaux se traduit par un manque de contribution des employeurs potentiels dans le développement des programmes d'études et le contenu des cours.
Ghana	La réglementation de 2012 sur les minerais et l'exploitation minière LI 2173, qui résulte de la collaboration entre la Commission des minerais, la Société financière internationale et les sociétés minières, a ouvert la voie à une réglementation du contenu local dans l'exploitation minière et a clarifié et renforcé la loi 703. Les politiques de contenu local portent sur trois axes : • *Des exigences d'embauche locales associées à des exigences de formation.* Tous les postes non qualifiés et de bureau doivent être occupés par des Ghanéens ; au maximum, 10 % des cadres supérieurs peuvent être étrangers au cours des trois premières années, et pas plus de 6 % après trois ans. Par ailleurs, l'entreprise qui souhaitent obtenir des permis et des droits miniers pour l'exploration doivent soumettre une proposition indiquant comment elles ont l'intention de former et d'embaucher la main d'œuvre locale, cette proposition étant soumise à un renouvellement quinquennal.	Avant 2012, le contenu local n'était pas clairement défini. La loi 703 de 2006 sur les minerais et les mines, qui vise à encourager la localisation (en particulier en ce qui concerne les travailleurs des mines) et à créer des liens par lesquels les sociétés minières accordent un traitement préférentiel aux biens fabriqués au Ghana et aux prestataires de services domestiques, est vague et prête à différentes interprétations.

(suite page suivante)

Tableau 3.10 (suite)

Pays	Politiques de contenu local	Défis
Ghana	• *Achat de biens et de services produits localement.* La préférence doit être accordée aux matériaux et aux produits fabriqués au Ghana, aux agences de services situées au Ghana et détenues par des ressortissants ghanéens (indépendamment de la propriété du capital et des capitaux propres locaux détenus par des Ghanéens), ou des entreprises enregistrées au Ghana. Lors de l'évaluation des offres de produits ou de services, celles qui contiennent le taux le plus élevé de contenu ghanéen pour les emplois (y compris les postes de direction) et la propriété doivent être choisies, à condition qu'elles ne soient pas supérieures de plus de 2 % au prix de l'offre la plus basse. • *Les entreprises sont tenues de soumettre un plan quinquennal détaillant la façon dont les produits locaux seront utilisés ; le plan doit être mis à jour tous les ans.* Les entreprises doivent déclarer chaque année leur niveau de conformité. En outre, un mécanisme de surveillance et d'application des lois a été mis en place pour garantir le respect des objectifs en matière d'achat de biens et de localisation. Les entreprises qui ne respectent pas les mesures susmentionnées sont passibles de sanctions financières pouvant atteindre 10 000 dollars US par jour, ainsi que du paiement intégral des taxes à l'importation.	Bien que les achats de produits locaux aient atteint 20 % (hors combustibles et électricité) des dépenses totales des sociétés minières en 2008, la valeur ajoutée dans le pays n'a pas forcément augmenté et les fournisseurs locaux pourraient simplement être des bureaux locaux de sociétés multinationales qui n'ont en réalité aucun lien avec l'économie locale. Au lieu de continuer à acheter des intrants auprès d'entreprises nationales, il est donc indispensable de favoriser la production intérieure.

Source : lois gouvernementales relatives aux politiques locales.

bénéfices, certains pays ont adopté des exigences en matière de propriété locale. Par exemple, au Kenya, les règlements de 2012 sur l'exploitation minière (participation aux fonds propres locaux), publiés en vertu de la loi précédente sur l'exploitation minière, font de 35 % de participation aux capitaux propres locaux une condition préalable à l'octroi d'une licence d'exploitation minière. En outre, la loi *Mining Act* de 2016 contient une disposition qui permet au secrétaire du cabinet de fixer des limites aux dépenses en capital. Le titulaire d'un permis minier dont les dépenses en capital prévues dépassent le montant prescrit doit inscrire au moins 20 % de ses fonds propres à la bourse locale dans les trois ans suivant le début de la production. Le titulaire du permis d'exploitation minière peut toutefois écrire au secrétaire du cabinet pour mettre à exécution un mécanisme alternatif équitable qui permettra à l'entreprise de se conformer à cette exigence. De même, en Namibie, à compter d'avril 2021, toutes les demandes de permis d'exploitation minière doivent faire état d'une propriété locale de 15 %.

Recommandations politiques

Problématiques transversales

Tirer parti des huit communautés économiques régionales d'Afrique pour une approche progressive de la mise en œuvre de la ZLECAf. On craignait que la ZLECAf ne signe la redondance des CER, mais il est probable que ce soit le contraire : la ZLECAf peut tirer parti des huit CER existantes pour accompagner une approche à plusieurs niveaux de la mise en œuvre. Dans un premier temps, les politiques tarifaires, non tarifaires et d'exportation au sein des CER pourraient être harmonisées. De nouvelles recherches révèlent par exemple que la région de la Communauté économique des États de l'Afrique de l'Ouest peut financer son déficit en infrastructures en éliminant les incitations fiscales inutiles dans les pays membres grâce à un cadre harmonisé par secteur économique. Cela peut être compliqué, étant donné que certains pays, comme la Tanzanie et la République démocratique du Congo, sont membres de plusieurs CER. Une fois ces politiques harmonisées au niveau des CER, il faut ensuite les déployer au niveau continental, une initiative qui peut considérablement réduire les coûts. Une équipe élargie de la Banque mondiale travaillant en Afrique australe a constaté que le changement de camionneurs, à mesure que les marchandises transitaient de la zone de la SADC vers la zone de la Communauté de l'Afrique de l'Est, constituait l'un des coûts supplémentaires les plus importants pour les exportations du Botswana et de la Zambie vers le Kenya. C'est là que l'harmonisation entre les CER pourrait réduire les coûts, stimuler le commerce et favoriser un meilleur développement de la chaîne de valeur régionale. En fin de compte, les CER sont un atout, étant donné qu'elles fournissent huit groupes à harmoniser au lieu de 55 pays distincts.

Droits de douanes

Obstacles tarifaires : court terme
réenvisager l'établissement ou l'augmentation des droits de douanes Dans le cadre de la ZLECAf, les membres doivent éliminer progressivement 90 % des lignes tarifaires au cours des 5 à 10 prochaines années, tandis que 7 % supplémentaires, jugés sensibles, bénéficieront d'un délai supplémentaire. 3 % d'entre elles pourront être placées sur une liste d'exclusions. Plus de 80 % des pays ont déjà soumis leurs calendriers de réduction des tarifs douaniers. La première étape de cette stratégie consiste à cesser d'instaurer de nouveaux droits de douane.

Obstacles tarifaires : moyen terme
Entreprendre une harmonisation régionale des taxes et redevances minières. L'harmonisation fiscale comporte trois volets : une péréquation des taux d'imposition ; une définition commune des assiettes fiscales nationales ; et une application uniforme des règlementations entérinées (Mansour et Rota-Graziosi, 2013). L'absence de politique fiscale harmonisée peut saper l'intégration régionale, même lorsqu'une union douanière, un marché commun et une union monétaire ont été établis (FMI, 2015). Les taux d'imposition harmonisés éliminent les distorsions fiscales et atténuent la concurrence entre

les pays pairs qui réduisent les impôts pour séduire les investisseurs et ainsi attirer les capitaux étrangers. Cette concurrence fiscale peut alimenter une dynamique de nivellement vers le bas, laquelle ne bénéficiera à aucun pays du fait de la baisse des recettes fiscales.

La mise en œuvre de droits de douane et de règlements harmonisés nécessite des données et de solides institutions dotées de capacités de surveillance, de coordination et d'application de la loi. Première étape vers la mise en œuvre, la création et la mise à jour régulière d'une base de données fiscales en ligne qui fournit des données complètes sur les structures fiscales nationales sont essentielles pour comprendre les disparités. Cette base de données constituerait également une source de redevabilité car elle identifie publiquement les pays qui se soucient peu des efforts régionaux. Elle devrait être complétée par le financement et le renforcement des capacités d'une institution régionale à même de former les gouvernements nationaux, de coordonner les forums et les réunions pour assurer un dialogue continu et d'appliquer les politiques d'harmonisation. Des défis existent toujours avec ce type d'institutions régionales. Par exemple, l'Union économique et monétaire ouest-africaine n'a pas fourni à son institution régionale les ressources nécessaires pour mener à bien la surveillance dont celle-ci devait se charger (FMI, 2016).

Barrières non tarifaires

Obstacles non tarifaires : court terme

Entreprendre une cartographie des principales tendances du commerce régional afin d'identifier les domaines où renforcer les infrastructures, notamment routières, ferroviaires et portuaires. Une cartographie permet d'identifier l'infrastructure qui a le plus grand potentiel pour libérer le commerce régional. Ce chapitre a déjà évoqué le cas de la Namibie. C'est un pays qui a le potentiel d'être une porte d'entrée pour la ZLECAf, en ouvrant le commerce terrestre de l'Afrique australe au reste du continent tout en ayant un port qui permet l'accès aux marchés des États-Unis et de l'UE. Bien que le Forum économique mondial ait défini l'infrastructure routière de la Namibie comme étant la meilleure du continent, la majorité des matières premières transportées en vrac transitent par voie ferroviaire. Plus de 50 % des lignes de chemin de fer actuellement exploitées par la société publique TransNamib ne répondent pas à la norme minimale de la SADC de 18,5 tonnes par charge à l'essieu. Les revenus de TransNamib générés par les produits en vrac représentent environ 93 % de ses revenus, ce qui comprend les revenus provenant du transport des produits de la Zambie. La compagnie TransNamib s'est déclarée intéressée par le transport de matières premières en vrac par voies ferroviaires entre l'Angola, le Botswana, la Zambie et le Zimbabwe.

Créer un paysage politique propice à la production privée d'énergies renouvelables et autoriser les entreprises à exporter pour répondre aux besoins régionaux. En 2021, le gouvernement sud-africain a annoncé que les entreprises seraient autorisées à produire jusqu'à 100 mégawatts chacune sans licence, une augmentation importante par rapport à la limite précédente d'un mégawatt. Les compagnies minières peuvent également acheter de l'électricité à d'autres entreprises dont la production est excédentaire. Ce sont actuellement 3900 mégawatts d'énergie renouvelable actuellement prévus dans le cadre de projets de compagnies minières sud-africaines. Pour donner une idée, 100 mégawatts peuvent alimenter deux grandes mines en Afrique du Sud. Cette décision permet de soulager la pression pesant sur Eskom, l'entreprise publique de production d'électricité, tout en s'assurant que l'énergie ne constitue plus un obstacle pour le secteur minier. À plus long terme, la création d'un environnement politique permettant aux sociétés minières d'exporter de l'énergie renouvelable vers d'autres pays pourrait atténuer les contraintes régionales. Actuellement, l'Afrique du Sud exporte l'électricité d'Eskom vers un certain nombre de pays de la SADC, mais ces pays sont également soumis à des pannes d'électricité et aux difficultés afférentes. Permettre au secteur privé d'exporter des énergies renouvelables peut réduire les contraintes énergétiques au niveau régional. Par exemple, Anglo American a déjà obtenu un approvisionnement en électricité renouvelable à 100 % pour toutes ses opérations en Afrique du Sud, ce qui se traduira par 56 % de son approvisionnement électrique mondial généré par des énergies renouvelables d'ici à 2023.

Obstacles non tarifaires : moyen terme

Éliminer les politiques qui accroissent les coûts de transport et de logistique. Les coûts de transport routier sont élevés car les restrictions découlant des politiques de cabotage et de la règle du pays tiers interdisent le fret de retour dans certains pays. Le cabotage correspond au transport de marchandises (ou de passagers) entre deux endroits du même pays par un transporteur d'un autre pays. La Direction des infrastructures de la CDAA envisage d'éliminer progressivement la règle du transport direct, comme le recommande l'article 5.3 du Protocole sur le transport, les communications et la météorologie.

Établir une stratégie coordonnée pour planifier et financer les infrastructures régionales. Le Fonds de l'ANASE pour l'infrastructure (AIF) en est un exemple. Ce dernier est un fond dédié établi par les 10 États membres de l'Association des nations de l'Asie du Sud-Est (ANASE) et la Banque asiatique de développement (BAD) pour répondre aux besoins de développement des infrastructures dans la région ANASE en mobilisant l'épargne régionale, y compris les réserves de change. L'AIF s'inscrit dans la volonté de l'ANASE de renforcer le réseau régional, et tous les projets sont cofinancés par l'AIF et la BAD.

Dans le cadre de la transition climatique, l'initiative « Mécanisme de financement catalytique vert » de l'ASEAN tire parti des ressources existantes du FIA pour combler le déficit de viabilité des projets d'infrastructures vertes et attirer des capitaux privés dans ces projets. Le fonds finance des projets souverains ou garantis par l'État dans la région de l'ASEAN. Pour que les projets soient financés dans le cadre du mécanisme, ils doivent présenter (a) des indicateurs de viabilité financière (basés sur des objectifs de financement de projet typiques, tels que le ratio de couverture du service de la dette et autres), (b) des objectifs et des cibles environnementaux clairs, et (c) une feuille de route pour attirer les investissements de capitaux privés. Des fonds libéraux provenant d'autres partenaires de développement et de donateurs sont mobilisés pour soutenir les efforts du mécanisme visant à créer une réserve de fonds plus importante à déployer, tout en réduisant le coût des fonds mixtes disponibles pour les projets d'infrastructures vertes.

Obstacles politiques

Obstacles politiques : court terme

S'éloigner des restrictions à l'exportation ; envisager des restrictions à l'exportation par paliers. Bien que le Mali n'ait pas réellement mis en œuvre le code harmonisé des taxes minières des quatre pays d'Afrique de l'Ouest, il utilise toutefois un système par paliers : la taxe à l'exportation de 3 % n'est appliquée qu'aux 50 premiers kilogrammes d'or par mois ; après cela, la taxe à l'exportation de 3 % n'est appliquée qu'aux 50 premiers kilogrammes d'or par mois ; ensuite, les kilogrammes restants sont exporté hors taxes. Un système graduel en matière de restrictions à l'exportation, qui peut inclure des taxes et des interdictions et dans lequel un montant de base est libre de restrictions avant d'augmenter par paliers, peut permettre de réduire les obstacles entravant le commerce intrarégional. Au fil du temps, le plafond des paliers devrait augmenter, ouvrant ainsi la voie à une véritable zone de libre-échange, sans les entraves que constituent les politiques d'exportation.

Élaborer un cadre réglementaire pour une participation au capital régionale. À l'heure actuelle, certains pays ont mis en place des politiques exigeant une participation locale au capital. Par exemple, le Kenya a instauré une nouvelle loi sur les activités minières (Mining Act) qui conditionne l'octroi de toute licence d'exploitation minière sur une participation locale d'au moins 35 % des droits miniers ; en Namibie, tout dossier de candidature à une licence d'exploitation minière doit inclure une participation locale à hauteur de 15 %. Dans les pays où les capitaux sont limités, ces politiques de propriété locale peuvent avoir pour conséquence de dissuader les investissements. Étendre la participation locale à un niveau régional peut faciliter l'émergence de sociétés minières régionales de taille moyenne qui disposent du capital nécessaire et qui ont un intérêt suffisant pour investir sur différents territoires africains. L'exigence d'une participation régionale au capital permettrait également à ces entreprises africaines de bénéficier d'un transfert de compétences et de technologies auprès de grandes multinationales telles que Rion Tinto, Glencore, BHP et Anglo American.

Les participations locales nécessitent un marché des capitaux régional. Un marché boursier local signifie qu'il n'y a pas d'obstacles à la circulation des capitaux et aux services d'investissement dans une région. Cela signifie également que les investisseurs peuvent investir ou mobiliser des capitaux dans d'autres pays, ainsi que sur les marchés nationaux, avec la certitude qu'ils s'engageront dans des réglementations, des informations, des systèmes de négociation, des systèmes de règlement, des normes comptables et des normes de gouvernance similaires dans l'ensemble de la région (Khatiwada, 2014). Dans un premier temps, il est indispensable de renforcer la présence des institutions financières régionales.

Les infrastructures financières constituent des composants clés d'un marché de capitaux efficace au niveau régional. Parmi ces infrastructures, on peut citer le développement de liens entre les systèmes nationaux de compensation et de paiement, l'établissement d'agences de crédit régionales, ainsi que la définition d'indicateurs permettant de renforcer la liquidité des marchés de capitaux. Par ailleurs, la crise financière planétaire de 2008 a révélé que les difficultés financières sont davantage susceptibles de se propager aux autres pays dans des régions qui sont financièrement intégrées. Il est possible de contenir cette propagation via l'établissement d'un cadre strict de réglementations prudentielles et de capacités de supervision solides, afin de s'assurer que les risques générés par l'intégration financière puissent être surveillés et gérés.

Obstacles politiques : moyen terme

Envisager de mettre en œuvre des restrictions régionales à l'exportation au lieu des restrictions nationales. Les interdictions nationales d'exportation en Afrique peuvent aggraver la situation de tous les pays concernés. Non seulement ces interdictions peuvent nuire à la production minière nationale, comme ce fut le cas en Tanzanie, où la production est tombée à seulement 13 % des taux précédant l'interdiction, mais elle affecte également d'autres secteurs, notamment le transport et la logistique, les services et la construction. Les restrictions à l'exportation ont des effets délétères directs sur les autres pays de la région. Ainsi, l'imposition par la Zambie de taxes à l'importation et à l'exportation a également affecté la République démocratique du Congo, qui exportait du cuivre vers la Zambie qu'il y soit transformé. Par la suite, la transformation par la Zambie des matières premières de la République démocratique du Congo est devenue non rentable sur le plan commercial. À moyen terme, les pays peuvent recourir à des restrictions régionales à l'exportation, de sorte que les exportations vers d'autres pays de la région ne sont pas soumises à des restrictions, mais qu'elles le soient pour les exportations hors de la région.

Développer ou remplacer les politiques de contenu local par des politiques de contenu régional et continental. De nombreux pays africains souffrent d'une pénurie de compétences et de capacités limitées pour produire les intrants clés ou y accéder au niveau national. Les politiques de contenu régional peuvent réduire les obstacles que représentent les restrictions actuelles en permettant à certains pays d'accéder à une réserve plus grande d'emplois qualifiés et d'intrants requis. Les entreprises opérant dans la région peuvent mettre en œuvre des programmes de formation et de renforcement des capacités pour les micro, petites et moyennes entreprises parallèlement à un recrutement régional. Le tableau 3.11 synthétise l'ensemble des recommandations prioritaires à court et à moyen terme.

Tableau 3.11 Recommandations pour libérer les avantages de la zone de libre-échange continentale africaine

Domaines possibles de réforme	Court terme (1-3 ans)	Moyen à long terme (3-5 ans)
Droits de douanes		
	Mettre fin à tout projet de mise en œuvre ou d'augmentation des droits de douane.	Procéder à l'harmonisation régionale des taxes et redevances minières. Renforcer la disponibilité et l'accès aux données fiscales publiques. Permettre à une institution régionale de coordonner et d'appliquer les politiques d'harmonisation.
Mesures non tarifaires		
Infrastructures	Entreprendre une cartographie des modèles commerciaux en vue d'identifier les domaines prioritaires pour le renforcement des infrastructures (routières, ferroviaires, portuaires).	Éliminer les politiques qui augmentent les coûts de transport et de logistique. Établir une approche coordonnée de la planification et du financement des infrastructures régionales.
	Créer un paysage politique propice à la production privée d'énergies renouvelables et permettre aux entreprises d'exporter l'énergie pour répondre aux besoins régionaux.	
Obstacles politiques		
Restrictions à l'exportation	Abandonner les restrictions à l'exportation ; envisager des restrictions à l'exportation par paliers.	Remplacer les restrictions nationales par des restrictions régionales.
Politiques de contenu local	Remplacer les politiques de contenu local au niveau national par des politiques régionales ou continentales	Élaborer un cadre réglementaire pour une participation au capital régionale.

Source : Banque mondiale.

Notes

1. « Zambia Vedanta Unit Halts Operations at Underground Mine on Tax Concerns », Reuters, 5 janvier 2019. (https://www.reuters.com/article/ozabs-us-zambia-mining -idAFKCN1OZ0A8-OZABS).
2. Diamond Export Levy Act 2007 (http://www.sadpmr.co.za/upload/Diamond _Export_Levy_Act,2007.pdf).
3. Les indicateurs « Raccordement à l'électricité » mesurent la procédure, le temps et le coût requis pour qu'une entreprise obtienne un raccordement électrique permanent pour un entrepôt qu'elle vient de construire. L'indice « Fiabilité de l'approvisionnement et transparence des tarifs » mesure la fiabilité de l'approvisionnement, la transparence des tarifs et le prix de l'électricité.
4. « UPDATE 2-Congo allows copper and cobalt exports for miners with waivers » (https://www.reuters.com/article/congo-copper-idAFL2N2NF1OK).
5. Mining Weekly, 3 mars 2017, « Tanzania Bans Metals, Minerals Exports in Bid to Increase Domestic Beneficiation » (https://www.miningweekly.com/article/tanzani a-bans-metals-minerals-exports-in-bid-to-increase-domestic-beneficiation -2017-03-03).
6. « Ensuring a Just and Equitable Energy Transition in Africa: Seven Transformative Actions for SDG7 », Communiqué de Kigali (https://www.mininfra.gov.rw/index .php?eID=dumpFile&t=f&f=44024&token=c9d8a3e4e9ad4d22aa3c3b8830 55c94267 60c584).

Bibliographie

Abreha, K. G., W. Kassa, E. K. K. Lartey, T. A. Mengistae, S. Owusu et A. G. Zeufack. 2021. *Industrialization in Africa: Seizing Opportunities in Global Value Chains* (« L'industrialisation en Afrique subsaharienne : saisir les opportunités offertes par les chaînes de valeur mondiales »). Washington, DC : Groupe de la Banque mondiale.

Akam, S., 2012. « S. Leone Plans Gold Tax Cut to Curb Smuggling. » Reuters, 13 août 2012. https://www.reuters.com/article/sierraleone-gold-tax-idUSL6E8JD AKX20120813.

AMLA (*African Mining Legislation Atlas*, « Atlas de la législation minière africaine »). Base de données. Consulté en juillet 2022. https://www.a-mla.org/en.

Atkin, D., et D. Donaldson. 2015. « Who's Getting Globalized? The Size and Implications of Intra-National Trade Costs. » Document de travail n° 21439, National Bureau of Economic Research, Cambridge, MA.

Ba, D. G., et J. B. Jacquet. 2022. « Local Content Policies in West Africa's Mining Sector: Assessment and Roadmap to Success. » *The Extractive Industries and Society* n° 9 : 101030. https://www.sciencedirect.com/science/article/pii/S2214790 X21002070.

Banerjee, S. G., Z. Romo, G. McMahon, P. Toledano, P. Robinson et I. Pérez Arroyo. 2015. *The Power of the Mine: A Transformative Opportunity for Sub-Saharan Africa*. Directions in Development. Washington, DC : Banque mondiale.

Barrick Gold Corporation. 2021. « Annual Report 2021. Building Our Future. » https:// www.annualreports.com/HostedData/AnnualReports/PDF/TSX_ABX_2021.pdf.

Cudennec, S., et L. Kiwelu. 2021. « Powering Mining in Africa—The Rise of the Mini-Grid and Captive Model. » Norton Rose Fulbright, 26 avril 2021. https://www .nortonrosefulbright.com/en/inside-africa/blog/2021/04/powering-mining-in-africa -the-rise-of-the-mini-grid-and-captive-model.

Economist. 2019. « How Can Uganda Export So Much More Gold Than It Mines? » Economist, 23 mai 2019. https://www.economist.com/middle-east-and -africa/2019/05/23/how-can-uganda-export-so-much-more-gold-than-it-mines.

Economist. 2022. « Why It Costs So Much to Move Goods around Africa. » Economist, 26 mai 2022. https://www.economist.com/middle-east-and-africa/2022/03/26/why-it -costs-so-much-to-move-goods-around-africa.

ITIE (Initiative pour la transparence dans les industries extractives). 2020. « Zambia Extractive Industries Transparency Initiative. Zambia EITI Report 2019. » BDO Tunisia Consulting enassociation avec BDO Zambia, Tunis. https://eiti.org/sites /default/files/attachments/zeiti_report_2019.pdf.

Fitch Ratings. 2021. « African FTA Growth Impact Too Small to Affect Ratings. » Fitch Ratings, 7 janvier 2021. https://www.fitchratings.com/research/sovereigns/african-fta -growth-impact-too-small-to-affect-ratings-07-01-2021.

Fitch Solutions. 2021. « Tanzania Gold Production to Gradually Slow as Mining Policy Remains Stringent. » Fitch Solutions, 27 juillet 2021. https://www.fitchsolutions.com /commodities/tanzania-gold-production-gradually-slow-mining-policy-remains-stringent -27-07-2021.

Hilson, A.E. et J. S. Ovadia. 2020. « Local Content in Developing and Middle-Income Countries: Towards a More Holistic Strategy. » *The Extractive Industries and Society*, n° 7 (2) : 253-62.

Hogan Lovells. « Mining Charter 2018. » Hogan Lovells Publications, 1ᵉʳ octobre 2018.
Hunter, A., 2019. « DRC U-turns on Cobalt, Copper Concentrate Export Ban; Says Could

Reimpose. » Fastmarkets, 21 mars 2019. https://www.metalbulletin.com/Article/3865124 /DRC-U-turns-on-cobalt-copper-concentrate-export-ban-says-could-reimpose.html.

AIE (Agence internationale de l'énergie). 2022. « Global Supply Chains of EV Batteries. » AEI, Paris. https://www.iea.org/reports/global-supply-chains-of-ev-batteries.

FMI (Fonds monétaire international). 2015. « Options for Low-Income Countries' Effective and Efficient Use of Tax Incentives for Investment. Report to the G20 Development Working Group. » FMI, Washington, DC.

FMI (Fonds monétaire international). 2016. « West African Economic and Monetary Union. Common Policies of Member Countries—Press Release; Staff Report; and Statement by the Executive Director for the West African Economic and Monetary Union. » Rapport du FMI n° 16/96, FMI, Washington, D.C.

FMI (Fonds monétaire international). 2019. *Sub-Saharan Africa Regional Economic Outlook: Recovery Amid Elevated Uncertainty.* Washington, DC : FMI. https://www .imf.org/en/Publications/REO/SSA/Issues/2019/04/01/sreo0419.

FMI (Fonds monétaire international). 2021. « Guinée 2021 Article IV Consultation— Press Release; Staff Report; and Statement by the Executive Director for Guinea. » Rapport du FMI n° 2021/146, FMI, Washington, D.C.

Khatiwada, Y. R., 2014. « Development of Regional Capital Markets in Asia: Issues and Challenges. » Banque du Népal, communication à l'occasion de la 50ᵉ conférence des gouverneurs des banques centrales d'Asie du Sud-Est (SEACEN), Port Moresby, Papouasie-Nouvelle-Guinée, novembre 2014. https://www.nrb.org.np/contents/uploads/2019/12/Governors_Speeches-Development_of_Regional_Capital_Markets_in-Asia_-Issues_and_Challenges.pdf.

KPMG. 2019. « Expanding the Tax Base. » KPMG Advisory Services (Namibie). https://assets.kpmg/content/dam/kpmg/na/pdf/2019/2019-namibia-tax-card.pdf.

Agence de contenu local, Sierra Leone. 2012. « Sierra Leone Local Content Policy. » https://www.localcontent.gov.sl/local-content-policy/.

Mansour, M., et G. Rota-Graziosi. 2013. « Tax Coordination, Tax Competition, and Revenue Mobilization in the West African Economic and Monetary Union. » Document de travail du FMI WP/13/163, Fonds monétaire international, Washington, DC.

Martin, A., et H. Helbig de Balzac. 2017. « The West African El Dorado: Mapping the Illicit Trade of Gold in Côte d'Ivoire, Mali and Burkina Faso. » Partnership Africa Canada, Ottawa. https://www.africaportal.org/publications/the-west-african-el-dorado-mapping-the-illicit-trade-of-gold-in-c%C3%B4te-divoire-mali-and-burkina-faso/.

McMillan, M., et A. Zeufack. 2022. « Labor Productivity Growth and Industrialization in Africa. » *Journal of Economic Perspectives* n° 36 (1) : 3-32.

Mfula, C., 2019. « Zambia Suspends 15% Export Duty on Gemstones: Minister. » Reuters, 19 décembre 2019. https://www.reuters.com/article/us-zambia-mining-idUSKBN1YN0LE.

OCDE (Organisation de coopération et de développement économiques). 2020. Base de données sur le commerce des matières premières. https://www.oecd.org/trade/topics/trade-in-raw-materials/.

PricewaterhouseCoopers. 2017. « Tax First Alert Export Levy Act—Effective 1 June 2017. » PricewaterhouseCoopers, 1ᵉʳ juin 2017. https://www.pwc.com/na/en/assets/pdf/tax-first-newsletter-alert-export-levy-procedures-2017.pdf.

Reuters. 2020. « ERG Suspends Zambia Refinery on Shortage of Cobalt, Copper Concentrates. » Reuters, 23 janvier 2020. https://www.reuters.com/article/us-erg-zambia/erg-suspends-zambia-refinery-on-shortage-of-cobalt-copper-concentrates-idUSKBN1ZM21R.

Saygili, M., R. Peters et C. Knebe. 2018. « African Continental Free Trade Area: Challenges and Opportunities of Tariff Reductions. » Document de recherche n° 15 de la CNUCED, division du commerce international et des produits de base, Conférence des Nations unies sur le commerce et le développement, Genève. https://unctad.org/system/files/official-document/ser-rp-2017d15_en.pdf.

TransNamib. 2021. « Integrated Annual Report 2019-20. » https://www.transnamib.com.na/wp-content/uploads/2021/07/Annual-Report-201920.pdf.

CNUCED (Conférence des Nations Unies sur le commerce et le développement). n.d. « AfCFTA Support Programme to Eliminate Non-Tariff Barriers, Increase Regulatory Transparency and Promote Industrial Diversification. » (« Programme de soutien à la ZLECAf visant à éliminer les obstacles non tarifaires, accroître la transparence réglementaire et promouvoir la diversification industrielle »). CNUCED. https://unctad.org/project/afcfta-support-programme-eliminate-non-tariff-barriers-increase-regulatory-transparency-and.

CNUCED (Conférence des Nations Unies sur le commerce et le développement). 1999. « Investing in Transport Is an Investment in Africa's Future. » Communiqué de presse, 20 octobre 1999. https://unctad.org/press-material/investing-transport-investment -africas-future.

CNUCED (Conférence des Nations Unies sur le commerce et le développement). 2015. *Review of Maritime Transport 2015*. Genève : Nations Unies. https://unctad.org /system/files/official-document/rmt2015_en.pdf.

CNUCED (Conférence des Nations Unies sur le commerce et le développement). 2019. « Key Statistics and Trends in Regional Trade in Africa. » Série Developing Countries in International Trade Studies. CNUCED, Genève. https://digitallibrary.un.org /record/3813156?ln=en.

Viljoen, W., n.d. « Transportation Costs and Efficiency in West and Central Africa. » Tralac. https://www.tralac.org/discussions/article/9364-transportation-costs-and -efficiency-in-west-and-central-africa.html.

Warner, M., 2016. « Not All Local Content Rules Are the Same. Local Content Regulation as a Differentiator for Inward Investment in Africa: The Case of Sierra Leone. » Local Content Solutions, Oxfordshire, UK. https://www.dai.com/uploads/tanzania-reading .pdf.

Banque mondiale. 2019. *Digging Beneath the Surface: An Exploration of the Net Benefits of Mining in Southern Africa*. Washington, DC : Groupe de la Banque mondiale.

Banque mondiale. 2020a. *The African Continental Free Trade Area: Economic and Distribution Effects*. Washington, DC : Groupe de la Banque mondiale.

Banque mondiale. 2020b. *Rapport Doing Business 2020*. Washington, DC : Banque mondiale. https://openknowledge://archive.doingbusiness.org/en/doingbusiness.

OMC (Organisation mondiale du commerce). 2017. « Trade Policy Review, Sierra Leone. » Document WT/TPR/G/303/Rev.1, OMC, Genève. https://www.wto.org/english /tratop_e/tpr_e/s303_e.pdf.

OMC (Organisation mondiale du commerce). 2021. *Rapport sur le commerce mondial 2021 : Résilience économique et commerce*. Genève : OMC. https://www.wto.org /english/res_e/booksp_e/wtr21_e/00_wtr21_e.pdf.

Yunis, J. et E. Aliakbari. 2021. « Fraser Institute Annual Survey of Mining Companies 2021. » Fraser Institute, Vancouver. https://www.fraserinstitute.org/sites/default/files /annual-survey-of-mining-companies-2021.pdf.

Chapitre 4

L'avenir des ressources naturelles africaines : perspectives

Introduction

La hausse des prix des matières premières, l'instabilité géopolitique et les nouvelles sources de demande en métaux et minerais soulignent un défi fondamental pour le développement de l'Afrique subsaharienne : la gestion des ressources naturelles. Compte tenu des nombreux gisements de métaux, minerais et combustibles fossiles inexploités (et bien souvent inexplorés) qui subsistent dans toute l'Afrique, l'avenir économique des pays repose sur leur gestion des ressources naturelles[1].

L'Afrique est confrontée à plusieurs tendances de fond mondiales émergentes : en premier lieu, celle qui vise à se détourner des sources d'énergie à forte intensité de carbone. Cette tendance représentera un défi pour les pays riches en carbone si la demande commence à diminuer ; toutefois, les conditions du marché ne reflètent pas encore la décarbonisation mondiale. D'autre part, si la demande croissante en technologies énergétiques et électroniques de pointe à faible émission de carbone est susceptible de stimuler la demande pour de nombreuses ressources en métaux situées en Afrique, il est également possible que des sources alternatives de ces métaux soient découvertes et développées. En parallèle, bien que l'automatisation et de la numérisation aient amélioré la productivité, ces processus sont toujours en cours de mise en œuvre et continueront d'être déployés au cours des années à venir. Enfin, les forces structurelles générées par l'abondance des ressources peuvent rendre certaines voies de développement plus accessibles que d'autres ; la diversification des actifs peut par exemple s'avérer difficile lorsqu'un pays est confronté à une situation de syndrome hollandais, mais de nouvelles opportunités de création de valeur peuvent également voir le jour. Conséquence de ces tendances de fond anticipées, les décideurs africains peuvent planifier l'avenir au lieu d'être contraints de réagir dans l'urgence. Parce que plusieurs avenirs possibles existent, ce chapitre explore comment les politiques d'aujourd'hui peuvent préparer les pays à un éventail de résultats à l'avenir.

Il se concentre sur quatre tendances de fond qui affecteront les pays africains riches en ressources au cours des années à venir. Elles seront étudiées l'une après l'autre, en évoquant comment les décideurs pourraient aborder au mieux ces défis afin de s'assurer que la richesse en ressources de l'Afrique continue d'être un moteur du développement économique et de la création d'emplois, tout en renforçant la résilience face aux risques qui se profilent.

La première tendance de fond concerne la gestion de la transition vers une économie sobre en carbone, une transition qui, au fil du temps, entraînera une baisse de la demande en pétrole, en gaz et en charbon, tout en générant une augmentation de la demande en minerais nécessaires à la transition vers les énergies vertes, tels que le lithium, le cobalt, le cuivre, le platine et le manganèse.

La deuxième tendance de fond correspond à un avenir dans lequel l'automatisation et la numérisation sont de plus en plus répandues, tant dans le secteur extractif que tout au long de la chaîne de valeur. Bien que cette tendance ouvre la voie à un accroissement de la productivité, elle conduira également à des pertes de main d'œuvre ; les pays devront donc reconsidérer comment tirer parti du secteur, en particulier dans le contexte d'une croissance démographique élevée.

Pour la troisième tendance de fond, il s'agit de limiter la dégradation de l'environnement, qui s'est intensifiée avec l'accélération de la déforestation.

Enfin, la quatrième : faire face aux défis structurels plus généraux inhérents aux problématiques extractives, notamment répondre aux risques d'épuisement des ressources et d'obsolescence, réduire les écarts en matière de capital humain et atténuer les symptômes de syndrome hollandais.

Une question cruciale se pose alors pour les économies africaines riches en ressources : comment tirer parti de la valeur du sous-sol tout en s'adaptant à l'évolution des tendances et des circonstances ? Ce chapitre explore ces problématiques, en offrant un aperçu de la manière dont les économies africaines riches en ressources pourraient se positionner au mieux afin de se préparer à cette nouvelle ère des matières premières et en tirer pleinement profit.

Mégatendance 1 : la transition vers une économie sobre en carbone

La transition vers une économie mondiale sobre en carbone a déjà commencé. Bien qu'il faille des décennies pour éliminer progressivement les marchés du pétrole, du gaz et du charbon au niveau mondial, la période de transition présente des incertitudes et des risques importants pour les exportateurs de combustibles fossiles. Les pays riches en ressources liées au carbone, telles que le pétrole, le gaz et le charbon, sont confrontés à la perspective imminente d'une décarbonisation de l'économie mondiale, qui s'accompagnera inéluctablement d'une baisse de la demande pour les exportations de leurs ressources. D'un autre côté, l'augmentation de la demande en métaux et en minerais pourrait alimenter l'établissement d'une économie sobre en carbone. Pour ces pays riches en métaux et en minerais, les perspectives à long terme pourraient s'avérer plus encourageantes que pour les producteurs de combustibles fossiles (AEI, 2021b). Des pays comme la République démocratique du Congo, l'Afrique du Sud et la Zambie sont déjà des acteurs clés de la transition vers une économie sobre en carbone, puisqu'ils sont de grands producteurs de cobalt, de cuivre et de platine, respectivement. Au fur et à mesure de la hausse de la demande pour plusieurs métaux et minerais, on voit donc émerger de nouvelles opportunités d'expansion de la production.

Les combustibles fossiles

Ce sont surtout les exportateurs de combustibles fossiles qui sont confrontés à l'incertitude ambiante. En raison de l'évolution des politiques, du comportement des consommateurs et des tendances technologiques, dans le scénario optimiste du net zéro[2], on peut s'attendre à ce que la demande en combustibles fossiles diminue considérablement au cours des 10 à 20 prochaines années (graphique 4.1) (AEI, 2021a ; McKinsey, 2022). D'autres scénarios envisagent une réduction moins drastique de la demande. En fonction des tendances technologiques, politiques et de l'offre, une baisse permanente de la demande en

Graphique 4.1 Utilisation de combustibles fossiles, par ressource et scénario, 2020, 2030 et 2050

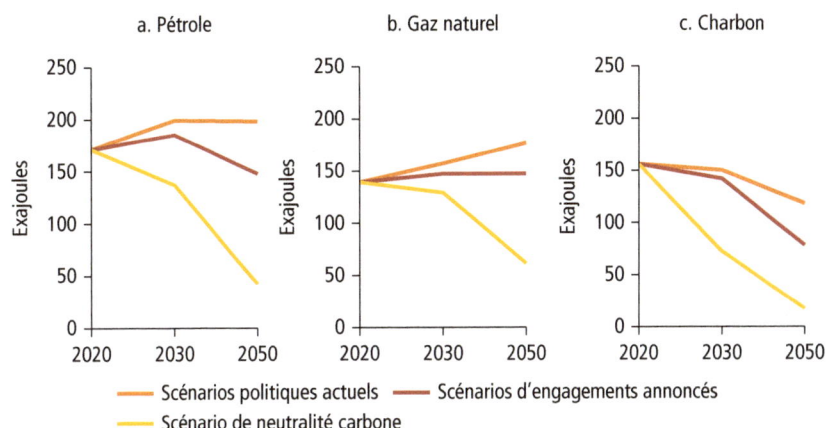

Source : données basées sur IEA, 2021a.
Remarque : le scénario politique actuel se base sur la configuration politique actuellement annoncée par les gouvernements en se fondant sur une évaluation secteur par secteur. Le scénarios d'engagements annoncés part de l'hypothèse que l'ensemble des engagements climatiques pris par les gouvernements seront respectés dans leur totalité et dans les délais prévus. Le scénario de neutralité carbone part de l'hypothèse que le secteur énergétique au niveau mondial atteindre la neutralité en matière d'émissions de CO^2 d'ici 2050.

combustibles fossiles pourrait exercer une pression à la baisse significative sur les prix des combustibles fossiles et menacer la capacité des pays africains à bénéficier de leur richesse en ressources carbonées, les exposant au risque de devenir des « nations échouées » (Manley, Cust et Cecchinato, 2018).

Bien que la transition vers des économies moins dépendantes aux combustibles fossiles ait fait l'objet de nombreuses projections, la question des modalités et de la rapidité de cette transition est encore inconnue. Au rythme actuel, les engagements pris pour réduire les émissions de carbone et établis pays par pays dans le cadre de l'accord de Paris sur le climat ne permettraient pas d'atteindre l'objectif d'une réchauffement climatique limité à 2 °C. Dans le même temps, des réductions significatives des coûts des technologies énergétiques alternatives, telles que l'énergie solaire et éolienne, ont commencé à réduire les coûts de production d'énergie issue du pétrole, du gaz et du charbon, un phénomène susceptible de mener à une diminution de la consommation de combustibles fossiles à l'échelle mondiale.

Cette transition présente des risques pour les pays d'Afrique subsaharienne qui ont joui au cours des dernières années d'importantes découvertes de combustibles fossiles, principalement dans le pétrole et le gaz, ainsi que d'autres gisements. Bien que le coût lié à l'extraction varie considérablement selon les pays et la géologie, il y a peu de chances que les pays laissent unilatéralement ces ressources sous terre, en particulier au vu des pénuries résultant de la guerre russo-ukrainienne. En effet, sans signaux forts du marché ou de la politique du reste du monde, qui ont jusqu'à présent été absents, il est probable que nombre de ces ressources soient développées dans les années à venir. Le gaz naturel est particulièrement prometteur en tant que source de recettes d'exportation et constitue une bonne option pour soutenir les objectifs nationaux d'accès à l'énergie. Il est susceptible d'être un important combustible de transition utilisé parallèlement aux technologies des énergies renouvelables au fur et à mesure de leur déploiement.

Les perspectives de la transition vers un monde décarboné peuvent avoir de grosses conséquences pour les pays qui décident de développer leurs ressources en pétrole, en gaz et en charbon, en particulier celles qui ont des horizons d'épuisement lointains, ou pour les nouveaux pays producteurs. En effet, dans le scénario qui suggère que 80 % des réserves connues de combustibles fossiles resteraient sous terre, les enjeux liés au délaissement de ces réserves de l'Afrique subsaharienne seraient considérables. Et ce nombre ne tient pas compte des ressources récemment découvertes ou encore inconnues.

Les prix du marché pétrolier et gazier observés jusqu'à présent continuent d'être en faveur du développement de nombreuses nouvelles ressources en Afrique subsaharienne. Malgré les grands discours des pays importateurs de pétrole, peu de mesures ont été prises pour imposer des taxes nationales sur le carbone ou pour réduire la demande en combustibles fossiles. Pour les citoyens africains, l'impératif est d'être bien préparé face à différents scénarios possibles, en envisageant l'établissement potentiel de politiques plus strictes en matière de lutte contre le changement climatique, ainsi que d'une réduction de la demande de combustibles fossiles, mais également le scénario d'une diminution beaucoup plus lente de la consommation de pétrole au niveau mondial. Les choix politiques d'aujourd'hui sont prépondérants car ils auront des retombées sur le long terme, comme les contrats conçus pour l'exploitation d'une mine ou d'un champ pétrolifère sur trente ans. En ce sens, les politiques peuvent être paramétrées de façon à être résilientes face à différents scénarios futurs et contribuer à optimiser la trajectoire de développement, compte tenu de ces incertitudes.

Les enjeux pour l'Afrique riche en carbone

Les nations riches en carbone sont extrêmement exposées risque carbone. Tout comme dans le cas du secteur privé préoccupé par les « actifs échoués », ces pays pourraient se retrouver avec des réserves de combustibles fossiles non développées et courir le risque de devenir des « nations échouées » (Cust, Manley et Cecchinato, 2017).

Tout d'abord, la valeur des richesses issues du carbone risque de diminuer à mesure que le monde se décarbonise, mettant à rude épreuve les finances des pays riches en carbone (Malova et van der Ploeg, 2017). Cette baisse potentielle de la valeur rend un certain nombre de pays très vulnérables, en particulier au Moyen-Orient et en Afrique du Nord, mais aussi de nombreux pays d'Afrique subsaharienne (graphique 4.2). En outre, les pays africains riches en carbone ne peuvent pas facilement monétiser leur richesse en carbone. Les pays riches

Graphique 4.2 Richesse en combustibles fossiles, par pays d'Afrique subsaharienne, 2018

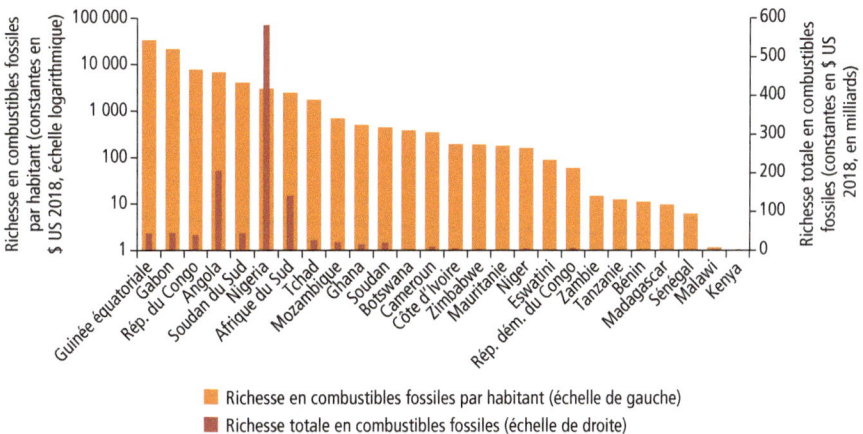

Source : basé sur les données de *The Changing Wealth of Nations 2021* (Banque mondiale, 2021).

en carbone détiennent en effet une grande partie de leur richesse sous la forme de combustibles fossiles, mais pour que les populations en bénéficient, cette richesse doit être extraite et vendue. Extraire ces ressources est toutefois coûteux. Ces pays peuvent ainsi se trouver confrontés à la nécessité de sortir au plus vite du marché des combustibles fossiles, les producteurs accélérant l'extraction en raison du fléchissement des prix.

Sur les 146 pays figurant dans la base de données *The Changing Wealth of Nations 2021* (« L'évolution des richesses des nations », Banque mondiale, 2021), 23 pays détiennent au moins 5 % de leurs richesses en combustibles fossiles. Les données montrent que le risque d'une baisse permanente de la demande en combustibles fossiles est préoccupant à la fois en raison des conséquences sur la pauvreté et pour des raisons géopolitiques. Premièrement, la plupart de ces pays sont classés comme pays à revenu faible ou intermédiaire, et leurs gouvernements tirent plus de la moitié de leurs revenus du pétrole, du gaz, du charbon et d'autres minerais.

La réduction de la pauvreté dans bon nombre de ces pays restant une priorité, le risque d'une baisse de la valeur des actifs représentés par les combustibles fossiles a d'importantes implications pour le développement. Deuxièmement, cinq de ces 23 pays se trouvent en Afrique subsaharienne (Tchad, République du Congo, Gabon, Mozambique et Nigeria). Bien que les coûts d'extraction soient relativement faibles dans cette région, la perte potentielle de recettes publiques serait importante, ce qui aurait de lourdes conséquences économiques au vu du surendettement élevé dans la région.

La diversification des actifs constitue une stratégie que les pays dépendants des combustibles fossiles peuvent poursuivre pour gérer les risques d'une transition sobre en carbone. Peszko *et al.* (2020) révèlent que les politiques de décarbonisation initiées par les importateurs de combustibles fossiles peuvent générer une dynamique macroéconomique favorisant la diversification des exportations traditionnelles des exportateurs de combustibles fossiles, dans la mesure où ces derniers vont réduire leur dépendance aux recettes d'exportation dérivées des combustibles fossiles et diversifier leur économie en se concentrant sur des secteurs plus en aval des chaînes de valeur à forte empreinte carbone liés aux combustibles fossiles. Si cette diversification offre une certaine latitude aux exportateurs de combustibles fossiles, elle accroît toutefois leur exposition à de multiples canaux d'impacts générés par la transition à faible émission de carbone, tels que les ajustements carbone aux frontières, les technologies perturbatrices et les changements de préférences des consommateurs et des investisseurs. La diversification des actifs peut constituer sur le long terme une alternative pérenne, mais c'est une proposition difficile car elle nécessite la découverte de nouvelles sources d'avantages comparatifs, l'accumulation d'actifs produits inconnus et un capital humain, y compris de nouvelles compétences et capacités. Contrairement aux investisseurs d'une compagnie pétrolière qui peuvent simplement vendre leur stock, les pays ne peuvent pas monétiser facilement et rapidement leur richesse en carbone. Par exemple, selon les taux de production actuels, les pays en développement riches en pétrole mettront en moyenne 14,8 ans à épuiser leurs réserves de pétrole (Cust et Rivera-Ballesteros, 2021b). Accélérer cet épuisement est difficile. Dans cette optique, les gouvernements peuvent modifier directement les taux de production des puits, des champs ou des mines existants. Si ces projets sont gérés par des entreprises publiques, les gouvernements peuvent modifier directement le rythme des opérations. S'ils sont exploités par des entreprises privées, les gouvernements peuvent réglementer le taux de production ou déployer des mesures incitatives pour le modifier. Mais dans les deux cas, ces mesures risquent de réduire les profits, et les gouvernements sont contraints de veiller à ce que les projets restent viables sur le plan commercial. Les gouvernements peuvent également modifier la fréquence à laquelle ils entérinent de nouveaux permis pour l'exploitation et le développement. Cependant, de nouvelles exploitations nécessitent également de nouveaux investissements, et avec le risque de baisse des prix au cours de la durée de vie de ces nouveaux projets, les coûts du capital peuvent augmenter.

En outre, les politiques des pays riches en carbone, en cherchant à développer et à saisir les avantages des industries de combustibles fossiles, sont susceptibles d'accroître leur exposition au risque carbone. en cherchant à développer et à saisir les avantages des industries des combustibles fossiles. Cette exposition au risque carbone ne se limite pas aux actifs liés aux combustibles fossiles. De nombreux pays choisissent de développer ces ressources de manières qui sont susceptibles d'augmenter leur exposition globale au risque. Ces politiques comprennent l'investissement dans des sociétés nationales, le fait que les fonds souverains détiennent des actions dépendantes du prix des combustibles fossiles et l'objectif d'investir du capital humain et de l'argent public dans le développement des compétences, des entreprises et des infrastructures liées aux secteurs du pétrole, du gaz et du charbon.

Une autre question se pose pour les pays riches en carbone: augmenter ou non leurs capacités de raffinage. En 2020, l'Angola a exporté du pétrole brut pour une valeur de 17,7 milliards de dollars US, ce qui en fait le 13e exportateur de pétrole au monde. Le pays a ainsi exporté à hauteur de 12,1 milliards de dollars US vers la Chine, 1,2 milliard vers l'Inde et 1,1 milliard vers la Thaïlande. Le pétrole brut et le gaz de pétrole sont les principales exportations du Nigeria, représentant 84 % des exportations totales, à 30 milliards de dollars US et 5,9 milliards de dollars US, respectivement. Les deux pays importent ensuite du pétrole raffiné. Mais les capacités de raffinage demeurent un défi continental.

Bien que les pays aient développé des industries en aval pour venir compléter l'extraction et l'exportation des ressources, ces secteurs de liaison sont également menacés, comme le raffinage, la transformation, la production d'électricité et les utilisations industrielles des combustibles fossiles. De tels investissements peuvent cantonner les pays à une production et à des exportations à plus forte intensité de carbone, lesquelles risquent d'être soumises à des taxes frontalières et à des tarifs douaniers.

Les minerais dans le cadre de la transition vers une énergie propre

Contrairement aux ressources en combustibles fossiles, les minerais et métaux africains jouiront probablement d'une demande beaucoup plus robuste au cours des prochaines décennies, qui pourrait même croître rapidement. Malgré les défis, les perspectives à moyen et à long terme pour l'exploration et l'exploitation minière sur le continent africain sont encourageantes. En effet, le renouveau des investissements étrangers consacrés à l'exploration et au développement miniers sera probablement stimulé par la croissance importante prévue de la demande en minerais (Banque mondiale, 2020b), elle-même alimentée par la transition vers l'énergie verte[3] (grosse source de consommation de métaux). Celle-ci fait suite à l'engagement de zéro émission à l'horizon 2050 pris par la majorité des pays lors de la Conférence de Glasgow sur le changement climatique en 2021. En corollaire, les projections dans le cadre d'un scénario où la hausse des températures serait comprise entre 1,5 °C et 2 °C impliquent une demande en minerais beaucoup plus élevée que les augmentation déjà conséquentes suscitées par la croissance continue d'une population mondiale qui migre vers des aires urbaines à la recherche de meilleures conditions de vie et d'environnement.

Bien que l'on puisse générer des estimations réalistes de l'augmentation de la demande en minerais dans différents scénarios, avec un intervalle de confiance raisonnable, l'incertitude reste élevée quant aux sources d'approvisionnement en métaux requis pour satisfaire cette demande. Au cours des trois prochaines décennies, de nombreuses mines actuellement en exploitation seront épuisées et, même si l'on tient compte de situations de recyclage et de substitution, de nouvelles devront être découvertes et développées dans un contexte où la plupart des juridictions minières traditionnelles arriveront au terme de leur exploration. La qualité de ces minerais variant également considérablement, leur utilité pour les énergies renouvelables est aléatoire.

Il est donc possible que les investissements de l'industrie doivent de nouveau se tourner vers l'Afrique et son potentiel inexploité pour sécuriser des sources d'approvisionnement sur le déclin. Cette situation obligera probablement l'industrie et les gouvernements à examiner les besoins et les attentes des uns et des autres sous un nouveau jour et à négocier des compromis plus équilibrés et réalisables en vue de concrétiser les développements miniers nécessaires.

Ces perspectives favorables pour les opportunités d'exportation de minerais africains qui découleront de la transition énergétique sont bien étayées. Ainsi, les recherches menées par Galeazzi, Steinbuks et Cust (2020) concluent que la capacité des économies africaines à tirer parti de la demande croissante pour certains métaux et minerais dépend de la réactivité des investissements, tout en précisant que d'autres régions pourraient être en mesure d'accroître l'offre plus rapidement, modérant ainsi la hausse des prix et limitant l'expansion des parts africaines dans l'offre mondiale.

Tendance de fond n° 2 : mécanisation et transformation numérique

Face aux chocs de l'offre et de la demande, les entreprises optent pour la mécanisation afin de maintenir leur rentabilité. La main d'œuvre est le principal facteur de coût de l'industrie minière sud-africaine. Si la mécanisation améliore la compétitivité des coûts, elle a également pour effet de réduire les emplois. Dans la région, les niveaux d'automatisation varient d'un pays à l'autre. Par exemple, en Afrique australe, le Botswana et l'Afrique du Sud présentent un niveau de mécanisation plus élevé que la moyenne, tandis que les mines de la Zambie et du Zimbabwe exigent encore, pour la plupart d'entre elles, une main d'œuvre importante.

Tout comme dans d'autres secteurs, cette adoption des technologies numériques dans l'industrie minière et la métallurgie peut augmenter la productivité et générer des gains d'efficacité, la croissance et une hausse des bénéfices. Cependant, la valeur et les gains pourraient être plus importants pour l'industrie que pour la société dans son ensemble. Selon les estimations (WEF et Accenture, 2017), la transformation numérique dans le secteur des minerais et des métaux a le potentiel de créer environ trois fois plus de valeur (321 milliards de dollars US) pour l'industrie que pour la société en général (106 milliards de dollars US).

Une étude de cas de l'Australie constitue l'une des premières analyses empiriques des gains d'efficacité potentiels issus de l'automatisation : Bellamy et Pravica (2011) se penchent sur les implications de l'introduction de camions de transport sans conducteur dans une grande mine à ciel ouvert isolée typique en Australie. Ils constatent qu'une telle automatisation permettra d'économiser les coûts liés aux employés, d'augmenter les heures productives opérationnelles et, en fin de compte, de réduire le nombre de travailleurs sur le site minier. En outre que, bien que le nombre d'emplois par mine soit voué à diminuer, cette diminution s'accompagnant de coûts moindres et d'une productivité plus élevée, certaines mines qui n'étaient plus rentables peuvent retrouver une viabilité économique.

Sur le continent, le secteur de l'exploitation du groupe du platine en Afrique du Sud est un exemple de sous-secteur minier qui a bénéficié d'une mécanisation accrue, améliorant considérablement la rentabilité. À la mine à ciel ouvert Platinum Mogalakwena d'Anglo American, quatre quarts de travail sont effectués chaque jour et 85 000 tonnes sont extraites en un seul quart de travail.

Le coût de la main d'œuvre s'élève à 69,57 dollars US l'once et le coût total de production, à 500 dollars US l'once (graphique 4.3). En revanche, à Impala, la mine conventionnelle de la société, seulement 85 000 tonnes sont extraites chaque mois, et la main d'œuvre coûte 734,59 dollars US l'once, avec des coûts de production totaux de 900 dollars US l'once (Baskaran, 2021). Comme le montre le graphique 4.4, entre 2016 et 2020, les prix du platine étaient souvent inférieurs à 900 dollars US l'once, ce qui indique que de nombreuses mines conventionnelles n'étaient pas exploitées de manière rentable.

Avec la mécanisation, qui nécessite des employés hautement qualifiés, le type de main d'œuvre requise évolue également. Par exemple, les ingénieurs aptes à faire fonctionner l'équipement automatisé pour dynamiter la roche ont remplacé les ouvriers moins qualifiés qui faisaient détoner les explosifs, ce qui augmente considérablement la productivité. À Mogalakwena, la production par travailleur était 11 fois plus élevée qu'à Impala, la mine conventionnelle. Le passage à la mécanisation a également conduit les mines à s'éloigner davantage des communautés environnantes sur le plan économique. Ainsi, à Impala, ce sont 14 000 personnes vivant à proximité de la mine qui sont employées, tandis que Mogalakwena n'en emploie que 1 800. Comme la main d'œuvre hautement qualifiée est nécessaire mais que les communautés locales ont tendance à être limitées par un manque de compétences, les mines à forte intensité de capital font souvent venir des ingénieurs d'autres régions du pays ou des expatriés. Les emplois hautement qualifiés dans le secteur minier représentent une part importante des emplois figurant sur la liste des compétences

Graphique 4.3 Composition des coûts d'exploitation des mines de platine dans le monde, 2018

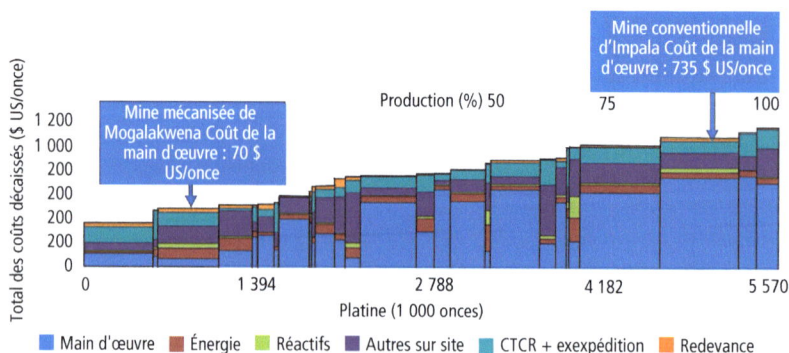

Source : Banque mondiale, 2019, d'après les données de S&P Market Intelligence.
Remarque : l'axe des abscisses supérieur indique la part de chaque mine dans la production totale de platine en Afrique australe. Chaque bloc multicolore indique une mine ; CTCR = charge de traitement et charge de raffinage (terme utilisé lors de l'achat de concentrés de minerai de cuivre ou de nickel pour le raffinage).

Graphique 4.4 Prix mensuels du platine, 2008-2022

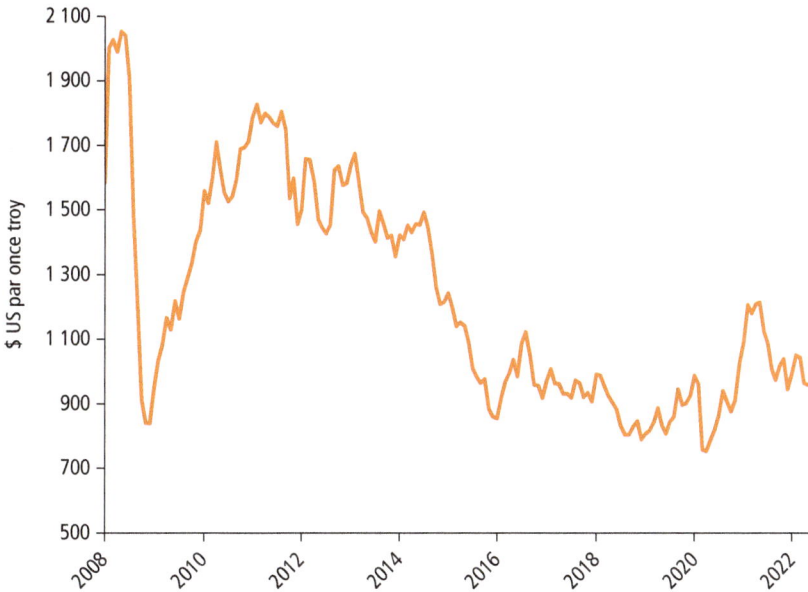

Source : données de la Banque mondiale sur les marchés des matières premières.
Remarque : prix mensuels moyens, raffiné à 99,9 %, cours du Fixing de Londres de l'après-midi.

essentielles de l'Afrique du Sud, qui traite en accéléré les demandes de visa pour les étrangers.

La mécanisation s'accompagne d'un avantage positif : l'inclusion accrue des femmes. Historiquement, les femmes ont fait face à de nombreuses difficultés lors de leur entrée dans l'industrie minière. En 1935, l'Organisation internationale du Travail (OIT) a adopté la Convention 54, qui interdisait l'emploi des femmes dans les travaux miniers souterrains. Cependant, au fil du temps, de nombreux pays qui ont initialement ratifié cette convention l'ont dénoncée, notamment le Canada (1978), l'Australie (1988), l'Afrique du Sud (1996) et le Chili (1997). En 1995, l'OIT a adopté la Convention 176 sur la sécurité et la santé dans les mines, qui couvre les droits de tous les travailleurs[4].

L'industrie n'a pas été sûre ni accueillante pour les femmes, en particulier dans les mines souterraines profonde. Historiquement, l'Afrique du Sud recèle certaines des mines les plus profondes et les moins mécanisées du monde, qui reposent sur des méthodes d'exploitation minière à forte intensité de main d'œuvre et dangereuses. Les mines de platine et d'or ont ainsi enregistré des milliers de décès au cours des trois dernières décennies. Les femmes ont été confrontées à des contraintes supplémentaires, notamment parce que les mines souterraines sont périlleuses et qu'elles nécessitent une force physique et une endurance considérables. De plus, les équipements de protection individuelle et les outils ne sont pas conçus pour les femmes. Le tableau 4.1 présente certaines mesures que l'industrie minière a mises en œuvre pour réduire ces contraintes imposées aux femmes.

Par ailleurs, la mécanisation des mines a offert un certain nombre d'avantages sociaux et économiques. Ceux-ci comprennent un environnement de travail plus sûr, une productivité et une rentabilité accrues et un environnement de travail

Tableau 4.1 Risques, conséquences et solutions des principaux défis auxquels sont confrontées les femmes dans l'industrie minière Secteur minier

Facteur de risque	Conséquences	Mesures prises par l'industrie minière
Des tunnels et zones de travail mal éclairés, des toilettes qui sont souvent éloignées et dans des zones sombres, et le petit nombre de femmes travaillant sous terre.	En Afrique du Sud, un certain nombre d'incidents ont été constatés, notamment des viols et meurtres de femmes commis par leurs collègues masculins. Les femmes ont signalé des cas fréquents de violence physique et verbale, des demandes de faveurs sexuelles en échange d'un emploi ou d'une promotion, et d'autres formes de harcèlement.	Les mines ont apporté des modifications visant à améliorer la sécurité des femmes qui travaillent sous terre, notamment en améliorant l'éclairage dans les zones de travail et de déplacement ; en fournissant des toilettes, des douches et des vestiaires sûrs ; et en adoptant des systèmes de jumelage pour veiller à ce que les femmes n'aient pas à se déplacer seules dans les zones sombres ou isolées.
Les femmes n'ont généralement pas la même force physique que leurs homologues masculins. Lors des tests de capacité en matière de travail physique, les femmes dans l'industrie minière se sont avérées moins actives physiquement et ont souffert en termes de forme physique et de tolérance à la chaleur requises pour les emplois souterrains.	Des tâches telles que le forage de roches peuvent représenter un danger supplémentaire pour les femmes, car elles doivent soulever un perforateur de roches lourd pendant de longues périodes, et une utilisation incorrecte peut entraîner des décès. De plus, lorsque les toilettes sont situées en périphérie, les femmes risquent de ne pas boire d'eau pendant le travail, ce qui peut occasionner une déshydratation et une difficulté supplémentaire dans l'accomplissement des tâches.	Le passage à la mécanisation a réduit le besoin de force physique et d'endurance. L'industrie minière mécanisée exige une motricité fine, de la dextérité et des capacités en résolution de problèmes
Historiquement, les femmes travaillant sous terre ont dû utiliser des équipements de protection individuelle, des bottes, des salopettes et des outils conçus et fabriqués pour les hommes.	l'équipement est peu susceptible de s'adapter correctement, ne peut pas être ajusté facilement ou nécessite de se déshabiller entièrement pour utiliser les toilettes. En outre, les outils sont souvent conçus pour des mains de grande taille et davantage de force physique. Tous ces facteurs exposent les femmes à risque de blessures et de décès.	Les sociétés minières et les associations industrielles ont consacré du temps et des efforts à l'identification des changements requis pour que l'équipement soit adapté aux femmes, notamment en modifiant la coupe et la taille des combinaisons ; la taille et la forme des lunettes de protection, des casques et des bouchons d'oreille ; et la taille des bottes et des gants.

Source : Minerals Council South Africa, 2020.

plus attrayant pour les femmes. Qui plus est, la mécanisation croissante des mines peut restreindre l'importance de la force physique au profit de la motricité fine ou de la dextérité, des capacités où les femmes pourraient parvenir à de meilleures performances que les hommes (Minerals Council South Africa, 2020). À la mine mécanisée à ciel ouvert de Mogalakwena détenue par Anglo American, environ la moitié des opérateurs de machines sont des femmes.

L'expansion de la mécanisation a contribué à une forte augmentation du nombre de femmes dans l'industrie minière. En Afrique du Sud, 11 400 femmes étaient employées dans ce secteur en 2022. En 2015, ce nombre était passé à 53 000, et en 2019, à 56 691, soit une augmentation de 397 % entre 2002 et 2019. En comparaison, au cours de la même période, la participation nationale des femmes au marché du travail est passée de 42,4 % à 44,9 %, soit une augmentation de 2,5 points de pourcentage (Minerals Council South Africa, 2020). En Afrique du Sud, les femmes représentent désormais 12 % de la main d'œuvre minière ; bien qu'il s'agisse d'une nette amélioration, ce chiffre reste inférieur à la moyenne mondiale de 17 %. Des mines souterraines de platine et d'or à forte intensité de main d'œuvre subsistent en Afrique du Sud, lesquelles ont tendance à employer une proportion de femmes plus faible (tableau 4.2).

La quatrième révolution industrielle

Dans le monde entier, les décideurs politiques font diligence pour préparer la main d'œuvre à la quatrième révolution industrielle. Bien que le passage de l'Afrique à la mécanisation des mines soit le reflet des troisième et quatrième révolutions industrielles, l'industrie développe également des mines axées sur le numérique qui transforment l'extraction dangereuse et à forte intensité de main d'œuvre en opérations autonomes plus sécurisées, surveillées à distance.

Tableau 4.2 Femmes dans le secteur minier en Afrique du Sud, par matière première, 2019

Matière premières	Nombre de femmes employées	Part des femmes employées sur le total d'employés (%)
Métaux du groupe du platine	19 694	12
Or	11 271	12
Ciment, agrégats de chaux et de sable	1 385	14
Charbon	13 059	14
Diamants	2 229	15
Minerai de fer	2 916	15
Manganèse	1 713	16
Chrome	3 387	17
Autres minerais	1 037	17

Source : Minerals Council South Africa, 2020.

Le Forum économique mondial de 2017 et le livre blanc d'Accenture sur l'industrie minière et la métallurgie révèlent que la transformation numérique pourrait entraîner des améliorations en matière de sécurité à même de sauver environ 1 000 vies et d'éviter 44 000 blessures, soit une diminution de 10 % des pertes en vies humaines et une diminution de 20 % des blessures, entre 2020 et 2030 (WEF et Accenture, 2017). Une évaluation approfondie dans un magazine spécialisé constate en outre que depuis la mise en œuvre de technologies autonomes dans plusieurs de ses mines africaines, Randgold Resources (qui a fusionné avec Barrick Gold Corporation en janvier 2019) a enregistré une diminution de 29 % du taux de blessures d'un trimestre à l'autre (Creamer, 2017). La mine de Kibali de Randgold-Barrick est automatisée dans la mesure où les opérateurs effectuent des opérations souterraines à distance, à partir de cabines sûres et climatisées, gérant les chargeurs sur les pentes de l'exploitation souterraine jusqu'à un gisement massif, à près de 800 mètres sous la surface de la Terre.

La vitesse d'adoption de la technologie numérique dans le secteur minier est désormais proche de celle d'autres industries, avec des répercussions à l'échelle de la société. Selon une analyse réalisée par WEF et Accenture (2017), quatre catégories de technologies vont jouer un rôle crucial dans la transformation numérique du secteur des minerais et des métaux d'ici à 2025 : l'automatisation, la robotique et le matériel opérationnel ; une main d'œuvre maîtrisant le numérique ; des entreprises, des plateformes et des écosystèmes intégrés ; ainsi que des outils nouvelle génération en matière d'analyse de données et d'assistance à la prise de décision. Les initiatives qui génèrent le plus grand impact sur l'industrie sont les plateformes intégrées, les travailleurs connectés et les centres d'opérations à distance, qui sont collectivement responsables de plus de 60 % de la valeur en jeu. Un autre rapport suggère qu'une productivité et une sécurité accrues, combinées à une diminution des dépenses, pourraient engendrer une croissance annuelle du marché de l'automatisation minière de 6,3 %, atteignant 4,2 milliards de dollars US d'ici à 2027 (Markets and Markets, 2022).

L'impact sur les emplois

Au cours de l'Histoire, la contribution du secteur minier à la création d'emplois a été faible par rapport à celle des autres principaux secteurs de l'économie. L'abondance des ressources naturelles, par rapport à la taille des économies, peut permettre aux secteurs minier, pétrolier et gazier de contribuer de façon décisive au PIB, aux investissements étrangers, aux recettes d'exportation et aux recettes publiques. Mais les estimations suggèrent que le secteur des ressources contribue très modérément à l'emploi global, même dans les économies dépendantes des minerais (graphique 4.5), et ce en raison de son intensité capitalistique.

Graphique 4.5 **Évolution de la part de l'emploi dans le secteur extractif des pays d'Afrique subsaharienne, moyennes par période**

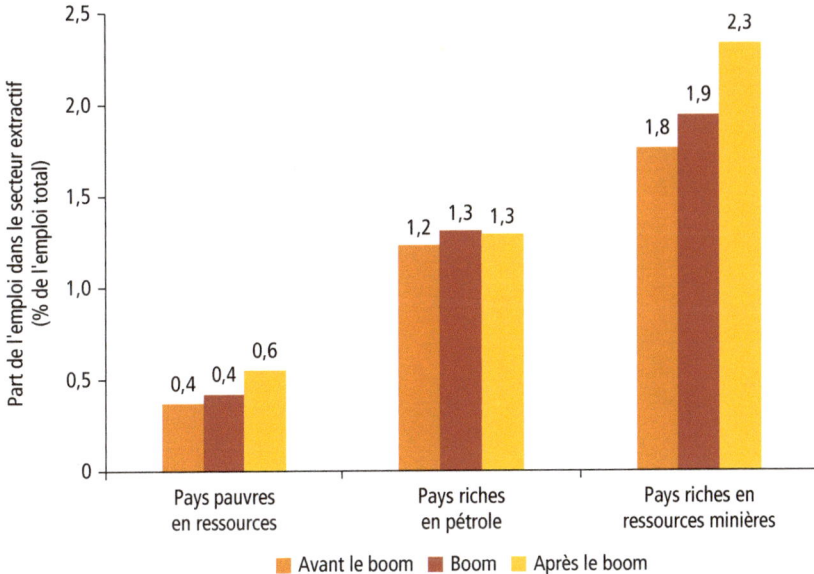

Source : Cust et Balde, *à paraître.*
Remarque : Avant le boom = 1998-2003 ; Boom = 2004-2014 ; Après le boom = 2015-2018.

Le graphique 4.6 présente la contribution du secteur des ressources à l'emploi total entre 2004 et 2014 dans les pays d'Afrique subsaharienne. En moyenne, la part de l'emploi dans le secteur extractif ne dépasse pas 2,5 %. Le Burkina Faso est une exception : sa part de l'emploi dans le secteur extractif était d'environ 11 %. La part de l'emploi dans ce secteur dans les autres pays subsahariens riches en ressources minières variait de 0,62 % (Guinée) à environ 5 % (République démocratique du Congo. À titre de comparaison, la contribution aux recettes totales d'exportation provenant de l'exploitation minière dans ces pays a été de 80 % (Guinée) et de 59 % (République démocratique du Congo) au cours de la même période. La part moyenne de l'emploi dans ce secteur est encore plus faible dans certaines économies riches en pétrole, comme le Tchad et la Côte d'Ivoire. Comme le montre le graphique 4.5, la moyenne tombe à 1,2 % lorsque l'échantillon est limité aux économies riches en pétrole. Cela contraste avec les recettes d'exportation en tant que part des exportations totales qui, en moyenne, se situent entre 80 % et 96 % des exportations totales au cours de la même période. Dans l'ensemble, la part de l'emploi dans le secteur minier est toutefois

Graphique 4.6 Exportations de ressources et emploi dans le secteur des ressources des pays d'Afrique subsaharienne, moyennes 2004-2014

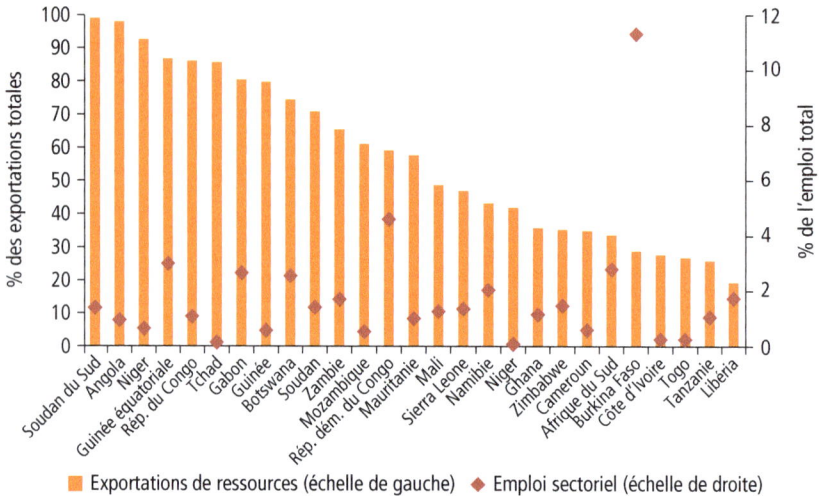

Sources : basé sur les données de l'OIT, 2021 et de la CNUCED, 2021.
Remarque : le graphique indique la part moyenne des ressources naturelles dans les exportations totales entre 2004 et 2014 et la part de l'emploi dans le secteur des ressources des pays d'Afrique subsaharienne riches en ressources.

plus élevée dans les pays d'Afrique subsaharienne que dans les autres régions (graphique 4.7).

Pour les pays africains, les enjeux de la transformation numérique du secteur des minerais et des métaux en termes d'emploi peuvent être considérables, mais les analyses et les données probantes sont très rares. On dispose de trois documents clés sur le sujet. Oshokoya et Tetteh (2018) examinent dans quelle mesure les programmes d'ingénierie minière dans certains pays d'Afrique australe, du Nord, de l'Ouest et de l'Est (Afrique du Sud, Namibie, Maroc, Ghana et Tanzanie) sont préparés pour la « mine du futur ». Leur analyse porte sur les pratiques d'exploitation et la technologie, les talents et le leadership, les partenariats avec les principales parties prenantes et la gouvernance. Les auteurs constatent que la formation en génie minier dans ces pays africains, lorsqu'elle est comparée aux universités australiennes et canadiennes, doit être améliorée pour rattraper le retard et répondre aux besoins de la mine du futur.

La possibilité que l'automatisation engendre des pertes d'emplois est également source de préoccupations. Kansake *et al.* (2019) évaluent la mesure dans laquelle les parties prenantes minières sont préparées à l'adoption de systèmes miniers autonomes dans les mines à ciel ouvert au Ghana. Les résultats de leur enquête révèlent que, même s'ils ont en général connaissance des systèmes miniers autonomes, les répondants sont réticents à l'idée de les accepter dans

Graphique 4.7 Part de l'emploi dans le secteur extractif, analyse comparative mondiale

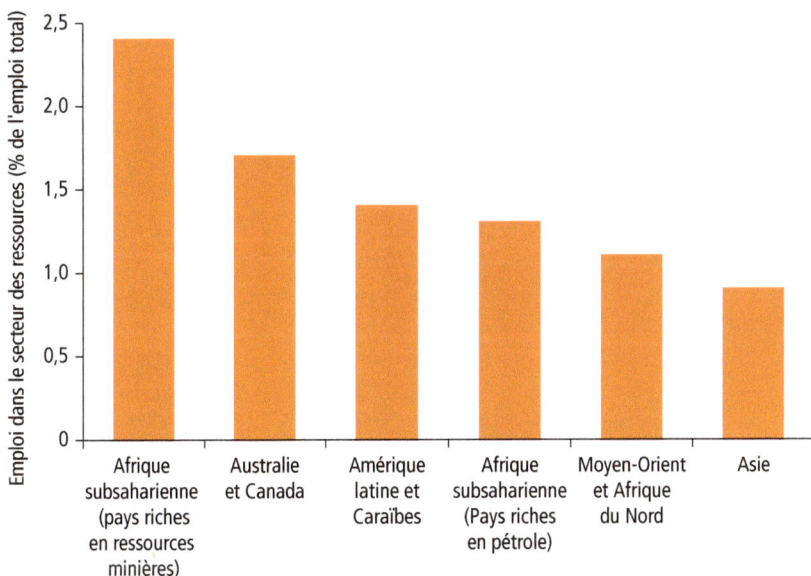

Source : basé sur les données de l'OIT (2021).
Remarque : le graphique compare la part de l'emploi du secteur extractif (pourcentage de l'emploi total) dans les pays d'Afrique subsaharienne riches en ressources avec les pays riches en ressources d'autres régions.

les mines ghanéennes par crainte d'une augmentation du chômage. Les facteurs socio-économiques peuvent alimenter cette crainte. Baskaran (2020) a mené une enquête auprès de mineurs du secteur des métaux du groupe du platine en Afrique du Sud. Il a demandé aux travailleurs s'ils estimaient que le déploiement de la technologie et de l'automatisation accroissait le risque qu'ils perdent leur emploi. Bien que 55 % des travailleurs aient répondu par l'affirmative, l'auteur a constaté une nette différence entre les travailleurs en fonction des tranches d'âge et des origines ethniques Ainsi, même si la répartition de travailleurs noirs et de travailleurs blancs interrogés était à peu près égale, 63 % des travailleurs noirs ont confié se sentir à risque, contre 36 % des travailleurs blancs. La disparité la plus grande a été constatée dans la tranche d'âge des 40-49 ans, dans laquelle 80 % des travailleurs noirs ont indiqué se sentir vulnérables, contre seulement 15 % des travailleurs blancs. Cette vulnérabilité trouve son origine en partie dans le fait que les travailleurs noirs semi-qualifiés occupent généralement des fonctions moins élevées, compte tenu de l'héritage des politiques de l'apartheid (Baskaran, 2020).

Au fil du temps, la contribution de l'exploitation minière à l'emploi tendra à diminuer en raison des opérations mécanisées à plus forte intensité de capital.

Dans le graphique 4.8, on voit que la production dans une mine de métaux du groupe du platine entièrement mécanisée est 11 fois plus élevée que celle d'une mine conventionnelle à forte intensité de main d'œuvre. Anglo American a vendu la quasi-totalité de ses actifs miniers conventionnels pour se concentrer sur les actifs mécanisés hautement productifs, un changement qui reflète une tendance sectorielle mondiale. Ainsi, bien qu'il soit largement possible d'ouvrir de nouvelles mines, elles ne conduiront pas à une augmentation proportionnelle de l'emploi dans le secteur (Baskaran, 2020).

Dans de nombreux pays, le nombre de personnes travaillant dans l'exploitation minière artisanale et surtout informelle est trois à six fois plus élevé que dans les emplois directs formels du secteur (graphique 4.9). Ce secteur représente une part plus faible de l'emploi national que l'agriculture, par exemple. L'emploi dans le secteur s'avère stable, à quelques exceptions près. Dans des pays tels que le Burkina Faso et le Mali, il a augmenté en raison des flux récents d'investissements directs étrangers et de l'activité d'extraction aurifère à grande échelle relativement récente. Seule l'Afrique du Sud a accusé une baisse constante de l'emploi absolu, avec une perte nette de 22 622 emplois dans tous les types d'exploitation minière entre 2015 et 2019 (statistiques Afrique du Sud, 2019) ; c'est par ailleurs l'un des pays où l'adoption de la transformation numérique à grande échelle pourrait perturber encore davantage le secteur de l'emploi (cf. encadré 4.1).

Bien que le potentiel d'emploi formel direct dans le secteur minier soit limité, il existe deux domaines offrant un potentiel de création d'emplois à grande échelle : les secteurs de liaison (en amont, en aval et horizontaux) et

Graphique 4.8 Production, par personne et par année, de trois types différents de mines de métaux du groupe du platine détenues par Anglo American

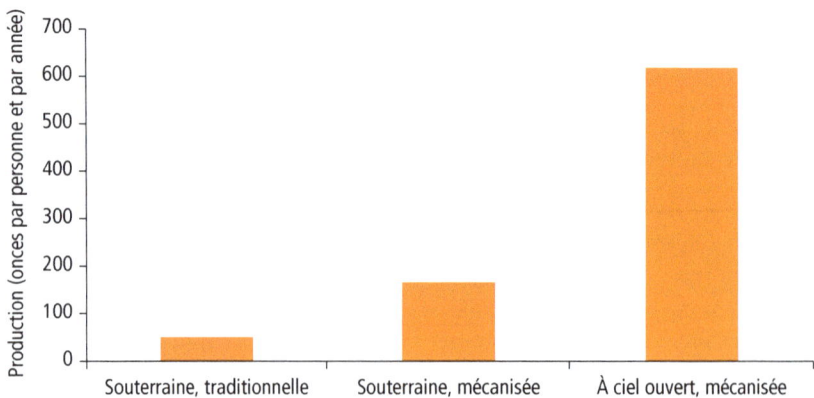

Source : basé sur les données des bilans annuels de Anglo American.

Graphique 4.9 Emploi dans l'exploitation minière formelle vs artisanale en Afrique subsaharienne, 2017

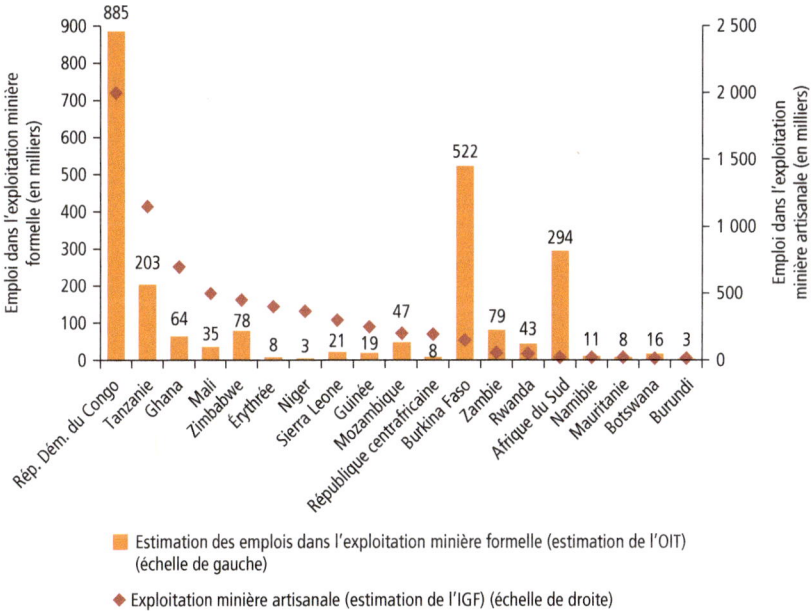

■ Estimation des emplois dans l'exploitation minière formelle (estimation de l'OIT) (échelle de gauche)

◆ Exploitation minière artisanale (estimation de l'IGF) (échelle de droite)

Source : Usman *et al.*, *à paraître*.
Remarque : IGF = Forum intergouvernemental sur les mines, les minéraux, les métaux et le développement durable ; OIT = Organisation internationale du travail.

ENCADRÉ 4.1

L'adoption de la transformation numérique va-t-elle perturber le travail dans le secteur minier africain ?

Dans de nombreux pays d'Afrique subsaharienne, le secteur des ressources non renouvelables est l'un des principaux secteurs « traditionnels » qui sera perturbé par l'adoption de la transformation numérique, avec des implications pour les emplois formels et informels. Sur les 48 économies d'Afrique subsaharienne, 19 peuvent être considérées comme riches en ressources minérales, définies par le Fonds monétaire international comme percevant des rentes issues des minerais qui représentent au moins 25 % de leurs exportations (Lundgren, Thomas et York, 2013). À l'échelle mondiale, on estime que les technologies robotiques dans les véhicules sans conducteur, le tri des minéraux par capteurs et l'analyse des données atteindront leur pic de déploiement dans le secteur minier d'ici à 2030 (Banque mondiale, 2020a). L'industrie minière dans le monde entier encourt une perte de 330 000 emplois, soit

(suite page suivante)

Encadré 4.1 (suite)

près de 5 % de la main d'œuvre, liée à la transformation numérique. Les enjeux sont importants pour les pays africains riches en minerais. Bien que la perte d'emplois due à l'automatisation soit fortement mise en exergue, il est important de signaler que des améliorations en matière de sécurité pourraient mener à une diminution de 10 % du nombre de vies perdues et de 20 % du nombre de blessures d'ici à 2030 (WEF et Accenture, 2017). En Afrique subsaharienne, le secteur minier représente une petite part de l'emploi national total, bien qu'il représente entre 25 % et 86 % des exportations dans 19 économies riches en minerais et entre 60 % et 90 % des investissements étrangers directs dans de nombreux pays (graphique B4.1.1).

L'impact de la transformation numérique sur le travail dans le secteur minier est sujet à débat dans la littérature politique et académique. Les preuves à ce jour sont sommaires et dressent un tableau mitigé, promettant à la fois de créer une situation gagnant-gagnant pour les entreprises, les communautés et les gouvernements et menaçant par ailleurs d'exacerber les tensions inhérentes à l'amélioration de la productivité et les préoccupations en matière d'égalité. Parmi les questions soulevées figurent les

Graphique E4.1.1 Contribution du secteur minier africain aux exportations et à l'emploi national

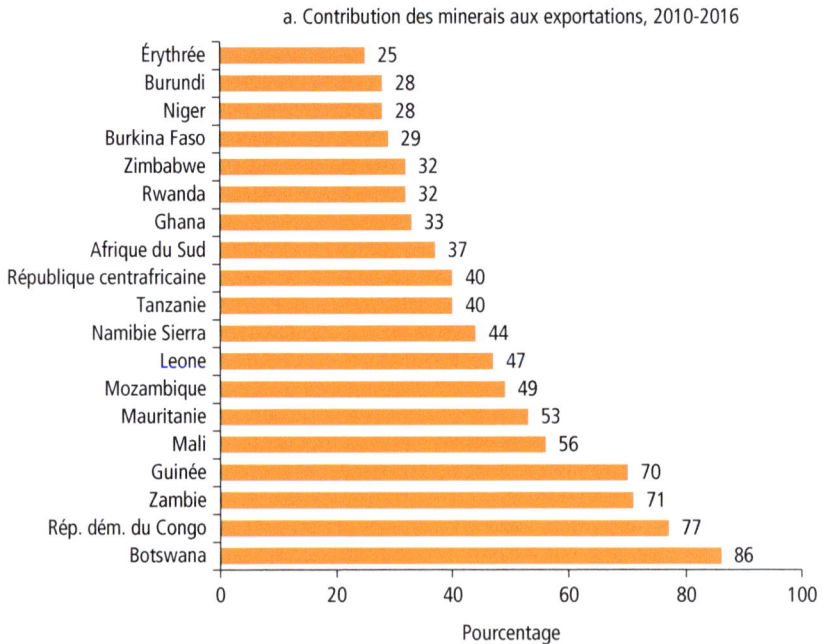

a. Contribution des minerais aux exportations, 2010-2016

(suite page suivante)

Encadré 4.1 (suite)

Graphique B4.1.1 (suite)

b. Contribution du secteur minier à l'emploi national,
moyennes par période

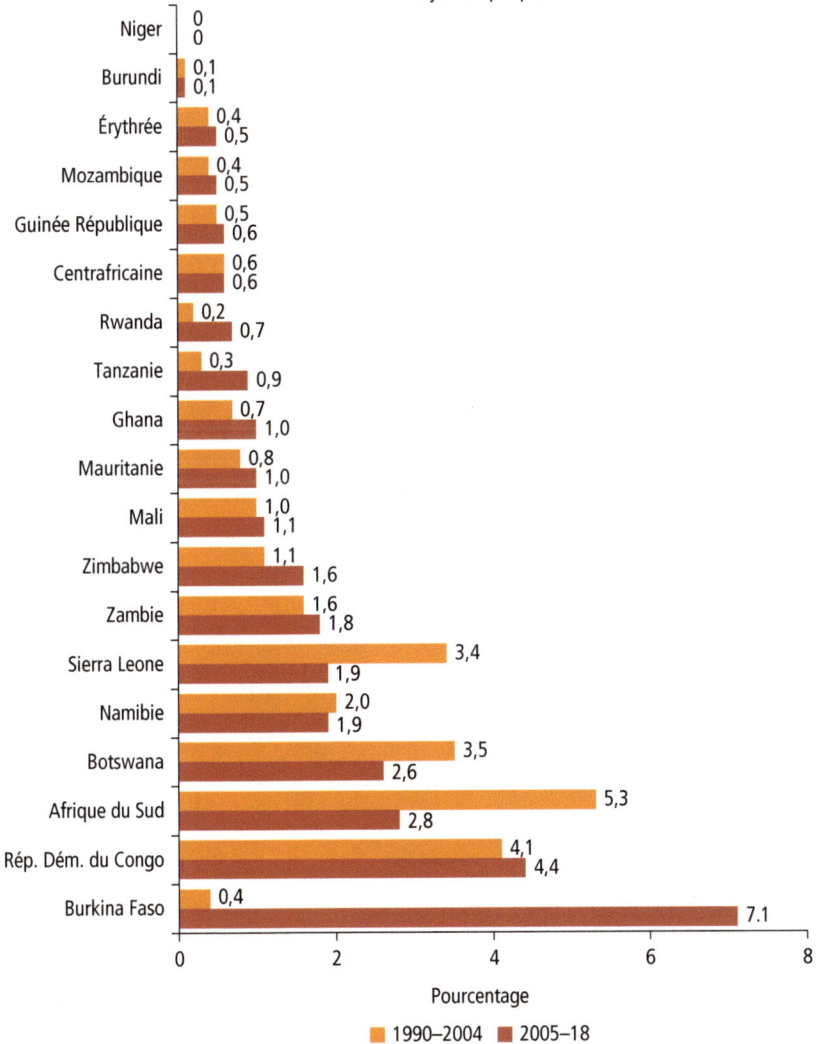

Pays	1990–2004	2005–18
Niger	0	0
Burundi	0,1	0,1
Érythrée	0,4	0,5
Mozambique	0,4	0,5
Guinée République	0,5	0,6
Centrafricaine	0,6	0,6
Rwanda	0,2	0,7
Tanzanie	0,3	0,9
Ghana	0,7	1,0
Mauritanie	0,8	1,0
Mali	1,0	1,1
Zimbabwe	1,1	1,6
Zambie	1,6	1,8
Sierra Leone	3,4	1,9
Namibie	2,0	1,9
Botswana	3,5	2,6
Afrique du Sud	5,3	2,8
Rép. Dém. du Congo	4,1	4,4
Burkina Faso	0,4	7,1

Pourcentage

■ 1990–2004 ■ 2005–18

Source : Usman et al., *à paraître.*

(suite page suivante)

Encadré 4.1 (suite)

suivantes : L'adoption de la transformation numérique pourrait-elle entraîner un déplacement massif de la main d'œuvre, en particulier pour les profils professionnels les moins qualifiés et les tâches routinières (graphique B4.1.2) ? Pourrait-elle par exemple éliminer les postes dangereux dans les mines souterraines ? Pourrait-elle créer de nouveaux profils professionnels plus inclusifs pour les femmes, les personnes âgées et d'autres groupes marginalisés ? Pourrait-elle améliorer la productivité des mineurs artisanaux, formaliser leurs activités et promouvoir le développement des petites et moyennes entreprises dans le secteur grâce à la miniaturisation du matériel ? Pourrait-elle permettre de concrétiser les objectifs nationaux de développement dans le secteur, autres que ceux liés à l'emploi, grâce à des politiques fiscales et leur application, ainsi qu'à des interventions renforcées en matière de licences[a] spéciales de prospection pour les communautés minières ? Il s'agit là de débats politiques importants pour les parties prenantes du secteur minier, y compris les gouvernements, l'industrie et les communautés minières où l'emploi dans le secteur est souvent la seule source majeure de revenus.

Graphique E4.1.2 Emploi dans les industries minières d'Afrique du Sud et de Zambie, par catégorie professionnelle

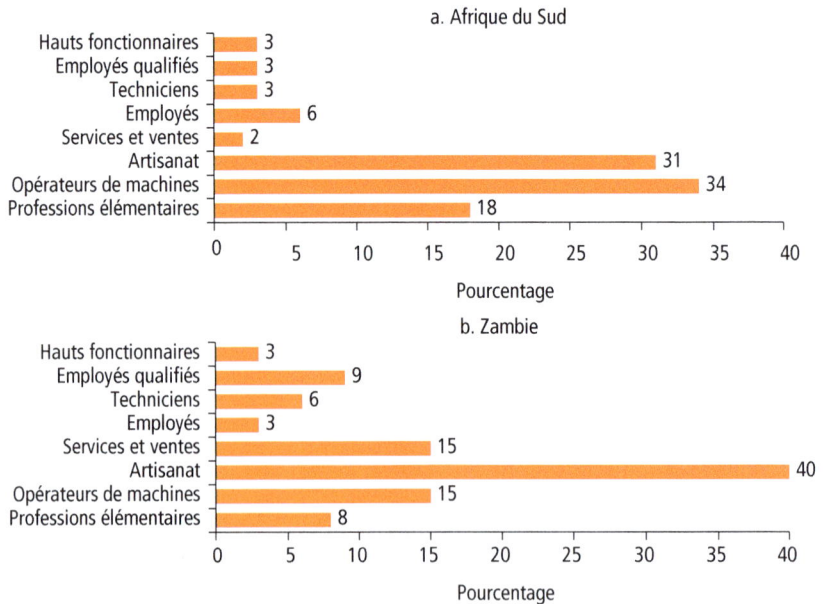

Source : Usman *et al.,* à paraître.
a. Les licences spéciales de prospection sont des permis qui restreignent la zone où les prospecteurs et les mineurs à petite échelle peuvent explorer ou exploiter.

l'utilisation des recettes minières pour financer les infrastructures et créer un environnement propice à d'autres secteurs à forte intensité de main d œuvre, tels que l'agriculture, l'agro-industrie et les technologies de l'information et de la communication.

Compétences

Compte tenu des prévisions à la baisse de l'emploi du fait de la mécanisation du secteur minier, il faut à tout prix identifier de nouveaux procédés pour augmenter les emplois. Le dividende démographique se traduira par une nette augmentation du volume de personnes actives, et pour tirer profit de cette main d'œuvre dans le secteur minier, il sera nécessaire de renforcer les fondements éducatifs de base. La recommandation se compose de deux étapes. Premièrement, les gouvernements doivent intervenir pour améliorer les résultats scolaires des communautés vivant à proximité des mines. Les taux de réussite en mathématiques dans les écoles des zones situées dans les environs de certaines mines sud-africaines accusaient une moyenne inférieure à 5 % en 2018 (Baskaran, 2020). Une base solide en mathématiques et en sciences est indispensable si l'on souhaite que les étudiants soient à même de survivre dans un monde à forte intensité technologique (Baskaran, 2019). Deuxièmement, et en gardant toujours à l'esprit cette solide base mathématique et scientifique, les sociétés minières pourraient offrir des bourses et des stages aux étudiants afin de les former aux emplois hautement qualifiés, lesquels sont indispensables au secteur minier dans le contexte de la mécanisation et de la quatrième révolution industrielle.

Il est ainsi importer d'établir et de déployer des programmes de développement des compétences conformes aux avancées de la mécanisation et à la diversification des activités économiques, afin d'amortir la baisse des besoins en main d'œuvre causée par la mécanisation.

En entrant dans l'ère de la transformation numérique, l'industrie minière à l'échelle mondiale est en train de déterminer comment gérer la transition vers l'automatisation et d'autres technologies perturbatrices. Pour les pays africains, une question centrale se pose : les cadres juridiques existants permettent-ils de tirer profit de ces technologies pour atteindre les objectifs explicitement formulés ainsi que ceux plus implicites liés au travail dans le secteur ? Depuis l'élaboration de la Vision minière pour l'Afrique en 2009 (Union africaine 2009) et dans le cadre du « paradigme de la valeur partagée[5] » dans le développement minier, plusieurs pays ont réformé des lois qui ont été promulguées dans les années 1990 et au début des années 2000[6]. Environ 45 % des pays africains ont révisé leurs lois minières de sorte à incorporer, en plus des modifications d'ordre fiscal, des dispositions fondées sur des principes de valeur partagée[7]. Dans les pays riches en ressources, le rythme de la réforme législative primaire s'est avéré plus significatif. Ces lois qui font suite à la Vision minière pour l'Afrique comprennent des dispositions générales sur l'emploi local des citoyens ainsi que l'achat de biens locaux, lequel a un effet direct sur l'emploi. D'autres dispositions ont un impact sur l'emploi, notamment : a) la formation des citoyens dans le but de remplacer la main d'œuvre expatriée ou d'assurer la mobilité professionnelle, l'embauche dans un cadre fondé sur l'égalité des sexes et la collaboration avec les universités pour faciliter le transfert des connaissances ; b) les obligations de l'État ou de l'un de ses accords de développement minier de créer des établissements de formation pour l'industrie minière, de faciliter le développement des communautés touchées et de surveiller les pratiques d'embauche des sociétés minières ; et c) la création, ou dans certains cas, l'amélioration, d'un cadre réglementaire pour l'exploitation minière artisanale ou l'extraction de matériaux achetés localement[8].

Dans l'ensemble, les politiques gouvernementales ne tiennent pas assez compte de l'automatisation. D'après Nwogu (2019), bien que la réforme législative de fond en Afrique vise à maximiser les avantages issus du développement des ressources minérales, en particulier grâce au contenu local, les systèmes automatisés sont susceptibles d'avoir un impact négatif sur les avantages attendus de cette réforme en ce qui concerne l'emploi local. Par conséquent, les gouvernements devraient commencer à acquérir des données en vue d'étayer la révision ou la promulgation de nouvelles lois minières qui tiendraient pleinement compte de l'impact de l'automatisation.

Avantages pour le marché du travail : des multiplicateurs d'emploi sectoriel élevés

Leur contribution directe en matière d'emplois a beau être limitée, les exportations de ressources naturelles affichent un multiplicateur d'emplois plus élevé que les autres secteurs de l'économie, notamment en Afrique subsaharienne. Par exemple, le nombre d'emplois créés dans l'économie pour chaque emploi direct dans le secteur minier est d'environ 28 au Ghana, 7 au Chili, 5 aux États-Unis et 2,5 en Écosse (tableau 4.3).

Tableau 4.3 Nombre total d'emplois dans l'économie pour chaque emploi direct dans un secteur ou une industrie, sélection de pays

Secteur ou industrie	Nombre total d'emplois dans l'économie pour chaque emploi direct dans un secteur
Agriculture	• 1.2 (Chili)
	• 2 (États-Unis et Écosse)
	• 3 (Tanzanie)
Secteur minier	• **2,5 (Écosse)**
	• **5 (États-Unis)**
	• **7 (Chili)**
	• **28 (Ghana)**

(suite page suivante)

Tableau 4.3 (suite)

Secteur ou industrie	Nombre total d'emplois dans l'économie pour chaque emploi direct dans un secteur
Services financiers	• 14,9 (Indonésie)
	• 19 (Ghana)
Pétrole et gaz	• **7,5 (États-Unis)**
	• **13,4 (Écosse)**
	• **24 (Ghana)**
Hôtels	• 1,24 (Écosse)
	• 2,66 (Tanzanie)
Détail	• 1,27 (Chili)
	• 1,31 (Écosse)
Ciment	• 1,89 (États-Unis)
	• 2,47 (Écosse)
	• 4,45 (États-Unis)

Sources : Cooper 2019; IFC 2013, 2018; calculs des équipes.
Remarque : le tableau indique le nombre d'emplois directs, indirects et induits pour chaque emploi direct. Les liaisons d'emploi plus élevées que prévu au Ghana, par exemple dans la mine ghanéenne Ahafo détenue par la société Newmont, sont en partie dues au programme de développement des fournisseurs qui a contribué à renforcer le programme de développement des communautés et les liaisons avec la chaîne d'approvisionnement. Le nombre de fournisseurs a été multiplié par 5,7 entre 2007 (début du programme) et 2010. En corollaire, les achats locaux effectués dans le cadre du programme sont passés de 1,7 million de dollars US (avec 25 fournisseurs) à 9 millions de dollars US (avec 143 fournisseurs) en 2010 (Kim, van Moorsel et Kapstein, 2013). En 2011, 4 500 emplois ont été appuyés par les fournisseurs directs de la société minière et les fournisseurs de ces fournisseurs.

Tendance de fond n° 3 : les conséquences environnementales

Abondance des ressources et environnement naturel

Le capital naturel constitue une partie essentielle de la richesse totale des pays subsahariens. L'Afrique subsaharienne possède environ 20 % de sa richesse totale en capital naturel, y compris les ressources du sous-sol tels que le pétrole, le gaz et les minerais, ainsi que le capital naturel renouvelable. Ce capital naturel renouvelable, comprenant des terres arables, des forêts, des mangroves, des zones protégées et des pêcheries, représente environ 15 % de sa richesse totale. Pourtant, le capital renouvelable par habitant est en baisse depuis 1995. Quant au capital non renouvelable par habitant, qui représentait environ 5 % de la richesse totale en 2018, il a augmenté de manière significative pendant la flambée des prix des matières premières avant de diminuer fortement après 2014, en grande partie suite à la chute des prix internationaux des matières premières.

Le graphique 4.10 compare le capital naturel renouvelable et le capital naturel non renouvelable de l'Afrique subsaharienne par année, en montrant la chute du capital naturel renouvelable et le pic du capital naturel non renouvelable

Graphique 4.10 Capital naturel renouvelable et non renouvelable en Afrique subsaharienne, 1995-2018

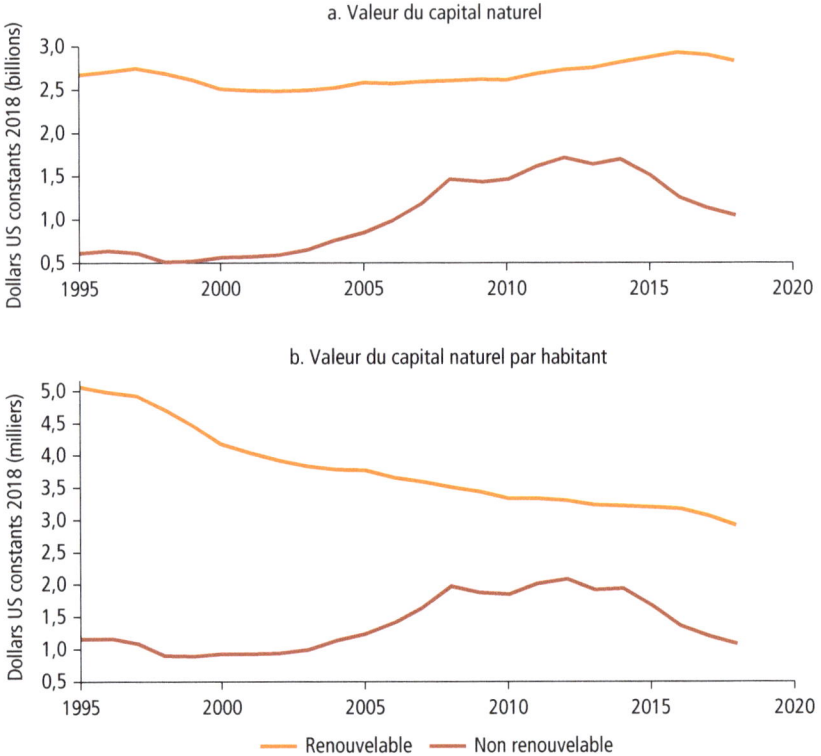

a. Valeur du capital naturel

b. Valeur du capital naturel par habitant

Source : basé sur *The Changing Wealth of Nations 2021* (Banque mondiale, 2021).

pendant le boom des matières premières. Ces chiffres suggèrent que les pays de cette région doivent protéger leur capital naturel renouvelable contre l'épuise-ment et la dégradation, tout en évitant une dépendance excessive à l'égard du capital naturel non renouvelable en raison de la volatilité de sa valeur. L'analyse de la Banque mondiale dans son rapport sur l'évolution des richesses des nations (*The Changing Wealth of Nations*, Banque mondiale, 2021) constate que le capital naturel renouvelable augmente avec les revenus, ce qui suggère que les économies prospères ne se développent pas au détriment de l'environnement naturel, mais en le protégeant.

L'Afrique subsaharienne dispose d'un capital naturel renouvelable estimé à 2 900 milliards de dollars US (graphique 4.11), dont la valeur a augmenté de 6 % entre 1995 et 2018, mais a diminué par habitant. Entre 1995 et 2018, la valeur

Graphique 4.11 Composition du capital naturel renouvelable en Afrique subsaharienne, par actif, 1995-2018

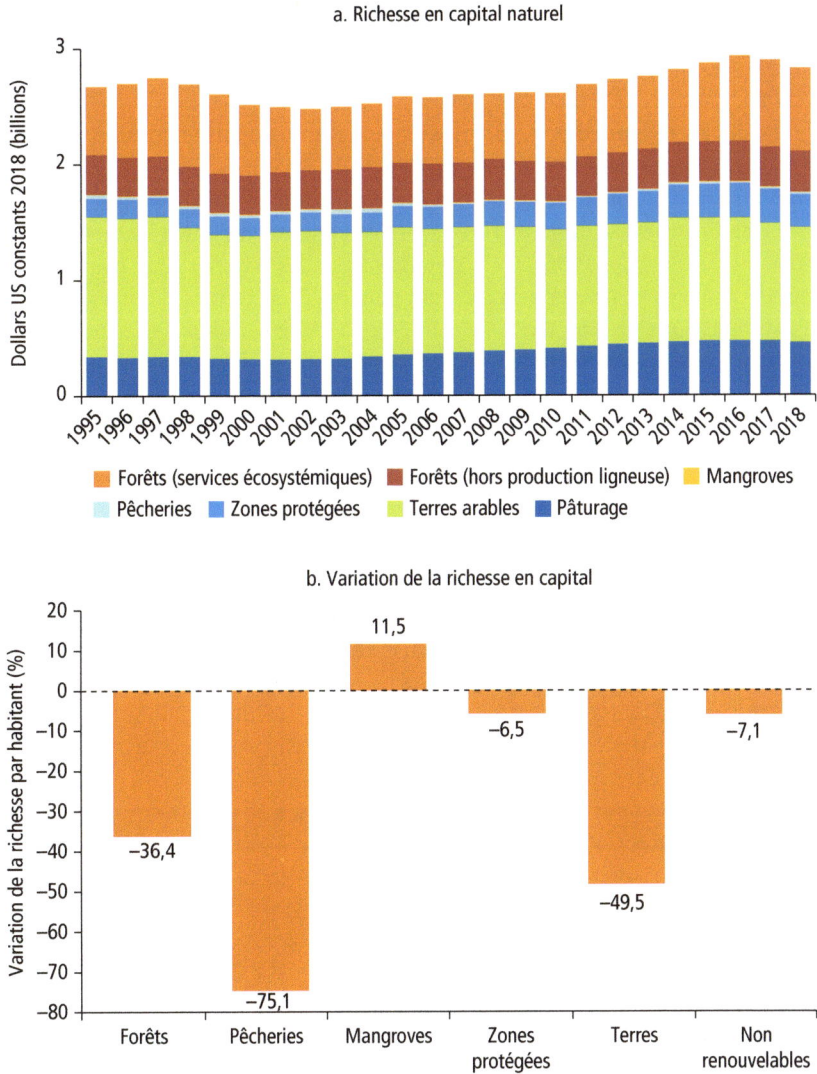

a. Richesse en capital naturel

Légende : Forêts (services écosystémiques) · Forêts (hors production ligneuse) · Mangroves · Pêcheries · Zones protégées · Terres arables · Pâturage

b. Variation de la richesse en capital

Source : D'après les données du rapport The Changing Wealth of Nations 2021 (Banque mondiale, 2021).

de chaque composante du capital naturel a évolué dans différentes directions et envergures. Dans l'ensemble, c'est la richesse liée aux pêcheries (75 %), aux terres (50 %) et aux forêts (36 %) qui a le plus diminué par habitant. La richesse dans les zones protégées a augmenté de 72 %, atteignant 282 milliards de dollars US, mais elle a diminué de 7 % par habitant.

Richesse en ressources naturelles et revenu : une autre courbe environnementale de Kuznets ?

Nous constatons que la richesse en ressources non renouvelables présente une forme en U renversé, similaire à la courbe environnementale de Kuznets (Stern, Common et Barbier, 1996). Cela signifie que, si les pays les plus pauvres du monde peuvent se révéler relativement pauvres en ressources, les ressources constituent souvent une part croissante de la richesse pour les économies à faible revenu. Les économies développées plus riches observent une part plus élevée mais en baisse de leur richesse en actifs souterrains, tels que le pétrole, le gaz et les minéraux (Cust et Rivera-Ballesteros, 2021a). Cet aspect revêt une importance notable pour les politiques de développement : il implique en effet que, pour passer à un revenu plus élevé, les pays doivent gérer cette part des actifs non renouvelables dans la richesse totale.

En moyenne, dans les pays à revenu plus élevé, la part du capital naturel dans la richesse totale est plus faible. Toujours en moyenne, les pays à faible revenu ont une plus grande proportion de capital naturel que tout autre actif. Depuis 2000, la part moyenne du capital naturel dans la richesse totale a été au moins deux fois plus importante dans les pays à faible revenu que dans les pays à revenu élevé. Dans le même temps, la part moyenne du capital humain dans la richesse totale des économies à revenu élevé est désormais presque deux fois plus élevée que dans les pays à faible revenu.

Le développement économique a été associé à une diminution des parts du capital naturel par rapport aux autres catégories de richesse. Les pays à faible revenu ont des portefeuilles d'actifs qui sont fortement concentrés dans le capital naturel. Dans certains pays d'Afrique subsaharienne, ce capital peut dépasser la moitié de la richesse totale du pays, comme en République centrafricaine et en Guinée. Les pays où la croissance du PIB a été plus forte au cours des deux dernières décennies ont connu une baisse plus rapide de la part du capital naturel, à mesure que d'autres richesses s'accumulaient. En Malaisie par exemple, la proportion de capital naturel a diminué pour passer d'un quart en 1995 à un dixième de sa richesse totale en 2018, tandis que son économie a augmenté en moyenne de plus de 5 % chaque année. Pour les pays plus riches, la valeur absolue (et la valeur par habitant) du capital naturel tend à augmenter avec le niveau du revenu national, même si sa part dans la richesse totale diminue.

Risques environnementaux associés à l'extraction des ressources

Au cours de la période du boom, les émissions de carbone ont monté en flèche et l'épuisement des ressources naturelles s'est nettement accéléré. Alors que les émissions totales de carbone en Afrique subsaharienne à la fin du boom avaient augmenté de 32 % par rapport au niveau de la période précédant le boom, les émissions dans les pays riches en ressources de la région ont augmenté de 46 % à la fin du boom, passant d'un total de 172 millions à 252 millions de tonnes de dioxyde de carbone. L'épuisement des ressources naturelles a lui aussi considérablement augmenté. Quant à l'épuisement des ressources naturelles, il augmenté en Afrique subsaharienne d'environ 150 % au cours du boom ; mais dans les pays de la région riches en ressources naturelles, ce chiffre atteint plus de 190 %. La superficie boisée totale a elle aussi diminué de 2 %, passant d'un couvert forestier moyen de 6,9 millions de km^2 en 2004 à 6,5 millions de km^2 en 2014. La carte 4.1 illustre les zones qui ont subi une perte de forêts pendant les années d'expansion économique.

La perte de forêts n'est pas systématiquement due à l'expansion de l'exploitation du bois ou de la production agricole. Les projets pétroliers et miniers peuvent provoquer une déforestation importante et avoir des répercussions entraînant une perte supplémentaire de forêts. Cust *et al.* (*à paraître*) documentent par exemple l'impact de l'exploitation minière dans les zones forestières. Les facteurs qui semblent influencer l'ampleur de la perte de forêts aux environs des sites d'extraction de ressources comprennent le type de produit et la forme d'extraction ; par exemple, les excavations à ciel ouvert causent plus de déminage que les puits. Par ailleurs, la construction de routes dans les zones boisées peut représenter une perte de forêts beaucoup plus importante que le projet en lui-même, dans la mesure où elle ouvre une nouvelle voie d'accès pour les agriculteurs et les bûcherons.

La décarbonisation mondiale et les risques pour les forêts tropicales en Afrique

Le lien entre l'extraction des ressources et la perte de forêts est plus complexe que le simple déboisement qui peut se produire dans les environs des sites d'extraction. De nouvelles recherches (Cust, Harding et Rivera-Ballesteros, *à paraître*) ont révélé que le volume d'exportation de ressources naturelles, et par conséquent l'intensité du syndrome hollandais dans un pays, peut influencer les niveaux de déforestation. L'augmentation de la déforestation est alimentée par l'impact du prix relatif des ressources naturelles et des produits agricoles dans des pays où l'expansion agricole est susceptible d'empiéter sur les forêts. Dans le cadre de ce mécanisme, appelé « syndrome amazonien » par Cust, Harding et Rivera-Ballesteros (*à paraître*) car analysé pour la première fois au Brésil, la chute des exportations de pétrole ou des cours du pétrole peut augmenter la compétitivité de l'agriculture

Carte 4.1 Perte de forêts en Afrique, 2004-2014

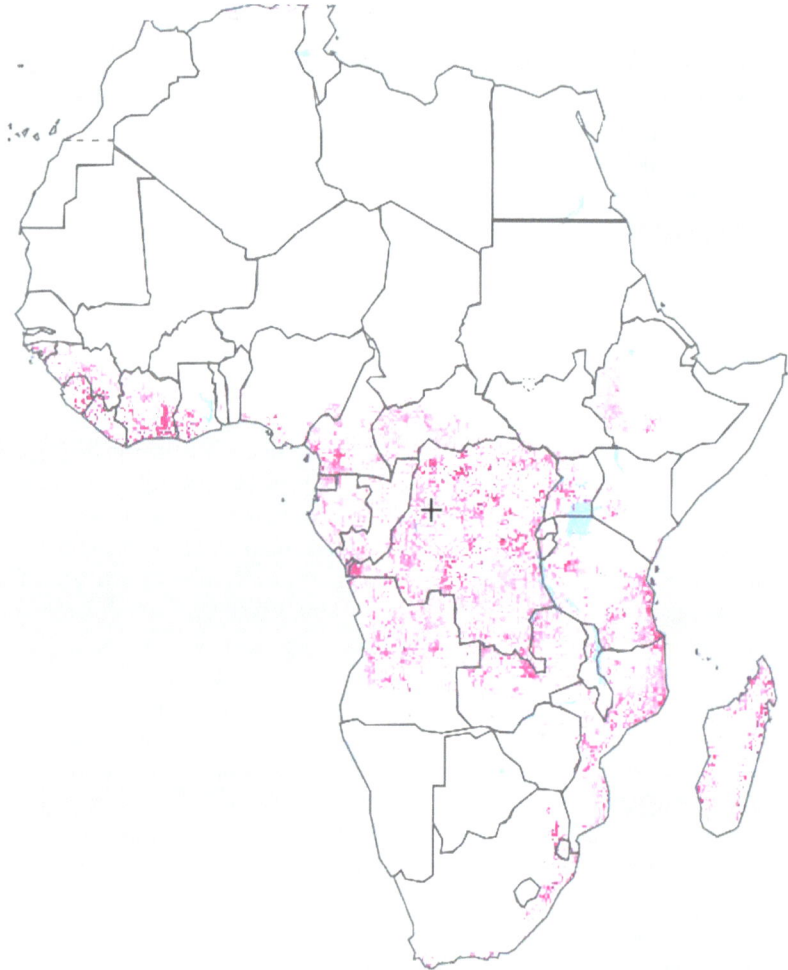

Source : Hansen *et al.*, 2013, consulté via Global Forest Watch.
Remarque : les zones violettes indiquent les endroits où la perte de forêts est plus susceptible d'avoir eu lieu.

dans le même pays et ainsi accroître la perte de forêts, comme cela a pu être constaté lors de la période ayant suivi la chute des prix du pétrole en 2015.

Pour un pays comme le Brésil, où l'agriculture empiète souvent sur la forêt, l'essor de l'agriculture provoque généralement une hausse de la déforestation. Dans le même temps, en tant qu'exportateur de pétrole de premier plan, les exportations du pays font grimper le taux de change réel, rendant l'agriculture moins compétitive que si les cours du pétrole étaient bas. Ainsi, les booms de l'agriculture provoqués par une baisse des prix du pétrole ou des exportations de pétrole vont intensifier la déforestation, à moins que des mesures politiques soient établies.

Ce syndrome amazonien a des implications pour les économies africaines. Premièrement, les principaux pays exportateurs de pétrole qui abritent également des forêts en abondance, comme l'Angola, le Cameroun et la République du Congo, peuvent actuellement souffrir de secteurs agricoles moins compétitifs en raison des exportations de pétrole élevées. Les pays de la planète ayant entamé leur décarbonisation, il est probable que la demande et les prix des combustibles fossiles tels que le pétrole diminueront progressivement. Au fur et à mesure que les exportations de pétrole diminuent dans ces pays, la compétitivité agricole est susceptible d'augmenter. Un boom du secteur agricole dans ces pays pourrait avoir comme conséquence une explosion de la déforestation si des politiques ne sont pas mises en place afin de protéger les forêts. En d'autres termes, la transition vers la sobriété en carbone pourrait atténuer le syndrome hollandais dans ces pays mais le remplacer par un syndrome amazonien. Le secteur manufacturier ne serait plus le grand perdant de cette situation, comme c'est le cas avec le syndrome hollandais, mais les forêts tropicales, comme c'est le cas au Brésil.

En outre, la déforestation et la destruction de la biodiversité peuvent avoir un impact négatif sur d'autres secteurs économiques, et tout particulièrement le tourisme. La biodiversité est en effet une force motrice du tourisme, et les zones telles que les forêts tropicales et les parcs naturels dépendent de la préservation du capital naturel pour pouvoir attirer les visiteurs. La République démocratique du Congo, le Rwanda et l'Ouganda, qui abritent des gorilles et des espèces menacées, en sont un exemple. Dans les années 1970 et 1980, de vastes étendues de terres dans ces pays ont été détruites. Mais dans les années 1990, les trois pays ont signé un accord sur les « gorilles transfrontaliers ». L'accord met l'accent sur le respect de l'habitat naturel des gorilles de montagne et fait de la conservation et du tourisme une collaboration transfrontalière. Cet accord a permis aux gorilles de montagne d'être la seule sous-espèce de singe à connaître une croissance démographique. En 2015, l'autorité rwandaise de gestion des parcs nationaux a gagné plus de 15 millions de dollars US grâce à des permis de suivi des gorilles, et les recettes touristiques totales provenant des services connexes ont été estimées à plus de 300 millions de dollars US. Environ 10 % des revenus issus du tourisme dans les parcs nationaux reviennent aux communautés locales, ce qui encourage encore davantage la protection de la biodiversité (PNUE, 2017). Le tourisme présente également un multiplicateur de main d'œuvre d'environ 1,5, ce qui traduit sa capacité à générer des emplois indispensables.

Tendance de fond n° 4 : effets structurels de long terme

La transformation économique en Afrique : Parvenir à une transformation structurelle malgré le syndrome hollandais dans les pays riches en ressources

L'avenir de la transformation économique de l'Afrique dépendra de sa capacité à augmenter la productivité et à générer des emplois et des revenus, notamment dans les secteurs orientés vers l'exportation en dehors des exportations de matières premières. Cependant, ces augmentations sont difficiles à concrétiser dans des situations de richesses en ressources naturelles.

Selon Ross (2019), sur les 50 pays exportateurs de pétrole examinés pour évaluer leur réussite quant à la diversification des exportations depuis 1998, seuls 8 présentaient une plus grande diversification des exportations à la fin de la période. Par ailleurs, Ross (2019) trouve des preuves indiquant que 4 des 8 pays ayant réussi à diversifier leurs exportations y sont parvenus soit en raison de l'épuisement des ressources, soit en raison de sanctions économiques imposées par des acteurs extérieurs. C'est donc un bilan historique très décourageant pour les pays africains exportateurs de ressources qui cherchent à promouvoir la diversification de leurs exportations avant l'épuisement des ressources.

Comme l'a évoqué le chapitre 2, la majorité des pays africains riches en ressources qui ont rapporté un indice de diversification des exportations (14 sur 24) ont connu une concentration accrue des exportations. Le graphique 4.12 illustre les performances des économies africaines en matière de diversification des exportations. Les pays situés à droite de la ligne à 45 degrés ont augmenté la diversification des exportations tardivement au cours de la période du boom (2006-2010) par rapport à la période précédant le boom (1998-2003). Par exemple, la concentration des exportations a augmenté au Tchad et au Soudan, tandis que la Tanzanie et l'Ouganda ont connu une diversification.

Cette situation de hausse de la concentration des exportations dans le secteur des ressources naturelles ne se limite pas à l'Afrique. D'abord modélisé par Corden et Neary (1982), ce phénomène s'est popularisé sous le nom de syndrome hollandais. Harding and Venables (2016) constatent que pour chaque dollar supplémentaire de recettes provenant des ressources, les pays ont tendance à observer une diminution des exportations non liées aux ressources de 0,75 dollar US. Pour les pays, il est donc très difficile d'atteindre les objectifs de diversification des exportations parallèlement à des exportations importantes de ressources.

Vaincre le syndrome hollandais

La question sous-jacente lors de l'étude du syndrome hollandais est de savoir comment le gouvernement peut gérer et atténuer l'appréciation du taux de change réel due dans le cadre des recettes issues des ressources.

Graphique 4.12 Indice de diversification des exportations des pays d'Afrique subsaharienne, moyennes de 1998-2003 par rapport aux moyennes de 2006-2010 et 2006-2010

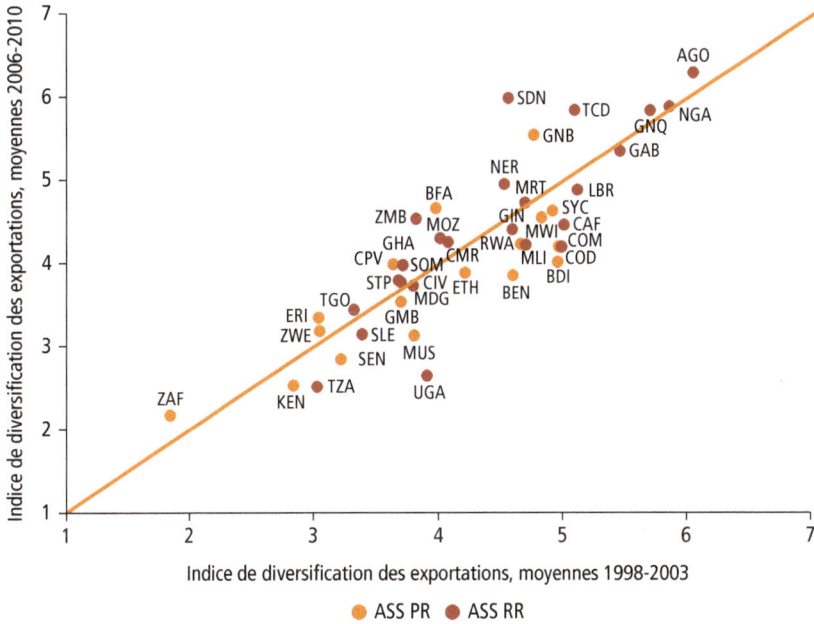

Source : Cust, Rivera-Ballesteros et Zeufack, 2022.
Remarque : un indice plus faible correspond à une plus grande diversification ; 2010 est l'année la plus récente pour laquelle des données sont disponibles.
RR = riche en ressources ; PR = pauvre en ressources ASS = Afrique subsaharienne.

Dans l'hypothèse conventionnelle du revenu permanent, une augmentation continue de la consommation peut être soutenue par des intérêts sur les actifs étrangers accumulés par le biais de réserves de change ou d'un fonds souverain, comme recommandé par le Fonds monétaire international (FMI, 2012) ou la formulation plus restrictive de cette approche, soit la stratégie de « l'oiseau en main » (Barnett et Ossowski, 2003). Cependant, comme l'ont analysé van der Ploeg et Venables (2011), ces approches ne sont pas optimales pour tous les pays riches en ressources et notamment pour les pays riches en ressources à faible revenu, qui sont généralement pauvres en capital, et dont le rendement du capital intérieur peut être supérieur à celui du capital investi à l'étranger. Selon van der Ploeg et Venables (2011), la pénurie de capital implique un faible ratio capital-travail, peu d'infrastructures publiques, des salaires et revenus bas et un taux d'intérêt intérieur élevé. Dans les pays riches en ressources qui manquent de capitaux, un afflux temporaire de capitaux étrangers, consécutif à une flambée des prix des matières premières, à une découverte massive de ressources ou à une augmentation de la production de ressources, devrait généralement être dépensé et investi au niveau national, et non pas dépensé pour accumuler des actifs étrangers.

Les pays devraient mettre en œuvre des politiques qui leur permettent d'investir sur le plan national, c'est-à-dire d'investir dans l'investissement. Cette politique d'investissement permet d'augmenter progressive la consommation pour les générations actuelles et d'utiliser l'épargne pour réduire la dette extérieure et accumuler le capital intérieur. Tout d'abord, le document d'orientation du FMI (2012) soutient que la consommation devrait être orientée vers la génération actuelle en raison de la pauvreté relative de cette génération, par rapport à celles d'un avenir lointain. Ensuite, l'épargne devrait prendre la forme d'une accumulation de capital intérieur pour compenser la pénurie relative de capital. Cette utilisation des dépenses publiques devrait stimuler l'investissement privé et accélérer la croissance des secteurs non liés aux ressources grâce aux moteurs suivants : (a) l'amélioration des infrastructures publiques et des services publics tels que l'électricité ou Internet (investissement public intérieur), (b) la réduction des taux d'intérêt (réduction de la dette extérieure), et (c) un processus axé sur l'« investissement dans l'investissement ». Les pays riches en ressources peuvent donc utiliser l'investissement public et les politiques connexes de façon stratégique pour augmenter la capacité d'absorption globale de l'économie en aplatissant les courbes d'offre ; ils pourront ainsi atténuer les effets du syndrome hollandais sur les secteurs non marchands.

Opter pour la diversification des actifs

Il est possible que les responsables politiques des pays riches en ressources rencontrent davantage de succès en misant sur une diversification des actifs plutôt qu'une diversification des exportations. La diversification du portefeuille d'actifs, abordée dans le chapitre 2, constitue une étape importante vers une croissance durable et représente une option plus réalisable pour les pays riches en ressources que la diversification traditionnelle des exportations, en raison de la pression exercée par le syndrome hollandais (Cust et Rivera-Ballesteros, 2021a). Cependant, afin de parvenir à cette diversification des actifs, les pays doivent réussir à transformer les gains générés par l'extraction des ressources en d'autres catégories d'actifs productifs.

Une politique réussie de croissance économique durable pourrait cibler la diversification du portefeuille d'actifs au lieu de la diversification des exportations en réduisant la part du capital naturel dans la richesse totale (Cust et Rivera-Ballesteros, 2021b). Cela n'implique pas une diminution de la valeur en dollars du capital naturel par habitant va baisser, mais bien plutôt une augmentation des investissements en matière de développement du capital humain et d'autres actifs productifs. Ces investissements peuvent être financés grâce à une gestion prudente des ressources et aux revenus qui en découlent. Lederman et Maloney (2012, 13) soutiennent que les pays devraient se concentrer non pas sur les secteurs favorisant la croissance ou la diversification, mais sur des politiques qui « améliorent la capacité globale d'un pays à accroître la productivité et la qualité, et à passer à des tâches plus sophistiquées ». Pour atteindre cet objectif, les pays riches en ressources doivent épargner et investir une part importante des recettes issues de leurs ressources. Cela peut être mesuré en se référant à l'indicateur de l'épargne nette ajustée de la Banque mondiale.

Malheureusement, pendant le boom, la relation entre la richesse en ressources, mesurée par la part des rentes dans le PIB, a été associée négativement aux taux d'épargne nette ajustée des pays, comme le montre le graphique 4.13. En Afrique, de nombreux pays ayant connu l'épuisement des ressources le plus élevé (représenté par les rentes) ont enregistré des taux d'épargne nette faibles voire négatifs, ce qui signifie qu'ils épuisent le stock global d'actifs du pays et consomment une grande partie de cette valeur. Cette tendance révèle que les pays accordent la priorité à la consommation au détriment du PIB futur, réduisant de fait les actifs disponibles pour les générations à venir.

Graphique 4.13 Épargne nette moyenne ajustée en pourcentage du RNB et rentes moyennes des ressources naturelles en pourcentage du PIB au cours de la période du boom de 2004-2014 dans les pays d'Afrique subsaharienne

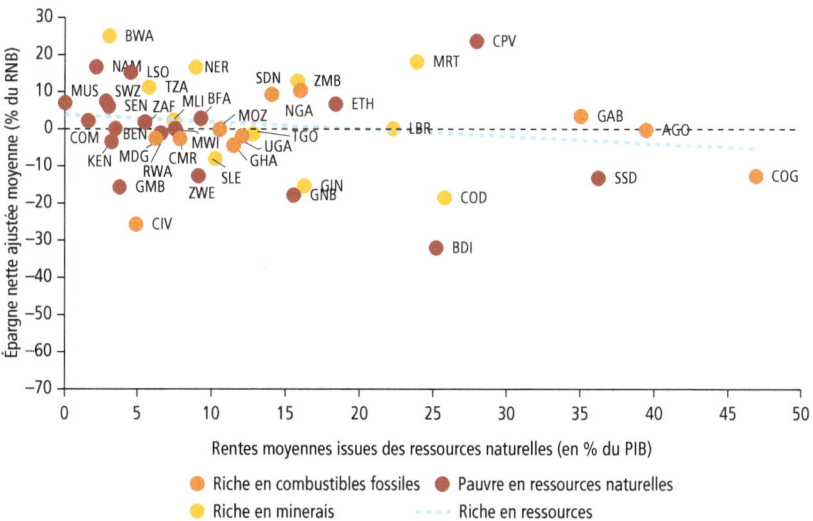

Source : rapport The Changing Wealth of Nations 2021 (Banque mondiale, 2021) et données de la Banque mondiale.
Remarque : ligne pointillée = régression linéaire pour les pays d'ASS riches en ressources. PIB = produit intérieur brut ; RNB = revenu national brut.

Risques d'épuisement et d'obsolescence

Les perspectives pour l'avenir du secteur des ressources africaines sont également menacées par des problèmes tels que l'épuisement ou l'obsolescence des
ressources, des problèmes auxquels d'autres régions ont été confrontées Dans
les deux cas, la valeur d'un actif particulier du sous-sol pour le pays peut diminuer à mesure que les recettes d'exportation faiblissent et que la valeur ajoutée
dans l'économie arrive à sa fin. L'épuisement des ressources provient généralement de sources internes, ce qui le rend potentiellement plus prévisible, tandis
que l'obsolescence est généralement causée par des innovations technologiques
externes ou de nouvelles avancées scientifiques. Néanmoins, les défis en matière
de politique économique sont comparables. Les gouvernements qui font face à
ces risques doivent préparer leurs économies à l'avance pour amortir le choc
de la perte future d'emplois et de recettes d'exportation (cf. annexe 4A sur l'expérience du Chili). Les leçons du boom économique de 2004-2014 et la fin du
boom peuvent permettre de guider les pays riches en ressources dans la planification d'un avenir post-extractif (Cust, Rivera-Ballesteros et Zeufack, 2022).

Abondance des ressources et écarts en matière de capital humain

Les ressources naturelles orientent les emplois vers le secteur public et le secteur
des ressources. Cust et Balde (*à paraître*) constatent que les exportations de
ressources naturelles ont, contrairement à l'opinion conventionnelle, des effets
positifs et significatifs sur la part de l'emploi manufacturier et de l'emploi non
agricole dans des secteurs tels que les services, la construction et l'exploitation
minière. Leurs conclusions montrent que la manne que représentent les ressources naturelles a une incidence positive et significative sur la part de l'emploi
du secteur public dans l'emploi total. Par ailleurs, leurs estimations suggèrent
que lorsque le secteur public est considéré *stricto sensu* (en d'autres termes, l'administration publique, la défense et la sécurité sociale), aucun effet significatif
des exportations de ressources naturelles n'est observé. En se concentrant sur le
même secteur, leurs données révèlent que les exportations de ressources naturelles ont une incidence positive sur les salaires publics. Les auteurs constatent
en outre qu'à la suite d'une envolée du prix des ressources, le gouvernement a
tendance à augmenter considérablement les factures salariales publiques par
rapport à l'augmentation de l'emploi public. Ce résultat fait écho aux travaux
antérieurs de Stefanski (2015), qui documente ce biais du secteur public lié à
l'abondance des ressources. Un secteur public surdimensionné peut également
évincer l'activité du secteur privé, de manière très similaire à un secteur des ressources en plein essor dans le modèle classique du syndrome hollandais. Il est
également possible que les employés du secteur public soient moins productifs
ou génèrent moins d'améliorations de la productivité que le secteur privé, ce qui
peut freiner la croissance économique au fil du temps, contribuant ainsi à des
effets potentiels de malédiction des ressources.

Cust et Mandon (2021) identifient trois raisons principales pour lesquelles le capital humain diffère entre les pays riches en ressources et les pays pauvres en ressources : (a) le secteur des ressources réaffecte le capital humain de certains secteurs à forte productivité en raison du syndrome hollandais (d'après Cust et Mandon [2021]), (b) la répartition du capital humain entre les hommes et les femmes est plus inégale dans ces pays riches en ressources (non renouvelables) que dans d'autres pays, et (c) le capital humain est davantage orienté vers le secteur public dans les pays riches en ressources. Ces caractéristiques peuvent contribuer ou être associées à une productivité globale de la main d'œuvre qui sera moindre, et donc à une diminution du capital humain par habitant (graphique 4.14) du fait de la dépendance aux ressources naturelles.

Résultats en matière de genre dans les économies riches en ressources

Comme en témoigne Ross (2008), la production pétrolière réduit le volume de main d'œuvre féminine, ce qui affaiblit l'influence politique des femmes. Cette situation peut avoir un impact sur les inégalités hommes-femmes et favoriser l'adoption de normes et d'institutions plus patriarcales. En outre, la production de pétrole dans les pays où la gouvernance est peu présente peut entraîner une augmentation de la demande pour les emplois juridiques ou commerciaux plutôt que les emplois liés à l'ingénierie, ces pays étant susceptibles de jouir d'un meilleur accès aux rentes (Ebeke, Omgba et Laajaj, 2015). Cette spécialisation

Graphique 4.14 Répartition du capital humain par habitant entre les pays riches en ressources et Non-Resource-Rich Countries, 1995-2018

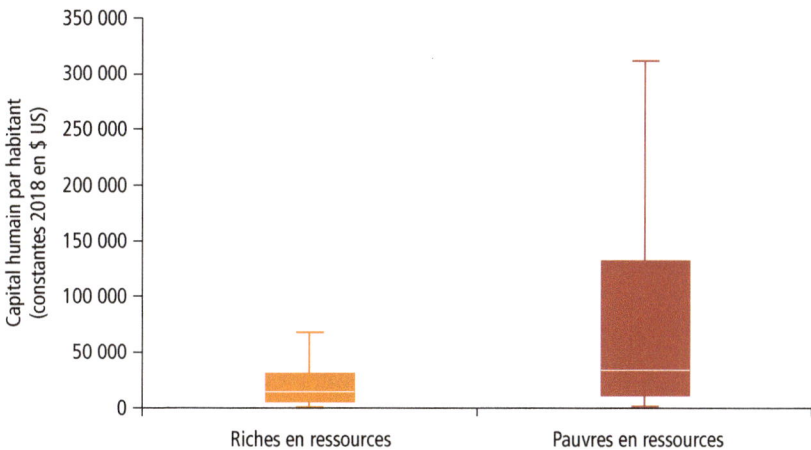

Source : Cust et Mandon, 2021.

du travail pourrait avoir des effets à long terme sur la productivité et la création d'emplois futurs.

De manière générale, on observe un biais masculin dans la richesse du capital humain pour l'Afrique riche en ressources. Cust et Mandon (2021) constatent ainsi que les pays riches en ressources présentent une répartition du capital humain plus inégale entre les hommes et les femmes. Le graphique 4.15 montre que la répartition du capital humain entre les hommes et les femmes est généralement relativement plus égale (plus proche de 50 %) pour les pays pauvres en ressources que pour les pays riches en ressources dans les économies émergentes et en développement. En 2018 par exemple, 58 % du capital humain était concentré chez les hommes et 42 % chez les femmes dans les pays d'Afrique subsaharienne pauvres en ressources. En revanche, dans les pays riches en ressources, 72 % du capital humain était concentré chez les hommes et seulement 28 % chez les femmes, en moyenne. L'Afrique subsaharienne accuse également l'un des pires déséquilibres entre les sexes dans les pays riches en ressources. Pour l'Afrique subsaharienne, l'écart en matière de genre s'est avéré le plus extrême entre les pays riches en ressources et les pays pauvres en ressources. Parmi les pays riches en ressources, les femmes ne représentaient qu'environ 28 % du capital humain, tandis que dans d'autres pays d'Afrique subsaharienne, ce pourcentage était supérieur à 40 %.

Graphique 4.15 Répartition moyenne du capital humain entre les hommes et les femmes dans les pays riches en ressources et les pays pauvres en ressources, régions sélectionnées, 2018

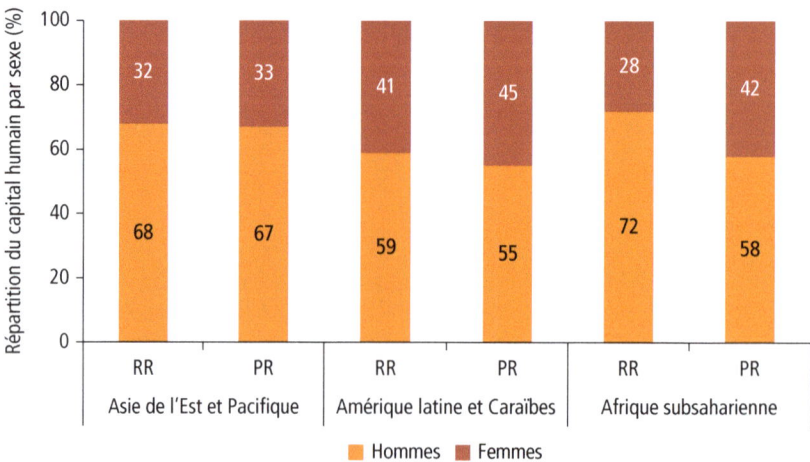

Source : Cust et Mandon, 2021.
Remarque : la catégorisation des pays en tant que pays riches en ressources (RR) se base sur le rapport du FMI (2012) ainsi que sur Venables (2016). Plus le chiffre est proche de 50 %, plus la répartition du capital humain entre hommes et femmes est égalitaire.

Conclusions

L'avenir de la transformation économique de l'Afrique dépendra de sa capacité à augmenter la productivité et à générer des emplois et des revenus dans les secteurs orientés vers l'exportation en dehors des exportations de matières premières. Cependant, ces augmentations sont difficiles à concrétiser dans des situations de richesses en ressources naturelles.

Ce chapitre a évoqué quatre tendances de fond qui sont susceptibles d'affecter la capacité des pays riches en ressources à maximiser l'impact de la richesse en ressources sur leur développement. Premièrement, la transition vers une économie sobre en carbone doit être soigneusement prise en compte dans les choix politiques qui sont faits aujourd'hui. Bien que les voies à suivre restent incertaines, les enjeux sont importants pour le développement axé sur les ressources et la demande du marché des matières premières au cours des années à venir. Heureusement, les pays disposent de différentes solutions pour atténuer les risques liés au carbone qui surviennent dans le cadre de la transition vers une économie à faible intensité de carbone. En évitant de trop investir dans les actifs liés au carbone tout en favorisant une économie diversifiée et moins dépendante des ressources, ils sont à même de réduire les risques et de promouvoir la résilience.

La deuxième tendance de fond importante concerne la mécanisation, la numérisation et même l'intelligence artificielle. Cette « quatrième révolution industrielle » a le potentiel d'accélérer les gains de productivité dans les économies africaines. Toutefois, il est probable que le secteur des ressources soit de plus en plus à forte intensité technologique et capitalistique, ce qui réduira encore davantage les perspectives de création significative de nouveaux emplois dans ces secteurs. Mais si les systèmes d'éducation et de formation préparent la prochaine génération en conséquence, les pays peuvent ouvrir à la voie à des emplois plus qualifiés et de meilleure qualité.

La troisième tendance notable est liée à la dégradation de l'environnement. L'extraction des ressources a souvent des effets délétère sur l'environnement naturel. Mais il existe des solutions. Les réglementations environnementales et leur application peuvent réduire l'empreinte environnementale négative, tandis qu'une meilleure compréhension des liens structurels entre le secteur des ressources, la forêt et le reste de l'économie peut permettre de piloter des politiques forestières intelligentes. Nous avons vu à quel point la gestion du syndrome amazonien était importante : la chute des prix du pétrole ou la baisse de l'extraction de pétrole à l'avenir peuvent en effet mettre en danger les forêts tropicales d'Afrique, de la même manière que l'effondrement des prix des matières premières de 2015 a mis en danger l'Amazonie brésilienne.

La quatrième tendance de fond identifie les défis structurels associés à l'abondance des ressources. La réussite de la transformation économique des économies africaines riches en ressources dépendra en partie de la capacité des décideurs à surmonter les effets de distorsion du syndrome hollandais. Comme souligné au chapitre 2, l'amélioration de la qualité des institutions peut constituer le vecteur important d'une meilleure diversification économique Des actions étatiques supplémentaires pourront toutefois s'avérer nécessaires pour atténuer les risques de syndrome hollandais pendant la période de dépendance aux ressources.

Annexe 4A L'ère des nitrates chiliens, la crise des nitrates et une réussite sans précédent

Présentation

Le nitrate, principal composant des engrais et des explosifs, a fait l'objet d'une forte demande à la fin du XIXᵉ siècle : en effet, à cette époque, la croissance rapide de la population a créé des besoins auxquels les agriculteurs du monde entier peinaient à répondre, tandis que les gouvernements développaient la production de leurs moyens de défense. Découvertes en grande quantité dans le désert d'Atacama, les réserves nitrières devinrent la propriété du Chili en 1883. Le pays acquit ainsi le monopole international de l'exploitation des nitrates naturels. En conséquence, l'économie chilienne connut une croissance de 900 % entre 1879 et 1902 (Crow, 1902). Les exportations furent multipliées par 12 entre 1880 et 1913 (Mamalakis, 1971). De nouvelles recettes provenant d'une taxe à l'exportation sur les nitrates, qui atteignait 30 30 à 70 % du prix local des nitrates, a permis au gouvernement de prospérer (Brown, 1963). La dette publique, notamment la dette extérieure, a augmenté rapidement car cette prospérité exceptionnelle a permis au gouvernement d'émettre des obligations, accroissant encore davantage la dépendance des gouvernements chiliens à la production de nitrate. La participation du Chili au marché mondial du nitrate a atteint 90 % au milieu des années 1880 (Lüders et Wagner, 2003) ; le nitrate ainsi est devenu la principale source de revenus et d'exportations du gouvernement chilien, représentant 70 à 80 % des revenus annuels totaux du gouvernement et 60 % des exportations totales (McConnell, 1935).

Mais pour le Chili, cette ère des nitrates pouvait perdurer uniquement si le pays parvenait à maintenir son monopole mondial en termes de production de nitrates. En 1909, Fritz Haber et Carl Bosch mirent au point le procédé consistant à combiner l'azote atmosphérique et l'hydrogène pour produire de l'ammoniac, une forme d'azote hautement utilisable qui peut être synthétisée : c'est le procédé Haber-Bosch, un évènement qui signa la fin de l'ère des nitrates chiliens. Un siècle après son invention, ce procédé de fixation de l'azote est toujours en application dans le monde entier et produit plus de 500 millions de tonnes d'engrais artificiel par an (Montoya *et al.*, 2015). Cette invention révolutionnaire, en transformant la production alimentaire internationale, a engendré une augmentation sans précédent de la population mondiale.

Au moment de la Grande Dépression, la participation du marché des nitrates chiliens était tombée à 20 % (Lüders and Wagner, 2003), soit une baisse de 80 points de pourcentage des exportations/production totales par rapport à son apogée en 1880. En 1953, la production de nitrates dans le monde, y compris de composés azotés manufacturés, était dominée par les États-Unis, le Royaume-Uni et le Japon. La part de marché du Chili avait chuté à 7 (schéma 4A.1).

L'économie chilienne de l'époque, très ouverte à l'économie mondiale et dépourvue d'institutions nationales stables, a beaucoup souffert de ces chocs extérieurs et de la Grande Dépression, ce qui a entraîné la perte de PIB la plus importante enregistrée dans le monde entre 1930 et 1932 (Schmidt-Hebbel, 2006)). Pour éviter le chômage de masse[9] et maintenir l'activité, le gouvernement chilien a émis des factures fiscales aux sociétés minières d'azote, ce qui a contribué à la reprise de la production après la Grande Dépression (graphique 4A.2), mais a également entraîné une série de déficits annuels au niveau des finances publiques. Avec un nombre croissant de pays produisant

Graphique 4A.1 Production de nitrates dans le monde, par part de marché des producteurs, 1953

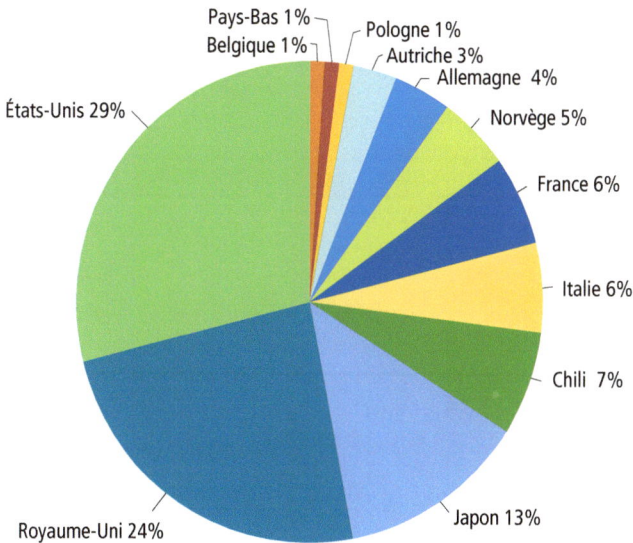

Source : statistiques « World Mineral Statistics of the British Empire and Foreign Countries », 1913-2010 (BGS, n.d.).

Graphique 4A.2 Production de nitrates au Chili, en Allemagne et au Royaume-Uni, 1913-1941

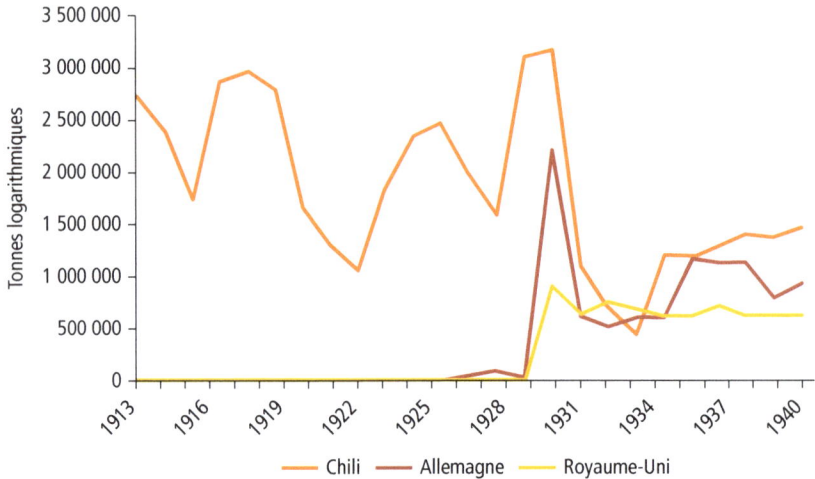

Source : basé sur les statistiques « World Mineral Statistics of the British Empire and Foreign Countries », 1913–40 (BGS, n.d.).

et exportant des composés azotés manufacturés, y compris l'Allemagne et le Royaume-Uni, et à un stade ultérieur la France, le Japon et les États-Unis, la production et la consommation de nitrates synthétiques ont largement dépassé le produit chilien (McConnell, 1935).

Suite à la crise des nitrates, le Chili a adopté une stratégie de substitution des importations fondée sur une industrialisation dirigée par le gouvernement. À partir du milieu des années 1930 et de plus en plus jusqu'au milieu des années 1970, les gouvernements successifs ont renforcé leur rôle dans l'allocation des ressources et la propriété, élargi les interventions sur le marché, développé les politiques sociales et les transferts gouvernementaux et adopté des politiques macroéconomiques largement déstabilisatrices. Après une courte période de forte croissance qui a caractérisé la reprise post-dépression, la croissance moyenne par habitant atteint tout juste 1,4 entre 1938 et 1973. La stratégie de développement menée par le gouvernement a culminé au cours de la période 1970-1973, lorsque l'intervention du gouvernement, la mauvaise gestion économique et les conflits sociopolitiques se sont traduits par une incertitude notable et une croissance stagnante (Schmidt Hebbel, 2006).

La réussite du Chili au XXᵉ siècle : le cuivre en tête d'affiche

En examinant les taux de croissance à long terme du PIB par habitant chilien de 1800 à 2017 (graphiques 4A.3 et 4A.4),on constate que la crise des nitrates n'est associée qu'à un ralentissement relativement faible par

Graphique 4A.3 PIB par habitant au Chili, 1800-2017

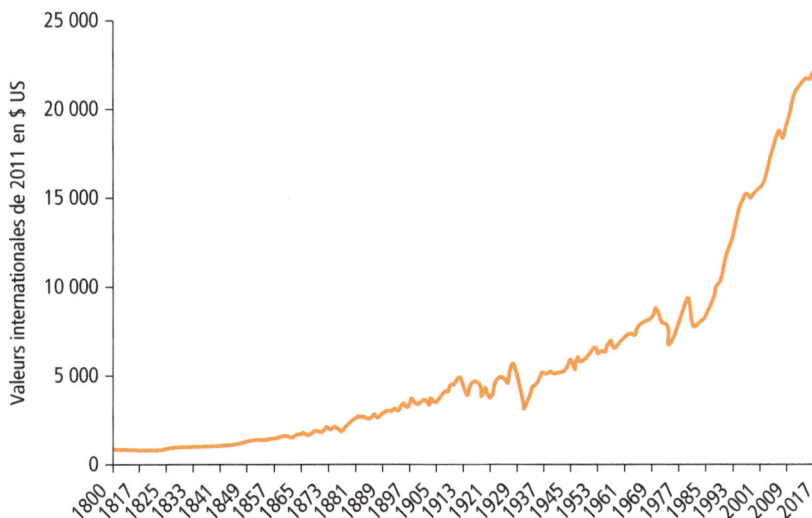

Source : base de données du projet Madison, 2020.

rapport aux taux de croissance économique sans précédent qui ont succédé à la Grande Dépression et dont le Chili bénéficie depuis les années 1990 (FMI, 2000).

L'industrie du cuivre a joué un rôle prépondérant dans le développement du Chili au cours de la seconde moitié du XXᵉ siècle. Mais malgré la grande abondance de cuivre et les prix du cuivre les plus élevés de la période d'après-guerre entre les années 1960 et le début des années 2000, son importance a diminué en raison de la diversification de l'économie chilienne : depuis les années 1960, les produits liés au cuivre représentent plus de 50 % de la valeur totale des exportations du Chili ; cependant, d'autres produits, y compris le saumon et le vin, ont connu des taux de croissance commerciale annuels de plus de 8 %, en particulier entre 1990 et 2007 (Lebdioui, 2019).

Le cuivre a ainsi permis au Chili de tirer des leçons de son passé et d'éviter les écueils associés à une richesse en ressources naturelles. Après la crise de l'azote, le Chili a diversifié son économie ; construit des institutions solides, y compris une discipline budgétaire et la protection des droits de propriété ; investi dans l'éducation de la main d'œuvre ; et promu une économie ouverte. Selon les indicateurs de gouvernance mondiale, depuis 1995, le Chili se classe dans le 20ᵉ centile pour la lutte contre la corruption, l'état de droit et les mesures de qualité réglementaires (Kaufmann, Kraay et Mastruzzi, 2010). Le Chili a également

Graphique 4A.4 PIB par habitant : Échantillon de pays et de régions, et données mondiales 1800-2018

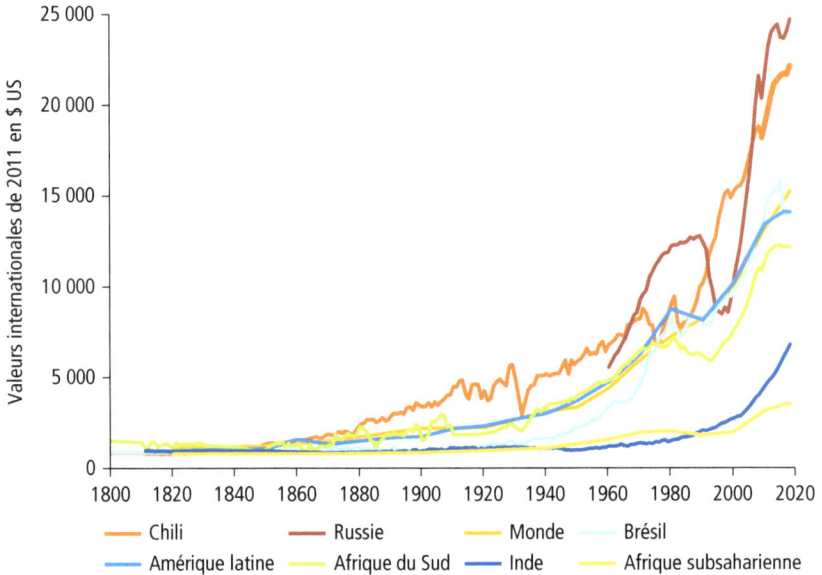

Source : base de données du projet Madison, 2020.

bénéficié d'une transparence élevée : des informations sur les opérations et les revenus sont publiées régulièrement par le ministère des finances, ainsi que des examens complets des redevances, des impôts, des valeurs des exportations minières et des volumes de production. Bien qu'il soit le plus grand producteur de cuivre au monde, avec des réserves dépassant 20 % du total mondial (USGS, 2022), le Chili est parvenu à une croissance soutenue et tout en évitant dans une certaine mesure la dépendance à l'égard des ressources.

Notes

1. En plus d'être relativement peu explorées, les ressources naturelles découvertes en Afrique doivent encore être exploitées. Une proportion importante des mines de la région sont sous-développées ; seulement 518 (soit 30 %) fonctionnent actuellement, sur les 1 747 mines importantes qui ont été découvertes. La valeur de ces mines non exploitées représente 12 000 milliards de dollars US environ, dont 68 % dans des mines situées en Afrique australe, 13 % en Afrique de l'Ouest et 8 % en Afrique de l'Est (Guj et al., à paraître).

2. Le scénario net zéro fait référence à l'objectif de réduire les émissions mondiales de dioxyde de carbone le plus près possible de zéro grâce à des politiques climatiques strictes qui limiteront le réchauffement climatique à 1,5 degré Celsius.
3. Ceux-ci comprennent l'aluminium, le cobalt, le cuivre, le graphite, le plomb, le lithium, le manganèse, le nickel et le zinc.
4. C176—Safety and Health in Mines Convention, 1995 (No. 176) (https://www.ilo .org/dyn/normlex/en/f?p=NORMLEXPUB:12100:0::NO::P12100_INSTRUMENT _ID:312321).
5. Le paradigme de la valeur partagée affirme que les entreprises peuvent apporter de la valeur non seulement à elles-mêmes, mais aussi aux communautés où elles opèrent en fournissant des revenus gouvernementaux, des emplois locaux, des utilisations en aval des ressources naturelles et un approvisionnement local des biens et des services (Cosbey *et al.*, 2016).
6. D'après les données de la Banque mondiale basées sur les données ILOSTAT de l'Organisation internationale du Travail (https://data.worldbank.org/indicator/SL .TLF.TOTL.FE).
7. Les États membres de l'Union africaine qui, en 2016, étaient à un certain stade de mise en œuvre du cadre de la Vision minière pour l'Afrique sont répertoriés à l'adresse suivante : https://www-cdn.oxfam.org/s3fs-public/bp-africa-mining -vision-090317-en.pdf.
8. D'après les principes « Africa Mining Vision Compact » avec les dirigeants du secteur privé (Union africaine et Nations Unies, 2017).
9. La mobilité de la main d'œuvre était faible car les pampas de nitrates étaient situées dans une zone désertique du nord du Chili (McConnell, 1935).

Références

Union africaine. 2009. « Africa Mining Vision. » Union africaine, Addis-Abeba. https:// au.int/en/ti/amv/about.

Union africaine et Nations Unies. 2017. « African Mining Vision: Looking beyond the Vision: An AMV Compact with Private Sector Leaders. » Commission économique pour l'Afrique des Nations Unies. Division des initiatives spéciales. Centre africain de développement minier, Commission de l'Union africaine, Addis-Abeba. https://hdl .handle.net/10855/23876.

Barnett, S. A. et R. Ossowski. 2003. « What Goes Up… », *Finance and Development* 40 (1).

Baskaran, G., 2019. « State Must Take Up the Burden of Protecting Lost Mining Jobs. » *BusinessDay,* 14 octobre 2019.

Baskaran, G., 2020. « Essays on the Economic and Financial Challenges Facing South Africa's Commodity Sector. » Thèse doctorale, Université de Cambridge. https://doi .org/10.17863/CAM.74474.

Baskaran, G., 2021. « Firms' Approach to Mitigating Risks in the Platinum Group Metals Sector. » *Mineral Economics* 34 (3) : 385-98.

Bellamy, D. et L. Pravica. 2011. « Assessing the Impact of Driverless Haul Trucks in Australian Surface Mining. » *Resources Policy* 36 (2): 149-58.

BGS (*British Geological Survey*, « Institut d'études géologiques britannique »), n.d. World Mineral Statistics of the British Empire and Foreign Countries. World Mineral Statistics Archive. https://www2.bgs.ac.uk/mineralsuk/statistics/worldArchive.html.

Brown, J. R. 1963. « Nitrate Crises, Combinations and the Chilean Government in the Nitrate Age. » *Hispanic American Historical Review* 43 (2): 230-46.

Cooper, R. 2019. « Fossils Fuels and Job Creation in Africa. » Rapport K4D Research Helpdesk n° 697, Institute of Development Studies, Brighton, R-U.

Corden, W. M. et J. P. Neary. 1982. « Booming Sector and De-industrialisation in a Small Open Economy. » *Economic Journal* n° 92 (368) : 825-48.

Cosbey, A., H. Mann, N. Maennling, P. Toledano, J. Geipel et M. D. Brauch. 2016. *Mining a Mirage? Reassessing the Shared-Value Paradigm in Light of the Technological Advances in the Mining Sector.* Winnipeg : Institut international du développement durable.

Creamer, M. 2017. « Kibali Africa's Most Mechanised Gold Mine—Randgold. » Mining Weekly, 2 novembre 2017. https://www.miningweekly.com/article/kibali-africas -most-mechanised-mine-randgold-2017-11-02/rep_id:3650.

Crow, J. A. 1992. *The Epic of Latin America.* 4ème édition. Berkeley : University of California Press.

Cust, J. et T. Balde. À paraître. « Windfalls and Labor Dynamics in Sub-Saharan Africa. » Banque mondiale, Washington, DC.

Cust, J., T. Harding, H. Krings et A. Rivera-Ballesteros. À paraître. « Public Governance versus Corporate Governance: Evidence from Oil Drilling in Forests. » Banque mondiale, Washington, DC.

Cust, J., T. Harding, H. et A. Rivera-Ballesteros. À paraître. « Tropical Deforestation and Terms of Trade Shocks. » Banque mondiale, Washington, DC.

Cust, J. et P. Mandon. 2021. « Nonrenewable Natural Capital and Human Capital Distortions: Impact on Accumulation, Gender, and the Public Sector. » Dans *The Changing Wealth of Nations 2021: Managing Assets for the Future*, 311-41. Washington, DC : Banque mondiale.

Cust, J., D. Manley et G. Cecchinato. 2017. « Unburnable Wealth of Nations. » *Finance and Development* 54 (1).

Cust, J. et A. Rivera-Ballesteros. 2021a. « The Nonrenewable Wealth of Nations. » Dans *The Changing Wealth of Nations 2021: Managing Assets for the Future*, 193-223. Washington, DC : Banque mondiale.

Cust, J. et A. Rivera-Ballesteros. 2021b. « Wealth Accounting, Diversification, and Macrofiscal Management. » Dans *The Changing Wealth of Nations 2021: Managing Assets for the Future*, 271-310. Washington, DC : Banque mondiale.

Cust, J., A. Rivera-Ballesteros et A. Zeufack. 2022. « The Dog That Didn't Bark: The Missed Opportunity for Africa's Resource Boom. » Document de travail de recherche sur les politiques n° 10120, Banque mondiale, Washington, DC.

Ebeke, C., L. D. Omgba et R. Laajaj. 2015. « Oil, Governance and the (Mis)allocation of Talent in Developing Countries. » *Journal of Development Economics* n° 114 : 126-41.

Galeazzi, C., J. Steinbuks et J. Cust. 2020. « Africa's Resource Export Opportunities and the Global Energy Transition. » *LiveWire*, Banque mondiale, Washington, DC.

Global Forest Watch. 2022. Global Forest Watch Forest Change. https://globalforestwatch .org/map/.

Guj, P., R. Schodde, B. Boucoum et J. Cust. À paraître. « Mineral Resources of Africa. » Banque mondiale, Washington, DC.

Hansen, M. C., P. V. Potapov, R. Moore, M. Hancher, S. A. Turubanova, A. Tyukavina, D. Thau, S. V. Stehman, S. J. Goetz, T. R. Loveland, A. Kommareddy, A. Egorov, L. Chini, C. O. Justice et J. R. G. Townshend. 2013. « High-Resolution Global Maps of 21st-Century Forest Cover Change. » *Science* n° 342 (15 novembre) : 850-53. Données disponibles en ligne : http://earthenginepartners.appspot.com/science-2013-global -forest. Article consulté via Global Forest Watch le 26/12/2022. www.globalforestwatch .org.

Harding, T. et A. J. Venables. 2016. « The Implications of Natural Resource Exports for Nonresource Trade. » *Economic Review* n° 64 (2) du FMI : 268-302.

AIE (Agence internationale de l'énergie). 2021a. « Fossil Fuel Use by Scenario, 2020, 2030 and 2050. » Dans *World Energy Outlook 2021*. Paris : AIE. https://www.iea.org/data -and-statistics/charts/fossil-fuel-use-by-scenario-2020-2030-and-2050.

AIE (Agence internationale de l'énergie). 2021b. « The Role of Critical Minerals in Clean Energy Transitions. » rapport spécial *World Energy Outlook* (Perspectives énergétiques mondiale, AIE, Paris. https://www.iea.org/reports/the-role-of-critical-minerals-in -clean-energy-transitions.

Société Financière Internationale (SFI). 2013. *Assessing Private Sector Contributions to Job Creation and Poverty Reduction*. Washington, DC : SFI.

Société Financière Internationale (SFI). 2018. *Estimating the Effects of the Development of the Oil and Gas Sector on Growth and Jobs in Ghana (2015-30): A Modelling and Value Chain Analysis*. Washington, DC : SFI. https://commdev.org/wp-content /uploads/pdf/publications/Estimating-OG-Effects-Ghana-Rev.-7-06-17-2018.pdf.

OIT (Organisation internationale du Travail). 2021. ILOSTAT. https://ilostat.ilo.org /data/.

FMI (Fonds monétaire international). 2000. « Chile in the 1990s: Embracing Development Opportunities. » *Finance and Development* n° 37 (1). https://www.imf .org/external/pubs/ft/fandd/2000/03/aninat.htm.

FMI (Fonds monétaire international). 2012. « Macroeconomic Policy Frameworks for Resource-Rich Developing Countries. » Document de travail du FMI, Washington, DC. https://www.imf.org/external/np/pp/eng/2012/082412.pdf.

Kansake, B. A., F. A. Kaba, N. K. Dumakor-Dupey et C. K. Arthur. 2019. « The Future of Mining in Ghana: Are Stakeholders Prepared for the Adoption of Autonomous Mining Systems? » *Resources Policy* n° 63 : 101411.

Kaufmann, D., A. Kraay et M. Mastruzzi. 2010. « The Worldwide Governance Indicators: Methodology and Analytical Issues. » Document de travail de recherche sur les politiques n° 5430, Banque mondiale, Washington, DC. https://info.worldbank.org /governance/wgi/Home/Reports.

Kim, R., T. van Moorsel et E. B. Kapstein. 2013. « The National and Regional Socio-Economic Impact of Newmont Ghana's Ahafo Mine. » Steward Redqueen, Amsterdam. https://s24.q4cdn.com/382246808/files/doc_downloads/operations_projects/africa /quick_links/Socio-economic-impact-of-Ahafo-Operations.pdf.

Lebdioui, A. 2019. « Chile's Export Diversification since 1960: A Free Market Miracle or Mirage? » *Development and Change* n° 50 (6) : 1624-63.

Lederman, D. et W. Maloney. 2012. *Does What You Export Matter? In Search of Empirical Guidance for Industrial Policies.* Washington, DC : Banque mondiale.

Lüders, R. et G. Wagner. 2003. « Export, Tariff, Welfare and Public Finance: Nitrates from 1880 to 1930. » Document de travail n° 241, Instituto de Economia, Pontificia Universidad Católica de Chile.

Lundgren, C. J., M. A. H. Thomas et M. R. C. York. 2013. *Boom, Bust or Prosperity? Managing Sub-Saharan Africa's Natural Resource Wealth.* Washington, DC : Fonds monétaire international.

Base de données du projet Maddison. Version 2020. https://www.rug.nl/ggdc /historicaldevelopment/maddison/releases/maddison-project-database-2020?lang=en.

Malova, A. et F. van der Ploeg. 2017. « Consequences of Lower Oil Prices and Stranded Assets for Russia's Sustainable Fiscal Stance. » *Energy Policy n°* 105 : 27-40.

Mamalakis, M. 1971. « The Role of Government in the Resource Transfer and Resource Allocation Processes: The Chilean Nitrate Sector, 1880-1930. » Dans *Government and Economic Development*, édité par G. Ranis, pp 181-215. New Haven, CT : Yale University Press.

Manley, D., J. F. Cust et G. Cecchinato. 2018. « Stranded Nations? The Climate Policy Implications for Fossil Fuel-Rich Developing Countries. » Document sur les politiques OxCarre n° 34, Oxford Centre for the Analysis of Resource Rich Economies, Oxford, R-U.

Markets and Markets. 2022. « Mining Automation Forecast to 2027 Report. »https://www .marketsandmarkets.com/Market-Reports/mining-automation-market-257609431.html.

McConnell, D. 1935. « The Chilean Nitrate Industry. » *Journal of Political Economy* n° 43 : 506. McKinsey. 2022. « Global Energy Perspective 2022. » McKinsey and Company. https://www.mckinsey.com/industries/oil-and-gas/our-insights/global -energy-perspective-2022.

Minerals Council South Africa. 2020. « Women in Mining in South Africa. » https://www .mineralscouncil.org.za/special-features/1064-women-in-mining-in-south-africa.

Minerals Council South Africa. 2021. « Junior and Emerging Miners' Desk Fact Sheet. » Consulté le 14 juin 2022. https://www.mineralscouncil.org.za/work/supporting -junior-and-emerging-miners.

Montoya, J. H., C. Tsai, A. Vojvodic et J. K. Nørskov. 2015. « The Challenge of Electrochemical Ammonia Synthesis: A New Perspective on the Role of Nitrogen Scaling Relations. » *ChemSusChem* n° 8 (13) : 2180-86.

Nwogu, N. V. 2019. « Mining at the Crossroads of Law and Development: A Comparative Review of Labor-Related Local Content Provisions in Africa's Mining Laws through the Prism of Automation. » *Washington International Law Journal* n° 8 : 137.

Oshokoya, P. O. et M. N. M. Tetteh. 2018. « Mine-of-the-Future: How Is Africa Prepared from a Mineral and Mining Engineering Education Perspective? » *Resources Policy* n° 56 : 125-33.

Peszko, G., D. van der Mensbrugghe, A. Golub, J. Ward, C. Marijs, A. Schopp, J. Rogers et A. Midgley. 2020. *Diversification and Cooperation in a Decarbonizing World: Climate Strategies for Fossil Fuel-Dependent Countries.* Washington, DC : Banque mondiale.

Ross, M. L. 2008. « Oil, Islam, and Women. » *American Economic Review* n° 102 (1) : 107-23.

Ross, M. L. 2019. « What Do We Know About Economic Diversification in Oil - Producing Countries? » *The Extractive Industries and Society* n° 6(3) : 792-806.

Schmidt-Hebbel, K., 2006. « Chile's Economic Growth. » *Cuadernos de Economía n°* 43 (127) : 5-48.

Statistics South Africa. 2019. « Four Facts about the Mining Industry. » https://www .statssa.gov.za/?p=14682.

Stefanski, R. 2015. « Government Size, Misallocation and the Resource Curse. » Dans *Commodity Prices and Macroeconomic Policy*, édité par R. Caputo et R. Chang, pp 197-244. Santiago : Banque centrale du Chili.

Stern, D. I., M. S. Common et E. B. Barbier. 1996. « Economic Growth and Environmental Degradation: The Environmental Kuznets Curve and Sustainable Development. » *World Development* n° 24 (7) : 1151-60.

CNUCED (Conférence des Nations Unies sur le commerce et le développement). 2021. UNCTADSTAT. https://unctadstat.unctad.org/EN/.

PNUE (Programme des Nations unies pour l'environnement). 2017. « Tourism Can Help Sustain Biodiversity. » Consulté le 14 juin 2022. https://www.unep.org/news-and -stories/story/tourism-can-help-sustain-biodiversity.

USGS (*US Geological Survey*, « Institut d'études géologiques des États-Unis »). 2022. « Copper Statistics and Information. » https://www.usgs.gov/centers/national -minerals-information-center/copper-statistics-and-information.

Usman, Z., N. Oppong, N. Nwogu et A. Henry. À paraître. « Digital Technologies and the Future of Work in Africa's Mining Sector. »

van der Ploeg, F. et A. J. Venables. 2011. « Harnessing Windfall Revenues: Optimal Policies for Resource-Rich Developing Economies. » *Economic Journal* n° 121 (551) : 1-30.

Venables, A. J. 2016. « Using Natural Resources for Development: Why Has It Proven so Difficult? » *Journal of Economic Perspectives* n° 30 (1) : 161-84.

Forum économique mondial et Accenture. 2017. « Digital Transformation Initiative Mining and Metals Industry. » Livre blanc. https://web.archive.org/web/20220320010909 /https://reports.weforum.org/digital-transformation/wp-content/blogs.dir/94/mp/files /pages/files/wef-dti-mining-and-metals-white-paper.pdf.

Banque mondiale. 2019. « Digging Beneath the Surface : An Exploration of the Net Benefits of Mining in Southern Africa. » Banque mondiale, Washington, DC. https:// openknowledge.worldbank.org/bitstream/handle/10986/32107/Digging-Beneath-the -Surface-AnExploration-of-the-Net-Benefits-of-Mining-in-Southern-Africa.pdf ?sequence=1.

Banque mondiale. 2020a. *The Future of Work in Africa: Harnessing the Potential of Digital Technologies for All*. Washington, DC : Banque mondiale.

Banque mondiale. 2020b. *Minerals for Climate Action: The Mineral Intensity of the Clean Energy Transition*. Washington, DC : Banque mondiale.

Banque mondiale. 2021. *The Changing Wealth of Nations 2021: Managing Assets for the Future*. Washington, DC : Banque mondiale.

www.ingramcontent.com/pod-product-compliance
Lightning Source LLC
Chambersburg PA
CBHW041303210326
41598CB00005B/9